비판기 단편 논고들 II

한국어 칸트전집 15
The Korean Edition of
the Works of Immanuel Kant

비판기 단편 논고들 II

정치 · 역사 · 문화 · 종교 철학

Kleine Schriften zur Politik,
Geschichte, Kultur & Religion

임마누엘 칸트 | 백종현 옮김

아카넷

고틀립 되플러가 그린 칸트 초상화(1791)

칼리닌그라드의 임마누엘 칸트 대학 정원에 있는 칸트 동상

칸트의 묘소(쾨니히스베르크 교회 후면)

칸트의 석곽묘(쾨니히스베르크 교회 특별 묘소 내부)

쾨니히스베르크(칼리닌그라드) 성곽 모서리에 있는 칸트 기념 동판. "그에 대해서 자주 그리고 계속해서 숙고하면 할수록, 점점 더 큰 감탄과 외경으로 마음을 채우는 두 가지 것이 있다. 그것은 내 위의 별이 빛나는 하늘과 내 안의 도덕 법칙이다"라는 『실천이성비판』 맺음말의 첫 구절이 새겨져 있다.

《한국어 칸트전집》 간행에 부쳐

  칸트(Immanuel Kant, 1724~1804)의 철학에 대한 한국인의 연구 효시를 이정직(李定稷, 1841~1910)의 「康氏哲學說大略」(1903~1910년경)으로 본다면, 한국에서의 칸트 연구는 칸트 사후 100년쯤부터 시작된 것인데, 그 시점은 대략 서양철학이 한국에 유입된 시점과 같다. 서양철학 사상 중에서도 칸트철학에 대한 한국인의 관심은 이렇게 시기적으로 가장 빨랐을 뿐만 아니라 가장 많은 연구 논저의 결실로도 나타났다. 그 일차적인 이유는 19세기 말에서 20세기 초의 동아시아 정치 상황에서 찾을 수 있겠지만, 사상 교류의 특성상 칸트철학의 한국인과의 친화성 또한 그 몫이 적지 않을 것이다.

  칸트는 생전 57년(1746~1803)에 걸쳐 70편의 논저를 발표하였고, 그 외에 다대한 서간문, 조각글, 미출판 원고, 강의록을 남겨 그의 저작 모음은 독일 베를린 학술원 판 전집 기준 현재까지 발간된 것만 해도 총 29권 37책이다. 《한국어 칸트전집》은 이 중에서 그가 생전에 발표한 전체 저술과 이 저술들을 발간하는 중에 지인들과 나눈 서간들, 그리고 미발간 원고 중 그의 말년 사상을 포괄적으로 담고 있는 유작(Opus postumum)을 포함한다. 칸트 논저들의 번역 대본은 칸트 생전 원본이고, 서간과 유작은 구 베를린 학술원 판 전집 중 제10~12권과 제21~22권이다. (이

한국어 번역의 베를린 학술원 판 대본에 관해서는 저작권자인 출판사 Walter de Gruyter에서 한국어번역판권을 취득하였다.)

한 철학적 저작은 저자가 일정한 문화 환경 안에서 그에게 다가온 문제를 보편적 시각으로 통찰한 결실을 담고 있되, 그가 사용하는 언어로 기술한 것이다. 이러한 저작을 번역한다는 것은 그것을 다른 언어로 옮긴다는 것이고, 언어가 한 문화의 응축인 한에서 번역은 두 문화를 소통시키는 일이다. 그래서 좋은 번역을 위해서는 번역자가 원저자의 사상 및 원저의 기저를 이루고 있는 문화 배경에 대해 충분한 이해를 가질 것과 아울러 원저의 언어와 번역 언어에 대한 상당한 구사력을 가질 것이 요구된다.

18세기 후반 독일에서 칸트는 독일어와 라틴어로 저술했거니와, 이러한 저작을 한국어로 옮김에 있어 그 전혀 다른 언어 구조로 인해서 그리고 칸트가 저술한 반세기 동안의 독일어의 어휘 변화와 칸트 자신의 사상과 용어 사용법의 변화로 인해서 여러 번역자가 나서서 제아무리 애를 쓴다 해도 한국어로의 일대일 대응 번역은 어렵다. 심지어 핵심적인 용어조차도 문맥에 따라서는 일관되게 옮기기가 쉽지 않다. 게다가 한 저자의 저술을 여러 번역자가 나누어 옮기는 경우에는 번역자마다 가질 수밖에 없는 관점과 이해 정도의 차이에 따라 동일한 원어가 다소간에 상이한 번역어를 얻게 되는 것은 불가피한 일이다. 이러한 제한과 유보 아래서 이《한국어 칸트전집》을 간행한다.

당초에 대우재단과 한국학술협의회가 지원하고 출판사 아카넷이 발간한 '대우고전총서'의 일환으로 2002년부터 칸트 주요 저작들의 한국어 역주서가 원고 완성 순서대로 다른 사상가의 저술들과 섞여서 출간되었던 바, 이것이 열 권에 이른 2014년에 이것들을 포함해서 전 24권의《한국어 칸트전집》을 새롭게 기획하여 속간하는 바이다. 이 전집 발간 초기에는 해당 각 권의 사사에서 표하고 있듯이 이 작업을 위해 대우재단/한국학술협의회, 한국연구재단, 서울대학교 인문대학, 서울대학교 인문학연구원이 상당한 역주 연구비를 지원하였고, 대우재단/한국학술협의회는 출판비의 일부까지 지원하였다. 그러나 중반 이후 출판사 아카넷은 모든 과정을 독자적으로 수행하면서, 제책에 장인 정신과 미감 그리고 최고 학술서 발간의 자부심을 더해주었다. 권권에 배어 있는 여러 분들의 정성을 상기하면서, 여러 공익기관과 학술인들이 합심 협력하여 펴내는 이《한국어 칸트전집》이 한국어를 사용하는 이들의 지성 형성에 지속적인 자양분이 될 것을 기대한다.

《한국어 칸트전집》편찬자 백 종 현

책을 내면서

《한국어 칸트전집》(전 24권)을 발간 기획하고, 첫 권『실천이성비판』(전집 08〔2002〕)을 시작으로 이제 15권(16책)째를 펴내는 아카넷이 금년에 창립 25주년을 맞았다. 학술 서적 전문 출판사 운영이 지난함은 주지의 사실이거니와, 그 어려운 길을 온갖 고초를 겪으면서도 초심을 잃지 않고 걸어온 출판사 경영진에게 진심으로 경의를 표하고, 함께 기뻐하면서, 이 책『비판기 단편 논고들 II』(한국어 칸트전집, 제15권)를 내놓는다.

『비판기 단편 논고들 II』는 칸트가 그의 학문적 역량의 절정기인 1784년부터 1797년 사이에 학술지를 통해 발표한 논문 10편과 서평 2편을, 제1부 사회·정치·법 철학, 제2부 역사철학, 제3부 문화철학(자연지리학), 제4부 종교철학으로 분별하여 담고 있다. 모두가 칸트의 웅혼한 정신을 읽을 수 있는, 문자 그대로 주옥같은 논고들이다. 글을 통해 사람을 알 수 있다면, '칸트가 어떤 사람인지'를 이 논고들보다 더 잘 보여주는 글은 없을 것이다.

책의 편성에 관해 말하자면, 맨 앞에 공통의「일러두기」가 있고, 본문은 네 부로 나뉘어 발표 연대순으로 나열된 논고들 각각에 대한 '해제'와 '역주'로 이루어진다.「찾아보기」는 논고별로 작성하되, 하나로 묶어서 책의 말미에 붙인다. 논고별 찾아보기는 '인물(학파) 찾아보기'와 '개념 찾아보기'로 나누어 작성하는데, 개념 선정 기준은 각 논고의 주제 이해에 긴요한 정도이다.

번역 대본은 칸트의 원 논고가 실린 학술지들, 《베를린 월보(BM)》, 《베를린 신보(BB)》, 《일반 문예신문(ALZ)》, 《도이치 메르쿠르(TM)》의 해당 권호이고, Königlich Preußische Akademie der Wissenschaften(Hs.), *Kant's gesammelte Schriften*, *Kant's Werke*, Bd. VIII: Abhandlungen nach 1781(Berlin und Leipzig 1923) 및 Wilhelm Weischedel(Hs.), *Immanuel Kant, Werke in sechs Bänden*(Darmstadt 1954~1957)을 대조 참고하였다. 그 밖에도 쇄를 거듭하면서 비교적 널리 통용되고 있는 다음과 같은 편집본도 부분적으로 참고하였다.

> Immanuel Kant, *Kleinere Schriften zur Geschichtsphilosophie, Ethik und Politk*, hrsg. von K. Vorländer, Hamburg: Felix Meiner Verlag, 1913.
>
> Immanuel Kant, *Über den Gemeinspruch: Das mag in der Theorie richtig sein, taugt aber nicht für die Praxis / Zum ewigen Frieden*, hrsg. von H. F. Klemme, Hamburg: Felix Meiner Verlag, 1992.
>
> Immanuel Kant, *Was ist Aufklärung? / Ausgewählte kleine Schriften*, hrsg. von H. D. Brandt, Hamburg: Felix Meiner Verlag, 1999.

번역 작업은 이해뿐만 아니라 늘 표현의 어려움이 수반하는데, 앞선 이들의 번역 노고가 그 어려움을 다소간은 덜어준다. 번역 과정에서 아래의 번역서에서 크고 작은 도움을 받았다.

> 칸트 / 이한구 편역, 『칸트의 역사철학』, 서광사, 2009(개정판).

칸트 / 오진석 역, 『속설에 대하여』, 도서출판 b, 2011.

칸트(외) / 임홍배 역, 『계몽이란 무엇인가』, 도서출판 길, 2020.

칸트 / 김미영(외) 역, 『비판기 저작 I』, 한길사, 2019.

칸트 / 배정호(외) 역, 『비판기 저작 II』, 한길사, 2022.

칸트 / 李秋零 주편, 『康德著作全集 第8卷 – 1781年之后的論文』, 中國人民大學出版社, 2010.

칸트 / M. J. Gregor(ed.), *Immanuel Kant: Practical philosophy*, Cambridge University Press, 1996.

칸트 / A. W. Wood(ed.), *Immanuel Kant: Religion and Rational Theology*, Cambridge University Press, 1996.

칸트 / G. Zöller & R. B. Louden(eds.), *Immanuel Kant: Anthropology, History, and Education*, Cambridge University Press, 2007.

해제 작성에서는 이상의 문헌에서 발견할 수 있는 적절한 내용을 간취하는 한편, 발간된 《한국어 칸트전집》 14권(15책) 중 관련 부분을 활용했고, 역자가 써낸 『한국 칸트사전』(아카넷, 2019)에서 일부 대목을 끌어 쓰기도 했다.

원문 대조가 필요한 독자를 위해 칸트 원문이 실린 학술지의 면 숫자와 옛 베를린 학술원 판(AA) 제8권(VIII)의 면수를 난외에 병기하였다. 근년에 발간을 시작한 베를린-브란덴부르크 학술원(Berlin-Brandenburgische Akademie der Wissenschaften) 편집본은 완결 시점이 불명한 데다가, 아직까지는 거의 모든 관련 문헌이 옛 베를린 학술원 판에 의거하고 있으므로, 이 《한국어 칸트전집》도 계속 구 학술원 판(AA)을 준용하기로 했다.

이 책에 실린 논문 열 편은 이미 연구서에서도 곳곳을 인용하여 사용했던 만큼, 일부의 번역은 오래전에 해놓았던 것인데, 이번에 한 권의 책으로 모아 엮어 내면서 전체를 재정리한 것이다.

당초에 칸트 논저의 번역 작업에 나선 첫째 동기가, 나 자신이 칸트 관련 논문이나 연구서를 쓸 때마다 칸트 원전의 동일한 대목을 서로 다르게 번역하여 인용하는 양상을 자각하고, 나만이라도 번역문을 고정해야 할 것 아닌가 하는 문제의식이었다. 그래서 아직 역서로 출판하지 않은 여타 칸트 논저도 이미 연구서에서 다룬 대목들을 포함해서 상당량은 번역 원고가 있다. 이 책에 실린 논고의 상당 부분은 20년도 더 전에, 그리고 어떤 것은 10년 전쯤에 번역해 놓은 것으로 그간 그 번역문을 활용해서 연구서를 쓰고, 『칸트사전』을 편찬했는데, 이번에 적지 않게 '수정'하였다. — 나 자신도 나의 옛 번역문이 적의하지 않아 변경하고 수정한다. 이것은 오늘의 이 번역문에 대해서도 일정 부분 미구에 고칠 필요를 느끼게 될 수 있음을 함의한다. 하물며, 타인이 펴낸 역서에서 번역문의 구조나 어휘 선택에 대해 흡족하기가 어디 쉽겠는가? 그러니 아직 살아서 활동하고 있는 사람이 어떤 시기에 낸 번역서를 두고 '결정판'이라느니 '정본(定本)'이라느니 말하는 것은 실로 물색없는 짓이라 할 것이다(십중팔구 상업적 의도를 가진 과대광고 문구일 터이지만).

번역서는 꾸준히 개선해 나가 외국어 원서의 진의를 자국어로 최대한 근접하게 표현해 내는 것을 사명으로 갖는다. 이 책에 실린 모든 논고는 이미 한국어로 번역되어 나온 것이다. 어떤 논고는 4종 이상의 역서에 들어 있기도 하다. 여기에 추가되는 이 역서가 칸트 원서를 한국어로 이해하는 데 무엇인가 개선점을 포함하고 있기를 바라고, 마땅히 그러해야 함이 도리일 것이다. 이와 관련해서도 독자 제현의 격에 맞는 말씀이 있을 것을 기대한다. 그리고 원고를 재정리하는 사이에 불현듯 떠오르는 것이 있어 적어 넣을 때면, "할아버지, 뭐해?" 물으면서 다가와 궁금해하던 네 살 인우가 독서 능력이 생겨, 함께 주제 토론할 수 있는 날이 기다려진다.

이 책을 펴내는 데도 많은 분들의 후의와 정성, 그리고 노고가 함께하였다. 아카넷 김정호 대표님은 《한국어 칸트전집》의 완간을 기다리면서 이 책의 출간도 흔쾌히 맡아주셨고, 박수용 팀장님은 무엇보다도 책의 편제를 짜임새 있게 하느라 노고가 크셨다. 많은 이들의 정성과 노고가 헛되지 않게 하는 것이 책을 내는 이의 도리임을 명심하면서, 독자와의 생산적인 대화를 통해 우리 사회 문화가 한 발짝 더 진보하기를 기대한다.

2025년 10월 3일
정경재(靜敬齋)에서
백종현

차례

책을 내면서	13
일러두기	21
※ 역주의 원칙	23
※ 칸트 논저 약호(수록 구 베를린 학술원 판 전집 권수)와 한국어 제목	26
※ 유사어 및 상관어 대응 번역어 표	35

비판기 단편 논고들 II 역주

제1부 사회·정치·법 철학	63
계몽이란 무엇인가(1784)	65
이론과 실천(1793)	83
인간애로 거짓말한다는 허위의 권리에 관하여(1797)	145
제2부 역사철학	159
보편 역사에 대한 이념(1784)	161
서평: 헤르더의 『인류 역사의 철학에 대한 이념들』	187
제1 서평(1785. 1)	195
제1 서평에 대한 반박 글에 관한 서평자 촌평(1785. 3)	211
제2 서평(1785. 8)	215
인간 역사의 시초(1786)	227

제3부 문화철학(자연지리학)   257
   '인종'의 개념 규정(1785)   259
   철학에서 목적론적 원리들의 사용(1788)   289

제4부 종교철학   337
   '사고에서 방향을 잡다'란 무슨 뜻인가?(1786)   339
   변신론에서 모든 철학적 시도의 실패에 관하여(1791)   373
   만물의 종말(모든 것들의 끝)(1794)   401

찾아보기   425

일러두기

※ **역주의 원칙**

1. 각 논고의 번역 대본은 각 논고의 시작 부분에서 밝힌다.
2. 원문과 번역문의 대조를 위해 번역문의 해당 대목에 각 논고가 최초로 게재된 학술지의 약호(예컨대, BM=*Berlinische Monatsschrift*)에 이어서 면수를, 그리고 옛 프로이센 학술원 판 전집(*Kant's gesammelte Schriften*, Bd. VIII: Abhandlungen nach 1781, Berlin und Leipzig 1923)의 해당 면을 'VIII'에 이어서 면수를 붙여 밝힌다. 다만, 독일어(또는 라틴어/그리스어)와 한국어의 어순이 다른 경우가 많으므로 원문과 번역문의 면수에 약간의 차이가 있음은 양해하기로 한다.
3. 칸트 원문은 가능한 한 대역(對譯)하여 한국어로 옮긴다. 번역 본문에서는 외래어로 이미 음차 표기가 통용되고 있거나 아직 대응하는 한국어 낱말을 찾을 수 없는 경우를 제외하고, 특히 개념어들은, 모두 한국어로 옮긴다. 한글 표기를 원칙으로 하되, 필요한 경우에는 한글에 이어 〔 〕안에 한자어를 병기한다. 그러나 원문이 라틴어나 그리스어일 경우 그에 상응하는 한자말이 있을 때는 한자를 노출시켜 쓴다. 서양말 원어를 밝힐 필요가 있을 때는 각주에 적고, 해제 및 각주 설명문에는 원어를 자유롭게 섞어 쓴다.
4. 번역은 학술적 엄밀성을 염두에 두어 직역을 원칙으로 삼고, 가능한 한 원문의 문체, 어투, 문단 나누기 등도 보존하여, 원저의 글쓰기 방식을 그대로 보이도록 한다. 현대적 글쓰기에 맞지 않은 부분이나 문단들이라도 의미 전달이

아주 어렵지 않은 경우라면 그대로 둔다.

5. 원문의 단어 형태도 최대한 번역문에서 그대로 유지한다. 예컨대 원문의 'Natursystem'은 '자연체계'로, 'Sytem der Natur'는 '자연 체계' 또는 '자연의 체계'로 옮겨 적는다.(이런 경우 통상의 한국어 띄어쓰기 원칙에 어긋남이 있을 수도 있겠다.)
6. 칸트의 다른 저작 또는 다른 구절을 한국어로 옮길 때를 고려하여, 다소 어색함이 있다고 하더라도, 원서에서 사용하고 있는 동일한 용어에는 되도록 동일한 한국어를 대응시킨다. 용어가 아닌 보통 낱말들에도 가능하면 하나의 번역어를 대응시키지만, 이런 낱말들의 경우에는 문맥에 따라 유사한 여러 번역어들을 적절히 바꿔 쓰고, 또한 풀어쓰기도 한다. (※ 〔유사어 및 상관어 대응 번역어 표〕 참조)
7. 유사한 또는 동일한 뜻을 가진 낱말이라고 하더라도 원저자 자신이 번갈아 가면서 쓰는 말은 가능한 한 한국어로도 번갈아 쓴다. (※ 〔유사어 및 상관어 대응 번역어 표〕 참조)
8. 대명사의 번역에서는 지시하는 명사가 명백할 경우 한국어의 문맥상 필요하면 본래의 명사를 반복하여 써주되, 이미 해석이 개입할 여지가 있을 경우는 '그것'·'이것'·'저것' 등이라고 그대로 옮겨 쓰고, 역자의 해석은 각주에 밝힌다.
9. 직역이 어려워 불가피하게 원문에 없는 말을 끼워 넣어야 할 대목에서는 〔 〕 안에 넣어 쓴다. 또한 하나의 번역어로는 의미 전달이 어렵거나 오해의 가능성이 있을 경우에도 그 대안이 되는 말을 〔 〕 안에 쓴다. 그러나 이중 삼중의 번역어 통용이 불가피하거나 무난하다고 생각되는 곳에서는 해당 역어를 기호 '/'를 사이에 두고 함께 쓴다.
10. 한국어 표현으로는 다소 생소하더라도 원문의 표현 방식과 다른 맥락에서의 표현의 일관성을 위하여 독일어 어법에 맞춰 번역하되, 그 표현만으로는 오해될 우려가 클 경우에는 〔 〕 안에 자연스러운 한국어 표현을 병기한다.
11. 원 논고에 등장하는 인물, 서책, 사건, 지명 등이 비교적 널리 알려져 있지 않은 경우에는 그에 대해 각주를 붙여 해설한다.
12. 칸트의 다른 저술이나 철학 고전들과 연관시켜 이해해야 할 대목은 각주를 붙여 해설한다. 단, 칸트 원저술들을 인용함에 있어서 칸트의 단행본 저술은

원본 중 대표 판본에서 하되 초판은 'A', 재판은 'B'식으로 표기하고, 논고는 최초 게재된 학술지에서, 여타의 것은 구 베를린 학술원 판(AA)에서 하되, 제목은 한국어 또는 약어로 쓰며, 원 논저명은 아래의 "※ 칸트 논저 약호(수록 구 베를린 학술원 판 전집 권수)와 한국어 제목"과 같다.
13. (제목 전체가 격자(隔字)체일 경우는 제외하고) 원문의 격자체 낱말은 진하게 쓰며, 인명은 굴림체로 구별하여 쓴다.
14. '※'표와 함께 등장하는 칸트 원서의 주해와 구별되도록, 역자의 주해는 아라비아 숫자로 번호 붙인 각주를 통해 제공한다.

※ 칸트 논저 약호(수록 구 베를린 학술원 판 전집 권수)와 한국어 제목

AA   Akademie-Ausgabe
                 '구 베를린 학술원 판 전집' /《구 학술원 판 전집》

Anth   Anthropologie in pragmatischer Hinsicht (VII)
                 『실용적 관점에서의 인간학』/『인간학』

AP   Aufsätze, das Philanthropin betreffend (II)

BBM   Bestimmung des Begrifs einer Menschenrace (VIII)
                 「'인종'의 개념 규정」

BDG   Der einzig mögliche Beweisgrund zu einer Demonstration des Daseins Gottes (II)
                 『유일 가능한 신의 현존 증명근거』/『신의 현존 증명』

Br   Briefe (X~XIII)
                 편지

DfS   Die falsche Spitzfindigkeit der vier syllogistischen Figuren erwiesen (II)

Di   Meditationum quarundam de igne succincta delineatio (I)
                 『불에 대하여』

EACG   Entwurf und Ankündigung eines Collegii der physischen Geographie (II)

EAD	Das Ende aller Dinge (VIII)
	「만물의 종말」
EEKU	Erste Einleitung in die Kritik der Urteilskraft (XX)
	「판단력비판 제1서론」
FBZE	Fortgesetzte Betrachtung der seit einiger Zeitwahrgenommenen Erderschütterungen (I)
FEV	Die Frage, ob die Erde veralte, physikalisch erwogen (I)
FM	Welches sind die wirklichen Fortschritte, die die Metaphysik seit Leibnitzens und Wolf's Zeiten in Deutschland gemacht hat? (XX)
	「형이상학의 진보」
FM/Beylagen	FM: Beylagen (XX)
FM/Lose Blätter	FM: Lose Blätter (XX)
FRT	Fragment einer späteren Rationaltheologie (XXVIII)
GAJFF	Gedanken bei dem frühzeitigen Ableben des Herrn Johann Friedrich von Funk (II)
GMS	Grundlegung zur Metaphysik der Sitten (IV)
	『윤리형이상학 정초』
GNVE	Geschichte und Naturbeschreibung der merkwürdigsten Vorfälle des Erdbebens, welches an dem Ende des 1755sten Jahres einen großen Theil der Erde erschüttert hat (I)
GSE	Beobachtungen über das Gefühl des Schönen und Erhabenen (II)
	『미와 숭고의 감정에 관한 고찰』
GSK	Gedanken von der wahren Schätzung der lebendigen Kräfte (I)
	『활력의 참측정』/『활력의 참측정에 대한 견해』

GUGR	Von dem ersten Grunde des Unterschiedes der Gegenden im Raume (II)
	「공간에서의 방위 구별의 제1근거에 대하여」
HN	Handschriftlicher Nachlass (XIV~XXIII)
IaG	Idee zu einer allgemeinen Geschichte in weltbürgerlicher Absicht (VIII)
	「보편 역사에 대한 이념」
KpV	Kritik der praktischen Vernunft (V)
	『실천이성비판』
KrV	Kritik der reinen Vernunft (제1판(A): IV, 제2판(B): III)
	『순수이성비판』
KU	Kritik der Urteilskraft (V)
	『판단력비판』
Log	Logik (IX)
	『논리학』
MAM	Muthmaßlicher Anfang der Menschengeschichte (VIII)
	「인간 역사의 시초」
MAN	Metaphysische Anfangsgründe der Naturwissenschaft (IV)
	『자연과학의 형이상학적 기초원리』/『자연과학의 기초원리』
MonPh	Metaphysicae cum geometria iunctae usus in philosophia naturali, cuius specimen I. continet monadologiam physicam (I)
	「물리적 단자론」
MpVT	Über das Mißlingen aller philosophischen Versuche in der Theodicee (VIII)
	「변신론」

MS		Die Metaphysik der Sitten (VI)
		『윤리형이상학』
MSI		De mundi sensibilis atque intelligibilis forma et principiis (II)
		『감성 세계와 예지 세계의 형식과 원리들』〔교수취임논고〕
NEV		Nachricht von der Einrichtung seiner Vorlesungen in dem Winterhalbenjahre von 1765~1766 (II)
		「1765/1766 겨울 학기 강의 개설 공고」
NG		Versuch, den Begriff der negativen Größen in die Weltweisheit einzuführen (II)
		『부정량 개념』/『부정량 개념의 세계지로의 도입 시도』
NLBR		Neuer Lehrbegriff der Bewegung und Ruhe und der damit verknüpften Folgerungen in den ersten Gründen der Naturwissenschaft (II)
NTH		Allgemeine Naturgeschichte und Theorie des Himmels (I)
		『천체 일반 자연사와 이론』/『일반 자연사』
OP		Opus Postumum (XXI~XXII)
		〔유작〕/『유작』
Päd		Pädagogik (IX)
		『교육학』/『칸트의 교육학』
PG		Physische Geographie (IX)
		『자연지리학』/『지리학』
PhilEnz		Philosophische Enzyklopädie (XXIX)
PND		Principiorum primorum cognitionis metaphysicae nova dilucidatio (I)
		『형이상학적 인식의 제1원리들에 대한 신해명』/『신해명』
Prol		Prolegomena zu einer jeden künftigen Metaphysik

	(IV)
	『형이상학 서설』
Refl	Reflexion (XIV~XIX)
	조각글
RezHerder	Recensionen von J. G. Herders Ideen zur Philosophie der Geschichte der Menschheit (VIII)
	「헤르더 서평」
RezHufeland	Recension von Gottlieb Hufeland's Versuch über den Grundsatz des Naturrechts (VIII)
RezMoscati	Recension von Moscatis Schrift: Von dem körperlichen wesentlichen Unterschiede zwischen der Structur der Thiere und Menschen (II)
RezSchulz	Recension von Schulz's Versuch einer Anleitung zur Sittenlehre für alle Menschen (VIII)
RezUlrich	Kraus' Recension von Ulrich's Eleutheriologie (VIII)
RGV	Die Religion innerhalb der Grenzen der bloßen Vernunft (VI)
	『이성의 한계 안에서의 종교』/『순전한 이성의 한계들 안에서의 종교』
RL	Metaphysische Anfangsgründe der Rechtslehre (VI)
	『법이론의 형이상학적 기초원리』/『법이론』
SF	Der Streit der Fakultäten (VII)
	『학부들의 다툼』
TG	Träume eines Geistersehers, erläutert durch die Träume der Metaphysik (II)
	『시령자의 꿈』/『형이상학의 꿈에 의해 해명된 시령자의 꿈』
TL	Metaphysische Anfangsgründe der Tugendlehre (VI)
	『덕이론의 형이상학적 기초원리』/『덕이론』

TP	Über den Gemeinspruch: Das mag in der Theorie richtig sein, taugt aber nicht für die Praxis (VIII) 『이론과 실천』
TW	Neue Anmerkungen zur Erläuterung der Theorie der Winde (I)
UD	Untersuchung über die Deutlichkeit der Grundsätze der natürlichen Theologie und der Moral (II) 「자연신학과 도덕」 / 「자연신학과 도덕학의 원칙들의 분명성에 관한 연구」
UFE	Untersuchung der Frage, ob die Erde in ihrer Umdrehung um die Achse, wodurch sie die Abwechselung des Tages und der Nacht hervorbringt, einige Veränderung seit den ersten Zeiten ihres Ursprungs erlitten habe (I)
ÜE	Über eine Entdeckung, nach der alle neue Kritik der reinen Vernunft durch eine ältere entbehrlich gemacht werden soll (VIII) 『발견』
ÜGTP	Über den Gebrauch teleologischer Principien in der Philosophie (VIII) 「목적론적 원리들의 사용」
VAEaD	Vorarbeit zu Das Ende aller Dinge (XXIII)
VAKpV	Vorarbeit zur Kritik der praktischen Vernunft (XXIII)
VAMS	Vorarbeit zur Metaphysik der Sitten (XXIII)
VAProl	Vorarbeit zu den Prolegomena zu einer jeden künftigen Metaphysik (XXIII)
VARGV	Vorarbeit zur Religion innerhalb der Grenzen der bloßen Vernunft (XXIII)
VARL	Vorarbeit zur Rechtslehre (XXIII)

VASF	Vorarbeit zum Streit der Fakultäten (XXIII)
VATL	Vorarbeit zur Tugendlehre (XXIII)
VATP	Vorarbeit zu Über den Gemeinspruch: Das mag in der Theorie richtig sein, taugt aber nicht für die Praxis (XXIII)
VAÜGTP	Vorarbeit zu Über den Gebrauch teleologischer Principien in der Philosophie (XXIII)
VAVT	Vorarbeit zu Von einem neuerdings erhobenen vornehmen Ton in der Philosophie (XXIII)
VAZeF	Vorarbeiten zu Zum ewigen Frieden (XXIII)
VBO	Versuch einiger Betrachtungen über den Optimismus (II)
VKK	Versuch über die Krankheiten des Kopfes (II)
VNAEF	Verkündigung des nahen Abschlusses eines Tractats zum ewigen Frieden in der Philosophie (II)
Vorl	Vorlesungen (XXIV~) 강의록
V–Anth/Busolt	Vorlesungen Wintersemester 1788/1789 Busolt (XXV)
V–Anth/Collins	Vorlesungen Wintersemester 1772/1773 Collins (XXV)
V–Anth/Fried	Vorlesungen Wintersemester 1775/1776 Friedländer (XXV)
V–Anth/Mensch	Vorlesungen Wintersemester 1781/1782 Menschenkunde, Petersburg (XXV)
V–Anth/Mron	Vorlesungen Wintersemester 1784/1785 Mrongovius (XXV)
V–Anth/Parow	Vorlesungen Wintersemester 1772/1773 Parow (XXV)
V–Anth/Pillau	Vorlesungen Wintersemester 1777/1778 Pillau (XXV)
V–Eth/Baumgarten	Baumgarten Ethica Philosophica (XXVII)

V-Lo/Blomberg	Logik Blomberg (XXIV)
V-Lo/Busolt	Logik Busolt (XXIV)
V-Lo/Dohna	Logik Dohna-Wundlacken (XXIV)
V-Lo/Herder	Logik Herder (XXIV)
V-Lo/Philippi	Logik Philippi (XXIV)
V-Lo/Pölitz	Logik Pölitz (XXIV)
V-Lo/Wiener	Wiener Logik (XXIV)
V-Mo/Collins	Moralphilosophie Collins (XXVII)
V-Mo/Kaehler(Stark)	Immanuel Kant: Vorlesung zur Moralphilosophie (Hrsg. von Werner Stark, Berlin/New York 2004)
V-Mo/Mron	Moral Mrongovius (XXVII)
V-Mo/Mron II	Moral Mrongovius II (XXIX)
V-Met/Arnoldt	Metaphysik Arnoldt (K3) (XXIX)
V-Met/Dohna	Kant Metaphysik Dohna (XXVIII)
V-Met/Heinze	Kant Metaphysik L1 (Heinze) (XXVIII)
V-Met/Herder	Metaphysik Herder (XXVIII)
V-Met-K2/Heinze	Kant Metaphysik K2 (Heinze, Schlapp) (XXVIII)
V-Met-K3/Arnoldt	Kant Metaphysik K3 (Arnoldt, Schlapp) (XXVIII)
V-Met-K3E/Arnoldt	Ergänzungen Kant Metaphysik K3 (Arnoldt) (XXIX)
V-Met-L1/Pölitz	Kant Metaphysik L 1 (Pölitz) (XXVIII)
V-Met-L2/Pölitz	Kant Metaphysik L 2 (Pölitz, Original) (XXVIII)
V-Met/Mron	Metaphysik Mrongovius (XXIX)
V-Met-N/Herder	Nachträge Metaphysik Herder (XXVIII)
V-Met/Schön	Metaphysik von Schön, Ontologie (XXVIII)
V-Met/Volckmann	Metaphysik Volckmann (XXVIII)
V-MS/Vigil	Die Metaphysik der Sitten Vigilantius (XXVII)
V-NR/Feyerabend	Naturrecht Feyerabend (XXVII)
V-PG	Vorlesungen über Physische Geographie (XXVI)
V-Phil-Enzy	Kleinere Vorlesungen. Philosophische Enzyklopädie

	(XXIX)
V-Phil-Th/Pölitz	Philosophische Religionslehre nach Pölitz (XXVIII)
V-PP/Herder	Praktische Philosophie Herder (XXVII)
V-PP/Powalski	Praktische Philosophie Powalski (XXVII)
V-Th/Baumbach	Danziger Rationaltheologie nach Baumbach (XXVIII)
V-Th/Pölitz	Religionslehre Pölitz (XXVIII)
V-Th/Volckmann	Natürliche Theologie Volckmann nach Baumbach (XXVIII)
VRML	Über ein vermeintes Recht, aus Menschenliebe zu lügen(VIII) 「거짓말」
VT	Von einem neuerdings erhobenen vornehmen Ton in der Philosophie (VIII) 「고상한 논조」
VUB	Von der Unrechtmäßigkeit des Büchernachdrucks (VIII)
VUE	Von den Ursachen der Erderschütterungen bei Gelegenheit des Unglücks, welches die westliche Länder von Europa gegen das Ende des vorigen Jahres betroffen hat (I)
VvRM	Von den verschiedenen Racen der Menschen (II)
WA	Beantwortung der Frage: Was ist Aufklärung? (VIII) 「계몽이란 무엇인가」
WDO	Was heißt sich im Denken orientiren? (VIII) 「사고에서 방향 잡기」
ZeF	Zum ewigen Frieden (VIII) 『영원한 평화』

※ 유사어 및 상관어 대응 번역어 표

ableiten

    ableiten: 도출하다/끌어내다, Ableitung: 도출, Deduktion: 연역, abziehen: 추출하다

Absicht

    Absicht: 의도/관점/견지, Rücksicht: 고려/견지, Hinsicht: 관점/돌아봄/참작, Vorsatz: 고의/결의, Entschluß: 결심/결정

absolut

    absolut: 절대적(으로), schlechthin: 단적으로/절대로, schlechterdings: 단연코/절대로

abstrahieren

    abstrahieren: 추상하다/사상(捨象)하다, absehen: 도외시하다/눈을 돌리다

Achtung

    Achtung(observatio/reverentia): 존경(尊敬/敬畏), Hochachtung: 존경/경의, Respekt: 존경/존경심/경의, Ehrfurcht: 외경, Hochschätzung: 존중, Schätzung: 평가/존중, Ehre: 명예/영광/경의/숭배, Verehrung(reverentia): 숭배(崇拜)/경외(敬畏)/경배/흠숭/존숭/공경/경의를 표함, Ehrerbietung: 숭경, Anbetung: 경배

Affinität

일러두기   35

Affinität: 근친(성), Verwandtschaft: 친족성/근친(성)

affizieren

affizieren: 촉발하다/영향을 끼치다, Affektion: 촉발/자극/애착/애호, Affekt: 정동(情動)/격정/흥분/촉발/정서/감격/정감, affektionell: 격정적/정동적/촉발된/정서적/정감적, (affektieren: ~인 체하다/허세를 부리다, Affektation: 내숭/허세/허식), ※ anreizen: 자극하다

ähnlich

ähnlich: 비슷한/유사한, analogisch: 유비적/유추적

also

also: 그러므로, folglich: 따라서, mithin: 그러니까, demnach: 그 때문에, daher: 그래서, daraus: 그로부터

anfangen

anfangen: 시작하다, Anfang: 시작/시초/기초, anheben: 개시하다/출발하다

angemessen

angemessen: 알맞은/적절한/부합하는, füglich: 걸맞은/어울리는

angenehm

angenehm: 쾌적한/편안한, unangenehm: 불쾌(적)한/불편한/불유쾌한, Annehmlichkeit: 쾌적함/편안함, behaglich: 편안한/유쾌한, gemächlich: 안락한/평온한

anhängend

anhängend: 부수적, adhärierend: 부착적

Ankündigung

Ankündigung: 통고/선포/공지/알림, Kundmachung: 공포/알림

Anmut

Anmut: 우미(優美), Eleganz: 우아

Anreizen

anreizen: 자극하다, Reiz: 자극/매력, stimulus: 刺戟, rühren: 건드리다/손대다/마음을 움직이다, Rühren: 감동, Rührung: 감동, berühren: 건드리다/접

촉하다, Begeisterung: 감격

Apprehension

Apprehension(apprehensio): 포착(捕捉)/점취(占取), Auffassung(apprehensio): 포착(捕捉: 직관/상상력의 작용으로서)/파악(把握: 지성의 작용으로서), Erfassen: 파악, Begreifen: (개념적) 파악/개념화/이해

a priori

a priori: 선험적, a posteriori: 후험적, angeboren(innatus): 선천적[本有的]/생득적/생래적/천성적/타고난, anerschaffen: 타고난/천부의

arrogantia

arrogantia: 自滿/自慢, Eigendünkel: 자만[自慢]

Ästhetik

Ästhetik: 감성학/미감학/미학, ästhetisch: 감성(학)적/미감적/미학적

aufheben

aufheben: 지양하다/폐기하다/폐지하다, ausrotten: 근절하다/섬멸하다, vertilgen: 말살하다/절멸하다, vernichten: 무효로 하다/폐기하다/파기하다/섬멸하다/없애다

Aufrichtigkeit

Aufrichtigkeit: 정직성[함], Ehrlichkeit: 솔직성[함]/정직성/진실성, Redlichkeit: 진정성, Wahrhaftigkeit: 진실성[함], Rechtschaffenheit: 성실성[함], Freimütigkeit: 공명 솔직[함]/숨김없음, Offenheit: 솔직/개방/공명정대/공공연성, Offenherzigkeit: 진솔함/솔직 담백성[함], Geradheit: 직선성/올곧음

Bedeutung

Bedeutung: 의미, Sinn: 의의

Bedingung

Bedingung: 조건, bedingt: 조건 지어진/조건적, das Bedingte: 조건 지어진 것/조건적인 것, das Unbedingte: 무조건자[/무조건적인 것], das Uneingeschränkte: 무제한자/무제한적인 것

Begehrung

Begehrung/Begehren(appetitus): 욕구(欲求), Begierde(appetitio): 욕망(慾望)/

욕구, Begier: 욕망, Bedürfnis: 필요/필요욕구/요구/필요요구, Verlangen: 요구/갈망/열망/바람/요망, Konkupiszenz(concupiscentia): 욕정(慾情), Gelüst(en): 갈망/정욕, Lüsternheit: 육욕/정욕/열정, cupiditas: 慾望, libido: 情欲

begreifen

begreifen: (개념적으로) 파악하다/개념화하다/포괄하다/(포괄적으로) 이해하다/해득하다, Begriff: 개념/이해, (Un)begreiflichkeit: 이해(불)가능성/해득(불)가능성, verstehen: 이해하다, fassen: 파악하다/이해하다, Verstandesvermögen: 지성 능력, Fassungskraft: 이해력

Beispiel

Beispiel: 예/실례/사례/본보기, zum Beispiel: 예를 들어, z. B.: 예컨대, beispielsweise: 예를 들어, e. g.: 例컨대

Beistimmung

Beistimmung: 찬동/동의, ※ Einstimmung: 일치/찬동, Stimme: 동의, Beifall: 찬동, Beitritt: 찬성/가입

bemerken

bemerken: 주목하다/인지하다/주의하다, aufmerken: 주시하다/주의하다, anmerken: 적어두다/주해하다, merken: 표시하다/알아채다/유의하다

beobachten

beobachten: 준수하다/지키다/관찰하다, Beobachtung: 관찰/준수, befolgen: 따르다/준수하다, Befolgung: 추종/준수

Bereich

Bereich: 영역, Gebiet: 구역, Sphäre: 권역, Kreis: 권역, Feld: 분야, Fach: 분과/전문 분야, Umfang: 범위, Region: 지역/지방/영역, territorium: 領土, ditio: 領域

Besitz

Besitz(possessio): 점유(占有), Besitznehmung(appprehensio): 점유취득(占取), Besitztum: 점유(물/권), ※ Eigentum: 소유(물/권), ※ Haben: 소유(가지다)/자산, Zueignung(appropriatio): 전유(영득)(專有), Bemächtigung(occupatio): 선점(先占)/점령(占領)

besonder

    besonder: 특수한/개개의, partikular: 특별한/개별적/국부적, spezifisch: 종적/종별적/특종의

Bestimmung

    Bestimmung: 규정/사명/본분/본령, bestimmen: 규정하다/결정하다/확정하다, bestimmt: 규정된(/적)/일정한/확정된(/적)/명확한/한정된, unbestimmt: 무규정적/막연한/무한정한

Bewegung

    Bewegung: 운동/동요/움직임, Motion: 동작/운동/움직임

Bewegungsgrund

    Bewegungsgrund/Beweggrund: 동인, Bewegursache: (운)동인

Beweis

    Beweis: 증명/증거, Beweistum: 증거, Demonstration: 입증/실연/시위

Bibel

    Bibel: 성경, (Heilige) Schrift: 성서 ※ Schrift: 저술, heiliges Buch: 성경책

Bild

    Bild: 상/도상(圖像)/형태/그림/사진, Schema: 도식(圖式), Figur: 형상(形象)/도형, Gestalt: 형태, Urbild: 원형/원상, Vorbild: 전형/모범/원형

Boden

    Boden: 지반/토대/기반/토지/지역/영토, Erde: 흙/땅/토양/대지/지구/지상, Land: 땅/육지/토지/지방/지역/나라, Horizont: 지평

böse

    böse:악한, das Böse: 악, malum: 惡/害惡/禍, Übel: 화/악/해악/재해/재화(災禍)/재난/나쁜 것/병환/질환, boshaft: 사악한, bösartig: 악의적/음흉한, böslich: 악의적/음흉한, schlecht: 나쁜, arg: 못된/악질적인/고약한, tückisch: 간악한/간계의, Arglist: 간계

Buch

    Buch: 책/서/저서, Schrift: 저술, Werk: 저작/작품/소행, Abhandlung: 논고/논문

Bund

  Bund: 연맹, Bündnis: 동맹, foedus: 同盟, Föderation: 동맹/연방, Koaltion: 연립, Verein: 연합/협회, Assoziation: 연합, Verbund: 연맹

Bürger

  Bürger: 시민, Mitbürger: 동료시민/공동시민, Staatsbürger(cives): 국가시민(市民)/국민, Volk(populus): 민족(人民)/국민/족속, Stammvolk(gens): 민족(民族), Nation(gens): 국민(都市民)/민족

Charakter

  Charakter: 성격/특성/특징/성품/인물, Charakteristik: 특성/특징, charakterisieren: 특징짓다/특색을 이루다

darstellen

  darstellen: 현시하다/그려내다/서술하다, Darstellung(exhibitio): 현시(現示/展示)/그려냄/서술, darlegen: 명시하다, dartun: 밝히다

Denken

  Denken: 사고(작용), denken: (범주적으로) 사고하다/(일반적으로) 생각하다, Denkart: 사고방식/신념/견해, Gedanke: 사유(물)/사상(思想)/사고내용/상념/생각, Denkung: 사고/사유, Denkungsart: 사유방식/성향/성정, Sinnesart: 성미/기질

Ding

  Ding: 사물/일/것, Sache: 물건/사상(事象)/사안/실질내용/일, ※ Wesen: 존재자(것/자)/본질

Ding an sich

  Ding an sich: 사물 자체, Ding an sich selbst: 사물 그 자체

Disziplin

  Disziplin: 훈육, Zucht: 훈도

Dogma

  Dogma: 교의/교조, dogmatisch: 교의적/교조(주의)적, Lehre: 교리/학설/이론/가르침, Doktrin: 교설, ※ eigenmächtig: 독단적

Dreistigkeit

Dreistigkeit: 호기〔豪氣〕, Dummdreistigkeit: 뻔뻔함/방자(함), Unverschämtheit: 몰염치/후안무치

Dummheit

Dummheit(stupiditas): 우둔(愚鈍)(함)/천치(天痴), Dummkopf/Idiot: 바보/천치, stumpf: 둔(감)한/무딘, hebes: 鈍한, obtusus: 鈍感한, Albernheit: 우직(함), Tor: 멍청이, Torheit: 멍청함/어리석음, Narr: 얼간이, Pinsel: 멍텅구리, Blödsinn: 저능/백치, Geck: 바보 건달/멋쟁이

Ehe

Ehe: 혼인, Heirat: 결혼, Trauung: 혼례

eigen

eigen: 자신의/고유한, eigentlich: 본래의/원래의, Eigenschaft: 속성/특성, Eigentum: 소유, eigentümlich: 특유의(/한)/고유의/소유의, Eigentümlichkeit: 특유성/고유성, eigenmächtig: 독단적, Beschafenheit: 성질, ※ Attribut: (본질)속성/상징속성

Eigensinn

Eigensinn: 아집/편집〔偏執〕

Einbildung

Einbildung: 상상, Bildung: 형성/교양/교육/도야, Phantasie: 공상, Phantasma: 환상

Einleitung

Einleitung: 서론, Vorrede: 머리말, Prolegomenon/-mena: 서설, Prolog: 서문, Vorerinnerung: 서언, Vorbemerkung: 일러두기

einseitig

einseitig: 일방적/일면적/한쪽의, doppelseitig: 쌍방적/양면적/양쪽의, beiderseitig: 양쪽의/양편의/쌍방적, allseitig: 전방적/전면적, wechselseitig: 교호적/상호적, beide: 양자의/둘의/양편의, beide Teile: 양편/양쪽, gegeneinander: 상호적으로

Einwurf

Einwurf: 반론, Widerlegung: 반박

Einzelne(das)

    das Einzelne: 개별자, Individuum: 개체/개인

Empfindung

    Empfindung: 감각/느낌, Empfindlichkeit: 예민/민감, Empfindsamkeit: 다감함/감수성, Empfindelei: 민감함/감상주의

entsprechen

    entsprechen: 상응하다, korrespondieren: 대응하다

entstehen

    entstehen: 발생하다, entspringen: 생기다, geschehen: 일어나다, hervorgehen: 생겨나(오)다, stattfinden/statthaben: 있다/발생하다/행해지다

erblich

    erblich: 상속의/유전적, erben: 상속받다/유전되다, vererben: 물려주다/계승되다/유전되다, anerben: 상속하여 전하다/물려주다/유전되다, anarten: 동화시키다/천성이 되다

Erörterung

    Erörterung(expositio): 해설(解說), Exposition: 해설, Aufklärung: 해명, Erläuterung: 해명/설명, Erklärung: 설명/언명/공언/성명(서)/표시, Explikation: 해석/석명(釋明), Deklaration: 선언/천명/(의사) 표시, Aufschluß: 해결/해명, Auslegung: 해석/주해, Ausdeutung: 설명/해석, Deutung: 해석/설명

Erscheinung

    Erscheinung: 현상, Phaenomenon(phaenomenon): 현상체(現象體), Sinneswesen: 감성존재자, Sinnenwelt(mundus sensibilis): 감성(각)세계(感性(覺)世界)

erzeugen

    zeugen: 낳다/출산하다/생산하다, Zeugung: 낳기/생식/출산/세대, erzeugen: 산출하다/낳다/출산하다, Erzeugung: 산출/출산/출생/생산, hervorbringen: 만들어내다/산출하다/낳다/실현하다

Erziehung

    Erziehung: 교육, erziehen: 교육하다/키우다/기르다, Bildung: 형성/교양/교육/도야, Unterweisung: 교습/교수/교시/가르침, Unterricht: 강의/교수/

가르침/교도(教導), Ausbildung: 양성/형성/완성/도야, Belehrung: 가르침/교시
Fall
  Fall: 낙하/추락/경우, Abfall: 퇴락, Verfall: 타락
Feierlichkeit
  Feierlichkeit: 장엄/엄숙/예식/의례(儀禮)/화려, Gebräuche: 의식(儀式)/풍속/관례, Förmlichkeit: 격식/의례(儀禮), Zeremonie: 예식/격식
Feigheit
  Feigheit: 비겁, niederträchtig: 비루한/비열한, ※ gemein: 비열한/비루한, Schüchternheit: 소심(함), Blödigkeit: 수줍음
finden
  finden: 발견하다, treffen: 만나다, antreffen: 마주치다, betreffen: 관련되(하)다/마주치다, Zusammentreffen: 함께 만남/일치
Form
  Form: 형식, Formel: 정식(定式), (Zahlformel: 수식(數式)), Figur: 형상(形象)/도형, Gestalt: 형태, ※ Förmlichkeit: 격식/의례(儀禮)
Folge
  Folge: 잇따름/계기(繼起)/후속(後續)/결과/결론, folgen: 후속하다/뒤따르다/뒤잇다/잇따르다/결론으로 나오다, sukzessiv: 순차적/점차적/연이은, Sukzession: 연이음, Kontinuum: 연속체, Kontinuität: 연속성, kontinuierlich: 연속적, Fortsetzung: 계속
Frage
  Frage: 물음, Problem: 문제, Problematik: 문제성
Freude
  Freude: 환희/유쾌/기쁨, freudig: 유쾌한/기쁜, Frohsein: 기쁨, froh: 기쁜/즐거운, Fröhlichkeit: 환희/유쾌/명랑, fröhlich: 기쁜/유쾌한/쾌활한/명랑한, erfreulich: 즐거운, Lustigkeit: 쾌활(함)
Furcht
  Furcht: 두려움/공포, Furchtsamkeit: 겁약(성)/소심(함), Furchtlosigkeit: 대

담(성), Schreck: 경악/놀람, Schrecken: 겁먹음/경악/전율, Erschrecken: 겁먹음/경악/놀람, Erschrockenheit: 깜짝 놀람/겁 많음, Grauen: 전율/공포, Grausen: 전율, Gäuseln: 소름 돋음, Greuel: 공포/소름 끼침, Entsetzen: 공황(恐慌), Schauer: 경외감, Schauern: 오싹함/오한

Gang

Gang: 보행/진행/경과, Schritt: 행보/(발)걸음, Fortgang: 전진/진전/진행, Rückgang: 후퇴/배진, Fortschritt: 진보

gefallen

gefallen: 적의(適意)하다/마음에 들다, Gefälligkeit: 호의, Mißfallen: 부적의(不適意)/불만, mißfallen: 적의하지 않다/부적의(不適意)하다/마음에 들지 않다, Wohlgefallen(complacentia): 흡족(洽足)/적의함(=Wohlgefälligkeit), ※ Komplazenz: 흐뭇함

Gehorchen

Gehorchen: 순종, Gehorsam: 복종, Unterwerfung: 복속/굴종/정복, Ergebung: 순응

gehören

gehören: 속하다/의속(依屬)하다/요구된다, angehören: 소속되다, zukommen: 귀속되다

gemäß

gemäß: 맞춰서/(알)맞게/적합하게/의(거)해서/준거해서, nach: 따라서, vermittelst: 매개로/의해, vermöge: 덕분에/의해서

gemein

gemein: 보통의/평범한/공통의/공동의/상호적/일상의/비열한/비루한, gemeiniglich: 보통, gewöhnlich: 보통의/흔한/통상적으로, alltäglich: 일상적(으로), alltägig: 일상적/매일의

Gemeinschaft

Gemeinschaft: 상호성/공통성/공동체/공동생활/공유, gemeines Wesen: 공동체, Gesellschaft: 사회, Gemeinde: 기초 단체/교구/회중(會衆)/교단

Gemüt

Gemüt(animus): 마음(心)/심성(心性), Gemütsart(indoles): 성품(性品)/성정(性情), Gemütsanlage: 마음의 소질/기질, Gemütsfassung: 마음 자세/마음의 자세, Gemütsstimmung: 심정/기분, Gesinnung: 마음씨, Herzensgesinnung: 진정한 마음씨, Herz: 심/진심/심정/심성/마음/가슴/심장, Seele(anima): 영혼(靈魂)/마음/심성, Geist(spiritus/mens): 정신(精神)/정령/성령/영(靈), Gespenst: 유령, ※ Sinnesänderung: 심성의 변화/회심(回心), Herzensänderung: 개심(改心)

Genie

Genie: 천재, Kopf: 수재/머리/두뇌/인사, Talent: 재능, Gabe: (천부적) 재능/재질/천품, begabt: 천품의/품수(稟受)한

Genuß

Genuß: 향수(享受)/향유/향락, genießen: 즐기다/향유하다

Gerechtigkeit

Gerechtigkeit: 정의/정의로움, Rechtfertigung: 의(로움)/의롭게 됨(의로워짐)/정당화/변호, gerecht(iustium): 정의(正義)로운, ungerecht(iniustium): 부정의(不正義)한

Geschäft

Geschäft: 과업/일/실제 업무, Beschäftigung: 일/용무, Angelegenheit: 업무/소관사/관심사/사안, Aufgabe: 과제

Gesetz

Gesetz: 법칙/법/법률/율법, Regel: 규칙, regulativ: 규제적, Maxime: 준칙, Konstitution: 헌법/기본체제/기본구성, Grundgesetz: 기본법/근본법칙, Verfassung: (기본/헌정)체제/헌법, Grundsatz: 원칙, Satz: 명제, Satzung: 종규(宗規)/율법, Statut: (제정(制定))법규, statutarisch: 법규적/규약적/제정법(制定法)적, Verordnung: 법령, ※ Recht: 법/권리/정당/옳음

Geschmack

Geschmack: 취미/미각/맛, Schmack: 맛/취미

gesetzgebend

gesetzgebend: 법칙수립적/입법적, legislativ: 입법적

Gespräch

    Gespräch: 대화, Unterredung: 담화, Konversation: 회화, Unterhaltung: 환담/오락

Gewohnheit

    Gewohnheit: 습관/관습/풍습, Gewohntwerden(consuetudo): 익숙/습관(習慣), Angewohnheit(assuetudo): 상습(常習)/습관(習慣), Fertigkeit: 습성/숙련, habitus: 習性, habituell: 습성적

Gleichgültigkeit

    Gleichgültigkeit: 무관심/아무래도 좋음, Indifferenz: 무차별, ohne Interesse: (이해)관심 없이, Interesse: 이해관심/관심/이해관계, adiaphora: 無關無見

Glückseligkeit

    Glückseligkeit: 행복, Glück: 행(복)/행운, Seligkeit: 정복(淨福)

Gottseligkeit

    Gottseligkeit: 경건, Frömmigkeit: 독실(함)/경건함/신심

Grenze

    Grenze: 한계, Schranke: 경계/제한, Einschränkung: 제한(하기)

Grund

    Grund: 기초/근거, Grundlage: 토대, Grundlegung: 정초(定礎), Basis: 기반/토대, Anfangsgründe: 기초원리, zum Grunde legen: 기초/근거에 놓다(두다), unterlegen: 근저에 놓다(두다), Fundament: 토대/기저 ※ Boden: 지반/토대/기반/지역/영토/땅

gründen

    gründen: 건설하다/(sich)기초하다, errichten: 건립하다/설치하다, stiften: 설립하다/창설하다/세우다

gut

    gut: 선한/좋은, das Gute: 선/좋음, bonum: 善/福, gutartig: 선량한, gütig: 온화한/관대한, gutmütig: 선량한/선의의

Habe

    Habe: 소유물/재산, Habe und Gut: 소유재산, Haben:소유(가지다)/(총)자

산/대변, Inhabung(detentio): 소지(所持), ※ Vermögen: 재산/재산력, vermögend: 재산력 있는/재산이 많은

Handlung

Handlung: 행위(사람의 경우)/작동(사물의 경우)/작용/행위작용/행사, Tat: 행실/행동/행위/업적/실적/사실, Tatsache: 사실, factum: 行實/事實, Tun: 행함/행동/일/짓, Tun und Lassen: 행동거지/행위, Tätigkeit: 활동, Akt/Aktus/Actus: 작용/행동/행위/행위작용/활동/동작, Wirkung: 결과/작용결과/작용/효과, Verhalten: 처신/태도, Benehmen: 행동거지, Lebenswandel: 품행, Betragen: 거동/행동, Gebärde: 거동, Konduite: 범절, Anstand: 몸가짐/자세, ※ Werk: 소행/작품/저작

Hilfe

Hilfe: 도움, Beihilfe: 보조/도움, Beistand: 원조/보좌, Mitwirkung: 협력/협조, Vorschub: 후원, Beitritt: 가입/협조

Hochmut

Hochmut: 거만, Übermut: 오만

Illusion

Illusion: 환상/착각/환각, Blendwerk(praestigiae): 환영(幻影)/현혹/기만, Hirngespinst: 환영(幻影), Schattenbild: 허깨비/허상

immer

immer: 언제나, jederzeit: 항상, immerdar: 줄곧, auf immer: 영구히, ewig: 영원한(히), immerwährend: 영구한/영속적인, stets: 늘, stetig: 끊임없는, permanent: 영속적인/상설의, perpetuell: 항구적/영구적, perpetuierlich: 항구적/영구적, allemal: 언제나, jedesmal: 매번

Imperativ

Imperativ(imperativus): 명령(命令), Gebot: 지시명령/계명, gebieten: 지시명령하다, dictamen: 命法, Geheiß: 분부/지시, befehlen: 명령하다, befehligen: 지휘하다, Observanz: 계율/준봉(遵奉), ※ Vorschrift: 지시규정/지정/규정(規程)/규율/훈계/지침/훈령

intellektuell

intellektuell: 지성적, Intellekt: 지성, Intellektualität: 지성성, intelligibel: 예지적, intelligent: 지적인, Intelligenz: 지적 존재자/예지자, Noumenon(noumenon): 예지체(叡智體), Verstandeswesen: 지성존재자/오성존재자, Verstandeswelt(mundus intelligibilis): 예지(/오성)세계(叡智(/悟性)世界), Gedankenwesen: 사유물, Gedankending: 사유물

Irrtum

Irrtum: 착오, Täuschung: 착각/기만

Kanon

Kanon: 규준(規準), Richtschnur: 먹줄/기준/표준, Richtmaß: 표준(척도), Maß: 도량/척도, Maßstab: 자(準矩)/척도, Norm(norma): 규범(規範)

klar

klar: 명료한/명백한, deutlich: 분명한, dunkel: 애매한/불명료한/흐릿한/어슴푸레, verworren: 모호한/혼란한, zweideutig: 다의적/이의(二義)적/애매한/애매모호한, doppelsinnig: 이의(二義)적/애매한/애매모호한, aequivocus: 曖昧한/多義的/二義的, evident: 명백한/자명한, offenbar: 분명히/명백히, augenscheinlich: 자명한/명백히, einleuchtend: 명료한, klärlich: 뚜렷이, apodiktisch: 명증적, bestimmt: 규정된/명확한, hell: 명석한/총명한/맑은/밝은

Körper

Körper: 물체/신체, Leib: 몸/육체, Fleisch: 육(肉)/살

Kraft

Kraft: 힘/력/능력/실현력/역량, Vermögen: 능력/가능력/재산, Fähigkeit: (능)력/할 수 있음/유능(함)/성능/역량, Macht: 지배력/권력/권능/위력/세력/힘, Gewalt: 권력/강제력/통제력/지배력/지배권/통치력/폭력, Gewalttätigkeitt: 폭력/폭행, Stärke: 강함/힘셈/장점, Befugnis: 권한/권능, potentia: 支配力/力量, potestas: 權力/能力

Krieg

Krieg: 전쟁, Kampf: 투쟁/전투/싸움, Streit: 항쟁/싸움/다툼/논쟁, Streitigkeit: 싸움거리/다툼거리/쟁점/쟁론/분쟁, Zwist: 분쟁/불화, Zwistigkeit: 분

규/불화, Fehde: 반목, Befehdung: 반목/공격, Anfechtung: 시련/유혹/불복/공격, Mißhelligkeit: 불화/알력, Zwietracht: 불화, Händel: 분규, Zank: 언쟁/말싸움/쟁투/불화

Kultur

Kultur: 배양/개발/문화/교화/개화, kultivieren: 배양하다/개발하다/교화하다/개화하다, ※ gesittet: 개명된

Kunst

Kunst: 기예/예술/기술, künstlich: 기예적/예술적/기교적, kunstreich: 정교한, Technik: 기술, technisch: 기술적인, Technizism: 기교성/기교주의

lachen

lachen: 웃다, lächeln: 미소짓다, belachen: 큰소리로 웃다/홍소하다, belächeln: 홍소를 띠다, auslachen: 조소하다, hohnlachen: 비웃다/코웃음치다

Legalität

Legalität(legalitas): 합법성(合法性), Gesetzmäßigkeit: 합법칙성, gesetzmäßig: 합법칙적/합법적, Rechtmäßigkeit: 적법성/합당성/권리 있음, rechtmäßig: 적법한/합당한/권리 있는, Legitimität(legitimitas): 정당성(正當性)

Lehrer

Lehrer: 교사/선생(님)/스승, Schüler: 학생/제자, Lehrling: 학도/도제/제자, Zögling: 생도/문하생

Lohn

Lohn(merces): 보수(報酬)/임금(賃金)/노임(勞賃), Belohnung(praemium): 상(賞給), Vergeltung(remuneratio/repensio): 보답(報償/報酬), brabeuta: 施賞(者)

mannigfaltig

mannigfaltig: 잡다한/다양한, Mannigfaltigkeit: 잡다성/다양성, Vielfältigkeit: 다양성/잡다성, Varietät: 다양성/다종성, Einfalt: 간단/간결/소박함/단순, einfach: 단순한, einerlei: 한가지로/일양적

Materie

Materie: 질료, Stoff: 재료/소재

Mechanismus

Mechanismus: 기계성/기제(機制)/기계조직, Mechanik: 역학/기계학/기계조직, mechanisch: 역학적/기계적, Maschinenwesen: 기계체제

Mensch

Mensch: 인간/사람, man: 사람(들), Mann: 인사/남자/남편/어른

Menschenscheu

Menschenscheu: 인간기피, Misanthropie: 인간혐오, Anthropophobie: 대인공포증, Philanthrop: 박애(주의)자

Merkmal

Merkmal(nota): 징표(徵標), Merkzeichen: 표징, Zeichen: 표시/기호, Kennzeichen: 표지(標識), Symbol: 상징, Attribut: (본질)속성/상징속성

Moral

Moral: 도덕/도덕학, moralisch: 도덕적, Moralität: 도덕(성), Sitte: 습속/관습, Sitten: 윤리/예의/예절/습속/풍속/행적, sittlich: 윤리적, Sittlichkeit: 윤리(성), Sittsamkeit(pudicitia): 정숙(貞淑), gesittet: 예의 바른/개화된/교양 있는/품위 있는/개명된, Ethik: 윤리학, ethisch: 윤리(학)적, Anstand: 예절, Wohlanständigkeit: 예의범절/예절 바름

Muster

Muster: 범형/범례/전형, musterhaft: 범형적/범례적/전형적, Typus: 범형, Typik: 범형론, exemplarisch: 본보기의/견본적, Probe: 견본/맛보기, schulgerecht: 모범적, ※ Beispiel: 예/실례/사례/본보기

Natur

Natur: 자연/본성/자연본성, Welt: 세계/세상, physisch: 자연적/물리적

nämlich

nämlich: 곧, das ist: 다시 말하면, d. i.: 다시 말해, secundum quid: 即

nehmen

nehmen: 취하다, annehmen: 상정하다/채택하다/받아들이다/납득하다, aufnehmen: 채용하다

Neigung

Neigung: 경향성/경향, Zuneigung: 애착, Hang(propensio): 성벽(性癖), Tendenz: 경향/추세/동향

nennen

nennen: 부르다, heißen: 일컫다, benennen: 명명하다, bezeichnen: 이름 붙이다/표시하다

notwendig

notwendig: 필연적, notwendigerweise: 반드시, nötig: 필수적/필요한, unausbleiblich: 불가불, unentbehrlich: 불가결한, unerläßlich: 필요불가결한, unvermeidlich: 불가피하게, unumgänglich: 불가피하게

nun

nun: 이제/그런데/무릇, jetzt: 지금/이제

nur

nur: 오직/다만/오로지/단지, bloß: 순전히/한낱/한갓, allein: 오로지, lediglich: 단지/단적으로

Objekt

Objekt: 객관(아주 드물게 객체), Gegenstand: 대상

Ordnung

Ordnung: 순서/질서, Anordnung: 정돈/정치(定置)/배치/안배(按配)/서열/질서(규정)/조치/법령(체제), ※ Verordnung: 법령/규정

Orignal

Original: 원본, original: 원본적/독창적, originell: 본원적/독창적, originär: 완전히 새로운/독자적인, erfinderisch: 독창적

Pathos

Pathos: 정념, Pathologie: 병리학, pathologisch: 정념적/병리학적, Apathie (apatheia): 무정념(無情念), Leidenschaft: 열정/정열/욕정/정념/수난, passio: 熱情/情念/受難/受動, ※ Konkupiszenz(concupiscentia): 욕정(欲情), ※ Affekt: 정동/격정/정감

Pflicht

Pflicht(officium): 의무(義務), Verpflichtung: 의무(를) 짐/의무지움/책임, Verbindlichkeit(obligatio): 책무(責務)/구속성/구속력, Obligation: 책무/임

무, Obliegenheit: 임무, Verantwortung: 책임, ※ Schuld: 채무/탓/책임, ※ Schuldigkeit: 책임/채무

Position

Position: 설정, Setzen: 정립

Prädikat

Prädikat: 술어, Prädikament: 주(主)술어, Prädikabilie: 준술어

Problem

Problem: 문제, Problematik: 문제성, problematisch: 미정(未定)적/문제(성) 있는/문제(問題)적, Frage: 물음/문제, Quästion: 질문, wahrscheinlich: 개연적, Wahrscheinlichkeit: 개연성/확률, probabel: 개연적(蓋然的), Probabilität: 개연성/확률, Probabilismus: 개연론/개연주의

Qualität

Qualität(qualitas): 질(質), Eigenschaft: 속성/특성, Beschaffenheit: 성질

Quantität

Quantität(quantitas): 양(量), Größe: 크기, Quantum(quantum): 양적(量的)인 것, Menge: 분량/많음, Masse: 총량/다량

Ratschlag

Ratschlag: 충고, Ratgebung: 충언

Realität

Realität: 실재(성)/실질(성)/실질실재(성), Wirklichkeit: 현실(성), realisiern: 실재화하다, verwirklichen: 현실화하다/실현하다

Recht

Recht: 법/권리/정당함/옳음, recht(rectum): 올바른(正)/법적/정당한/옳은, unrecht(minus rectum): 그른(不正)/불법적/부당한, rechtlich: 법적인, ※ rechtmäßig: 적법한/합당한/권리 있는

rein

rein: 순수한, ※ bloß: 순전한, einfach: 단순한, lauter: 순정(純正)한/숫제, echt: 진정한/진짜의

Rezeptivität

Rezeptivität: 수용성, Empfänglichkeit: 감수성/수취(가능)성/수취력/수용성/얻을 수 있음/받을 수 있음, Affektibilität: 감응성, Einnehmung: 수득/복용
schaffen
schaffen: 창조하다, erschaffen: 조물하다/창작하다, schöpfen: 창조하다, Schaffer: 창조자, Schöpfer: 창조주, Erschaffer: 조물주, Urheber: 창시자
Schein
Schein: 가상/모습/외관/그럴듯함, Aussehen: 외관/외양, Anstrich: 외모/외양
Schema
Schema: 도식〔圖式〕, Bild: 도상〔圖像〕/상〔像〕/형상〔形像〕/그림, Figur: 도형〔圖形〕/모양/모습/형상〔形象〕, Gestalt: 형태
Schöne(das)
Schöne(das): 미적인 것/아름다운 것, Schönheit: 미/아름다움, ※ ästhetisch: 감성(학)적/미감적/미학적
Schuld
Schuld: 빚/채무/죄과/탓/책임, Schuldigkeit(debitum): 책임〔責任〕/채무〔債務〕, Unschuld: 무죄/순결무구, Verschuldung(demeritum): 부채〔負債〕/죄책〔罪責〕
Schüler
Schüler: 학생, Jünger: 제자, Lehrjünger: 문하생, Lehrling: 학도/도제, Zögling: 사생/생도/유아
Sein
Sein: 존재/임〔함〕/있음, Dasein: 현존(재), Existenz: 실존(재)/생존, Wesen: 존재자〔것/자〕/본질
Selbstliebe
Selbstliebe: 자기사랑, philautia: 自愛, Eigenliebe: 사애〔私愛〕
selbstsüchtig
selbstsüchtig: 이기적, eigennützig: 사리〔私利〕적, uneigennützig: 공평무사한
sich
an sich: 자체(적으)로, an sich selbst: 그 자체(적으)로, für sich: 그것 자체(적

의)로/독자적으로

Sinn

Sinn: 감(각기)관/감각기능/감각/심성/생각, sinnlich: 감성적/감각적, Sinnlichkeit: 감성, sensibel: 감수적/감성적/감각적, sensibilitas: 感受性, sensitiv: 감수적/감각적, Sensation: 선정(煽情)감각, Leichtsinn: 경박/경솔, Tiefsinn: 심오/침울, Frohsinn: 쾌활/명랑, Schawachsinn: (정신)박약, Gefühl: 감정/감(感), ※ Empfindung: 감각/느낌

Sitz

Sitz(sedes): 점거(占據)/점거지(占據地)/거점(據點)/자리/본거지/거처/좌석, Wohnsitz: 거주지, Niederlassung: 거주, Ansiedlung(incolatus): 정주(定住), Lagerstätte: 거소/침소

Sklave

Sklave: 노예, servus: 奴隸, Leibeigene: 농노/예속자, Leibeigenschaft: 농노신분/노예신분(자)/예속(관계), Grunduntertan: 농노, Gutsuntertan: 농노, glebae adscriptus: 田畓名簿者/農奴, Diener: 하인/종/사환/노복, Dienerschaft: 하인신분(자)/예속자/예속(관계), Gesinde: 종복/가복/하인, Domestik: 노복/머슴, famulatus: 隸屬者, famulatus domesticus: 家內 奴僕/家僕, subiectus: 家僕, subiectus domesticus: 家僕, Hausgenosse: 가인(家人)/가솔, Untertan: 신민/신하/가속

Spiel

Spiel: 유희/놀이/흥/노름/작동/움직임/활동, verspielen: 노름에서 잃다

sogenannt

sogenannt: 이른바, vermeintlich: 소위, angeblich: 세칭(世稱)/자칭, vorgeblich: 소위/사칭적

Spontaneität

Spontaneität: 자발성, Selbsttätigkeit: 자기활동성

Strafe

Strafe: 형벌/처벌/징벌/벌, Strafwürdigkeit: 형벌성(형벌을 받을 만함), Strafbarkeit: 가벌성(형벌을 받을 수 있음), reatus: 罪過/違反, culpa: 過失/欠缺,

dolus: 犯罪, poena: 罰/刑罰/處罰/補贖, punitio: 處罰/懲罰

streng

streng: 엄격한, strikt: 엄밀한

Substanz

Substanz(substantia): 실체(實體), Subsistenz: 자존(自存)성/자존체, bleiben: (불변)존속하다/머무르다, bleibend: (불변)존속적(/하는), bestehen: 상존하다, beständig: 항존적, Dauer: 지속, beharrlich: 고정(불변)적, Beharrlich-keit: 고정(불변)성

Sünde

Sünde: 죄/죄악, ※ peccatum: 罪/罪惡, Sündenschuld: 죄책, Sühne: 속죄/보속/보상/처벌, Entsündigung: 정죄(淨罪), Genugtuung: 속죄/보상/명예회복, Erlösung: 구원/구제, Versöhnung: 화해, Expiation: 속죄/보상/죄 갚음, Büßung: 참회/속죄/죗값을 치름, bereuen: 회개하다/후회하다, Pönitenz: 고행

Synthesis

Synthesis: 종합, Einheit: 통일(성)/단일(성)/하나, ※ Vereinigung: 합일/통합/통일/하나 됨/결사

Tapferkeit

Tapferkeit(fortitudo): 용기(勇氣)/용감함/굳셈, Mut: 의기/용기, mutig: 의기로운/용맹한, brav: 용감한/씩씩한, Herzhaftigkeit: 담대함(성), Unerschrockenheit: 대담성(함), ※ Erschrockenheit: 깜짝 놀람/겁 많음

Temperament

Temperament: 기질/성미, Disposition: 성향/기질, Prädisposition(praedispositio): 성향(性向), ※ Sinnesart: 성미/기질, ※ Denkungsart: 사유방식(/성향)

transzendental

transzendental: 초월적(아주 드물게 초험적/초월론적), transzendent: 초험적/초재적, immanent: 내재적, überschwenglich: 초절적/과도한, überfliegend: 비월적(飛越的), Transzendenz: 초월

trennen

trennen: 분리하다, abtrennen: 분리시키다, absondern: 떼어내다/격리하다/분류하다/분별하다, isolieren: 격리하다/고립시키다

Trieb

Trieb: 추동(推動)/충동/본능, Antrieb: 충동, Instinkt: 본능, Triebfeder: (내적) 동기, Motiv: 동기

Trug

Trug: 속임(수)/기만, Betrug(fraus): 기만(欺瞞)/사기, Lügenhaftigkeit: 기망(欺罔)/거짓, ※ Täuschung(illusio): 착각(錯覺)/속임/기만/사기, Augenverblendnis(fascinatio): 현혹(眩惑)/미혹, Vorspiegelung: 현혹/꾸며 댐, Erschleichung: 사취/슬쩍 손에 넣음/슬며시 끼어듦, Subreption: 절취, Defraudation(defraudatio): 편취(騙取)

Tugend

Tugend: 덕/미덕, Laster: 패악/악덕, Untugend: 부덕, virtus: 德, vitium: 悖惡/缺陷/缺點, peccatum: 罪/罪惡, Verdienst(meritum): 공적(功德), ※ malum: 惡/害惡/禍

Übereinstimmung

Übereinstimmung: 합치, Einstimmung: 일치/찬동, Stimmung: 조율/정조(情調)/기분/분위기/기조, Zusammenstimmung: 부합/합치/화합, Verstimmung: 부조화/엇나감, Übereinkommen: 일치, Angemessenheit: (알)맞음/적합/부합, Harmonie: 조화, Einhelligkeit: 일치/이구동성, Verträglichkeit: 화합/조화, Eintracht: 화목/단결/융합, Entsprechung: 상응/대응, Konformität: 합치/동일형식성, Kongruenz: 합동/합치, korrespondieren: 대응하다, adaequat: 일치하는/부합하는/대응하는/부응하는/충전한

Übergang

Übergang: 이행(移行), Überschritt: 이월/넘어감, Überschreiten: 넘어감/위반, ※ Transzendenz: 초월

überhaupt

überhaupt: 일반적으로/도대체, überall: 어디서나/도무지, denn: 대관절/무

릇/왜냐하면

Überzeugung

　Überzeugung: 확신, Überredung: 신조/설득/권유, Bekenntnis: 신조/고백

Unterschied

　Unterschied: 차이/차별/구별, Unterscheidung: 구별, Verschiedenheit: 상이(성)/서로 다름, unterscheiden: 구별하다/판별하다

Ursprung

　Ursprung: 근원/기원, ursprünglich: 원래/근원적으로, Quelle: 원천, Ursache: 원인/이유, Kausaltät: 원인(성)/인과성, Grund: 기초/근거/이유

Urteil

　Urteil: 판단/판결, Beurteilung: 판정/평가/비평/가치판단/판단, richten: 바로잡다/재판하다/심판하다

Veränderung

　Veränderung: 변화, Abänderung: 변이(變移)/변경/수정/개혁, Änderung: 변경, Umänderung: 변혁/교정, Wechsel: 바꿈/변전(變轉)/교체, Abwechselung: 교체, Wandeln: 변모/전변(轉變), Umwandlung: 전환/변이, Verwandlung: 변환, Umwälzung: 변혁/전복, Reform: 개혁, Revolution: 혁명

Verbindung

　Verbindung(conjunctio): 결합(結合)/관련/구속/결사(結社), Verknüpfung(nexus): 연결(連結)/결부, Anknüpfung: 결부/연결/유대, Knüpfung: 결부/매듭짓기

Verbrechen

　Verbrechen: 범죄, Übertretung: 위반/범법, Vergehen: 범행/위반/소멸, Verletzung: 침해/훼손/위반

verderben

　verderben: 부패하다/타락하다/썩다, Verderbnis: 부패, Verderbheit(corruptiocorruptio): 부패성(腐敗性)

Vereinigung

　Vereinigung: 통합(체)/통일(체)/합일/조화/규합/결사, Vereinbarung: 합의/협정/합일/화합, Vereinbarkeit: 합의 가능성/화합 가능성

Vergnügen

Vergnügen: 즐거움/쾌락/기뻐함, Unterhaltung: 즐거움/오락, Kurzweil: 재미있음/즐거움, Wo(h)llust: 희열/환락/쾌락/음탕, Komplazenz: 흐뭇함, Ergötzlichkeit: 오락/열락/흥겨움/기쁨을 누림, ergötzen: 기쁨을 누리다/흥겨워하다/즐거워하다, ergötzend: 흥겨운/즐겁게 하는

Verhältnis

Verhältnis: 관계, Beziehung: 관계 (맺음), Relation: 관계

Verstand

Verstand: 지성[아주 드물게 오성], verständig: 지성적/오성적/예지적, verständlich: 이해할 수 있는, Unverstand: 비지성/무지/어리석음, ※ intellektuell: 지성적, intelligibel: 예지(叡智)적, Intellektualität: 지성성

vollkommen

vollkommen: 완전한, vollständig: 완벽한, völlig: 온전히, vollendet: 완결된/완성된, ganz/gänzlich: 전적으로

Vorschrift

Vorschrift: 지시규정/지정/규정(規程)/규율/훈계/지침/훈령, vorschreiben: 지시규정하다/지정하다

Wahl

Wahl: 선택/선거, wählen: 선택하다, Auswahl: 선정/선발, auswählen: 선정하다/선발하다

Wahn

Wahn: 망상/광기/조중(躁症), Wahnsinn: 광기/망상, Schwärmerei: 광신/열광, Verrückung: 전위(轉位)/착란/미침/광(狂)/광기, Störung: 착란, Raserei: 광란, Tollheit: 미친 짓/미친 것/광기

wahr

wahr: 참인(된)/진리의, Wahrheit: 진리/참임, wahrhaftig: 진실한, Wahrhaftigkeit: 진실성

Wartung

Wartung: 양육, Verpflegung: 보육, Unterhaltung: 부양, Versorgung: 부육

〔扶育〕

weil

　weil: 왜냐하면(~ 때문이다), denn: 왜냐하면(~ 때문이다)/무릇(~ 말이다), da: ~이므로/~이기 때문에

Wette

　Wette: 내기/시합, Wetteifer: 겨루기/경쟁(심), Wettstreit: 경합, Nebenbuhlerei: 경쟁심

Widerspruch

　Widerspruch: 모순, Widerstreit: 상충, Widerspiel: 대항(자), Widerstand: 저항

wild

　wild: 미개한/야만적, Wildheit: 미개함/야만성/야성, barbarisch: 야만적, roh: 조야한/날것의

Wille

　Wille: 의지, Wollen: 의욕(함), Willkür(arbitrium): 의사(意思)/자의(恣意), willkürlich: 자의적인/의사에 따른/의사대로/수의적(隨意的), unwillkürlich: 본의 아닌/의사 없이/비자의적인/비수의적, Willensmeinung: 의향, beliebig: 임의적, Unwille: 억지/본의 아님/불쾌, unwillig: 억지로/마지못해, Widerwille: 꺼림/반감, freiwillig: 자유의지로/자원해서/자의(自意)적인/자발적

Wirkung

　Wirkung: 작용결과/결과, Folge: 결과, Erfolg: 성과, Ausgang: 결말

Wissen

　Wissen: 앎/지(知)/지식, Wissenschaft: 학문/학(學)/지식, Erkenntnis: 인식, Kenntnis: 지식/인지/앎

Wohl

　Wohl: 복/복리/안녕/편안/평안/건전, Wohlsein: 복됨/평안함/안녕함/건강/잘함, Wohlleben: 유족(裕足)한 삶/풍족한 생활, Wohlbefinden: 안녕/평안/유쾌, Wohlbehagen: 유쾌(함), Wohlergehen: 번영/편안/평안, Wohlfahrt: 복지, Wohlstand: 유복, Wohlwollen: 호의/친절, Wohltun: 친절(함)/선행,

Wohltat: 선행/자선/은혜, Wohltätigkeit: 자선/선행/자비/자애/선량함/인자, benignitas: 仁慈/慈愛, Wohlverhalten: 훌륭한(방정한) 처신

Wunder

Wunder: 놀라움/기적, Bewunderung: 경탄, Verwunderung: 감탄, Erstauen: 경이, Ehrfurcht: 외경, Schauer: 경외

Würde

Würde: 존엄(성)/품위, Würdigkeit: 품격(자격)/품위, würdig: 품격 있는, Majestät: 위엄, Ansehen: 위신/위엄, Qualifikation: 자격, qualifiziert: 자격 있는/본격적인

zart

zart: 섬세한, zärtlich: 부드러운/민감한

Zufriedenheit

Zufriedenheit(acquiescentia): 만족(滿足/平靜), unzufrieden: 불만족한(불만족스러운), Befriedigung: 충족, Genügsamkeit: 족(足)함, ※ Wohlgefallen(complacentia): 흡족(洽足), ※ Erfüllung: 충만/충족/이행(履行)

Zusammenfassung

Zusammenfassung(comprehensio): 총괄(總括)/요약/개괄, Zusammennehmung: 통괄/총괄, Zusammensetzung(compositio): 합성(合成)/구성(構成), Zusammengesetztes(compositum): 합성된 것/합성체(合成體)/복합체(複合體), Zusammenhang: 연관(성)/맥락, Zusammenhalt: 결부/결속/응집, Zusammenkommen: 모임, Zusammenstellung: 모음/편성, Zusammennehmung: 접합

Zwang

Zwang: 강제, Nötigung: 강요

Zweck

Endzweck: 궁극목적, letzter Zweck: 최종 목적, Ziel: 목표, Ende: 종점/끝/종말

비판기 단편 논고들 II
———————
역주

제1부
사회 · 정치 · 법 철학

계몽이란 무엇인가(1784)
이론과 실천(1793)
인간애로 거짓말한다는 허위의 권리에 관하여(1797)

계몽이란 무엇인가

Berlinische Monatsschrift.
1784.
Zwölftes Stük. December.

I.

Beantwortung der Frage:
Was ist Aufklärung?

(S. Decemb. 1783. S. 516.)

Aufklärung ist der Ausgang des Menschen aus seiner selbst verschuldeten Unmündigkeit. Unmündigkeit ist das Unvermögen, sich seines Verstandes ohne Leitung eines anderen zu bedienen. Selbstverschuldet ist diese Unmündigkeit, wenn die Ursache derselben nicht am Mangel des Verstandes, sondern der Entschließung und des Muthes liegt, sich seiner ohne Leitung eines andern zu bedienen. Sapere aude! Habe Muth dich deines eigenen Verstandes zu bedienen! ist also der Wahlspruch der Aufklärung.

Faulheit und Feigheit sind die Ursachen, warum ein so großer Theil der Menschen, nachdem sie die Natur längst von fremder Leitung frei gesprochen

---

번역 대본

Beantwortung der Frage: Was ist Aufklärung?,

1) in: *Berlinische Monatsschrift*(BM), hrsg. von F. Gedike / J. E. Biester, Bd. 4(Julius bis December, 1784), Zwölftes Stück, Berlin 1784, S. 481~494.

2) in: Wilhelm Weischedel(Hs.), *Immanuel Kant, Werke in sechs Bänden*, Darmstadt 1954, Bd. VI, S. 51~61.

3) in: Königlich Preußische Akademie der Wissenschaften(Hs.), *Kant's gesammelte Schriften, Kant's Werke*, Bd. VIII: Abhandlungen nach 1781, Berlin und Leipzig 1923, S. 33~42.

해제

논고의 발표 경위와 사회 문화적 의의

칸트의 논고 「"계몽이란 무엇인가?"라는 물음에 대한 답변(Beantwortung der Frage: Was ist Aufklärung?)」(약칭: 「계몽이란 무엇인가」(WA))은 최초로 계몽 학술지 ① 《베를린 월보(Berlinische Monatsschrift(BM))》(F. Gedike / J. E. Biester 공편), 1784년 제4권(제12호), 481~494면에 게재되었다. 그 후에도 이 논고는 칸트 생전에만 해도

② *Kleine Schriften von Immanuel Kant*, Neuwied 1793, S. 34~50,

③ *Zerstreute Aufsätze von Herrn Professor Kant*, Frankfurt u. Leipzig 1793, S. 25~37,

④ *I. Kants sämmtliche kleine Schriften*, Königsberg u. Leipzig 1797, Bd. III, S. 159~172,

⑤ *I. Kant's vermischte Schriften*, Halle 1799, Bd. II, S. 687~700

등에 수록 재발간되었다.

원제 「"계몽이란 무엇인가?"라는 물음에 대한 답변」이 시사하고 있듯이, 이 논고는 제3자가 제기한 물음에 대한 당대 계몽주의의 대표적 지성인

칸트의 답변이다. 《베를린 월보》의 주 편집자 비스터(Johann Erich Biester, 1749~1816)는 익명으로 이 학술지(BM, Bd. 3, (September 1783), S. 265~276) 에 「성직자들이 혼인성사를 더 이상 집전하지 말 것을 제안함(Vorschlag, die Geistlichen nicht mehr bei Vollziehung der Ehen zu bemühen)」이라는 글을 썼다. — 비스터는 베를린의 후기계몽주의(Spätaufklärung)의 대표자이자 계몽주의자들의 모임인 "수요회" 일원으로서, 계몽주의자들의 대중 매체라 할 수 있는 《베를린 월보》를 1783년에 창간하여 1796년까지 발간하다가, 이를 이어 1797년에는 《베를린 신보(Berlinische Blätter(BB))》를 창간하여 1798년까지 속간한 인물이다. (칸트는 이 학술지에 15편의 논고를 게재하였는데, 그로써 그는 이 학술지의 최다 투고자였다.) —

비스터의 저 글에 대해 역시 수요회의 일원으로 목사인 쵤너(Johann Friedrich Zöllner, 1753~1804)가 같은 해 12월에 반박의 글: 「종교를 통해 더는 혼인이 성화(聖化)되지 않는 것이 추장할 만한 일인가?(Ist es rathsam, das Ehebündniß nicht ferner durch die Religion zu sanciren?)」(BM, Bd. 3, (December 1783), S. 508~517)를 전개하면서, "'계몽이란 무엇인가?' — 거의 '진리란 무엇인가'라는 물음만큼이나 중요한 이 물음은 계몽에 나서기 전에 충분히 답변되어야 마땅하다. 그러나 나는 아직 어디에서도 이 물음에 대한 답변을 보지 못했다"(S. 516)라는 각주를 붙인 바 있다.

쵤너의 저 물음에 대해 또한 수요회의 일원인 멘델스존(Moses Mendelssohn, 1729~1786)이 「계몽이란 무엇인가' 하는 물음에 관하여(Ueber die Frage: Was heißt aufklären)」라는 글을 1784년 9월 역시 《베를린 월보》를 통해 발표(BM, Bd. 4, (September 1784), S. 193~200)했다. 그리고 논고의 말미에서 밝히고 있듯이 미처 이 글을 보지 못했던 칸트도 관련 논고를 작성하여 뒤이어 발표하게 되었다.

칸트의 이 논고 「"계몽이란 무엇인가?"라는 물음에 대한 답변」으로 인해, 당시의 시대정신이라 할 수 있는 '계몽'의 뜻에 관한 논의가 결실을 얻고, 그 사회 문화 운동의 방향이 분명해졌다. 그리고 미구에 닥친 프리드리히 빌헬름 2세(Friedrich Wilhelm II, 재위: 1786~1797) 치하의 반계몽주의적 역행에 대한 지성인들의 저항에 이론적 토대가 확고하게 갖추어졌다.

계몽이란 무엇인가?

계몽이란 사람이 자기 탓인 미성숙(미성년 상태)에서 벗어남이다. 미성숙(미성년 상태)이란 타자의 지도 없이는 자신의 지성을 사용하지 못하는 무능력이다. 그리고 그 무능력의 원인이 지성의 결여에 있는 것이 아니라, 타자의 지도 없이 자신의 지성을 사용하고자 하는 결단과 용기의 결여에 있다면, 그 무능력은 **자기 탓**이다. 그러므로 계몽의 표어는 "果敢히 分別하라! 너 **자신의** 지성을 사용할 용기를 가져라!"이다.(WA, BM481=VIII35)

'계몽'이란 소극적으로 말하면 "사람이 자기 탓인 미성숙(미성년 상태)에서 벗어남"이고, 여기서 "미성숙(미성년 상태)이란 타자의 지도 없이는 자신의 지성을 사용하지 못하는 무능력"을 말한다. 그러니까 계몽된 상태란 적극적으로 말하면 "타자의 지도 없이 자기 자신의 지성을 확실하고 훌륭하게 사용하는 상태"(WA, BM491=VIII40)이다. 이러한 계몽을 위해서는 개인적으로는 "나태함과 비겁함"(WA, BM481=VIII35)을 떨쳐야 하고, 사회적으로는 "이성의 공적 사용"이 "항상 자유로워야" 한다. 그러할 때만이 비로소 "사람들 사이에서 계몽"이 이루어질 수 있기(WA, BM484=VIII37 참조) 때문에, 이성을 공적으로 사용하는 자유는 계몽을 위해 필수적이다.

이러한 계몽을 위해서는 다름 아닌 **자유**가 필요하다. 그것도 자유라고 일컬어질 수 있는 모든 것 중에서도 가장 해롭지 않은 자유, 곧 모든 면(문제)에서 자기의 이성을 **공적으로 사용**하는 자유가 필요하다.(WA, BM484=VIII36)

이성의 사적 사용이 "어떤 사람이 그에게 맡겨진 어떤 시민적 지위나 직무에서 그의 이성을 사용해도 좋은 그러한 사용"이라고 한다면, 공적 사용이란 "어떤 사람이 학자로서 독자 세계의 전체 공중 앞에서 이성을 사용함"(WA, BM485=VIII37)을 말한다. 이성을 공적으로 사용할 자유가 허용되는 사회에서는 학자는 물론 일반 국가시민들도 "그들 자신의 이성을 공적으로 사용하여, 입법의 개선에 관한 생각이라면 기존의 입법에 대한 기탄없는 비판과 함께 세상에 공적으로 내놓"(WA, BM493=VIII41)음으로써 개명된 인간 사회가 구축된다. 이러한 길을 걷는 "계몽을 포기하는 일은 그 개인에 있어서도 더구나 후손을 위해서는 인간임의 신성한 권리를 침해하고 짓밟는 일이다."(WA, BM484=VIII37) — 이렇게 칸트는 계몽주의를 그의 시대의 정신으로 보고, 계몽의 의의를 역설한다.

다만 칸트는 그의 논고 「계몽이란 무엇인가」에서 주안점을 "특히 종교 문제들"에 두었는데, 그것은 이 논고의 작성 동기가 쵤러의 물음이었던 데다, 칸트가 "또한 종교적 미성숙이 모든 것 중에서 가장 해로울 뿐만 아니라 가장 부끄러운 것"(WA, BM492=VIII41)이라고 보았기 때문일 것이다.

역주

《베를린 월보》
1784
12월, 제12호[1]

"계몽이란 무엇인가?"
라는 물음에 대한 답변[2]
(1783년 12월호, 516면 참조[3])

계몽이란 사람이 자기 탓인 미성숙[미성년 상태]에서 벗어남이다. 미성숙[미성년 상태]이란 타자의 지도 없이는 자신의 지성을 사용하지 못하는 무능력이다. 그리고 그 무능력의 원인이 지성의 결여에 있는 것이 아니라, 타자

---

1) *Berlinische Monatsschrift*(BM), hrsg. von F. Gedike / J. E. Biester, Bd. 4(Julius bis December, 1784), Zwölftes Stück, Berlin 1784.
2) "Beantwortung der Frage: Was ist Aufklärung?" 게재: BM, 1784, IV, S. 481~494.
3) 《베를린 월보》의 편집자 Biester가 쓴 글: 「성직자들이 혼인성사를 더 이상 집전하지 말 것을 제안함」(BM, Bd. 3, [September 1783], S. 265~276)에 대해 Johann Friedrich Zöllner는 반박의 글: 「종교를 통해 더는 혼인이 성화(聖化)되지 않는 것이 추장할 만한

의 지도 없이 자신의 지성을 사용하고자 하는 결단과 용기의 결여에 있다면, 그 무능력은 **자기 탓**이다. 그러므로 계몽의 표어는 "果敢히 分別하라!⁴⁾ 너 **자신**의 지성을 사용할 용기를 가져라!"이다.

나태함과 비겁함이 그토록 많은 사람들이 자연이 그들을 이미 타인의 지도에서 벗어나게 한(自然的으로 成年이 된⁵⁾) 후에도 평생 기꺼이 미성년(미성숙)에 머물러 있고, 타자들이 그토록 쉽게 그들의 후견인을 자처하게 되는 원인들이다. 미성년 상태(미성숙)로 있는 것은 아주 편한 일이다. 나를 대신하는 지성을 가진 책, 나를 대신하는 양심을 가진 목사, 나를 대신해 섭생을 판정하는 의사 등등을 내가 가지고 있다면, 나는 굳이 스스로 수고할 필요가 없다. 내가 대가만 지불할 수 있으면, 나는 생각할 필요가 없다. 다른 이들이 나를 대신해 성가신 용무를 도맡아 줄 것이니 말이다. (전체 여성을 포함한) 절대다수의 사람들은 성년(성숙)으로의 발걸음이 힘들 뿐만 아니라 그것을 매우 위험한 일로 여기는데, 아주 친절하게도 이들에 대한 감독을 떠맡은 저 후견인들은 이 점을 이미 염두에 두고 있다. 저 후견인들은 그들의 가축들을 제일 먼저 아둔하게 만들고, 이것들을 보행기 안에 가두고서는 이 온순한 피조물(생물)들이 보행기 바깥으로 감히 한 걸음이라도 떼지 못하게 주도면밀히 단속한 다음에, 이들이 홀로 걷고자 시도할 때 닥칠 위험을 알려준다. 그런데 이 위험은 실상 그다지 크지 않다. 아마도 몇 번 넘어지고 나면, 그들은 마침내 걷기를 배울 터이니 말이다. 그러나 이런 유의 실례는 그럼에도 그들을 소심하게 만들고, 보통은 겁이 나서 더 이상 어떤

일인가?」(BM, Bd. 3, (December 1783), S. 508~517)를 전개하면서, "'계몽이란 무엇인가?' — 거의 '진리란 무엇인가'라는 물음만큼이나 중요한 이 물음은 계몽에 나서기 전에 충분히 답변되어야 마땅하다. 그러나 나는 아직 어디에서도 이 물음에 대한 답변을 보지 못했다"(S. 516)라는 각주를 붙인 바 있다.

4) 원문: Sapere aude! 이 문구와 관련해서는 Horatius, *Epistulae*, I, II, 40~41: "Dimidium facti, qui coepit, habet; sapere aude, incipe(시작한 자는 일의 반을 한 것이니, 지혜롭게 과감히 개시하라)" 참조.

5) 원문: naturaliter maiorennes.

시도도 하지 못하게 한다.

그러므로 개개 인간으로서는 거의 본성이 된 미성숙(미성년 상태)에서 벗어나는 일이 어렵다. 개개 인간은 심지어 미성숙(미성년 상태)을 좋아하게 되고, 당분간은 실제로 자기 자신의 지성을 사용할 수가 없다. 왜냐하면, 그에게는 자기 지성을 사용하려는 시도가 한 번도 허용되지 않았기 때문이다. 규약들과 공식들, 개개 인간의 천부 재능의 합리적 사용 또는 오히려 오용의 이런 기계적 도구들은 영속화하는 미성숙(미성년)의 족쇄이다. 누가 이것을 벗어던진다고 해도, 그는 아주 좁다란 도랑마저 확신하지 못한 채 겨우 건너뛸 따름일 터인데, 그것은 그가 그와 같은 자유로운 운동에 익숙해 있지 않기 때문이다. 그래서 자기의 정신을 스스로 개조하여 미성숙(미성년 상태)에서 헤어 나오고도 확고한 길을 걷는 데 성공한 이는 소수일 뿐이다.

그러나 공중(公衆)⁶⁾이 스스로 계몽하는 일은 도리어 가능하다. 아니, 만약 공중에게 자유가 허용되기만 하면, 그것은 거의 피할 수 없는 일이다. 무릇 몇몇 스스로 생각하는 이들은, 심지어 군중의 후견인으로 임용된 이들 중에서도, 미성숙(미성년)의 멍에를 스스로 벗어던진 후에, 각자 인간의 고유한 가치와 스스로 생각하기의 사명에 대한 합리적인 존중의 정신을 주위에 확산시킬 것이니 말이다. 여기서 특이한 것은, 앞서 후견인에 의해 이러한 굴레가 씌워진 공중이, 스스로는 계몽될 줄 모르는 후견인들 몇몇에 의해 선동이 되면, 나중에는 그 후견인 자신이 굴레를 쓰고 있도록 강제한다는 점이다. 선입견을 심는 일은 이토록이나 해롭다. 왜냐하면, 선입견은 결국 그 선구자들, 그 선입견의 창시자들 자신에게 보복하기 때문이다. 이렇듯 공중은 더디게만 계몽에 이를 수 있다. 하나의 혁명을 통해서 어쩌면 개인적인 전제(專制)와 탐욕적이거나 권력 지향적인 압제가 무너질 수는 있겠지만, 그러나 결코 사유방식(성향/성정)의 참된 개혁이 성취되지는 못한다. 오히려 새로운 선입견이, 예전 선입견이나 꼭 마찬가지로, 생각 없는 다

---

6) 원어: Publikum.

수 군중의 목줄로 쓰인다.

그러나 이러한 계몽을 위해서는 다름 아닌 **자유**가 필요하다. 그것도 자유라고 일컬어질 수 있는 모든 것 중에서도 가장 해롭지 않은 자유, 곧 모든 면[문제]에서 자기의 이성을 **공적으로 사용**하는 자유가 필요하다. 그런데 나는 사방에서 "따지지 말라!"라고 외치는 말을 듣는다. 장교는 "따지지 말고, 훈련하라!"라고 말한다. 세무관원은 "따지지 말고, 납부하라!"라고 말한다. 성직자는 "따지지 말고, 믿으라!"라고 말한다. (세상에서 오직 한 분 군주[7]만이 "그대들이 원하는 만큼, 원하는 바에 관해 **따져라, 그러나 복종하라!**"라고 말한다.) 이렇게 곳곳에 자유의 제한이 있다. 그런데 어떤 제한이 계몽에 방해가 되는가? 어떤 제한은 방해가 되지 않고, 오히려 계몽을 촉진하기까지 하는가? ― 나는 이렇게 대답한다: 이성의 **공적** 사용은 항상 자유로워야 하고, 이것만이 사람들 사이에서 계몽을 이루어낼 수 있다. 그러나 이성의 **사적 사용**은 종종 매우 좁게 제한되어도 좋은데, 그렇게 해도 계몽의 진보에 특별히 방해가 되지 않는다. 나는 자기 자신의 이성의 공적 사용을 어떤 사람이 **학자로서 독자 세계**의 전체 공중 앞에서 이성을 사용함이라 이해한다. 나는 어떤 사람이 그에게 맡겨진 어떤 **시민적 지위**나 직무에서 그의 이성을 사용해도 좋은 그러한 사용을 사적 사용이라고 부른다. 무릇 공동체의 이해 관심과 상관되는 업무들을 위해서는 공동체의 약간의 구성원들을 순전히 수동적으로 처신할 수밖에 없게 만드는 모종의 기계장치[8]가 필요하다. 정부에 의해 하나의 인위적인 일치를 통해 이들이 공적 목적들을 지향하게 하거나, 적어도 이러한 목적들을 파괴하지 못하게 막기 위해서 말이다. 이런 경우 물론 따지는 것은 허용되지 않는다. 오히려 사람들은 복종하지 않으면 안 된다. 그러나 기계의 이 부분이 자신을 동시에 전체 공동체의 한 구성원으로, 정말이지 심지어는 세계시민사회의 한 구성원으

---

7) 계몽 군주로 지칭되던 칸트 당대 프로이센의 왕 Friedrich II.(der Große)(1712~1786, 재위: 1740~1786).
8) 원어: Mechanism.

로 보는 한에서, 그러니까 저술을 통해 본래적 의미의 공중과 접촉하는 학자의 질(신분)에서 그리하는 한에서, 그는 물론 따질 수 있다. 그로 인해서 그가 수동적 구성원으로서 일부 맡고 있는 업무들에 해를 입히지 않고서도 말이다. 만약 상관으로부터 어떤 명령을 받은 한 장교가 복무 중에 이 명령의 합목적성이나 유용성에 관해 공공연하게 따지려 든다면, 이는 매우 해로운 일이 될 터이다. 그는 복종해야 한다. 그러나 학자로서 그가 군복무상의 문제점들에 관해 논평하고, 이 점들을 자기의 독자 대중 앞에 판정받기 위해 제시하는 일이 방해받을 수 없는 것은 당연하다. 시민은 그에게 부과된 세금의 납부를 거부할 수 없다. 심지어는 그러한 부과금에 대한 주제넘은 불평은, 만약 그 부과금이 그가 응당 납부해야 하는 것이면, (보편적인 위법을 유발할 수도 있을) 하나의 비훼(誹毁) 행위로 처벌받을 수도 있다. 그렇지만 만약 같은 사람이 학자로서 그러한 과세의 부적절성이나 또 부당함에 대응해 자기의 생각을 공적으로 표명한다면, 그는 시민의 의무에 반해서 행동하는 것이 아니다. 꼭 마찬가지로 성직자는 그의 교리문답 수강생들과 교구 신자들에게 그가 봉직하는 교회의 신경(信經)에 따라 강론할 책무가 있다. 무릇 그는 이러한 조건으로 임용된 것이니 말이다. 그러나 학자로서 그는, 저 신경 중의 문제점들에 관한 그가 세심하게 검토한 선의의 모든 생각을 공유할, 그리고 종교 및 교회 조직의 개편에 관한 제안들을 공유할 온전한 자유를, 아니 그리해야 할 사명을 갖는다. 이런 경우 양심에 거리낄 것은 아무것도 없다. 무릇 그가 교회 업무의 대리자로서의 그의 직무에 따라서 교설하는 바를, 그는 자신의 의견대로 교설할 재량권을 가지고서 하는 것이 아니라, 규정에 따라서 그리고 타자의 이름으로 강론하도록 임용되어 있는 것이니 말이다. 즉 그는 "우리 교회는 이것을 또는 저것을 가르친다. 이것이 교회가 사용하는 논거들이다"라고 말할 것이다. 그런 다음에 그는 자신의 회중(會衆)/교단(敎團)을 위해 모든 실천적으로 유용한 것들을 자신이 완전한 확신을 가지고 동의하지는 못할 종규들로부터 끌어낸다. 그런데도 그는 이러한 강론을 자원해서 맡을 수 있는데, 그것은 그러한

BM486

VIII38

BM487

계몽이란 무엇인가　75

종규들 안에 진리가 숨겨져 있음이 완전히 불가능하지는 않고, 어떤 경우에도 그 안에서 최소한 내적 종교와 모순되는 아무런 것도 발견되지 않기때문이다. 무릇 만약 그가 그 안에서 어떤 모순적인 것을 발견한다면, 그는 자신의 직무를 양심적으로 관장할 수는 없을 것이고, 그 일을 그만두지 않을 수 없을 것이니 말이다. 회중 앞에서 임용된 교직자의 자기 이성 사용은 순전히 하나의 **사적 사용**이다. 왜냐하면, 회중은 설령 그것이 대규모라 할지라도, 언제나 집안 모임이기 때문이다. 이 점에서 사제로서 그는, 남이 위탁한 일을 이행하는 것이기 때문에, 자유롭지 않고, 자유로워서도 안 된다. 이에 반해 저술을 통해 본래의 공중, 곧 세상을 향해 말하는 학자로서, 그러니까 자기 이성의 **공적 사용**에서의 성직자는 자기 자신의 이성을 이용하고, 자기 자신의 인격에서 말할 무제한의 자유를 누린다. 무릇 (종교적[9]인 사안들에서) 국민의 후견인들 자신이 다시금 미성숙(미성년 상태)이어야 한다면, 부조리한 일이고, 이것은 부조리의 영구화에 귀착할 것이니 말이다.

그러나 한 성직자 단체가, 가령 교회 회의라든지, (네덜란드인들이 스스로 부르는 바와 같이) 영예로운 장로감독회[10]가, 그 구성원 각각에 대해 그리고 그에 의해 국민에 대해 부단한 최고 감독권을 행사하고, 심지어 이를 영구화하기 위해, 서약을 통해 어떤 불변의 신경(信經)을 지킬 책무를 지는 것은 당연하지 않을까? 나로서는 그것은 전적으로 불가능하다고 말하지 않을 수 없다. 체결된다면 인류의 진일보하는 모든 계몽을 영구히 저지할 그러한 계약은 절대적으로 무효이고 무가치하다.[11] 설령 그러한 계약이 최고

---

9) 원어: geistlich.
10) 원어: Classis.
11) "승직제도는 교회 안에서의 주물봉사"로서 "거짓봉사"일 따름이다. "도덕적인 봉사"만이 "참된 종교"를 위한 것이다. "이 구별에 참된 계몽이 있다." "양심적인 인간에게는 갖가지 경건하게 부과된 계율들이 무엇이 되었든지 간에 견디기 매우 어려운 멍에인 것이다."(*RGV*, B275~B276=VI179 참조) — "하느님에 대한 사랑은 바로 하느님의 계명들을 지키는 것입니다. 그분의 계명은 힘들지 않습니다."(「요한 제1서」 5, 3) 왜냐하면, "각자가 구속되어 있는 의무가 그 자신에 의해 그리고 그 자신의 이성에 의해 부과된 것으로 보일 수 있는 곳에서 '그 멍에는 부드럽고, 그 짐은 가볍기'"(*RGV*,

권력에 의해, 제국의회들과 엄숙한 화약(和約)들을 통해 인준된다고 할지라도 말이다. 한 시대가 결탁하여 다음의 시대를 자기의 (특히 아주 절실한) 인식들을 확장하고, 착오들을 씻고, 전반적으로 계몽에서 전진하는 것이 불가능하게 될 수밖에 없는 상태에 처하도록 서약할 수는 없는 일이다. 그러한 일은 인간의 자연본성에 반하는 하나의 범죄일 터이다. 인간의 자연본성의 근원적 사명(규정)은 바로 이러한 전진에 있으니 말이다. 그러므로 후대들은 저러한 결의들을 권한 밖의 무도한 것으로 간주하여 폐기할 완전한 권리를 갖는다. 한 국민에 대해 법률로 결의될 수 있는 모든 것의 시금석은, '과연 그 국민이 스스로가 그러한 법률을 자신에게 부과할 수 있겠는가?'라는 물음에 있다. 그런데 이러한 법률이 실로, 이를테면 개선된 법률을 기대하면서, 일정한 짧은 기간 동안 특정한 질서를 도입하기 위해서 시행될 수는 있겠다. 그동안에 시민 각자, 특히 성직자에게는 학자의 질(신분)에서, 다시 말해 저술을 통해, 당시 제도의 결함에 관해 논평할 자유가 허용될 일이다. 그러나 이 사안들의 성질에 대한 통찰이 공적으로 널리 퍼지고 검증이 되어, (설령 만장일치는 아닐지라도) 목소리가 통일됨으로써, 구제도를 유지하고자 하는 이들을 방해하지 않으면서도, 가령 개선된 통찰에 대한 그들의 이해에 따라 변화된 종교제도에 합의할 회중을 보호하기 위해 군주에게 하나의 건의가 이루어질 수 있을 때까지는 이미 도입된 질서는 지속될 일이다. 그러나 누구에 의해서도 의심될 수 없는 고정불변의 종교체제에, 단지 한 사람의 생애 내에서라도, 동의하고, 그로 인해 인류의 개선으로의 진보의 한 기간을 이를테면 없애버리고, 불모로 만드는, 그러면서 심지어 후손에게 해를 입히는 일은 절대로 허용되지 않는다. 어떤 사람이 그 개인에 있어서는, 그리고 그 경우에도 단지 얼마 동안은, 그가 알아야 할 임무가 있는 사안에서 계몽을 미룰 수가 있기는 하지만, 계몽을 포기하는 일은 그 개인에 있어서도 더구나 후손을 위해서는 인간임의 신성한 권리를

B276=VI179) 때문이다.(「마태오복음」 11, 30 참조)

침해하고 짓밟는 일이다. 그러나 국민이 자기 자신에 대해 결코 결정해서는 안 되는 바를 하물며 군주가 국민에 대해서 결정해서는 안 된다.[12] 무릇 군주의 입법의 위신이란, 군주가 전체 국민의 의지를 자기의 의지 안에서 통일시키는 데에서 기인하는 것이니 말이다. 만약 군주가 진정한 개선이 또는 이른바 개선이라는 것이 시민적 질서와 공존하는 것만을 유의한다면, 그는 그 밖에 신민들이 자신들의 영혼 구제를 위해 할 필요가 있다고 보는 것을 스스로 하도록 맡겨둘 수 있다. 이런 일은 군주와는 아무 상관이 없다. 물론 어떤 사람이, 전력을 다해 영혼 구제의 사명과 촉진을 하는, 다른 사람을 폭력적으로 방해하지 않도록 방지하는 일은 상관이 있지만 말이다. 만약 군주가 그의 신민들이 그들의 통찰을 해명하고자 하는 저술들을 정부 감독에 부쳐 인가해 줌으로써 이에 개입한다면, 더구나 이를 자기 자신의 최고의 통찰에 의거해 그리함으로써, "皇帝가 文法學者보다 優位에 있지 않다"[13]라는 비난에 자신을 내맡긴다면, 더더욱이나 그가 자국 내의 몇몇 포악한 자들의 여타 신민들에 대한 정신적〔종교적〕 전제를 지원하여 자기의 지상〔至上〕 권력을 폄훼하기까지 한다면, 그것은 스스로 군주의 존엄을 훼손하는 것이다.

이제 "지금 우리는 **계몽된** 시대에 살고 있는가?"라는 질문을 받는다면, "아니다. 그렇지만 우리는 **계몽**의 시대에 살고 있다"라는 것이 그 대답이다. 지금의 상황을 전체적으로 보아, 인간이 종교 문제들에 있어서 타자의 지도 없이 자기 자신의 지성을 확실하고 훌륭하게 사용하는 상태에 이미 있다거나, 그런 위치에 놓일 수 있다고 하기에는 아직도 아주 많이 부족하다. 그러나 그런 방향으로 자유롭게 개선할 수 있는 장이 열리고, 전반적인

---

12) 『윤리형이상학 - 법이론』에도 같은 취지의 구절이 등장한다. "무릇 전체 국민이 자기 자신에 관하여 결정할 수 없는 것은 법칙수립자〔입법자〕 또한 국민에 관하여 결정할 수 없다."(*MS, RL*, A189이하=B219=VI327)

13) 원문: Caesar non est supra grammaticos. 콘스탄츠 공의회(Council of Konstanz, 1414~1418)의 회당에서 당시 신성로마제국 황제 지기스문트(Sigismund von Luxemburg)의 잘못된 어법에 대항하여 한 참석자가 한 말로 알려진 이래 인구에 회자되고 있다.

계몽의 장애들 내지는 자기 자신의 탓인 미성숙〔미성년 상태〕에서 벗어남을 막는 장애들이 점차 적어지고 있다는 뚜렷한 징후를 우리는 보고 있다. 이 점에서 이 시대는 계몽의 시대, 내지는 **프리드리히**[14)]의 세기이다.

   종교 사안들에서 사람들에게 아무것도 지시규정하지 않고, 그들에게 온전한 자유를 허용하는 것을 **의무**로 본다고 말한다고 자기의 품위가 손상되지 않는다는 것을 아는 군주, 그러므로 **관용**이라는 오만한 명칭마저도 거절하는 군주는 그 자신이 계몽된 것이다. 그는 처음으로 인류를 미성숙〔미성년 상태〕에서, 적어도 정부 측에서, 탈피하도록 했고, 양심에 관한 모든 사안에서 자기 자신의 이성을 사용하도록 각자에게 자유를 허용한 분이라고 감사하고 있는 현 세상 사람들과 후대에 칭송받아 마땅하다. 그의 치하에서는 존경받는 성직자들이 그들의 직무와 상관없이 채택된 신경〔信經〕에서 이곳저곳 어긋나는 그들의 판단들과 통찰들을, 학자의 질〔신분〕에서, 세상 사람들이 검토하도록 자유롭게 그리고 공적으로 제시해도 좋다. 하물며 자기의 직무로 인한 제약이 없는 다른 모든 이는 더욱더 그러하다. 이러한 자유의 정신은 국외로도, 심지어는 자기 자신〔의 할 일〕을 오해한 정부의 외적 장애물들과 싸워야만 하는 곳에도 확산되고 있다. 무릇 자유에도 불구하고 공동체의 공공의 안정과 단합에는 아무런 염려가 없다는 하나의 사례가 이러한 정부에게 앞길을 밝혀주니 말이다. 인간은 누군가가 그들이 조야한 상태에 머물도록 의도적으로 획책하지만 않는다면, 스스로 차츰차츰 그러한 상태에서 빠져나온다.

   계몽, 즉 사람이 자기 자신의 탓인 미성숙〔미성년 상태〕에서 벗어남의 주안점을 나는 특히 **종교 문제들**에 두었다. 왜냐하면, 우리의 지배자들은 예술과 학문들에 관해서 자기 신민들의 후견인 역할을 하는 데는 아무런 관심이 없고, 또한 저 〔종교적〕 미성숙이 모든 것 중에서 가장 해로울 뿐만 아

---

14) 곧 Friedrich II〔der Große〕(1712~1786, 재위: 1740~1786). 앞의 "오직 한 분 군주" (BM484=VIII37) 참조.

니라 가장 부끄러운 것이기 때문이다. 그러나 전자를 장려하는 한 국가원수의 사유방식(성향)은 더 앞으로 나가, 자기의 **입법**에 관해서조차 그의 신민들이 그들 자신의 이성을 공적으로 사용하여, 입법의 개선에 관한 생각이라면 기존의 입법에 대한 기탄없는 비판과 함께 세상에 공적으로 내놓는 것을 허용하는 일이 아무런 위험도 없다는 것을 통찰하고 있다. 우리는 이의 빛나는 실례를 가지고 있으며, 이에서 아직 어떤 군주도 우리가 경애하는 군주보다 앞서 있지 않았다.

그러나 그 자신이 계몽되어 그림자를 두려워하지 않고, 동시에 공공의 안정을 보장하기 위한 잘 훈련된 다수의 군대를 수중에 두고 있는 이만이, 여느 자유국가가 감히 할 수 없는바, "**그대들이 원하는 만큼, 원하는 바에 관해 따져라, 다만 복종하라!**"라고 말할 수 있다. 이렇게 여기서 인간사(人間事)는 기묘한 예상치 못한 행보를 보인다. 보통 그러하듯이, 대체적으로 보면, 인간사의 행보에서는 거의 매사가 역설적이다. 시민적 자유의 더 큰 정도는 국민의 **정신**의 자유에 유리한 것으로 보이지만, 그럼에도 넘어갈 수 없는 제한을 가한다. 그 반면에 시민적 자유의 더 적은 정도는 국민에게 자기의 온 능력을 다해 자신을 펼칠 공간을 만들어준다. 무릇 자연이 이 단단한 껍질 속에서 아주 조심스럽게 보호하는 싹을, 곧 **자유로운 사고로의 성향**[15]과 사명을 틔워냈다면, 이 싹이 차츰 국민의 기질(성향)[16](이를 통해 국민은 점차 **행위하는 자유**의 힘이 생긴다)에 영향을 미치고, 마침내는 **정부**의 원칙들에도 영향을 미쳐서, 정부는 실로 **기계 이상의 것**인 인간을 그 존엄함에 맞게 대우하는 것이 정부 자신에게도 유익하다는 것을 알게 될 것이다.※

임마누엘 칸트
프로이센 쾨니히스베르크, 1784년 9월 30일

---

15) 원어: Hang. 이 원어를 다른 대목들에서는 '성벽(性癖)'으로 옮겼다.
16) 원어: Sinnesart.

※ 나는 오늘(9월 30일) 9월 13일 자 《뷔싱[17] 주간 소식》[18]에서 이달의 《베를린 월보》 의 공고를 읽었는데, 거기에 동일한 물음에 대한 멘델스존[19] 씨의 답변[20]이 인용 되어 있다. 나는 그것을 입수하지 못했다. 그랬더라면 지금 이 글은 보류됐을 터이 겠다. 이제 단지 이 글은 생각이 어느 정도까지 우연히 일치할 수 있는지[21]의 시험 일 수도 있겠다.

17) Anton Friedrich Büsching(1724~1793). 칸트 당대 독일의 신학자이자 지리학자. 『윤리형이상학-법이론』에서도 언급되고 있다.(MS, RL, A231=B261=VI353 참조) 그는 여기서 인용되고 있는 《주간 소식》뿐만 아니라 Das Magazin für die neue Historie und Geographie(Hamburg 또는 Halle 1767~1788)를 발행했다.
18) Büsching'sche wöchentliche Nachrichten. = Wöchentliche Nachrichten von neuen Landcharten, geographischen, statistischen und historischen Büchern und Schriften. Büsching은 이 《주간 소식》지를 15권(Berlin: Haude & Spener 1,1773~15,1787(1788))까지 발간했다.
19) Moses Mendelssohn(1729~1786)은 유대 상인 출신으로 독학으로 공부하여 당대 최고 인기를 누린 대중 철학자였다. 그는 학술에서뿐만 아니라 정치사회 면에서도 매우 중요한 일을 했다. 그는 유대인들로 하여금 기독교 시민사회에 융화할 것을 촉구하고 몸소 실천에 옮겼다. 자손들은 기독교로 개종했다.
모제스 멘델스존이 1767년에 독일어로 쓴 플라톤의 『파이돈(Phädon oder über die Unsterblichkeit der Seele in drei Gesprächen)』(Berlin: bei Fr. Nicolai)에 관한 해설서는 당시 유럽에서 10개 언어로 번역되었다. 당시 독일에서는 모제스 멘델스존을 '독일의 소크라테스'라고 불렀다. 그는 1777년 10월에는 쾨니히스베르크를 방문하여 칸트와도 만났고, 한동안 서신을 자주 교환하며 우정을 나누었다. 그러나 『순수이성비판』(1781)의 출간을 계기로 두 사람의 관계는 소원해졌다. 칸트는 『순수이성비판』을 출간 즉시 누구보다도 자신의 과업을 함께 수행하는 데 있어서 "가장 중요한 인사"로 생각한 당대의 인기 계몽주의 철학자인 멘델스존에게 보냈는데, 멘델스존은 아무런 응답을 하지 않았고 그의 냉담한 반응에 칸트는 "몹시 불편해"했다.(1781. 5. 11(?) 자 M. Herz에게 보낸 편지: X270; 1783. 8. 16 자 Mendelsohn에게 보낸 편지: X344~347 참조) 칸트의 『순수이성비판』의 제2판(1787)에는 멘델스존이 그의 『파이돈』의 두 번째 대화와 제3판(1769)에 추가된 부록(Anhang)에서 행한 '영혼의 단순성으로부터의 영혼의 불멸성 입증'에 대한 비판이 포함되어 있다.(KrV, B413이하 참조)
20) "Ueber die Frage: Was heißt aufklären. Vom Herrn Moses Mendelssohn". 이 글은 1784년 같은 권(IV권) 12월호에 실린 칸트의 글에 앞서 9월호에 실려 있다. Berlinische Monatsschrift(BM), hrsg. von F. Gedike / J. E. Biester, Bd. 4(Julius bis December, 1784), Neuntes Stück, Berlin 1784, S. 193~200.

21) 칸트는 프로이센의 현안을 중심으로 논설한 반면에, 멘델스존은 '문화'와 함께 '교양'의 부속 개념으로서의 '계몽'에 대한 일반론을 폈으므로, 칸트의 기대와는 달리 양자 간의 일치 정도는 그다지 크지 않았다고 보겠다.

이론과 실천

Berlinische Monatsschrift.

1793 September.

I.

Ueber den Gemeinspruch:
Das mag in der Theorie richtig sein, taugt aber nicht für die Praxis.

Man nennt einen Inbegrif selbst von praktischen Regeln alsdann Theorie, wenn diese Regeln, als Principien, in einer gewissen Allgemeinheit gedacht werden, und dabei von einer Menge Bedingungen abstrahirt wird, die doch auf ihre Ausübung nothwendig Einfluß haben. Umgekehrt, heißt nicht jede Handthierung, sondern nur diejenige Bewirkung eines Zwecks Praxis, welche als Befolgung gewisser im Allgemeinen vorgestellten Prinzipien des Verfahrens gedacht wird.

Daß zwischen der Theorie und Praxis noch ein Mittelglied der Verknüpfung und des Ueberganges von der einen zur andern erfordert werde, die Theorie mag auch so vollständig sein wie sie wolle, fällt in die Augen; denn, zu dem Verstan-

---

번역 대본

Ueber den Gemeinspruch:

Das mag in der Theorie richtig sein, taugt aber nicht für die Praxis.

1) in: *Berlinische Monatsschrift*(BM), hrsg. von Biester, Bd. 22, (1793 September), Berlin 1793, S. 201~284.

2) in: Wilhelm Weischedel(Hs.), *Immanuel Kant, Werke in sechs Bänden*, Darmstadt 1954, Bd. VI, S. 125~172.

3) in: Königlich Preußische Akademie der Wissenschaften(Hs.), *Kant's gesammelte Schriften, Kant's Werke*, Bd. VIII: Abhandlungen nach 1781, Berlin und Leipzig 1923, S. 273~313.

해제

논고의 발표와 정치사회적 배경

칸트가 비록 아직 "계몽된 시대"는 아니지만 프리드리히 2세(Friedrich II.(der Große), 1712~1786, 재위: 1740~1786) 치하의 "계몽의 시대"(WA, BM491=VIII40)에 살고 있다면서 사회 문화의 진보에 대한 희망과 기대를 가졌던 시절이 지나고, 프리드리히 빌헬름 2세(Friedrich Wilhelm II, 재위: 1786~1797) 즉위 후 다시금 국가의 지배자가 "예술과 학문"의 진흥에는 아무런 관심도 없는 채, 종교의 문제들에서는 신민들 모두를 미성년으로 간주하여 "신민들의 후견인"(WA, BM492=VIII41)이 되고자 하는 반계몽주의의 파고가 점증하고 있었다. 그 반면 프랑스 대혁명(1789)의 경과를 지켜보면서 프로이센의 지성인들 사이에서는 단지 예술, 학문, 종교의 사안들에서뿐만이 아니라 국제 질서와 국가 헌정체제 및 제반 정치제도에 관한 논의도 그 심도가 점점 높아져 가고 있었다. 이 시기 계몽의 최고 대변자라 할 수 있는 칸트로서는 현안들에 관한 그의 견해를 적절한 방식으로 표명하지 않을 수 없었고, 그 자신 또한 그러한 과제 수행을 자기의 사명으로 인식했다. 1781년부터 1790년까지 10년간 3 비판서의 시기를 보낸 칸트는 이제 1791~1798년 사이 8년의 노년기에, 『이성의 한계 안에서의 종교』가 판금 조치(1794)를 당하는 와중에서도, 다음과 같은 그의 주요한 사회·정치·법·종교철학의 논저를 펴냈다.

1. 「변신론에서 모든 철학적 시도의 실패에 관하여」(《베를린 월보》, 1791. 9).
2. 「인간 자연본성에서의 근본악에 대하여」(《베를린 월보》, 1792. 4. = 『이성의 한계 안에서의 종교』의 제1 논고).
3. 『이성의 한계 안에서의 종교』, 1793·1794(개정판).
4. 「'그것이 이론에서는 옳을지 모르지만, 실천을 위해서는 쓸모없다'라는 속언에 관하여」, (《베를린 월보》, 1793. 9).
5. 「모든 것들의 끝(만물의 종말)」, (《베를린 월보》, 1794. 6).
6. 『영원한 평화』, 1795.
7. 『법이론의 형이상학적 기초원리』(= 『윤리형이상학』 제1편), 1797.
8. 『덕이론의 형이상학적 기초원리』(= 『윤리형이상학』 제2편), 1797.
9. 「인간애로 거짓말한다는 허위의 권리에 관하여」, (《베를린 신보》, 1797. 9).
10. 『학부들의 다툼』, 1798.

이 가운데에서 논고 「'그것이 이론에서는 옳을지 모르지만, 실천을 위해서는 쓸모없다'라는 속언에 관하여(Ueber den Gemeinspruch: Das mag in der Theorie richtig sein, taugt aber nicht für die Praxis)」(약칭: 「이론과 실천」(TP))는 최초로 ① 《베를린 월보》(*Berlinische Monatsschrift*(BM), hrsg. von Biester, Bd. 22(Julius bis Dezember, 1793), Berlin, 1793 September, S. 201~284)를 통해 발표된 후, 곧이어 다음과 같은 여러 형식의 책을 통해 독자를 만났다.

② *I. Kants politische Meinungen, oder über die Redensart: Dieß mag zwar theoretisch wahr sein, ist aber in Praxis nicht anwendbar*, Berlin 1794·1796. (단행본 출간)

③ *Anhang zu den Zerstreuten Aufsätzen von Herrn Professor Kant*, Frankfurt u. Leipzig 1794, S. 25~91.

④ *Zwo Abhandlungen über moralische und politische Gegenstände*, Frankfurt u. Leipzig 1795·1796. S. 1~120. (논고 "Das Ende aller Dinge"와 함께)

⑤ *Immanuel Kant, Neue kleine Schriften*, 1795, S. 39~110. (발간처 미상)

⑥ *I. Kants sämmtliche kleine Schriften*, Königsberg u. Leipzig 1797, Bd. III, S. 417~490.

⑦ *I. Kant's vermischte Schriften*, Halle 1799, Bd. III, S. 177~248.

이 「이론과 실천」은 칸트의 대표적인 정치철학 논고이자 내용상 실천철학 전반의 요강이라 할 수 있다. 논고는 세 절로 구성되어 있는데, 제1절은 비판기 칸트 윤리학의 논지를 재천명한 것이고, 제2절은 후년에 출간된 『윤리형이상학-법이론의 형이상학적 기초원리』의 논지를, 이와 함께 제3절은 또한 『영원한 평화』의 논지를 요점적으로 서술한, 두 저술의 예고편이라 할 수 있다.

논고 「이론과 실천」의 대강

칸트의 논고 「이론과 실천」에서 '이론'이란 '원리들로서, 일정한 보편성을 갖는 것으로 생각되면서도, 그 실행에 필연적으로 영향을 미치는 다수의 조건들을 도외시하고 있는 실천 규칙들의 총체'(TP, BM201=VIII275 참조)를 뜻하고, '실천'이란 "보편적으로 제시된 수행절차의 일정한 원리들의 따름으로 생각되는, 하나의 목적의 실현"(TP, BM201=VIII275)만을 지칭한다. 그리고 이 논고는 모든 이론과 실천의 관계가 아니라, "의무 개념에 기초하고 있는 이론"(TP, BM205=VIII276)과 그 실천에 관해 논한다. 왜냐하면 이러한 이론에 대해서 유독 "이론에서는 옳을지도 모르는 것이 실천을 위해서는 효력이 없다"(TP, BM205=VIII277)라는 말을 곧잘 들을 수 있기 때문이다.

그래서 논고 「이론과 실천」은 "이론의 실천과의 관계를 세 항목에서, 즉 첫째로 도덕 일반에서 […], 둘째로 정치에서 […], 셋째로 세계주의적 관점에서 […]" 제시한다. 그리고 그 세 항목의 서술이 이 논고의 세 절을 이룬다.

I. 도덕 일반에서 이론의 실천과의 관계에 대하여

제1절은 일찍이 『순수이성비판』에 대해 익명으로 서평[1]을 써서 칸트의 『형이상학 서설』의 집필 동기를 제공했던, 대중 철학자 가르베(Christian Garve, 1742~1798)의 칸트 도덕철학에 대한 비판에 대한 응답이 주요 내용이다.

가르베는 자신의 저술 『도덕과 문학으로부터의 서로 다른 대상들에 관한 시론들(Versuche über verschiedene Gegenstände aus der Moral und Literatur)』(1792)에서, 칸트가 행복의 추구와 행복할 품격을 얻으려는 노력을 구별하는데, 이는 머리로는 될지 모르나 가슴에는 와닿지 않는 이론으로서, 칸트의 도덕적 실천 이론은 도무지 합당하지가 않다고 비판했다.(TP, BM224=VIII285 참조) 칸트는 이에 대한 변론으로 도덕과 관련하여 이론과 실천의 관계를 해명한다.

칸트는 가르베가 자신의 윤리 이론을 오해하고 있다고 지적한다. 칸트는 자신이 도덕적 완성이 인간의 유일한 궁극목적이라고 주장하지도(TP, BM210=VIII279), 도덕적 의무들이 최고선의 이론에 의거한다고 주장하지도(TP, BM213=VIII280), 덕 있는 사람은 결코 자기 행복을 고려하지 않는다고 주장하지도 않는다(TP, BM215=VIII280이하)고 말한다. 다만 칸트는 행복 추구와 의무 수행이 충돌할 경우에 덕 있는 사람은 의무 수행을 택할 것이며, 이것은 이론적으로도 옳고 실천에 옮길 수도 있다는 자신의 윤리 이론을 다시금 역설하고 있다.(TP, BM231이하=VIII288이하 참조) — "도덕에서 이론

---

1) 칸트 저, 백종현 역, 『형이상학 서설』, 아카넷, 2012, 〔덧붙임 1〕: 351~364면 참조.

상 옳은 모든 것은 실천에도 필시 타당하다."(TP, BM231=VIII288)

II. 국가법에서 이론의 실천과의 관계에 대하여

제2절은 홉스(Thomas Hobbes, 1588~1679)의 국가론을 겨냥한 논변이 주 내용이다.

"외적 법(권리) 일반의 개념은 전적으로 인간 상호 간의 외적 관계에서의 **자유** 개념에서 나오는 것으로, 모든 인간이 자연스럽게 갖는 목적(행복을 얻으려는 의도)과 그에 이르기 위한 수단들의 지정에는 전혀 상관하지 않는다."(TP, BM233이하=VIII289)

그러므로 시민적 상태는, 순전히 법적 상태로 보자면, 다음의 선험적 원리들에 기초한다.
1. 인간으로서의 사회 각 구성원의 자유.
2. 신민으로서의 사회 각 구성원의 타인 각자와의 평등.
3. 시민으로서의 한 공동체 각 구성원의 자립성.(TP, BM235=VIII290)

이러한 원리에 의거해 수립된 시민적 헌정체제가 사회계약이라 일컫는 "근원적 계약"에 따른 것이기는 하지만, 이 계약을 "하나의 사실"로 전제할 필요는 없고, 모든 공법의 합법성을 위한 "이성의 순전한 이념"으로 생각하면 충분하다는 것이 칸트의 논변이다.(TP, BM249이하=VIII297 참조) 국가법 이론은 이 같은 선험적 원리에 기초해 있는데, 이 이론과의 일치 없이는 어떠한 실천도 유효하지 않다.(TP, BM269=VIII306 참조)

III. 국제법에서 이론의 실천과의 관계에 대하여

제3절은, "인류는 모든 시대, 시기에서 대략 같은 수준의 윤리성, 같은

정도의 종교와 비종교, 덕과 패악, 행복(?)과 비참을 유지한다"(TP, BM272 이하=VIII308)는 멘델스존(Moses Mendelssohn, 1729~1786)에 대한 반론이 주 내용을 이룬다. 칸트는, "인간종[인류]은 자신의 자연[본성]적 목적인 문화[개화]의 면에서 부단히 전진하는 중에 있으므로, 자신의 현존의 도덕적 목적의 면에서도 개선을 향해 진보하는 중에 있[다]"(TP, BM274=VIII308이하)고 본다. 그리고 이의 연장선상에서 숱한 전쟁을 치른 대가로 공화적 헌정체제를 갖춘 인류는 국제 관계 또한 법적 관계로 진화시켜 영원한 평화체제를 구축할 것이라는 기대를 표명한다.(TP, BM278이하=VIII310이하 참조)

"이성적 근거에서 이론에 타당한 것은 실천에도 타당하다"(TP, BM284=VIII313)라는 것이 '세계시민적 견지'에 선 칸트 논고의 최종 결론이다.

역주

《베를린 월보》
1793년 9월[2)]

―――――――

"그것이 이론에서는 옳을지 모르지만, 실천을 위해서는 쓸모없다"라는 속언에 관하여[3)]

BM201
VIII273

사람들은 실천 규칙들이, 원리들로서, 일정한 보편성을 갖는 것으로 생각되면서, 그때 그 실천 규칙들의 실행에 필연적으로 영향을 미치는 다수의 조건들을 도외시하고 있다면, 실천 규칙들의 총체 자체를 **이론**이라고 부른다. 거꾸로 모든 일처리를 실천이라고 일컫지 않고, 오직 보편적으로 제시된 수행 절차의 일정한 원리들의 준수로 생각되는, 어떤 목적의 실현을 **실**

VIII275

―――――――

2) *Berlinische Monatsschrift*(BM), hrsg. von Biester, Bd. 22(Julius bis Dezember, 1793), Berlin, 1793 September.
3) "Ueber den Gemeinspruch: Das mag in der Theorie richtig sein, taugt aber nicht für die Praxis." 게재: BM, 1793, XXII, S. 201~284.

천이라고 일컫는다.

주목되는 바는, 이론이 제아무리 완벽하다고 하더라도, 이론과 실천 사이에는 전자에서 후자로의 이행과 연결의 매개자[가운데 마디]가 필요하다는 점이다. 무릇 규칙들을 함유하는 지성개념에는, 실천자가 과연 어떤 것이 그 규칙에 해당하는 경우인지 아닌지를 구별하는 판단력의 한 작용이 덧붙여지지 않으면 안 되니 말이다. 그리고 판단력을 위해서 그 판단력이 포섭에서 준거해야 할 규칙들이 언제나 다시금 새로이 주어질 수는 없으므로(그런 일은 무한히 진행될 터이기 때문에), 자기의 실생활에서 결코 실천적이 될 수 없는 이론가들이 있을 수 있다. 왜냐하면 그들에게는 판단력이 결여되어 있기 때문이다. 예컨대, 학교 교육과정을 훌륭하게 이수했으나, 의사결정을 해야 할 때에는 어떻게 처신해야 할지를 모르는 의사들이나 법학자들이 그러하다. ― 그러나 이를 위한 천부적 재질이 있는 경우에도, 전제들에 결함이 있을 수 있다. 다시 말해, 이론은 완벽하지 않을 수 있고, 그것의 보완은 어쩌면 더 해볼 수 있는 시도들과 경험들을 통해서만 이루어질 수 있을 것이니, 학교 교육을 마치고 온 의사, 농업가, 재정학자는 이로부터 새로운 규칙들을 추상하여 자기 이론을 완벽하게 만들 수 있고 만들어야 한다. 만약 이론이 실천에 거의 쓸모가 없었다면, 그것은 이론 탓이 아니라, 그 인사가 경험에서 배웠어야 할 이론이 거기서 **충분하지 않았던** 탓이다. 설령 그가 이론을 스스로 제시할 수 없고, 교사로서 보편적인 명제들로 체계적으로 강론할 수 없으며, 따라서 이론적인 의사, 농업가 등등의 명칭을 내세울 수는 없다 할지라도, 이론은 [자체로는] 참 이론인 것이다. ― 그러므로 그 누구도 자신이 한 학문에서 실천적으로 정통해 있다고 자칭할 수 없고, 또 이론을 경시할 수 없다. 그가 자기 분야에서 무지한 자라는 것을 실토하지 않고서는 말이다. 그는 (본래 사람들이 이론이라고 부르는 것을 형성하는) 일정한 원리들을 모으지도 않고, 자기 업무에 관한 (그때 방법적으로 절차대로 진행되면 체계라고 일컬어지는) 하나의 전체를 생각해 보지도 않은 채, 이런 시도 저런 경험 중에서 이리저리 헤매고 다니면서, 이론이 그를 데

려갈 수 있는 것보다 더 멀리 나갈 수 있다고 믿고 있는 것이다.

그렇지만 어떤 무지한 자가 자기의 이른바 실천에는 이론이 불필요하고 없어도 된다고 흰소리하는 것이, 어떤 잘난 체하는 자가 이론과 이론의 가치를 학교(교육과정)를 위한 (가령 두뇌 훈련을 위한) 것으로는 인정하면서, 그러나 실천에서는 사정이 전혀 다르다고, 즉 사람들이 학교를 나와 세상에 들어서면, 이내 자신이 공허한 이상들과 철학적인 꿈들을 좇고 있었다는 것을 깨우칠 것이라고, 요컨대, 이론상으로는 훌륭하게 들리는 것이 실천을 위해서는 아무런 효력이 없다 — 이것을 사람들은 종종, 이 명제가 또는 저 명제가 命題上으로4)는 타당하지만, 實際上으로5)는 타당하지 않다고 표현한다 — 고 주장하는 것보다는 차라리 참을 만하다. 이제 사람들은, 실행에서 경험이 그 이론과는 전혀 다른 결과를 보여주고 있기 때문에, 이론은 정교하게 안출되었으되, 실천에는 전혀 효력이 없다면서, 일반 기계학을 부정하려 하는 경험적인 기계공이나 수학적 탄도 이론을 부정하려 하는 포병을 비웃을 것이다. (무릇 만약 전자에 마찰 이론이, 후자에 공기 저항 이론이, 그러니까 일반적으로 좀 더 많은 이론이 추가되기만 하면, 그 이론들은 경험과 아주 잘 합치할 터이니 말이다.) 그러나 직관의 대상들에 관한 이론은 대상들을 오직 개념들에 의해서 표상하는 이론과는 (수학과의 객관들과 철학의 객관들과는) 사정이 전혀 다르다. 후자의 객관들은 아마도 아주 잘 그리고 나무랄 것 없이 (이성의 측면에서) **생각될** 수 있지만, 아마도 결코 **주어질** 수는 없고, 오히려 실천에서는 전혀 쓸모가 없거나 심지어는 실천에 해가 될 한낱 공허한 관념들일 수도 있다. 그러니까 저 속언(俗諺)은 저런 경우들에서는 충분히 옳을 수도 있겠다.

그러나 **의무 개념**에 기초한 이론에서는 이런 개념의 공허한 관념성으로

---

4) 원어: in thesi. 직역하면 '定立에서'. 달리 표현하자면 '定言的으로'.
5) 원어: in hypothesi. 직역하면 '假定에서'. 달리 표현하자면 '假言的으로'.

인한 걱정은 완전히 없어진다. 무릇 우리 의지의 모종의 작용을 목표로 삼는 것이, 만약 그 작용이 또한 경험에서 — 이 경험이 완성된 것으로 생각되든 완성에 점점 접근해 가는 것으로 생각되든 간에 — 가능하지 않다면, 의무이지 않을 터이니 말이다. 본 논고는 이러한 종류의 이론만을 화제로 삼는다. 무릇 이러한 이론에 대해 철학의 추문으로, 이론에서는 옳을지도 모르는 것이 실천을 위해서는 효력이 없다고 드물지 않게 지껄여지니 말이다. 그것도 잘난 척 경멸하는 어조로, 이성 자신을 이성이 자기의 최고의 영예를 두고 있는 곳에서 경험에 의해 개혁하고자 하는 오만불손한 태도로, 그리고 똑바로 서서 하늘을 직시하도록 만들어져 있던 존재자에게 부여된 눈으로보다도 경험에 매여 있는 두더지의 눈으로 더 멀리, 더 확실하게 볼 수 있는 양 아는 체하면서 말이다.

말은 풍성하고 실행은 없는 우리의 시대에 사뭇 예사가 되어버린 이 준칙은 이제, 만약 그것이 도덕적인 것(덕의무와 법의무)에 상관하면, 심각한 해를 끼친다. 무릇 여기에서 중요한 것은 (실천적인 것에서의) 이성의 규준이거니와, 이곳에서 실천의 가치는 전적으로 이 실천이 그 근저에 놓여 있는 이론과 합치하는 데 의거하며, 만약 법칙 실행의 경험적인, 따라서 우연적인 조건들이 법칙 자체의 조건들로 되어, **지금까지의** 경험상으로 개연적인 결말에 맞춰진 하나의 실천이 그 자체로 성립하는 이론을 통제하는 권리를 갖게 된다면, 모든 것을 잃게 될 것이니 말이다.

나는 이 논고의 장(章)을 이론들과 체계들에 대해 거리낌 없이 혹평하는 명망 있는 인사[6]가 자기 대상을 판정할 때 취하곤 하는 서로 다른 세 입장, 그러니까 삼중의 위격(位格)에 따라 나눈다. 즉 1. 사인(私人)이면서 **실무인**

---

[6] 이를 Edmund Burke(1729~1797)라고 추정하는 사람도 있다.(P. Wittichen, "Kant und Burke", 수록: *Historische Zeitschrift*, 93, 1904, 253~255 참조) Burke가 자신의 *Reflections on the Revolution in France, And on the Proceedings in Certain Societies in London Relative to that Event*(London 1790)에서 여기서 칸트가 사용하고 있는 것과 같은 유사한 표현을 쓰고는 있지만, 이 대목의 "명망 있는 인사"가 Burke를 지칭하는지는 확실하지 않다.

〔實務人〕의 격, 2. **국가인**〔國家人〕의 격, 3. **세계인**〔世界人〕(또는 세계시민 일반)의 격으로. 그런데 이 세 인격〔위격〕들은 자신들 모두를 대신해서, 자신들의 복지를 위해 이론 작업을 하는 **학술인**〔學術人〕을 공박한다는 점에서 하나가 된다. 그들은 그런 일은 자기들이 더 잘 이해한다고 착각을 해서, 실천을 오염시키는, 자기들의 노련한 지혜에 방해만 될 뿐인 현학자인 학술인을 그의 학교로 내쫓으려고 (그가 자기 궁전에서 우쭐대라[7])고) 한다는 점에서 말이다.

그러므로 우리는 이론의 실천과의 관계를 세 항목에서, 즉 **첫째로** 도덕 일반에서(즉, **인간** 누구나의 안녕의 견지에서), **둘째로 정치**에서(즉, **국가들**의 안녕과 관련해서), **셋째로 세계주의적** 관점에서(즉, **인류** 전체의 안녕의 견지에서, 그것도 인류가 장래 모든 때에 세대를 이어가면서 한결같이 진보한다고 이해되는 한에서) 제시할 것이다. — 그러나 각 항목의 표제는 이 논고가 밝힐 근거에서 **도덕**, **국가법**, 및 **국제법**에서의 이론의 실천과의 관계로서 표현될 것이다.

I.
도덕 일반에서
이론의 실천과의 관계에 대하여
(가르베[※] 교수님의
몇몇 반론에 답하면서)

하나의 동일한 개념의 사용에서 한낱 이론에만 또는 실천에만 타당할지도 모르는 것에 관한 본래의 쟁점에 들어가기에 앞서, 과연 우리가 서로를

---

7) Vergilius, *Aeneis*, I, 140: "illa se iactet in aula" 참조. 여기서 "그"는 곧 Aeolus.

제대로 이해하고 있는지 먼저 알기 위해, 나는 나의 이론을, 내가 다른 곳에서 소개했던 그대로, 가르베 씨가 그것에 대해 소개하는 것과 대비해 보지 않을 수 없다.

※ 크리스티안 가르베,[8] 『도덕과 문학으로부터의 서로 다른 대상들에 관한 시론들』, 제1편, 111~116[9] 참조. 나는 나의 명제들에 대한 그 논박을 이 품위 있는 인사가 (나의 희망대로) 나와 합의하기를 원하는 점에 대해 제기한 반론들이라 부르거니와, 그것은 방어를 유발하는 부정적인 주장들 같은 공격들이 아니다. 이 자리는 방어할 자리도 아니고, 나는 그럴 생각도 없다.

---

8) Christian Garve(1742~1798)는 Breslau 출생의 독일 철학자로 Frankfurt/Oder, Halle, Leipzig에서 수학 후 라이프치히 대학의 도덕철학 교수(1768~1772)가 되었다. 건강상의 이유로 교수직을 사임한 후 고향으로 돌아가 주로 번역자로 활동하였으며, 이른바 대중 철학자로서 큰 명성을 얻었다.
그의 대표적 번역서와 주해서로는 E. Burke의 『숭고와 미의 개념의 근원(*Über den Ursprung unserer Begriffe vom Erhabenen und Schönen*)』(Riga 1773), A. Smith의 『국부론(*Untersuchung über die Natur und die Ursachen des Nationalreichtums*)』 (1790년대), Cicero의 『의무론(*De officiis*)』과 함께 『의무론 주해(*Philosophische Anmerkungen und Abhandlungen zu Ciceros Büchern von den Pflichten*』(Breslau 1783·²1784), 『아리스토텔레스 윤리학 역주(*Die Ethik des Aristoteles übersetzt und erläutert*)』(Breslau 1798) 등이 있다. 그 사이에 『개신교도들의 걱정(*Über die Besorgnisse der Protestanten*)』(1785), 『정치와 도덕의 결합에 관한 논고(*Abhandlung über die Verbindung der Moral mit der Politik*)』(1788) 등 다수의 저술도 냈다.
칸트는 일찍이 "Baumgarten, Mendelssohn, Garve"를 한데 묶어 "우리의 위대한 분석가들"(1776. 11. 24 자 M. Herz에게 보낸 편지, X198)이라고 칭한 바 있다. 가르베는 J. G. H. Feder와 함께 칸트『순수이성비판』을 폄하하는 서평을 익명으로 《괴팅겐 학보 별책(*Zugabe zu den Göttingischen Anzeigen von gelehrten Sachen unter der Aufsicht der Königl. Gesellschaft der Wissenschaften*)》(1782년 제1권, 제3호, 1782. 1. 19, 40~48면)에 게재했고, 칸트는 이에 대한 응답으로『형이상학 서설』(1783)을 써 서평자가 "익명에서 나오라"(*Prol*, A215=IV379 참조)라고 요구했다. 이에 응하여 가르베는 칸트에게 긴 편지(1783. 7. 13 자, X328~333)를 썼고, '익명에서 나와' 공동 집필한 서평에서의 자신의 역할과 곡해에 대해서 사과했다. 그 후에 가르베는 칸트와 친교를 나누며, 부분적으로 칸트철학에 동조했으나, *Versuche über verschiedene Gegenstände aus der Moral, Literatur und dem gesellschaftlichen Leben*(Erster Theil, Breslau 1792; Zweyter Theil, Breslau 1796)을 통해 칸트 도덕철학에 이의를 제기했다.

9) Ch. Garve, *Versuche über verschiedene Gegenstände aus der Moral und Literatur*, Erster Theil, S. 111~116.

A. 나는 도덕학[10]을 임시로, 서론 격으로, 우리가 어떻게 행복해져야 할 것인지가 아니라, 우리가 어떻게 행복할 품격〔자격〕을 가져야 할 것인지를 가르쳐 주는 학문이라고 설명하였다.[※] 이와 함께 나는, 의무 준수가 현안일 때, 그로 인해 인간이 그의 자연적인 목적, 즉 행복을 **단념**해야 할 것을 요구받는 것이 아님을 덧붙여 말하는 일을 소홀히 하지 않았다.[11] 무릇 인간은, 유한한 이성적 존재자 일반이 그리할 수 없듯이, 이를 단념할 수는 없으나, 의무의 지시명령이 등장할 때에는, 전적으로 이러한 〔행복에 대한〕 고려를 **도외시**해야 한다는 것이니 말이다. 인간은 저러한 고려를 이성에 의해 그에게 지정된 법칙을 준수하는 **조건**으로 삼아서는 안 되고, 더욱이 가능한 한, 저러한 고려에서 유래하는 어떠한 동기도 부지불식간에 의무 규정에 섞여 들어가지 않게 유념하도록 해야 한다. 이러한 일은 사람들이, 의

※ 행복할 만한 품격〔자격〕은 한 인격의 주체적인 고유한 의지에 의거해 있는 질〔質〕로서, 이 질에 맞춰 (자연에뿐만 아니라 자유의지에) 보편적으로 법칙을 수립하는 이성은 이 인격의 모든 목적들에 합치하겠다. 그러므로 이 품격〔자격〕은 행복을 얻는 숙련성/수완〔手腕〕과는 전적으로 다르다. 무릇 만약 그가 오로지 이성의 보편적 법칙수립에 알맞은 의지와는 합치하지 않으며, 그런 의지 안에는 포함되어 있을 수 없는(다시 말해, 도덕성과 상충하는) 어떤 의지를 가지고 있다면, 그는 이러한 숙련성마저도 그리고 자연이 그에게 이를 하도록 수여한 재능마저도 가질 자격이 없다.

---

10) 원어: Moral. 칸트는 'Moral'을 대개 '도덕'의 의미로 쓰지만, 드물게는 '도덕학'의 의미로도 사용한다.(*GMS*, BV=IV388 참조) 이런 경우 '도덕학'은 '도덕철학(Moralphilosophie)'을, 곧 윤리학(Ethik) 중 "이성적 부분"을, 그러니까 "윤리 형이상학(Metaphysik der Sitten)"을 일컫는다.(*GMS*, BV=IV388 참조)

11) 칸트가 윤리론과 행복론이 구별되어야 한다고 말하는 요지는, 자기 행복이 동기가 되는 행위는 의무일 수도 없고, 선할 수도 없으며, 이미 인간이면 누구나 자연스럽게 추구하고 있는 자신의 행복을 자기 행위의 목적으로 삼는 것은 어불성설이라는 것이다. "순수 실천 이성은 행복에 대한 요구를 포기하고자 하는 것이 아니라, 단지 의무가 문제가 될 때는 그런 것을 전혀 고려치 않으려 하는 것"(*KpV*, A166=V93)뿐이다. "행복, 다시 말해 자기 상태에 대한 만족을, 사람들이 지속되리라 확신하는 한에서, 소망하고 구하는 것은 인간의 자연본성상 불가피한 일"(*MS, TL*, A16=VI387)임을 칸트는 일관되게 인정하고 있다.

무 계명을 그 전체적인, 무조건적인 복종을 요구하는, 자족적이며 다른 어떠한 영향도 필요로 하지 않는 권위를 가진 것으로 천명하기 위해, 의무를 그것의 준수(덕)가 우리에게 가져다주는 이익들보다는 오히려 치르게 되는 희생들과 결합해 있는 것으로 생각함으로써 일어난다.

a. 그런데 이러한 나의 명제를 가르베 씨는 이렇게 표현하고 있다. 즉 "내가 행복을 전혀 고려하지 않고서 도덕법칙을 준수함이 인간에게 **유일한 궁극목적**이라고 주장했으며, 도덕법칙의 준수를 창조주의 유일한 목적으로 간주해야 한다고 주장했다"는 것이다. (나의 이론대로 하면, 창조주의 유일한 목적은 인간의 도덕성 자체도 아니고, 행복 자체만도 아니고, 이 양자의 합일과 합치에 있는 이 세계에서 가능한 최고선이다.)

BM211   B. 더 나아가 나는, 이 의무 개념은 어떤 특수한 목적을 기초에 놓을 필요가 없고, 오히려 인간의 의지에 대해 하나의 다른 목적을 **인도한다**고 언명하였다. 곧, 전력을 다해 이 세계에서 가능한 **최고선**(세계 전체에서 가장 순수한 윤리성과도 결합된, 보편적이고, 저 윤리성에 알맞은 행복)을 실현하려는 노력 말이다. 이것은 물론 한 면에서는 우리의 통제력 안에 있지만, 두 면에서 함께 보면, 그렇지 못하기 때문에, 이성에 **실천적 의도에서** 하나의 도덕적 지배자 및 내세에 대한 믿음을 강요한다. 마치 이 둘의 전제 아래에서만 보편적 의무 개념이 비로소 "지지대와 견고성"을, 다시 말해 **동기**의 확실한 기초와 필요한 강도(強度)를 얻는 것처럼이 아니라, 오히려 이로써 의무 개BM212   념이 순수한 이성의 저 이상에서만 **객관** 또한 얻는 것처럼 말이다.※ 무릇

※ 우리의 협동을 통해 이 세계에서 가능한 하나의 **최고선**을 만물의 궁극목적으로 받아들일 필요요구는 도덕적 동기의 결여로 인한 필요요구가 아니라, 그 관계에서만 이러한 동기들에 따라서 하나의 객관이 목적 그 자체로서(즉 도덕적 궁극목적으로서) 생겨날 수 있는 그런 외적 관계들의 결여로 인한 필요요구이다. 무릇 일체BM212   의 목적이 없이는 **의지**가 있을 수 없다. 설령, 순전히 행위들의 법칙적 강요가 관건일 경우에는, 사람들이 의지를 도외시해야 하고, 법칙만을 의지의 규정 근거로 만들어낸다고 하더라도 말이다. 그러나 모든 목적이 도덕적이지는 않다. (예컨대,VIII280   자기 자신의 행복이라는 목적은 도덕적이지 않다.) 목적은 비이기적이어야 한다.

그 자체로 의무는 하나의 보편적인, 채택된 준칙에 의해 가능한 법칙수립의 조건에 의지를, 그것의 대상이나 목적이 무엇이든지 간에(그러니까 행복이라 하더라도), **제한하는 것** 외의 다른 것이 아니다. 그러한 목적은 그리고 사람들이 가지고 있을 법한 여느 목적이라도 여기서는 전적으로 도외시되는 것이다. 그러므로 도덕의 **원리**를 묻는 자리에서는 도덕에 의해 규정되고 도덕법칙들에 맞는 의지의 최종 목적으로서의 **최고선**에 대한 교설을 (삽화적인 것으로) 전적으로 지나쳐 넘기고 제쳐놓을 수 있다. 아래에서도 드러날 것인 바, 본래적인 논점이 중요한 곳에서는, 이러한 것은 전혀 고려되지 않고, 순전히 보편적 도덕만이 고려된다.

b. 가르베 씨는 이 명제들을 다음과 같이 표현한다. 즉 "유덕한 이는 (자신의 행복이라는) 저 시점(視點)을 시야에서 잃을 수도 없고 잃어서도 안 된

순수 이성에 의해 부과된, 모든 목적들 전체를 하나의 원리 아래에서 포섭하는 궁극목적의 필요요구(우리의 협동을 통해서도 가능한 최고선인 세계)는 형식적 법칙들의 준수를 넘어 한 객관(최고선)의 산출로 **확장하는** 비이기적인 의지의 필요요구이다. — 이 필요요구는 하나의 특수한 종류의, 곧 모든 목적들 전체라는 이념에 의한 의지규정(결정)이다. 그 기초에 놓여 있는 것은, **만약** 우리가 이 세계에서 사물들과 모종의 도덕적 관계 속에 있다면, 우리는 어디서나 도덕법칙에 순종해야 하고, 그 위에 전 능력을 다해 그러한 관계(윤리적인 최고 목적들에 맞는 하나의 세계)가 실존**하도록** 해야 하는 의무가 덧붙여진다는 사실이다. 여기서 인간은 신성(神性)과 유비하여 생각하거니와, 신성은 주관적으로 어떤 외적인 사물도 필요로 하지 않으면서도, 그렇다고 자기 자신 안에 갇혀 있다고 생각될 수는 없고, 오히려 바로 자기의 완전자족성(全足性)을 의식함으로써 자기 바깥에 최고선을 산출하도록 규정되어 있다고 생각될 수 있는 것이다. 그런데 (인간에서는 의무인) 최고 존재자에서의 이러한 필연성을 **우리로서는** 도덕적 필요요구 외에 달리는 도저히 표상할 수가 없다. 그래서 인간에서, 자기의 협동을 통해 이 세계에서 가능한 최고선이라는 이념 안에 있는 동기는 또한 그때 의도된 자신의 행복이 아니라, 오히려 목적 그 자체로서의 이 이념, 그러니까 의무로서의 이 이념의 추구일 따름이다. 무릇 이 이념은 행복에 대한 전망을 단적으로 함유하지 않고, 다만 행복과 누구이든 간에 주체의 (행복을 누릴) 품격 사이의 균형에 대한 전망을 함유하고 있으니 말이다. 그러나 자기 자신을 그리고 그러한 전체에 속하려 하는 자기의 의도를 이러한 조건에 제한하는 의지규정(결정)은 **이기적이지 않은** 것이다.

다. — 왜냐하면, 그렇지 않으면 그는 보이지 않는 세계로의 이행로(移行路)를, 즉 신의 현존과 〔영혼의〕 불사성에 대한 확신으로의 이행로를 완전히 잃을 터이기 때문이다. 그런데 이 확신은 이 이론에 따르면 **그 체계**[12]**에 지지대와 견고성을 주기 위해서는 필수적이다**"라고. 그리고 나에게 귀속하는 주장의 총합을 다음과 같이 짧고 훌륭하게 요약하는 것으로 말을 맺는다: "유덕한 이는 저 원리를 좇아 끊임없이 행복을 누릴 품격이 있으려고 애쓰지만, 그가 참으로 유덕한 **한에서는**, 결코 행복하려고 애쓰지는 않는다."
(여기서 '한에서'라는 말은 모호성을 가지고 있는데, 이것이 먼저 해소되어야 한다. 이 말이 '덕 있는 자로서 그가 자기의 의무에 복속하는 **행위를 함에서**'를 의미하는 한에서는 이 명제는 나의 이론과 완전하게 일치한다. 그렇지 않고, 만약 그가 도대체 유덕하면, 그러므로 의무가 문제가 되지 않고, 의무와 상충되지 않는 곳에서조차 유덕한 자는 행복을 전혀 고려해서는 안 된다는 것이라면, 이것은 나의 주장들과 전적으로 모순된다.)

그러므로 이러한 반론들은 다름 아닌 오해들이다. (무릇 이것들을 나는 곡해들이라고 보고 싶지는 않다.) 만약 자기한테 일단 익숙한 사유 과정을 낯선 사유를 판정하는 데서도 따르고, 그래서 저 과정을 이 사유에 반입하려는 인간의 성벽(性癖)이 그러한 현상을 충분히 설명하지 못한다면, 저런 오해가 가능하다는 것은 의아하지 않을 수 없다.

이제 이렇게 도덕 원리를 논쟁적으로 다루고 나서 독단적인 반대 주장이 뒤따른다. 곧 가르베 씨는 분석적으로 이렇게 추론한다: "**개념들**의 순서상 하나에 다른 하나보다 **우선권**을 주는 상태들에 대한 지각과 구별이 그 상태들 가운데서 하나를 선택하는 일에, 그러므로 어떤 일정한 목적을 미리 정하는 일에 선행하지 않으면 안 된다. 그런데 자기 자신을 의식하고 자기의 상태를 의식할 자질을 품수한 어떤 존재자가, 이러한 상태가 현재하고 그 상태가 지각이 되면, 다른 방식들로 존재하는 것보다 **우선시하는** 상

---

12) AA는 가르베의 『시론들』 원문에 따라 이를 "도덕적 체계"라고 보충하여 읽는다.

태는 하나의 **좋은** 상태이다. 그리고 일련의 그러한 좋은 상태가 **행복**이라는 낱말이 표현하는 가장 보편적인 개념이다." — 더 나아가서: "하나의 법칙은 동기들을 전제하되, 동기들은 더 좋은 상태와 더 나쁜 상태에 대한 앞서 지각된 구별을 전제한다. 이 지각된 구별이 행복 등등의 개념 요소이다." 또 더 나아가서: "낱말의 가장 보편적 의미에서의 **행복으로부터 모든 노력의 동기**[13]**들이 생긴다.** 그러므로 도덕법칙 준수의 동기도 생긴다. 그런데 내가 과연 도덕적 의무의 이행이 좋음(선)의 표제 아래에 속하는지를 물을 수 있기 전에, 나는 먼저 도대체가 어떤 것이 좋다(선하다)는 것을 알지 않으면 안 된다. 인간은 자기의 움직임이 지향해야 할 하나의 **목표**를 설정하기 **전에**,※ 필시 그를 움직이게 만드는 하나의 (**내적**) **동기**[14]를 갖는다."

이 논증은 **좋음/선**이라는 말의 모호성을 가지고 하는 유희에 불과하다. 무릇 이 말은 그 자체로 그리고 무조건적인 선으로, 그 자체로 악한 것과 반대되는 것을 의미하거나, 더 나쁘거나 더 좋은 것과 비교해서 언제나 조건적으로만 좋은 것을 의미하기도 한다. 후자의 상태는 단지 비교적(상대적)으로-좋은 상태이기는 하지만, 그 자체로는 악한 것일 수 있다. — 자유의사의 정언적으로 지시명령하는 법칙(다시 말해, 의무)을 무조건적으로, 근거에 놓인 어떠한 목적도 전혀 고려하지 않는 준수의 준칙은 일정한 행위방식의 동기로서 자연본성적으로 우리의 근저에 놓여 있는 목적(일반적으로 행복이라고는 일컫는 것)을 좇는 준칙과는 본질적으로, 다시 말해 **종**(種)**적으로**

※ 이것이 바로 내가 파고들고 있는 점이다. 인간이 어떤 목표(목적)를 설정하기 전에, 먼저 가질 수 있는 (내적) 동기는 법칙 자체 외의, 그 법칙이 (사람들이 어떤 목적들을 갖고, 그 법칙의 준수를 통해 어떤 목적들에 도달하게 될지는 미정인 채로) 불러일으키는 존경에 의한 것 외의 다른 것일 수 없음이 분명하다. 무릇 의사의 형식(적인 것)에 관한 법칙은 내가 의사의 질료(즉 가르베 씨가 목표라고 부르는 바의 것)를 도외시했을 때, 남는 유일한 것이니 말이다.

---

13) 원어: Motiv.
14) 원어: Triebfeder.

BM218 구별된다. 무릇 전자는 그 자체로 선하고, 후자는 결코 그러한 것이 아니니 말이다. 후자는 의무와 충돌할 경우에는 매우 악한 것일 수도 있다. 이에 반해, 어떤 목적이 근거로 놓여 있다면, 그러니까 어떠한 법칙도 무조건으로 지시명령하지 않는다면(오히려 이 목적의 조건 아래서만 지시명령한다면), 두 반대되는 행위들이 둘 다 조건적으로 좋을 수 있거니와, 단지 하나가 다른 하나에 비해 더 좋을 수 있다. (그래서 후자를 비교적[상대적]으로-악한 것이라 일컫는 것이겠다.) 무릇 이것들은 종[種]적으로가 아니라, 순전히 **정도**[程度] **면에서** 서로 구별되고 있으니 말이다. 그리고 행위들의 동기는 무조건적인 이성법칙(의무)이 아니라, 우리 의사에 따라 근거로 놓인 목적인 모든 행위들은 이러한 성질을 갖는다. 무릇 이러한 목적이 목적들의 합계의 일부를 이루거니와, 그 목적들의 달성이 행복이라 불리는바, 한 행위는 더 많이, 또 다른 행위는 더 적게 나의 행복에 기여할 수 있고, 그러니까 한 행위가 다른 행위보다 더 좋거나 나쁠 수 있다. — 의지규정의 한 상태를 다른 상태보다 **우선함**은 자유의 행위작용(법률가들이 말하는 바대로, 純粹한 能力의 問題[15])으로서, 이런 행위작용에서는 이것(의지규정)이 자체로 선한지 악한지는 전혀 고려되지 않으며, 그러니까 이 두 가지에 관해서는 아무래도 좋다는 것이다.[16]

BM219
VIII283
　동일한 종류의 다른 어떤 목적보다 내가 우선시하는 모종의 **주어진 목적**과 연결되어 있는 하나의 상태는 하나의 비교적으로 더 좋은 상태, 곧 행복의 분야에서 더 좋은 상태이다. (행복은 단지 조건적으로, 사람들이 행복할 품격[자격]이 있는 한에서 말고는 결코 이성에 의해 선으로 인정되지 않는다.) 그러나 모종의 나의 목적들과 의무의 도덕이 충돌하는 경우에 내가 의무를 우선한다는 것을 스스로 의식하는 그런 상태는 한낱 더 좋은 상태가 아니라, 오로지 그 자체로 선한 상태이다. 즉 그것은 나에게 주어질지도 모르는 목

---

15) 원어: res merae facultatis.
16) 『윤리형이상학-법이론』, AB21=VI223 참조.

적들(그러니까 그 목적들의 합계인 행복)이 전혀 고려되지 않으며, 의사의 질료(의사의 근거로 놓여 있는 객관)가 아니라, 의사 준칙들의 보편적 합성의 순전한 형식이 의사의 규정 근거를 이루는, 전적으로 다른 분야에서 오는 선이다. — 그러므로 내가 여느 다른 방식으로 존재하기 위해 **우선하는** 상태 모두는 나에 의해 행복을 위한 것으로 계산된 것이라고 결코 말할 수 없다. 무릇 첫째로 나에게는 내가 나의 의무에 반해서 행위하고 있지 않다는 것이 확실해야 하고, 그러고서야 비로소 행복에 대해, 얼마만큼이나 내가 행복을 저 나의 도덕적으로(자연적(물리적)이지 않은) - 선한 상태와 합일시킬 수 있는지 둘러보는 일이 허용되어 있으니 말이다.※

BM220

물론 의지는 반드시 **동기들**을 갖는다. 그러나 이 동기들은 목적으로 앞에 놓인 **자연감정**과 관련한 어떤 객체들이 아니라, 다른 것이 아닌 무조건적인 자신이다. 무조건적인 강요인 이 아래에서 자신을 보는 이에 대한 의지의 수용성을 **도덕 감정**이라 일컫는다. 그러므로 도덕 감정은 의지규정의 원인이 아닌 결과로서, 만약 저 강요가 우리 안에서 선행하지 않는다면, 이 감정에 대해 우리는 최소한의 지각도 하지 못할 터이다. 그래서, 이 감정, 그러니까 우리가 목적으로 삼는 하나의 쾌감이 의지규정의 첫째 원인이고, 따라서 (저 쾌감이 그 요인인) 행복이 역시 행위하는 모든 객관적 필연성의 근거, 따라서 모든 책임의 근거를 이룬다고 하는 옛 노래는 하나의 궤변

BM221

VIII284

※ 행복은 자연이 우리에게 마련해 주는 모든 것을 함유한다. (그리고 그 밖에 더는 아무것도 함유하지 않는다.) 그러나 덕은 인간 자신 외에 누구도 그에게 줄 수도, 그에게서 앗을 수도 없는 것이다. 이에 응수해서 사람들이, 인간은 후자(덕)에서 벗어남으로써 적어도 비난과 순수한 도덕적 자책을, 그러니까 불만을 자초하고, 따라서 자신을 불행하게 만들 수도 있다고 말할 것 같으면, 이것은 아무래도 인정해야 할 것 같다. 그러나 오로지 유덕한 이, 또는 유덕하게 되는 도정에 있는 이만이 이러한 순수한 (그에게 불리한 행위들의 결과들로 인해서가 아니라, 그 행위들의 위반 자체로 인한) 도덕적 불만을 가질 수 있다. 따라서 저러한 그의 불만은 유덕함의 원인이 아니라, 오히려 결과일 따름이며, 유덕함의 동인을 이러한 불행 — 만약 사람들이 비행으로 인한 고통을 이렇게 부르고자 한다면 — 에서 찾을 수는 없을 터이다.

적 **우스개**이다. 곧 사람들은 어떤 결과에 대해 하나의 원인을 대라고 묻기를 그칠 수 없으면, 마침내 그 결과를 그 자신의 원인으로 만든다.

 이제야 나는 우리가 본래 여기서 다룰 문제의 지점에 이르렀다. 곧 철학에서 소위 상충한다는 이론과 실천의 이해관계를 예증하고 검토하는 일 말이다. 가르베 씨는 이를 위한 최선의 전거를 앞서 언급한 논고에서 제공하고 있다. 맨 먼저 그는 (우리가 어떻게 **행복하게** 되는지에 대한 학설과 우리가 어떻게 행복할 만한 **품격을 갖게** 될 것인지에 대한 학설 사이에서 내가 발견한 차이에 대해 이야기하면서) "나 자신 솔직히 고백하건대, 나는 이념상의 이러한 구분을 **머리**로는 사뭇 잘 이해하지만, **심중**(가슴)에서는 소망과 노고의 이러한 구분을 발견하지 못한다. 더구나 나에게는, 여느 인간이 어떻게 행복에 대한 자기의 갈망을 스스로 순수하게 격리시키고, 그러므로 전적으로 비이기적으로 의무를 수행했다고 의식할 수 있는지가 전혀 이해되지 않는다"라고 말한다.

 나는 우선 뒤의 문제에 대해 답하려 한다. 곧 나는 어떤 인간도 자기의 의무를 전적으로 비이기적으로 **수행했다**고 확실하게 의식할 수는 없다는 점을 기꺼이 인정한다. 무릇 그러한 것은 내적 경험에 속하고, 자기의 영혼 상태에 대한 이러한 의식을 위해서는 상상력, 습관 및 경향성에 의해 의무 개념에 동반하는 모든 부수적인 표상들과 고려들에 대한 하나의 전반적으로 명료한 표상이 필요할 것인데, 어떤 경우에도 이러한 표상이 요구될 수는 없는 일이고, 또한 일반적으로 어떤 것의 없음(비존재)(그러니까 또한 암암리에 생각된 이익이 아닌 것)도 경험의 대상일 수 없는 일이니 말이다. 그러나 인간은 **마땅히** 자기의 의무를 전적으로 비이기적으로 **수행해야 하고**, 의무 개념을 전적으로 순수하게 갖기 위해서는 행복에 대한 자기의 갈망을 의무 개념에서 온전히 격리**해야만 한다**는 것, 이에 관해서는 아주 명료하게 의식하고 있다. 혹시 만약 그가 그러하지 못하다고 생각한다면, 그에게는 그의 능력이 닿는 한 그러해야 할 것이 요구될 수 있다. 왜냐하면, 바로 이 순수성에서 도덕성의 참된 가치가 발견될 수 있고, 그러므로 그는 그러할 수 있어야만 하기 때문이다. 어쩌면 어느 한 인간도 그가 인식하고 신봉하는 자기의 의무를 전적으로 비이기적으로(다른 동기들의 섞임 없이) 수행한 적이 없을 수도 있다. 또한 어쩌면 최대한 노력하더라도 어느 한 사람도 거기까지 이르지 못할 것이다. 그러나 그가 최대한의 면밀한 자기심사에서, 함께 작용하는 그러한 동기들의 하나가 아니라, 오히려 의무의 이념에 맞서는 많은 동기들에 대한 자기부정을, 그러니까 저 순수성을 추구하라는 준칙을 의식함을 자신 안에서 지각할 수 있는 한에서, 그는 이를 할 수 있다. 그리고 그것은 그가 의무를 준수하기 위해서도 충분하다. 이에 반해 인간의 자연본성이 그러한 순수성을 허가하지 않는다는 핑계로 (그는 이렇다는 것을 확실하게 주장할 수도 없지만) 저러한 동기들의 영향을 방조〔傍助〕하는 것을 준칙으로 삼는 일은 모든 도덕성의 사망이다. VIII285

이제 가르베 씨가 저러한 구분(본래는 분리)을 **자신의 심중〔가슴〕에서**는 발견하지 못한다고 조금 전에 고백한 것에 대해 말하자면, 나는 그가 자책하면서 바로 자기 모순에 빠져 그의 머리에 대항해 가슴〔마음〕을 옹호하고 있다는 것을 의심하지 않는다. 정직한 사람인 그는 그 구분을 실제로는 항상 자신의 심중〔가슴〕에서(자신의 의지규정들 안에서) 발견했다. 그러나 그 구분이 이해(설명)할 수 없는 것, 곧 정언 명령의 가능성(의무의 가능성 같은 것)을 사변하고 이해하는 데에 (모두가 자연필연성의 기계론에 기초한) 심리학적인 설명들의 익숙한 원리들과 그의 머릿속에서 아귀가 맞지 않았을 것이다.※ BM224

※ 가르베 교수님은 (그의 키케로 『의무론』에 대한 주해, 1783년 판,[17] 69면에서) 아주 주목할 만한, 그리고 그의 명민함에 상응하는 고백을 하고 있다: "자유는, 그의 가장 내밀한 확신으로는, 불가해한 것으로 남고, 결코 설명될 수 없는 것이다."[18] 자유의 현실성에 대한 하나의 증명은 단적으로, 직접적 경험에서도 간접적 경험에서도, 만날 수 없다. 그런데 아무런 증명 없이 사람들이 자유를 받아들일 수도 없다. 무릇 자유의 증명은 순전히 이론적인 근거들에 의해 할 수 없고(이런 근거들이란 경험에서 찾을 수밖에 없으니 말이다), 그러니까 순전히 실천적인 이성명제들에 의해, 그것도 기술적–실천적 명제들이 아니라(이런 명제들은 다시금 경험근거들을 요구할 터이니 말이다), 도덕적–실천적 이성명제들에 의해서만 할 수 있는 BM225

BM225
VIII286

그러나 만약 가르베 씨가 마지막에, "관념들의 그러한 세밀한 구별은 특수한 대상들을 **깊이 사고할** 때에 이미 **흐려진다**. 그러나 그러한 구별은 **행위가** 문제인 때, 즉 그러한 구별이 욕구와 의도들에 적용이 되면, **완전히 사라진다**. 우리가 동기들에 대한 고찰에서 실제 행위로 넘어가는 행보가 단순하면 단순할수록, 빠르면 빠를수록, **명료한 표상들이 없으면 없을수록**, 더욱더 각각의 동기가 그 행보를 다름없이 그처럼 이끈 일정한 비중을 정확하고 확실하게 인식할 수가 없다"라고 말한다면, 나로서는 이를 소리쳐 강력하게 반박하지 않을 수 없다.

BM226

의무 개념은 그 개념의 완전한 순수성에서 더 비할 바 없이, 행복에서 비롯한, 또는 그와 더불어 행복에 대한 고려가 뒤섞인 동기 — 이러한 동기는 항상 많은 기술과 성찰을 요하거니와 — 보다 더 단순하고, 더 명료하며, 누구에게나 실천적 사용에 더 평이하고, 더 자연스럽다. 그뿐만 아니라 의무 개념은 가장 평범한 인간 이성의 판단 자체에서도, 만약 그 개념이 이성에, 그것도 저러한 동기들과 분리되어, 정말이지 저러한 동기들과 대립해서, 사람들의 의지에 제공된다면, 저러한 동기들의 이기적 원리에서 차용된 일체의 동인들보다 훨씬 **더 강력하고**, 유력하며 유망하다. — 예컨대, 다음과 같은 경우가 있겠다: 누군가 타인이 위탁한 재물(委託品)을 수중에 가지고 있는데, 그 소유주는 사망했고, 그것의 상속인들은 그것에 대해 아무것도 알지 못하고, 또한 그것에 대해 뭔가를 들을 수도 없다. 사람들은 이런 경우를 — 가령 여덟아홉 살 된 — 아이에게도 이야기해 주면서, 동시에, 이 위탁품의 소지자가 (그 자신의 잘못 없이) 바로 그즈음에 그의 운이 완전

바, 가르베 씨가, 적어도 그와 같은 명령들의 가능성을 구출하기 위해, 왜 자유의 개념에 호소하지 않았는지 놀라지 않을 수 없다.

---

17) Chr. Garve, 『의무론 주해(*Philosophische Anmerkungen und Abhandlungen zu Ciceros Büchern vo den Pflichten*)』, Breslau 1783 · ²1784.
18) 인용 부호가 있기는 하지만, 문자대로의 인용은 아니고, 문맥상의 의미를 옮겨놓은 것이다.

히 쇠락해, 자기 옆에 궁핍에 억눌려 있는 처자식의 가족을 보고 있는데, 만약 그가 저 저당물을 자기 것으로 만든다면, 그는 저 궁지에서 순식간에 벗어날 터이고, 또 그는 어진 사람이고 선량한 반면, 저 상속인들은 부유하나 매정하고, 게다가 최고로 사치하고 낭비가 심해서, 그들의 재산에 이 추가물은 바닷속에 던져지는 것과 마찬가지일 것이라고 이야기한다. 이제 사람들이 묻는바, 과연 이러한 상황에서 이 위탁품을 자신에게 유익하게 사용하는 일이 허용되는 것으로 볼 수 있는가? 의심할 여지없이 질문 받은 사람은 이에 "아니오!"라고 대답하면서, 온갖 이유를 대는 대신에, 단지 "그것은 부당한 일이다. 다시 말해 의무와 상충하는 일이다"라고만 말할 수 있을 것이다. 이보다 더 분명한 것은 없다. 그러나 그가 그 위탁품의 반환을 통해 자기 자신의 **행복**을 촉진한다는 것, 그것은 확실히 아닐 것이다. 무릇 만약 그가 이런 후자의 관점에서 자신의 결정을 내리고자 하였다면, 그는 예컨대 다음과 같이 생각할 수 있었을 터이니 말이다. 즉, "네가 네게 있는 남의 재산을 요구받지 않았는데도 진짜 소유주들에게 반환한다면, 아마도 그들은 너의 정직함에 대해 너에게 사례할 것이다. 또는, 그런 일이 일어나지 않는다면, 너는 너에게 매우 이득이 되는, 널리 알려지는 명성을 얻을 것이다. 그러나 이 모든 것은 매우 불확실하다. 이와 반대로 틀림없이 여러 의혹들 역시 생길 것이다. 즉, 만약 네가 그 위탁물을 착복하려고, 너의 궁핍한 상황을 단번에 벗어나기 위해, 그것을 재빨리 사용한다면, 너는 어떻게 그리고 무슨 수로 그토록 빨리 너의 상황을 개선하게 되었는지 의심받게 될 것이다. 반면에 네가 그 일에 천천히 착수하려 하면, 그새 곤궁함이 너무 심해져 아예 더는 떨쳐버릴 수가 없게 될 것이다." — 그러므로 행복의 준칙에 따르는 의지는 그의 동기들 사이에서 무엇을 결심해야 할지 흔들린다. 무릇 의지는 성공을 중시하는데, 그것이 매우 불확실하니 말이다. 이유와 반대이유들의 쇄도에서 빠져나오고, 총계 계산에서 착각하지 않기 위해서는 머리가 좋아야 한다. 이와 반대로 만약 그가 여기서 무엇이 의무인지를 묻는다면, 그는 그 자신에게 해야 할 대답에 대해 전혀 당혹하지 않고,

오히려 그가 무엇을 행해야만 하는지는 그 자리에서 확실하다. 정말이지, 만약 의무 개념이 그에게 유의미하다면, 의무 위반으로 인해 그에게 생길 수 있는 이득을, 마치 그가 여기서 그런 선택지를 가진 양, 어림 계산을 해 보는 것만으로도 그는 역겨움을 느끼기까지 할 것이다.

BM229   그러므로 (방금 본 바대로, 가르베 씨가 생각한 것처럼, 그렇게 정세(精細)한 것이 아니라, 오히려 아주 거칠고 읽기 쉽게 인간의 영혼에 쓰여 있는) 이러한 구별**들이 행위가 문제가 되면 전적으로 사라진다**는 사실은 심지어 자신의 경험과도 모순된다. 그것이, 전자의 또는 후자의 원리에서 길어낸 준칙들의 **역사**가 보여준 경험과 모순되는 것은 아니다. 무릇 그런 경험은 유감스럽게도, 그 준칙들이 대부분 후자의 (사리(私利)의) 원리에서 나온다는 사실을 증명하니 말이다. 그러나 그것은 오직 내적으로 가능한 경험과는 모순된다. 즉, 바로 모든 것을 넘어서 의무를 존중하고, 생의 무수한 해악들과 그리고 생의 가장 매혹적인 유혹들과도 싸워, (인간은 능히 그렇게 할 수 있다고 사람들이 당연히 받아들이는 바대로) 그것들을 이겨내는, 순수한 도덕적 마음씨보다 인간의 마음을 더 고양시키고 감격시키는 이념은 없다는 경험과는 모순된다. 인간은 그것을 해야 하기 때문에, 그것을 할 수 있다고 인간이 알고 있다는 사실, 그것이 인간 안의 신적 소질의 깊이를 개시해 주는바, 이 깊이

VIII288
BM230   는 인간에게 흡사 인간의 참된 사명의 위대함과 숭고함에 대한 경외를 느끼게 한다. 그리고 만약 인간이 덕을 의무 준수로부터 얻게 될 수 있는 이득의 모든 풍요로운 전리품에서 벗어나게 하고, 그것을 전적으로 순수하게 표상하는 데에 자주 주의를 기울이며 익숙해진다면, 그렇게 해서 만약 그것을 끊임없이 사용하는 것(거의 항상 등한시된, 의무를 명심하는 하나의 방법)이 사적인 그리고 공적인 가르침에서 원칙이 된다면, 인간의 윤리성은 곧 개선될 것이 틀림없을 터이다. 역사 경험은 아직까지도 덕이론의 훌륭한 성공을 증명하려 하지 않았다 하는, 이 점에 바로 다음과 같은 잘못된 전제가 귀책한다. 즉, 의무 그 자체의 이념에서 파생된 동기는 보통의 개념(이해력)에는 너무 정세(精細)하고, 그 반면 (동기로서의 법칙을 유의하지 않은 채) 법칙

의 준수로 인해 현세에서, 정말이지 실로 또 내세에서 기대할 수 있는, 모종의 이득들로부터 나오는, 더 거친,[19] 동기가 마음에 더 강력하게 작용할 것이라는 전제, 그리고 사람들이 이성이 최상의 조건으로 삼는 것, 곧 행복할 만한 품격보다 행복 추구를 우선시하는 것을 이제까지 교육과 강론의 원칙으로 삼았다는 전제 말이다. 무릇 사람들이 어떻게 자신을 행복하게 만들 수 있는지, 적어도 자기의 손해를 막을 수 있는지 하는 **지시규정**〔훈계〕들은 **지시명령**〔계명〕이 아니기 때문이다. 그런 것들은 누구도 단적으로 구속하지 못한다. 사람들은 경고를 받은 후에, 자신에게 닥칠 것을 감당하기로 받아들이면, 자신에게 좋다고 생각되는 것을 선택할 수 있다. 그런 경우 그는 자신이 받은 충고를 홀시함으로 인해 생길 수도 있는 해악을 처벌로 여길 이유가 없다. 무릇 처벌이란 오직 자유로운, 그러나 위법적인 의지에 맞는 것이니 말이다. 그러나 자연 및 경향성은 자유에 법칙을 수립할〔입법할〕 수 없다. 의무의 이념은 사정이 전혀 다르다. 의무의 위반은, 자신에서 생기는 손해들을 고려하지 않고서도, 마음에 직접 작용하고, 인간을 그 자신의 눈으로 비난하고 처벌하게 만든다.

BM231

무릇 여기에, 도덕에서 이론상 옳은 모든 것은 실천에도 필시 타당하다는 하나의 명료한 증명이 있다. — 그러므로 자기 자신의 이성에 의해 일정한 의무들에 복속하는 존재자인 인간의 질에서 사람은 누구나 **실무자**이다. 그리고 그가 인간인 이상, 지혜의 학교를 결코 벗어날 수 없으므로, 그는 가령 경험을 통해 인간이란 무엇이며, 인간에게 무엇을 요구할 수 있는지에 관해 소위 더 잘 배운 자로서, 이론 신뢰자를 거만하게 경멸하면서 학교로 쫓아버릴 수는 없다. 무릇 이 모든 경험은 그에게 이론의 지시규정〔규정〕을 벗어나는 데는 아무런 도움이 되지 못하고, 오히려 기껏해야, 사람들이 이론을 자기의 원칙들 안에 수용했다면, 이론이 어떻게 더 잘, 더 보편적으로 실행에 옮겨질 수 있을지를 배우는 데에 도움이 될 따름이니 말이다. 그

BM232

VIII289

---

19) BM에는 "gröbern"이지만 AA에 따라 "gröbere"로 읽음.

이론과 실천 109

러나 이런 실용적 숙련성이 여기서 이야기의 주제는 아니고, 오직 후자(원칙들)만이 이야기의 주제이다.

II.
국가법에서
이론의 실천과의 관계에 대하여
(홉스[20])에 대한 반론)

다수의 인간이 하나의 사회로 결합하는 매개가 되는 모든 계약(社會契約[21])들 중에서도, 다수의 인간 사이에 하나의 **시민(적) 헌정체제**를 건립하는 계약(市民聯合體 契約(協定)[22])[23]은, 그 (市民 憲政體制[24]의) 계약 수립 원리에서, 다른 모든 계약과 본질적으로 구별되는 특유한 것이다. 비록 이 계약이 **실행**과 관련해서는 다른 모든 (각기 어떤 임의의, 사회적으로 촉진해야 할 목적을 지향하고 있는) 계약과 많은 공통점을 가지고 있기는 하지만 말이다. 많은 이들의 어떤 (공동의) (모든 이가 **가지고 있는**) 목적을 위한 결합은 모든 사회계약에서 볼 수 있다. 그러나 그들의 결합은 그 자체로 (각자 모두가 **마땅히 가져야 하는**) 목적이고, 그러니까 상호 교호적인 영향을 미치지 않을 수 없는 인간들의 모든 외적인 관계에서 무조건적인 제일의 의무인 결합이다. 그러한 결합은 사회가 시민적 상태에 있는, 다시 말해 하나의 공동체를 형

---

20) Thomas Hobbes(1588~1679). 대표 저작: *Leviathan, ore the Matter, Forme, and Power of a Commonwealth, Ecclesiasticall and Civil(London 1651), De cive // On the Citizen*(Amsterdam 1642 // London 1651), De copore(London 1655).
21) 원어: pactum sociale.
22) 원어: pactum unionis civilis.
23) Th. Hobbes는 '만인의 만인에 대한 투쟁'의 자연상태를 종식시키기 위해 인민들이 계약에 의해 결성한 "시민연합체(unio civilis)"를 "국가(civitas) 또는 시민사회(societas civilis)라고 부른다."(Hobbes, *De cive*, cap. 5, §9)
24) 원어: constitutio civilis.

성하고 있는 한에서의 하나의 사회에서만 만날 수 있다. 그런데 그러한 외적 관계에서 그 자체로 의무이자 여타 모든 의무의 최상의 형식적 조건(不可缺의 條件)인 목적은 곧 **외적 강제법칙들 아래에 있는** 인간들의 **법〔권리〕**이거니와, 이 강제법칙들에 의해 각자에게 그의 것이 규정될 수 있고, 모든 타인의 침해에 대해 보장될 수 있다.

그러나 외적 법/권리 일반의 개념은 전적으로 인간 상호 간의 외적 관계에서의 **자유** 개념에서 나오는 것으로, 모든 인간이 자연스럽게 갖는 목적(행복을 얻으려는 의도)과 그에 이르기 위한 수단들의 지정에는 전혀 상관하지 않는다. 그렇기에 이 후자가 전자의 법칙 안에 그것의 규정 근거로 섞여 들어가서는 안 된다. **법**[25]은 각자의 자유를, 모든 이의 자유가 하나의 보편적 법칙에 따라 가능한 한에서의, 모든 이의 자유와 합치하는 조건에 맞춘 제한이고, **공법**이란 그러한 전반적 합치를 가능하게 하는 **외적 법칙〔법률〕들**의 총체이다.[26] 그런데 타자의 의사에 의한 자유의 모든 제한은 **강제**라 일컬으니, 따라서 시민 헌정체제는 (타인들과의 결합의 전체 안에서 자유가 손상되지 않고) 그러면서도 강제법칙들 아래에 있는 **자유로운** 인간들의 한 관계이다. 왜냐하면, 이성 자신이 그렇게 의욕하고, 그것도 어떠한 경험적 목적(행복이라는 일반적 명칭 아래에 포괄되는 그 같은 모든 것)도 고려하지 않는, 선험적으로 법칙을 수립하는 순수한 이성이 그렇게 의욕하기 때문이다. 실상 인간은 경험적 목적에 관해서는 각자 그것을 어디에 둘 것인지를 아주 서로 다르게 생각해서, 그들의 의지를 어떤 하나의 공동 원리 아래로, 따라서 누구나의 자유와도 합치하는 어떤 하나의 외적 법칙〔법률〕 아래로 수렴할 수가 없다.

그러므로 시민적 상태는, 순전히 법/권리적 상태로 보자면, 다음의 선험

---

25) "법이란 그 아래서 어떤 이의 의사가 자유의 보편적인 법칙에 따라 다른 이의 의사와 합일될 수 있는 조건들의 총체이다."(*MS*, *RL*, AB33=VI230)
26) "법적 상태를 만들어내기 위해 일반적 공포를 필요로 하는 법칙〔법률〕들의 총체가 공법이다."(*MS*, *RL*, A161=B191=VI311)

적 원리들에 기초한다.
1. **인간**으로서의 사회 각 구성원의 **자유**.
2. **신민**으로서의 사회 각 구성원의 타인 각각과의 **평등**.
3. **시민**으로서의 한 공동체 각 구성원의 **자립성**.[27]

이 원리들은 이미 건립된 국가가 수립하는 법칙들이라기보다는, 오히려 이 원리들에 따를 때만, 외적 인권의 순수한 이성원리들 일반에 따라서, 하나의 국가 건립이 가능한 그런 법칙들이다. 그러므로:

1. 인간으로서의 **자유**. 공동체의 헌법[기본체제]을 위한 이 원리를 나는 다음의 정식으로 표현한다. 즉, 어떤 누구도 나를 그의 방식으로(그가 타인의 안녕을 생각하는 바대로) 행복하도록 강제할 수 없고, 오히려 각자는, 만약 그가 어느 누구의 자유와도 가능한 보편적 법칙에 따라 공존할 수 있는, 유사한 목적을 추구하는, 타인의 자유[28](다시 말해, 타인의 동일한 권리)를 훼손하지 않는다면, 그의 행복을 그 자신이 좋다고 생각하는 방식으로 추구해도 좋다. ― 자녀에 대한 **아버지**인 양 국민에 대한 호의의 원리에 입각해서 건립된 정부, 다시 말해 **가부장적(아버지의)**[29] **정부**(家父長的(父親的) 統治[30])에서 그러므로 신민들은 자기들에게 진실로 이롭거나 해로운 것이 무엇인지를 판가름할 수 없는 미성년의 아이들같이, 그들이 마땅히 어떻게 행복해야 하는지를 순전히 국가원수의 판단에서 기대하고, 또 국가원수 역시 그들이 행복하기를 의욕한다는 것을 순전히 그의 선의에서 기대하게끔, 순전히 수동적인 태도를 취하도록 강요받고 있다. 이러한 정부(통치)는 생

---

27) 『법이론』에서의 국가시민의 "법률적 자유", "시민적 평등", "시민적 자립성"에 관한 서술(MS, RL, A166=B196=VI314) 참조.
28) "행위가 또는 그 행위의 준칙에 따른 각자의 의사의 자유가 보편적 법칙에 따라 어느 누구의 자유와도 공존할 수 있는 각 행위는 정당하다"(MS, RL, AB33=VI230)라는 "보편적 자유의 원리"(MS, RL, A37=B36=VI232)를 칸트는 "법의 보편적 원리"(MS, RL, AB33=VI230)로 본다.
29) 원어: väterlich.
30) 원어: imperium paternale.

각할 수 있는 최대의 **전제주의**(신민들의 모든 자유를 폐기하는, 그리하여 신민들이 전혀 아무런 권리도 갖지 못하는 헌정체제)[31]이다. 가부장적(아버지의) 정부가 아니라 **조국적**(애국적)[32] 정부(家父長的(父親的) 統治가 아니라 愛國的(祖國的) 統治[33])만이 권리(법)의 능력이 있는 인간을 위해, 동시에 지배자의 호의와 관련해서 생각할 수 있는 정부이다. 곧 **애국적**(조국적)[34]이란, 국가 안에서 모두 (원수(元首)를 포함해서) 각자가 공동체를 어머니의 자궁으로, 국토를 그 자신이 거기서 그리고 그 위에서 생겨났고, 그 또한, 오직 공동체의 권리(법)들을 공동 의지의 법칙들을 통해 보호하기 위해, 하나의 소중한 담보물로서 남겨야만 할, 아버지의 땅으로 여기고, 그렇지만 그것을 그의 무조건적인 임의대로 사용할 권한이 자신에게 없다고 보는 그러한 사유방식(성향)을 말한다. — 이러한 자유의 권리는, 인간이 곧 일반적으로(도대체가) 권리(법)의 능력이 있는 존재자인 한에서, 인간으로서 공동체의 구성원인 각자에게 귀속한다.

2. 신민으로서의 **평등**. 그 정식은 다음처럼 말할 수 있다. 즉, 공동체의 각 구성원은 각각의 구성원에 대해서 강제권을 갖는다. 다만 공동체의 원수는 예외이다. (원수는 공동체의 구성원이 아니라 공동체의 창설자 내지 보전자(保全者)이기 때문이다.) 공동체의 원수만은 그 자신이 어떤 강제법에도 복속하지 않고서 강제할 권한을 가져야 한다. 그러나 법률 **아래**에 있는 모든 구성원은 한 국가 안에서 신민이고, 그러니까 공동체의 다른 모든 구성원과

---

31) 전제주의에 대한 이러한 개념은 *Berlinische Monatsschrift*, Bd.19(Januar bis Junius 1792)에 게재된 Wilhelm von Humboldt(1767~1835)가 쓴 것으로 알려진 글: "Ideen über Staatsverfassung, durch die neue französische Konstituzion veranlaßt. Aus einem Brief an einen Freund, vom August 1791"(S.84~98) 중에서 이미 볼 수 있다.(S.95~96 참조)
32) 원어: vaterländisch. 아래에 사용하는 다른 표현 'patriotisch'(=애국적(조국적))와 구별하기 위해 편의상 '조국적(애국적)'이라고 옮기지만, 양자의 지칭은 동일하다. 독일어 'Vater'나 라틴어 'pater'의 지칭이 동일하듯이 말이다.
33) 원어: imperium patrioticum.
34) 원어: patriotisch.

똑같이 강제 법률에 예속되어 있다. 오직 1인(자연적(신체적) 및 도덕적(정신적) 인격), 즉 그에 의해서만 모든 법적 강제가 시행될 수 있는 국가원수만이 예외이다. 무릇 만약 그마저 강제될 수 있다면, 그는 국가원수가 아니겠고, 예속의 계열은 위로 무한히 올라갈 것이니 말이다. 반면에 그러한 2인(강제받지 않는 인격들)이 있다면, 1인이 다른 1인에게 불법한 일이라고는 할 수 없을 터인데(무슨 짓을 해도 불법일 수 없을 터인데), 그러한 것은 불가능하다.

그러나 한 국가 안에서 그 신민으로서의 인간의 이러한 전반적인 평등은, 신체적으로 또는 정신적으로 타인들보다 우월함에 있어서든, 그 밖의 재물에 있어서든, 타인들과 관련한 권리들 일반 — 이런 것이 많이 있을 수 있다 — 에서, 그들이 소유한 것의 양과 정도의[35] 몹시 큰 불평등과 아주 잘 공존한다. 그래서 어느 누구의 복지는 다른 누구의 (가난한 이의 복지는 부자의) 의지에 매우 의존하고, 어느 누구는 (아이가 부모에게, 또는 아내가 남편에게 하듯이) 순종해야 하며, 다른 누구는 명령하고, 어느 누구는 (날품팔이꾼으로) 복무하며, 다른 누구는 임금을 지불한다 등등. 그럼에도 그들은 신민으로서 **권리**의 면에서 — 권리는, 보편적 의지의 표명으로서, 유일한 것일 수 있고, 정당함의 형식에 관한 것으로 내가 권리를 갖는 질료 내지 객체에 관한 것이 아니다 — 모두 서로 평등하다. 왜냐하면, 아무도 공적 법률 (그리고 그 집행자인 국가원수)을 통하지 않고서는 어느 누구를 강제할 수 없고, 이런 법률을 통해서는 어떤 타인도 그에게 똑같은 정도로 저항하기 때문이다. 반면에 아무도 자기 자신의 범법에 의하지 않고서는 이러한 강제의 권한을 (그러니까 타인에 대해 갖는 한 권리를) 상실할 수도, 스스로, 다시 말해 하나의 계약을 통해, 그러니까 그는 아무런 권리도 갖지 않고서 의무만을 갖는 어떤 법적 행위를 통해, 포기할 수도 없다. 왜냐하면, 그는 그렇게 함으로써 자기 자신에게서 계약을 맺을 권리를 빼앗는 것이고, 그러니까 이 계약은 자기 자신을 폐기할 터이기 때문이다.

---

35) AA에 따라 읽으면, "정도의 면에서".

이제 공동체 안에서 신민들로서의 인간의 평등 이념에서 또한 다음의 정식이 나온다: 공동체의 각 구성원은 공동체 안에서 (한 신민에게 귀속될 수 있는) 신분의 어느 위계에도, 즉 그의 재능, 근면, 행운에 따라 오를 수 있는 어떤 위계에도 도달할 수 있어야 한다. 그리고 그의 동료신민들은 (특정 신분을 위한 특전으로서의) **세습적** 특권을 가지고서 그와 그의 후손들을 동일한 신분 아래에 두고 영원히 억누르기 위해 그를 방해해서는 안 된다.

무릇 모든 법은 순전히 모든 타인의 자유를 나의 자유와 보편적 법칙에 따라 공존할 수 있는 조건에 제한시키는 데에 있고, (한 공동체에서의) 공법은 순전히 이러한 원리에 맞고 권력과 결합된 현실적 법칙수립[입법] 상태이다. 이 법칙수립[입법]에 힘입어 하나의 국민에 속하는 모든 이는, 신민으로서, 법적 상태(法的 狀態) 일반에, 곧 보편적 자유법칙에 맞게 서로를 제한하는 의사의 작용·반작용의 평등 상태 — 이러한 상태를 시민 상태라고 일컫거니와 — 에 있다. 그래서 각자의 **생득적 권리**는 이러한 상태에서 (다시 말해, 그 권리의 모든 법적[권리 있는] 행동에 앞서), 각자가 언제나 그의 자유의 사용이 나의 자유와 합치하는 한계 안에 머물러 있게끔, 모든 타인을 강제하는 권한에 있어서 전반적으로 **평등하다**. 무릇 출생은 태어나는 자의 **행위**가 아니다. 그러니까 출생으로 인해 이 사람에게 어떤 법적 상태의 불평등도 초래되지 않고, 유일한 최상의 입법[법칙수립]권 아래 신민으로서 그와 다른 모든 이들에게 공통적인 예속 외에 어떠한 다른 강제 법률에의 예속이 초래되지 않는다. 그러므로 공동체의, 동료신민으로서 한 구성원의 다른 구성원들에 대한 생득적 우선권은 있을 수 없다. 그리고 어떤 누구도 그가 공동체에서 차지하고 있는 **신분**의 우선권을 그의 후손에게 물려줄 수 없고, 그러니까 말하자면 출생을 통해 마치 주인신분의 자격이 있는 것인 양 물려줄 수 없고, 또한 출생이 (上級者와 下級者의 — 그러나 이 가운데 누구도 命令者가 아니고, 누구도 隸屬者가 아니다 —) 상하관계의 더 고위급에 자신의 공적을 통해 오르는 것을 강제로 저지할 수 없다. 각 구성원은 (인격성과 상관없는) 물건인 여타의 모든 것은 상속할 수 있으니, 재산으로 취득할 수도 있고, 그가 양도할 수도 있다. 그래서 후손들이 이어지면서 한 공동체의 구성원들의 (용병과 임차인, 지주와 농노들 등등의) 재산 상황에 현저한 불평등을 만들 수도 있다. 다만 각 구성원은, 이들의 재능과 근면과 행운이 그렇게 할 수 있게 한다면, 그들이 평등한 상황으로 올라설 수 있는 권한을 갖지 못하게 방해해서는 안 된다. 무릇 그렇지 않으면 각 구성원은 다른 구성원들의 반작용에 다시금 강제 받는 일 없이 강제할 수 있고, 동료신민으로서의 위계를 넘어설 수 있을 터이니 말이다. — 한 공동체의 법적 상태에서 살고 있는 인간은 어느 누구도 자기 자신의 범죄에 의하지 않고서는, 계약에 의해서든 전쟁의 폭력(戰爭의 占領)에 의해서든, 결코 이 평등에서 열외가 될 수 없다. 무릇 인간은 어떠한 법적 행위—자기 자신의 행위든 타인의 행위든—에 의해서도 자기 자신의 주인[자주인(自主人)][36]이기를 중지할 수 없고, 가축의 부류에 들어갈 수 없으니 말이다. 사람들은 하고자 하는 바대로 가축을 온갖 노역에 이용하고, 그것을 죽이거나 불구로 만들지 않는다는 제한—이러한 제한은 때로는 인도인들에서처럼 종교에 의해 인가되기도 한다—이 있기는 하지만, 그것의 동의 없이도, 사람들이 하고자 하는 한, 그렇게 계속한다. 만약 누군가가, 동료신민들이라는 점에서 권리에 있어 자신보다 우선적인 것을 아무것도 갖지 않은 타인들과 똑같은 위계에 오르지 못한 것을 오직 그 자신(그의 능력, 또는 진정한 의지)의 탓이거나, 어느 누구의 잘못으로 돌릴 수 없는 상황의 탓이지, 저항할 수 없는 타인의 의지 탓이 아니라는 것을 알기만 한다면, 그는 어느 상태에서든 행복하다고 볼 수 있다.※

---

36) 원어: Eigner seiner selbst. 아래 BM245=VIII295에 같은 개념 등장. 수년 후(1797) 칸트는 『윤리형이상학 – 법이론』에서 "인간은 자기 자신의 주인(自己權利者/自權者)[sein eigener Herr(sui iuris)]일 수는 있어도, 〔…〕 그 자신의 소유자(自己所有者)[Eigentümer von sich selbst(sui dominus)]일 수는 없"다(*MS, RL*, AB96=VI270)고 말한다. 'Eigner'와 'Eigentümer' 둘 다 '소유자/소유주'로 옮기는 것이 일반적이겠으나, 그렇게 할 경우 이 「이론과 실천」의 주장이 훗날의 주장과 어긋난다. 여러 해석이 가능하겠지만, 일단 여기서는 서로 구별되게 옮겨놓는다.

3. **시민**으로서의, 다시 말해 공동입법(법칙수립)자로서의, 공동체 구성원의 **자립성**(自立性). 법칙수립(입법) 자체의 점에서 현존하는 공적 법칙(법률) **아래에서** 자유롭고 평등한 모든 이가 그럼에도 이 법칙(법률)을 **수립(제정)하는** 권리에 있어서 모두가 평등하다고 볼 수는 없다. 그럼에도 불구하고 권리 능력이 없는 이들도, 공동체의 구성원으로서, 이 법칙(법률)들을 준수하도록 예속되어 있고, 그를 통해 이 법칙(법률)들에 따른 보호를 받는다. 다만 **시민**으로서가 아니라, **보호동지(반려인)**[38]로서.[39] — 곧 모든 권리는

※ 만약 사람들이 '**자비로운**'이라는 낱말과 (선량한, 자선적인, 수호적인 등등과는 구별되는) 어떤 특정한 개념을 결합시키고자 한다면, 이 낱말은 그에 대해서는 **어떠한 강제권도** 행사될 수 없는 그런 이에게만 붙여질 수 있다. 그러므로 공적 법칙(법률)들에 의해 가능한 모든 선한 것을 조성하고 분배하는 **국가행정의 원수**[37]만이. — 무릇 법칙(법률)들을 세우는 **주권자**는 말하자면 불가시적(不可視的)이다. 그는 인격화된 법칙(법률) 자체이지, 대리자가 아니다 — 어떠한 강제권도 행사될 수 없는 유일한 자로서, **자비로운 주인**이라고 호칭될 수 있다. 그래서 예컨대 베네치아에서와 같이, 귀족정에서조차 **시 참사회**는 유일한 자비로운 주인이다. 시 참사회를 구성하는 귀족들 모두가, **총독**조차 예외 없이, (무릇 **시 의회**만이 주권자이므로) 신민들이고, 권리(법) 행사에 관하여 다른 모든 이들과 평등하다. 곧 그들 각각에 대한 강제권이 신민의 수중에 있다. 그러나 대공(大公)들(다시 말해, 정부(통치)에 대한 상속권이 귀속하는 인격들)이 이러한 전망과 저러한 요구주장으로 인해 (궁정 예절상) 자비로운 주인들이라고 불리기는 한다. 그러나 그들은 그들의 점유신분의 면에서 동료신민들이고, 이 동료신민들에 대한 강제권은 국가원수에 의해 그들의 가장 비천한 하인에게도 귀속되지 않으면 안 된다. 그러므로 국가에는 단 하나의 자비로운 주인 외에 더는 있을 수 없다. 그러나 '자비로운(본래는 고귀한) 부인'들에 관해 말하자면, 이들은 그들의 신분이 그들의 **성**(性)과 함께 (따라서 **남성**과 대비해서만) 그들을 이렇게 호칭할 권리를 준 것으로 볼 수 있고, 그것은 남성이 아름다운 성에게 자신보다 우위임을 인정하면, 그만큼 더 자신에게 명예롭다고 믿는 (정중함이라고 불리는) 세련된 풍습(예절)에 의한 것이다.

---

37) AA에 따라서 칸트 원문의 "der"를 "das"로 고쳐 읽음.
38) 원어: Schutzgenosse.
39) 칸트도 프랑스대혁명(1789) 후 참정권과 관련한 "능동적 시민"-"수동적 시민", "국가시민(Staatsbürger)"-"국가동지(반려인)(Staatsgenosse)"의 구별을 받아들이고 있다.

법칙〔법률〕에 의거한다. 그러나 모든 이에 대해 법적으로 허용해야 할 것과 하지 말아야 할 것을 규정하는 공적 법칙〔법률〕은 공적 의지의 행위이거니와, 이 공적 의지에서 모든 법/권리는 나오고, 그러므로 이 공적 의지 자체가 누구에게도 불법을〔불의를〕 행해서는 안 된다. 그러나 이런 일은 (모두가 모두를 위해, 각자가 그 자신을 위해 결정하는) 전체 국민의 의지 외에 어떤 다른 의지로는 가능하지 않다. 무릇 어떤 누구도 그 자신에게 불법을〔불의를〕 행할 수는 없으니 말이다. 그러나 그것이 타자라면, 그와는 다른 어떤 자의 한갓된 의지가 불법적〔불의〕일 수 없는 어떤 것도 그에 대해 결정할 수 없다. 따라서 그의 법칙〔법률〕은 여전히 그의 법칙수립〔입법〕을 제한하는 또 다른 법칙〔법률〕을 요구할 터이고, 그러니까 어떠한 특수 의지도 공동체를 위해 입법〔법칙수립〕할 수 없다. (이 개념의 형성을 위해서 본래 외적 자유, 평등, 그리고 **모든 이**〔만인〕의 의지의 **통일**〔하나임〕이라는 개념들이 결합된다. 이 마지막 것을 위해서는, 투표가 요구되므로, 만약 앞의 두 가지가 함께 합쳐지면, 자립성이 그 조건이다.) 오직 보편적(통일된) 국민의지에서 생겨날 수 있는 이러한 원칙을 사람들은 **근원적 계약**[40]이라고 부른다.

무릇 이러한 입법〔법칙수립〕에서 투표권을 갖는 이를 **시민**(도시민〔都市民〕,[41] 소시민〔小市民〕[42]이 아니라, 공민〔公民〕,[43] 다시 말해 **국가시민/국민**〔國家市民/國民〕[44])이라고 일컫는다. 시민에게 필수적인 질〔자질〕은 (어린아이가 아니고, 여자가 아니라는) **자연적 질**〔자질〕 외에는 단 하나인데, 즉 그가 **자신의 주인**(自己權利者/自權者)[45]일 것, 그러니까 그가 자신의 생계를 유지시키는 **소유물**

---

40) 칸트에서 "사회계약(pactum sociale)"은 "근원적 계약(contractus originarius)"으로서 한낱 사실로부터 추론될 수 있는 것이 아니라, 선험적으로 필연적인 것이다. 아래 (BM249=VIII297)에 부연 설명이 있다.
41) 원어: Stadtbürger.
42) 원어: bourgeois.
43) 원어: citoyen.
44) 원어: Staatsbürger.
45) 원어: sui iuris.

〔재산〕— 이에는 각종 기술, 수공예, 또는 예술이나 학술도 포함시킬 수 있다 — 을 갖는다는 것, 다시 말해 그는, 살아가기 위해 타인들에서 취득해야만 하는 경우들에 있어서, 그가 타인들에게 자신의 힘들을 사용하는 것을 동의함으로써가 아니라, **그의 것**※인 것을 **양도**함으로써만 획득한다는 것, 따라서 그는 낱말의 본래적 의미에서 공동체 외에 어떤 누구에게도 **복무하지** 않는다는 것이다. 그런데 여기서 예술가 등속과 대지주(또는 소지주)는 모두 평등하다. 곧 그들 각각은 오직 한 표씩의 권리를 갖는다. 무릇 후자에 관해서는 단연 다음과 같은 물음이 고려되지 않을 수 없다. 누군가가 자기 손으로 직접 이용할 수 있는 것보다 더 많은 토지를 차지한 일이 어떻게 정당화될 수 있을까? (무릇 전쟁에 의한 점령을 통한 획득은 최초의 취득이 아니니 말이다.) 그리고 그로 인해, 그렇지 않았다면 모두가 고정 자산을 취득할 수 있었을 터인 많은 사람들이 살아가기 위해, 저들에게 순전히 복무하기

BM246
BM247
VIII296

※ 하나의 작품을 만들어낸 이는, 그것이 자신의 소유물인 양, 그것을 **양도**에 의해 다른 이에게 넘겨줄 수 있다. 그러나 勞動 給付[46]는 양도가 아니다. 가사 고용인, 점포 사환, 일당 노무자, 이발사도 한낱 노동자들[47]이지 (낱말의 넓은 의미에서의) 기예가(기술자)들[48]이 아니고, 국가 구성원, 그러니까 또한 시민 자격을 갖추고 있지 못하다. 내가 가공하도록 나의 땔감을 내어주는 이와 옷을 만들도록 나의 옷감을 건네주는 재단사가 나와 아주 비슷한 관계에 있는 것처럼 보인다고 할지라도, 전자는 후자와는 다르다. 이발사는 (내가 머리카락을 제공할 수도 있었을) 가발 제조인과 다르고, 그러므로 마찬가지로 일당 노무자는, 값을 받고 팔지 않는 이상, 자기의 것인 하나의 작품을 만드는 예술가나 수공예가와는 다르다. 그러므로 후자는 사업가로서 자기의 소유물(作品[49])로써 타인과 거래하고, 전자는 그가 타인에게 동의한 자신의 힘들의 사용(勞動[50])으로써 거래하는 것이다. — 고백하거니와, 자신의 주인인 인간의 지위(신분)를 요구주장할 수 있는 요건을 규정하는 일은 다소 어렵다.

---

46) 원어: praestatio operae.
47) 원어: Operarii.
48) 원어: Artifices.
49) 원어: opus.
50) 원어: opera.

에 이른 일이 어떻게 일어났는가? 그래서, 만약 어떤 법률이, 그들의 후손이 그 토지들을 팔지도 않고 상속을 통해 분할하지도 않아, 그러므로 더 많은 국민들이 이용할 수 없도록 한 채로, 또는 분할하는 경우에서조차도 그 분할을 위해 자의적으로 배정한 특정 계급(부류)의 인간에 속하지 않은 자는 누구도 취득할 수 없는 채로, 늘 (봉토의) 대지주로 남아 있을 신분의 특권을 부여한다면, 그것은 이미 앞의 평등 원칙에 반하는 것이겠다. 곧 대지주는 그를 대신할 수 있을 만큼의 수효의 소지주들을 그들의 표와 함께 인멸하고, 그러므로 그들의 이름으로 투표하지 않고, 그러니까 유일한 표를 갖는다. — 그러므로, 각자가 일단 그 일부를 취득하고, 모두가 그 전체를 취득하는 것은 순전히 공동체 구성원 각자의 능력, 근면, 행운에 달려 있을 수밖에 없으나, 이런 구별이 보편적 법칙수립(입법)에서 고려될 수는 없으므로, 법칙수립(입법)을 위해 투표할 수 있는 사람의 수효는 자산을 가진 사람의 머릿수에 따라서 해야지 점유의 크기에 따라서 판정해서는 안 된다.

그러나 또한 이러한 투표권을 갖는 **모든 이**는 이러한 공적 정의의 법칙에 일치해야만 한다. 무릇 그렇지 않으면 이에 의견을 같이하지 않은 이들 사이에, 그리고 전자와의 사이에 법적(권리) 다툼이 있게 될 것인데, 이 다툼 자체가 결정되기 위해서는 더 상위의 법(권리)원리가 또 하나 필요할 터이니 말이다. 그러므로 만약 전자의 법칙이 전 국민에서 기대될 수 없으면, 그러니까 단지 다수의 표만이, 그것도 (대규모의 국민이 있는 데에서는) 직접적으로 투표한 자의 다수가 아니라, 국민의 대표로 파견된 대의원의 다수만이 도달할 수 있는 것으로 예견할 수 있는 것이라면, 이러한 다수를 충족시킬 수 있는 원칙이나마, 보편적 합치로, 그러므로 하나의 계약을 통해 받아들여진 것으로서, 시민적 헌정체제 건립의 최상위 근거일 수밖에 없을 것이다.

결론

무릇 이제 그 위에서만이 인간들 사이에 시민적 체제, 그러니까 전반적으로 법적인 [헌정]체제가 확립되고 하나의 공동체가 건립될 수 있는 **근원적 계약**이 있다. — 그러나 (根源的 契約 내지 社會契約이라고 불리는) 이 계약은, (순전히 법적인 입법[법칙수립]을 위해) 한 국민 중에서 각자의 특수한 사적 의지가 공동의 그리고 공적인 의지로 연립하는 것으로서, 결코 하나의 **사실/행실**로서 전제될 필요가 없다. (정말이지 그러한 것으로서는 전혀 가능하지가 않다.) 말하자면 마치, 이미 존속해 있는 시민적 헌정체제에 구속되어 있는 것으로 여기기 위해, 우리가 후손으로서 그 권리들을 행사하고 그 책무들을 지고 있는 어떤 한 민족[인민]이 **언젠가** 실제로 그러한 행위를 했고, 구전으로든 문서로든 그에 대한 확실한 보고나 어떤 도구를 틀림없이 남겨 놓았음이 역사에서 증명되어야만 하는 것처럼 전제될 필요가 없다. 오히려 그것은 이성의 하나의 **순전한 이념**이다.[51] 그러나 이 이념은 의심할 여지없는 (실천적) 실재성을 갖는다. 곧 모든 법칙수립[입법]자를, 그 법칙[법률]들이 마치 전체 국민의 통일된 의지에서 생겨날 **수 있었던** 것처럼 수립하도록 의무 지우고, 신민 각각을, 그가 시민이고자 하는 한에서, 마치 그가 그러한 의지에 합치한 것처럼 여기는 것 말이다. 무릇 이것이 모든 공적 법률[법칙]의 합당성의 시금석이다. 곧 만약 이 공적 법률이 (예컨대 **신민들**의 특정 계급[부류]이 **귀족신분[지주계층]**[52]의 특권을 세습해서 갖도록 하는 것과 같이), 전 국민이 그것에 동의**하는** 것이 **불가능한** 그런 성질의 것이면, 그것은 정의롭지 못하다. 그러나 만약 국민이 그것에 동의하는 것이 **가능하기만** 하다

---

51) "시민적 결합은 어떻게 생기는가? 사람들이 그것을 事實로부터 시작할 수는 없다. 모든 시민적 결합의 기초에는 근원적 계약이 놓여 있으니, 그 근원적 계약은 필연적으로 이성에 놓여 있는 하나의 이념이다. 시민적 사회에서 모든 법칙[법률]들은 만인의 동의에 의해 주어진 것으로 생각하지 않을 수 없다. 根源的 契約은 만인의 일치라는 하나의 이념이다."(V-NR/Feyerabend: XXVII, 1382)

52) 원어: Herrenstand.

면, 그 법률(법칙)을 정의로운 것으로 여기는 것은 의무이다. 국민이 지금, 만약 그 법률에 의문이 생긴다면, 아마도 자기의 찬동을 거부하게 될 것 같은 사유방식의 상태나 분위기에 있다고 할지라도 그러하다.※

BM251 그러나 이러한 제한은 명백히 입법(법칙수립)자의 판단에 타당하지, 신민의 판단에 타당한 것이 아니다. 그러므로 만약 어떤 국민이 지금 실제의 특정한 입법(법칙수립) 아래서 자기의 행복을 잃을 개연성이 아주 크다고 판단이 된다면, 그에 대해 무엇을 행할 수 있을까? 국민은 저항해서는 안 되는가? '복종 외에 국민이 할 수 있는 것은 아무것도 없다'는 것만이 그 대답일 수 있다. 무릇 여기서 관심사는, 공동체의 설립 또는 관리에서 신민을 위해 기대되는 것이 행복이 아니라 무엇보다도 순전히, 그것을 통해 각자에게 보장되어야 하는 권리(법)이니 말이다. 이것이야말로 공동체에 관한 모든 준칙이 발원해야 하고, 다른 무엇에 의해서도 제한받지 않는 최상 원칙이다. 전자(즉 행복)에 관해서는 법칙(법률)들에 보편적으로 타당한 어떠한 원칙도 주어질 수 없다. 무릇 시대 상황뿐만 아니라, 그 속에 누군가는 자기의 행복을 두는, 서로 자못 상충하고, 그와 함께 늘 가변적인 망상도 (그러나 그가 어디에 행복을 두어야 할지를 누구도 그에게 지시규정할 수 없는바) 일체의 확고한 원칙을 불가능하게 하고, 그 자체만으로는 입법(법칙수립) 원리로 쓸 수 없게 만드니 말이다. "公共의 福祉가 國家의 最高의 法이다"[53]라고 하

BM251 ※ 예컨대 모든 신민에게 비례적으로 전쟁세가 부과된다면, 신민들이 이 전쟁세가 괴로운 것이기 때문에, 가령 그들의 생각에 그 전쟁은 불필요한 것이라서, 그 전쟁이 정의롭지 않다고 말할 수는 없다. 무릇 그들은 그것을 판정할 권리가 없으며, 오히려 전쟁이 불가피하고, 그 세금이 불가결할 **가능성**이 상존하기 때문에, 전쟁세는 신민의 판단에서 합당한 것으로 여겨지지 않으면 안 되니 말이다. 그러나 그러한 전쟁에서 어떤 지주들은 조달의 부담을 지지만, 동일한 신분의 다른 이들은 그런 괴롭힘을 당하지 않을 터이면, 전체 국민이 그러한 법률에 동의할 수 없을 것임은 쉽게 알 수 있는 바이다. 그리고 전체 국민은 적어도 그 같은 법률에 반대하는 생각을 표명할 권한이 있다. 왜냐하면, 전체 국민은 이렇게 불평등한 부담의 배분을 정의롭지 못하다고 볼 수 있기 때문이다.

는 명제는 줄어들지 않는 가치와 권위를 지니고 있다. 그러나 **맨 먼저** 고려해야 할 공적 복지는, 누구에게나 법칙(법률)으로 자신의 자유를 보장하는 법적 헌정체제 바로 그것이다. 물론 그때 만약 그가 저 보편적인 합법적 자유를, 그러니까 다른 동료신민들의 권리(법)를 침해하지만 않는다면, 자기의 행복을 그에게 최선이라고 생각되는 방식으로 추구하는 것은 그의 자유재량이다.

    만약 최상 권력이 우선적으로 행복(시민들의 부유, 인구의 증가 등등)을 지향하는 법률들을 제정한다면, 이러한 일은 시민적 헌정체제 건립의 목적으로는 일어나지 않고, 특별히 국민의 외부 적들에 대항하여 **법적 상태를 보장하는** 한낱 수단으로서 일어난다. 이에 관하여 국가원수는 과연 그와 같은 것들이 내적으로뿐만 아니라 외부의 적들에 대항해서도 공동체의 강성과 안정을 보장하는 데에, 말하자면 국민의 의지에 반하여 국민을 행복하게 하기 위해서가 아니라, 오직 국민을 공동체로서 실존하도록 하는 데에 필수적인, 공동체의 번영을 위해 필요한 것인지를 독자적으로 판단할 권한이 있어야 한다.[※] 과연 저러한 조처가 **영리하게** 취해진 것인지 아닌지 하는 이러한 판정에서 물론 입법(법칙수립)자가 착오할 수 있기는 하지만, 입법(법칙수립)자 자신이 과연 법률이 또한 법원리와 합치하는지 않는지를 스스로 묻는 데서의 판정에서는 그렇지 않다. 무릇 이 경우 그는 근원적 계약의 저 이념을 오류 없는 표준척도로, 그것도 선험적으로 수중에 가지고 있으니 말이다. (그리고 행복의 원리에서처럼 그에게 그의 수단의 유용성을 비로소 가르

※ 이런 법률에는 특정한 수입 금지도 있다. 이것은 생업 수단들이 신민들의 복리를 촉진하게 하기 위한 것으로, 외국인의 이익과 외국인의 근면을 촉진하기 위한 것이 아니다. 왜냐하면 국민이 부유하지 않고서는, 국가가 외부의 적들에 대항하거나 자기 자신을 공동체로 유지할 충분한 힘을 갖지 못할 것이기 때문이다.

---

53) 칸트 원문: Salus publica suprema civitatis lex est. 의미상으로 볼 때 Cicero의 말: "인민의 복지가 최고의 법일진저(salus populi suprema lex esto)"(*De legibus*, III,3,8)의 인용이라 하겠다.

쳐 주어야만 하는 경험들을 기다려서도 안 되는 일이니 말이다.) 무릇 어떤 법률이 전체 국민을 제아무리 귀찮게 한다고 할지라도, 전체 국민이 그러한 법률에 찬동하는 것이 자기 모순적이지만 않다면, 그 법률은 법에 부합한다. 그러나 한 법률이 법에 부합한다면, 따라서 법의 관점에서 결함이 없는(無缺한) 것이면, 그 법률에는 강제하는 권능이 결합되어 있고, 다른 한편으로는 입법(법칙수립)자의 의지에 정말이지 폭력으로 저항해서는 안 된다는 금지가 결합되어 있다. 다시 말해, 법률에 효력을 부여하는 국가에서의 권력 또한 반항할 수 없는(抵抗 不可한) 것이다. 그리고 모든 내적 저항을 진압하는 그러한 강제력이 없이는 법적으로 존립하는 공동체란 실존하지 않는다. 왜냐하면, 이러한 저항은 어떤 준칙에 따라서 일어날 터인데, 이러한 준칙이 일반화되면, 그것은 모든 시민적 헌정체제를 파괴하고, 그 안에서만 인간이 법 일반을 소유할 수 있는 상태를 소멸시킬 것이기 때문이다.

이로부터 다음의 결론이 나온다. 즉 최상의 입법(법칙수립)권에 대한 일체 저항, 신민들의 불만이 폭력적인 행동으로 이어지게 만드는 일체의 선동, 그리고 반란 중에서 발발하는 일체의 폭동은 공동체에서 최고의, 가장 큰 형벌을 받을 범죄이다. 왜냐하면 이러한 범죄는 공동체의 기반을 파괴하기 때문이다. 무릇 이러한 것들의 금지는 **무조건적**이다. 그래서 설령 저러한 권력이나 그러한 권력의 대리인인 국가원수가 심지어는 근원적 계약을 위배하고, 정부에 철저히 폭력적으로(전제적으로) 조처할 전권을 부여함으로써, 신민의 개념에 따라 입법(법칙수립)자로서의 권리를 상실하게 되었을지라도, 신민에게는 반대권력으로서의 어떠한 저항도 허용되어 있지 않다. 이미 실체적인 시민적 헌정체제에서 국민이 저 헌정체제가 어떻게 운영되어야 하는지를 규정하는, 법률적으로 효력을 갖는 어떤 판단을 그 이상으로는 가지고 있지 못하기 때문이라는 것이 그 이유이다. 무릇 국민이 그러한 하나의 판단을, 그것도 현실의 국가원수의 판단에 반하는 하나의 판단을 가지고 있다고 하면, 어느 편에 권리가 있는지를 누가 결정해야 하는가? 양편 중 누구도, 자기 자신의 사안의 재판관으로서, 그 일을 할 수가 없다. 그러므로 국가원수와 국민 사이에서 결정을 내릴, 그 원수 위에 또 다른 원수가 있어야만 하는데, 이것은 자가당착이다. — 또한 몹시 (물리적으로) **긴급**할 시에는 **부당한**(**불법적인**) 일을 저지를 수 있다는, 두말할 것도 없이 하나의 사칭된 권리로서 무물인(말도 안되는) 것인, 가령 긴급권(緊急한 境遇의 權利/緊急避難權[54])이라는 것※도 이 자리에 등장할 수 없고, 국민의 전횡을 제한하는 차단기를 올리기 위한 열쇠를 줄 수가 없다. 무릇 신민들이 그들의 봉기를 그들의 과도한 고통에 대한 항의로써 국가원수에 대해 정당화하는 것을 생각할 수 있듯이, 국가의 원수 또한 신민들에 대한 자신의 가혹한 조처를

※ 의무들이, 즉 **무조건적 의무**와 (사뭇 중대하긴 하지만) **조건적**인 **의무**가 상충하는 경우 외에 緊急한 境遇란 없다. 다른 사람과 어떤 관계에, 가령 부자 관계에 있는 어떤 사람의 모반으로 인한 국가의 불행을 방지하는 것이 문제일 때처럼 말이다. 국가의 불행 방지는 무조건적인 의무이지만, 모반자(아버지)의 불행 방지는 단지 조건적인 (곧 그가 국가에 대한 범죄를 저지르지 않았다는 한에서의) 의무이다. 모반자(아버지)가 국가의 전복 기도에 대해 관계 당국에 당하게 될 고발을 그는 (아들은) 아마도 아주 마지못해, 그러나 긴급성(곧 도덕적 긴급성)에 쫓겨 할 것이다. — 그러나 만약 자기 생명을 보전하기 위해 다른 조난자를 자기의 판자 조각에서 밀쳐낸 어떤 조난자가, 그는 자기의 긴급성(물리적 긴급성)으로 인해 그렇게 할 권리를 얻는다고 말한다면, 그것은 전적으로 잘못이다. 무릇 나의 생명 보존은 (만약 범죄 없이 할 수 있다면 그리한다는) 단지 조건적인 의무이지만, 나를 상하게 하지 않고, 실로 내 생명을 잃을 위험에 결코 **빠뜨리지** 않는 어떤 타인의 생명을 앗지 않는 것은 무조건적인 의무이니 말이다. 그럼에도 불구하고 보편적 시민법의 교사들은 이러한 긴급구제를 인정하는 법적 권한을 아주 일관되게 처리한다. 무릇 당국이 그 금지에 **형벌**을 결합할 수는 없다. 왜냐하면 이 형벌은 사형일 수밖에 없을 터이기 때문이다. 그런데 만약 누군가가 위험한 상황에서 자의로 자신을 죽음에 내던지지 않는다면, 그를 사형으로 위협한다는 것은, 이치에 맞지 않는 법률일 터이다.

---

54) 원어: ius in casu necessitatis. 여기서 '긴급권'이란 "나 자신의 생명을 잃을 위험한 경우에는 나에게 아무런 위해를 가하지 않은 타인의 생명을 탈취할 권한"을 말하는 것으로서, 칸트는 이를 "사칭된 권리"로 본다. 일반적으로 '정당방위권'이란 어떤 부당한 공격에 대한 긴급한 대처의 권한으로, "나에게 폭력을 행사하지 않은 이에 대한 폭력을 허용"한다면, 그것은 법이론의 자기모순이기 때문이다. (MS, RL, AB41=VI235 참조)

그들의 반항을 가지고서 정당화할 수 있으니 말이다. 이제 이런 경우 누가 결정을 해야 하겠는가? 최상의 공적 사법권을 소유하고 있는 자, 그는 바로 국가원수이거니와, 그만이 이를 할 수 있다. 그러므로 공동체 안에서 그 누구도 이 소유를 두고 그와 다툴 권리를 가질 수 없다.

그럼에도 불구하고 특정한 상황에서 자기의 수장에 대한 신민의 대항 폭력[55]의 권한을 주장하는 인물들이 눈에 띄는데, 그들 가운데서 나는 자신의 자연법 이론에서 신중하고, 명확하며, 중용을 지키는 **아헨발**[56]만을 언급하고자 한다.※ 그는 다음과 같이 말한다. "만약 원수의 부정의를 오랫동안 인내함으로 인해 공동체를 위협하는 위험이 그에 대항하여 무기를 잡음으로 인한, 우려할 수 있는 위험보다 더 크다면, 그때 국민은 원수에게 저항할 수 있고, 이러한 권리를 위하여 자기의 복종계약에서 벗어날 수 있으며, 폭군인 그를 폐위할 수 있다." 그리고 그는 다음과 같이 말을 맺는다. "국민은 그런 식으로 (이전의 원수와의 관계에서) 자연상태로 돌아간다."

아헨발도, 그리고 이에 관해 그와 일치하여 사변한 정직한 인사들 중 어느 누구도 그러한 정황이 생길 때에 그렇게 위험한 거동을 권고하거나 찬동하지는 않을 것이라고 나는 기꺼이 믿는 바다. 만약 그로 인해 스위스,

---

※ 『自然法』, 2부, §§203~206.[57]

---

55) 원어: Gegengewalt.
56) 아헨발(Gottfried Achenwall, 1719~1772). 그는 계몽주의 시대의 자연법 사상을 대변하는 한편 독일 통계학을 창시했다. 그는 퓌터(J. S. Pütter)와 함께 『자연법 원리(Elementa iuris naturae)』(Göttingen 1750)를 펴내 학계에 큰 영향을 미쳤다. 그는 여기서 자연법(ius naturae)을 '자연적 법(ius naturale)'과 '사회적 법(ius sociale)'으로 구분하였다. 아헨발의 이 책 제5판(Ius naturae, 1763)을 칸트는 1767~1788년 사이에 열두 차례 행한 그의 자연법 강의의 교재로 사용하였다. 그럼에도 칸트는 자연적 법을 사회적 법이 아니라 시민적 법과 대비시켰는데,(MS, RL, AB52=VI242이하 참조) 이것은 그가 "자연 상태는 사회적 상태와 반대되는 것이 아니라 시민적 상태와 반대된다"(V-NR/Feyerabend, XXVII1381)라고 보기 때문이다.
아헨발의 『自然法』, 2부와 이에 대한 칸트의 주석이 AA XIX325~442에 실려 있다.
57) AA XIX415~416 참조.

네덜란드 연방, 영국이 지금 그토록 성공적이라고 칭송받는 그들의 헌정체제를 성취했던 저 반란들이 실패했다면, 저 나라들의 역사를 읽는 독자들은 지금 그토록 추앙받는 그들 주도자의 처형에서 중대 국사범들의 응당한 형벌만을 보게 될 것은 거의 의심할 여지가 없다. 무릇 그 결말이 통상적으로 우리가 법근거들에 대해 판정하는 데에 끼어들거니와, 저 결말은 불확실했지만도, 이 법근거들은 확실하니 말이다. 그러나 법근거들에 관해 말하자면, ― 그러한 반란으로 인해 (가령 국민과의 실제적인 기본 계약인 '환희의 입성(入城)'[58] 헌장을 침해했다는) 영주에게 아무런 불법 행위도 일어나지 않았음을 인정한다고 할지라도, ― 국민은 그들의 권리를 추구하는 이런 방식으로써 최고도의 불법을 행했음이 분명하다. 왜냐하면, (준칙으로 채택된) 이러한 방식은 모든 법적 헌정 체제를 불안정하게 만들고, 모든 법이 중단되는, 적어도 그런 효력을 갖는, 온전한 무법[칙] 상태(自然 狀態)를 불러오기 때문이다. ― 다만 나는 국민을 (그 자신의 타락에 대해) 변호하는 매우 많은 선의의 저자의 이러한 성벽에 있어서 다음과 같은 점을 환기하고자 한다. 즉 그러한 성벽에는 한편으로는, 법/권리의 원리가 문제일 때, 행복의 원리를 그들의 판단에 슬쩍 끼워 넣는 통상적인 기만이 그 원인이고, 또 한편으로는 공동체에 제출된, 공동체의 원수가 수용한, 쌍방이 비준한 계약이라는 도구가 발견되지 않는 곳에서도, 그들은 언제나 이성의 기초에 놓여 있는 근원적 계약이라는 이념을 **실제로** 일어난 것이 틀림없는 어떤 것으로 상정했고, 그래서 국민은 난폭하지만, 그들 자신이 무방하다고 판정했던 위

---

58) 원어: joyeuse entrée. 여기서는 1356년에 옛 네덜란드의 Brabant와 Limburg의 공작들과 신분 대표자 회의 사이에 맺은 조약 "joyeuse entrée(=Blijde Inkomst)"을 지칭하는 것으로 보인다. 두 공작령의 통합과 신분 대표들에게 조세 결정권과 전쟁 참여 결정권 등의 자유권 보장을 골자로 하는 이 조약은 1794년까지 유효했던 공국(公國) 헌장으로서, 공작들은 수도 Brussel에 입성할 때마다 이 헌장의 준수를 서약했다. 그러나 1780년 이래 Brabant 공을 겸한 오스트리아의 요셉 2세(Joseph II)가 이 조약 사항들을 차츰 파기함으로써 '브라반트 혁명'(1789. 10. 24)이 발발하였고, 그 결과 벨기에 연방 (1790. 1. 11)이 독립선언을 하게 되었다.

반에서 그들 마음대로 벗어날 권한을 언제나 갖는다는 점을 환기하고자 한다.※

BM261 여기서 사람들은, (본래 결정적인 원리가 전혀 될 수 없는) 행복의 원리가, 도덕에서도 그러하고, 심지어 그러한 원리의 교사가 의도하는 최선의 의견에서조차도 그러하듯이, 국가법에서도 어떠한 악을 초래하는지를 분명하게 알게 된다. 주권자는 국민을 자기의 개념대로 행복하게 만들려 한다. 그리고 독재자가 된다. 국민은 자신의 행복에 대한 보편적 인간의 요구주장을 관철하고자 한다. 그리고 반란자가 된다. 만약 우리가 제일 먼저, 무엇이 법적인지(정당한지)(어디에 선험적 원리들이 확정되어 있고, 어떤 경험론자도 끼어들 수 없는지)를 묻는다면, 사회계약의 이념이야말로 논쟁의 여지가 없는 신망을 유지할 터이다. 그러나 그것은 (이를 떠나서는 실제 현존하는 시민 헌정체제 안에 있는 모든 권리와 모든 소유가 무효 무실하다고 선언하는 **당통**[59]이 원하는 바처럼) 사실로서가 아니라, 단지 모든 공법적 헌정체제 일반에 대한 판정의

BM262 이성 원리로서 그러한 것이다. 그리고 사람들은 잘 알 터이니, 즉 보편적 의

※ 물론 언제든 국민의 최고 지배자와의 실제 계약이 침해될 수 있다. 그럼에도 이때 국민은 즉시 **공동체**로서는 대응할 수 없고, 단지 도당을 지어서 대응할 수 있다. 무릇 기존의 헌정체제는 국민에 의해 파기되었으니 말이다. 그러나 이제 새로운 공동체를 위한 조직이 우선 생겨야 할 것이다. 이때 무정부 상태가 적어도 그 때문에 가능한 온갖 만행과 함께 출현한다. 이에서 일어나는 불법 행위는 국민 중의 개개 당파가 다른 당파에 가하는 것이다. 언급한 저 사례에서도 밝혀지듯이, 저 국가의 반동적인 신민들은 결국에는 서로 폭력적으로, 그들이 폐기했던 것보다 훨

BM261 씬 더 압제적이 될지도 모르는, 하나의 헌정체제를 강박하려 했다. 곧, 그들이 만인을 통치하는 한 원수 아래에서 국가의 부담을 나눔에 있어서 더 많이 평등을 기대할 수 있었던 대신에, 성직자와 귀족들에 의해 먹혀버릴 헌정체제 같은 것을 말이다.

---

59) 프랑스대혁명 지도자의 한 사람인 Georges Jacques Danton(1759~1794). 그러나 여기서 언급된 내용과 관련해서는 Danton의 어떤 유사한 언급도 찾을 수 없다. 칸트가 어쩌면 다른 혁명 지도자(아마도 Robespierre)와 혼동했거나, 부정확한 정보를 얻었던 것으로 추정된다.(AA VIII502 참조)

지가 현존하기 이전에는 국민이 그들의 지시명령자에 대해 전혀 아무런 강제권도 소유하지 못한다. 왜냐하면, 강제권이란 오직 이 지시명령자에 의해서만 정당하게(법적으로) 강제할 수 있는 것이기 때문이다. 그러나 보편적 의지가 현존한다면, 마찬가지로 그 보편적 의지에 의해 이 지시명령자에 대해 행사될 수 있는 강제는 발생하지 않는다. 왜냐하면, 그런 경우에는 국민 자신이 최상의 지시명령자일 터이기 때문이다. 그러니까 국민에게는 국가원수에 대한 강제권(언사에서나 행동에서의 저항)이 결코 귀속하지 않는 것이다.

우리는 또한 이러한 이론이 실천에서 충분히 입증됨을 본다. 국민이 자기들의 헌법을 가지고서 그것이 마치 전 세계를 위한 본보기인 양 으스대는 영국의 헌정체제에서 우리는, 그 헌법이 군주가 1688년의 계약[60]을 위반하는 경우 국민에게 속하는 권한에 대해 전적으로 침묵하고 있다는 사실을 발견한다. 그러니까 그 헌법은, 군주가 그것을 침해하고자 했을 때, 그것에 관한 법률이 없기 때문에, 그를 상대로 한 반란을 암암리에 예비하고 있는 것이다. 무릇 이 경우에 헌법이 모든 특수한 법률들이 그에 근거하는 현행 헌정체제를 (설령 계약 위반이 있더라도) 전복시킬 권리를 부여하는 어떤 법률을 함유한다는 것은 명백한 모순이니 말이다. 왜냐하면, 그런 경우 그 헌법은 **공적으로 구성된**※ 대항 권력[61]을 함유할 수밖에 없을 터이며, 그러니까

※ 국가 안에서 어떤 권리/법도 비밀의 예비를 통해, 말하자면 음흉하게, 숨겨질 수는 없다. 적어도 국민이 헌법에 속하는 권리라고 짐짓 주장하는 권리는 그러하다. 왜냐하면, 헌법의 모든 법률은 하나의 공적 의지에서 생겨난 것으로 생각해야만 하기 때문이다. 그러므로 만약 헌법이 봉기를 허용한다면, 이 헌법은 이에 대한 권리를, 그리고 이 권리가 어떠한 방식으로 사용되어야 하는지를 공적으로 선포해야만 할 것이다.

---

60) 명예혁명 당시 가톨릭교도인 James II의 양위와 프랑스로의 망명 후, 의회는 그의 장녀 Mary와 그의 남편 오렌지 공 William III가 왕위를 공동 승계하되, 차후 왕통은 개신교도 후계자에 국한한다는 단서 아래서 이를 인준했다.
61) 원어: Gegenmacht.

첫 번째 국가원수에 대항하는 국민권리들을 수호할 두 번째 국가원수가 있을 수밖에 없을 터이고, 그러나 그렇게 되면 그 양자 사이에 어느 편에 권리가 있는지를 결정할 제3의 국가원수 또한 있어야 할 터이기 때문이다. — 또한 저 국민지도자(또는 사람들이 그렇게 부르고 싶다면, 후견인)들은, 그들의 기도가 어쩌다 실패했을 경우에 기소될 것을 염려하여, 그들에게 겁먹은 군주에 대해 폐위권을 주제넘게 주장하기보다는, 오히려 통치에서 자진해서 물러난다고 **날조**했는데, 이렇게 하면 그들은 헌정체제를 명백한 자기모순에 빠뜨리는 것일 터이다.

BM264

이제 사람들이 내가 이러한 주장들을 함에서, 내가 이러한 불가침성을 가지고서 군주에게 너무 많이 아첨한다고 비난하지 않을 것이 확실하다면, 희망컨대 사람들은, 내가 마찬가지로, 국민은, 비록 강제권일 수는 없다 할지라도, 국가원수에 대해 상실할 수 없는(상실 불가한) 권리[62]들을 갖는다고 주장할 때, 국민들을 위해 너무 많이 주장했다는 비난도 삼갈 것이다.

홉스는 이와는 상반된 생각을 가지고 있다. 홉스(『市民論』, 7章, 14條)[63]에 의하면 국가원수는 계약으로 어떠한 책무도 지지 않으며, (설령 그가 시민을 하고 싶은 대로 다룬다 해도) 시민에게 부당함(불의)을 행할 수 없다. — 만약 사람들이 부당함(불의)을 피해자에게 그에 대해 부당함(불의)을 행한 자에

VIII304

대한 **강제권**을 허용하는 침해라고 이해한다면, 이 명제는 전적으로 옳을 터이다. 그러나 일반적으로는 이 명제는 매우 경악스럽다.

반항적이지 않은 신민은 통치자가 자신에게 부당함(불의)을 행하지 않**으려** 한다(않고자 **의욕한다**)고 상정하지 않을 수 없다. 그러니까 인간은 각자 설령 그가 원한다고 해도 결코 포기할 수가 없고, 그 자신이 가름할 권한

---

62) 원어: unverlierbares Recht.
63) Hobbes, *de Cive*(Amsterdam 1642), cap. 7, §14: "국가에서 최고 권력(주권)의 소유자들이 계약으로 누구에게도 책무지지 않는다는 것은 앞서(7, 9, 12조에서) 밝혀졌다. 그리고 이로부터 귀결하는 바는, 이들은 어떤 시민에게도 부당함(불의)(iniuria)을 행할 수 없다는 것이다. 무릇 부당함(불의)이라는 것은 […] 계약의 훼손일 뿐이니 말이다. 그러니까 계약이 없는 곳에는 부당함(불의) 또한 있을 수 없다" 참조.

이 있는, 상실할 수 없는 권리들을 가지고 있으며, 그러나 그의 생각에 자기가 당하는 부당함(불의)은 저 전제에 따르면 최고 권력의 법률(법칙)들에서 나오는 모종의 귀결들에 대한 착오나 무지에서 발생하는 것이다. 그래서 국가시민에게는, 특히 최고지배자 자신에게 유리한, 최고지배자의 조처들로 인해 공동체에 대한 부당함(불의)이 있는 것으로 보이는 것에 대한 자신의 의견을 공적으로 피력할 권한이 있지 않으면 안 된다. 무릇 국가원수가 결코 착오를 할 수 없다거나 사안을 모를 수 없다고 상정하는 것은 그를 하늘의 영감으로 은총을 입어서 인간임을 넘어선 것으로 표상하는 것일 터이니 말이다. 그러므로 **언론(펜)의 자유**[64]는 — 그 안에서 사람들이 삶을 영위하는 헌정체제에 대한 존경과 사랑의 제한 속에서, 더구나 그것이 헌정체제 자체에 불어 넣는 신민들의 자유로운 사유방식을 통해 유지되는바 (그리고 언론은 그 자유를 잃지 않기 위해 각자 서로 스스로 제한하는바) — 국민 권리들의 유일한 수호신이다. 무릇 이러한 자유를 국민에게서 박탈하고자 하는 것은 최고 명령권자에 관한 모든 청구권을 (홉스 말대로) 빼앗는 일일 뿐만 아니라, 또한 최고 명령권자 — 그의 의지는 순전히 그가 보편적 국민의지를 대표함으로써만 시민인 신민들에게 명령을 내리는바 — 에게, 만약 그가 알았더라면 스스로 수정했을 터인 사안에 대해 전혀 인지하지 못하게 하여, 그를 자기모순에 빠뜨리는 일이니 말이다. 그러나 [신민들이] 스스로 생각하고 생각나는 대로 말함으로써 국가 안에 소요들이 일어날 수도 있다는 우려를 국가원수에게 불어넣는 것은 곧 그에게 자기 자신의 권력에 대한 불신을, 또한 아울러 자기의 국민에 대한 증오를 불러일으키는 것과 다를 바 없다.

그러나 한 국민이 자기의 권리들을 **소극적으로**, 다시 말해 한낱, 최고 입법에 의해 그 입법의 최선의 의지로써 **제정되지 않은** 것으로 여겨질 수 있을 것을 판정해야만 하는 보편적 원리는, '한 국민이 자기 자신에 관해 결정

---

64) 원어: Freiheit der Feder.

할 수 없는 것은 입법(법칙수립)자도 그 국민에 관해 결정할 수 없다'는 명제 안에 함유되어 있다.

그러므로 예컨대, "한번 정비된 특정한 교회 체제규정은 항구 영속할 것 이라고 명하는 어떤 법칙(법률)이 과연 입법(법칙수립)자의 (그의 의도의) 본래 의지에서 나온 것이라고 볼 수 있는가?"라는 물음이 있을 때, 사람들이 제일 먼저 묻는 바는, "'과연 한번 받아들인 외부 종교의 특정한 교리들과 형식들은 항상 그대로 지켜야 한다'라는 것을 한 국민이 법칙으로 삼아도 되는가?", 그러므로 "과연 한 국민이 스스로 그 후손이 종교적 통찰에서 진보하고, 또는 있을 수 있는 옛 착오들을 고쳐나가는 일을 방해해도 되는가?" 이다. 이제 여기서, 국민의 이러한 것을 법칙으로 삼은 근원적 계약이 그 자체로 효력이 없음은 명백해졌다. 왜냐하면 이러한 계약은 인류의 사명과 목적과 상충하기 때문이다. 그러니까 그렇게 수립된 법칙은 군주의 본래적 의지로 여길 수 없고, 그러므로 군주에게 반대 의견들이 제출될 수 있는 것이다. — 그러나, 그럼에도 불구하고 최고 입법(법칙수립)에 의해 무엇인가가 이미 그렇게 처리되었다면, 모든 경우에서 그것에 관한 보편적이고 공적인 판단들이 내려질 수는 있지만, 결코 그에 대해 말이나 행동으로의 저항을 불러낼 수는 없다.

어느 공동체에나 국가헌정체제의 기제 아래서 (전체에 미치는) 강제 법률들에 따른 **순종**이 있어야만 하며, 그러나 동시에 **자유의 정신**이 있어야만 한다. 누구나 보편적 인간의무에 관한 사안에서, 자기모순에 빠지지 않기 위해서는, 이러한 강제가 합법적이라는 이성적 확신이 필요하기 때문이다. 후자가 없는 전자는 모든 **비밀 사회**를 유발하는 원인이 된다. 무릇 특히 인간 일반과 관련한 사안에서 상호 소통하는 일은 인간성의 자연 소명(천명)이니 말이다. 그러므로 만약 이러한 자유가 장려된다면, 저러한 (비밀) 사회들은 소멸할 터이다. — 그리고 정부로서는 근원의 면에서 그리고 작용결과들의 면에서 매우 존경할 만한 자유의 정신이 표현되도록 하는 것 외에, 다른 무엇으로써 그 자신의 본질적 의도를 펼쳐나갈 앎(정보)들을 얻을 수 있겠는가?

*   *   *

    모든 순수한 이성원리들을 간과하는 실천이 훌륭한 국가헌정체제를 위한 필수적인 것들에 관한 물음에서보다 이론을 더 불손하게 부정하는 곳은 없다. 그 이유인즉, 하나의 오랫동안 존속해 온 헌정체제는 국민으로 하여금 그들의 행복뿐만 아니라 법/권리들도 이제까지 모든 일이 평온하게 진행해 왔던 그 상태에 따라 판정하며, 거꾸로 이 상태를 저 양자[그들의 행복과 법/권리들]에 대해 이성이 그들에게 제공하는 개념들에 따라 평가하지 않고, 오히려 언제나 저 수동적 상태를 하나의 개선된 상태를 찾는 위험천만한 상황보다 우선시하는 하나의 규칙에 갈수록 젖게 하기 때문이다. (히포크라테스가 의사들에게 명심시키는 바가 여기서도 타당하다: 判斷은 不確實하고, 實驗은 危險하다.[65]) 무릇 충분히 오랫동안 존속해 온 모든 헌정체제는, 그것들이 어떠한 결함을 가지고 있다고 할지라도, 이 점에서 온갖 차이에도 불구하고, 동일한 성과를 안긴다. 곧 사람들은 그 헌정체제에 만족하고 있는 것이다. 그래서 **국민의 편안함**에 주안점이 주어지면, 본래 아무런 이론도 유효하지 않고, 모든 일은 경험에 순종적인 실천에 의거한다.

    그러나 이성 안에 **국가법**이라는 말에 의해 표현될 수 있는 무엇인가가 있다면, 그리고 이 개념이 상호 자유의 대립 관계에 있는 사람들에 대해, 그것으로부터 발생하게 될지도 모를 화복(禍福)을 살펴볼 필요 없이 — 이런 것에 대한 앎은 순전히 경험에 의거한다 — , 구속력을, 그러니까 객관적(실

VIII306

BM269

---

65) 칸트 원문: iudicium anceps, experimentum periculosum. 통상 인용되는 Hippokrates, Aphorismen, 1, 1: "생은 짧고, 기예는 길며, 기회는 덧없고, 실험은 위험하며, 판단은 어렵다(Vita brevis, Ars longa, Occio praeceps, Experimentum periculosum, Iudicium difficile: Ὁ βίος βραχύς, ἡ Δὲ τέχνη μακρή, ὁ Δὲ καιρὸς ὀξύς, ἡ δὲ πεῖρα σφαλερή, ἡ δὲ κρίσις χαλεπή)" 참조.

천적) 실재성을 갖는다면, 그 국가법은 선험적 원리들에 기초한다. (무릇 무엇이 법인지를 경험은 가르쳐 줄 수 없으니 말이다.) 그리고 그와 일치하지 않고서는 어떠한 실천도 유효하지 않은 국가법의 **이론**이 있다.

이에 대해 제기될 수 있는 유일한 반론은, 비록 인간이 그들의 권한에 속하는 권리들의 이념을 머릿속에 가지고 있다고 할지라도, 그들 마음의 경직성으로 인해 저런 권리들에 따라 대우받을 수도 없고 대우받을 만하지도 않으며, 그래서 순전히 영리의 규칙들에 따라서 업무를 처리하는 최고 권력은 그들을 질서 짓고 또 그렇게 할 수밖에 없다는 것이다. 그러나 이 절망적 비약(致命的 飛躍[66]))은, 일단 문제 되는 것이 권리(법)가 아니라 단지 권력일 경우, 국민 또한 자신의 권력을 시험해 볼 수도 있고, 그렇게 해서 모든 법률적 헌정체제를 불확실하게 만들 수도 있는 그러한 성질의 것이다. 만약 이성을 통해 직접적인 존경을 강요하는 (인권과 같은) 무엇인가가 있지 않다면, 인간의 의사에 미치는 일체 영향은 의사의[67] 자유를 제어하는 데 무력하다. 그러나 호의 옆에서 권리/법이 큰 소리로 말하면, 인간의 본성은 그 목소리를 공손하게 경청하지 않을 만큼 그렇게 타락해 있지는 않음을 보인다. (그러다가도 그때 그들은 敬虔하고 功績 있는 사람을 / 보게 되면, 말없이 귀 기울이고 서 있는다. 베르길리우스[68])

BM270

---

66) 원어: salto mortale.
67) 원문 "derselben"이 "die Willkür"를 지칭하는 것으로 읽는다.
68) Vergilius, *Aeneis*, I, 151/152.

III.
국제법에서
이론의 실천과의 관계에 대하여
— 보편적-박애의, 다시 말해 세계시민적 관점에서 고찰한[※] —

(모세스 멘델스존에 대한 반론)

　　인간종[인류]은 전체적으로 사랑받을 수 있는가, 아니면 인간종[인류]은 불쾌히 바라볼 수밖에 없는, 비록 (인간혐오가 되지 않도록) 그에게 모든 일이 잘 되기를 빌지만, 그러나 그것을 결코 기대할 수는 없는, 그러니까 차라리 그에게서 눈을 돌릴 수밖에 없는 하나의 대상인가? 이 물음에 대한 답변은 또 다른 물음: '인간의 자연본성에는, 인류가 점점 더 선으로 진보해 나가고, 현재와 과거 시대의 악은 장래 시대의 선 중에서 소멸할 것이라고 사람들이 받아들일 수 있는 소질들이 있는가?'에 대해 사람들이 할 대답에 달려 있다. 무릇 우리는 적어도 선으로 부단히 접근해 가는 인류를 사랑할 수 있을 것이고, 그렇지 않다면 우리는 인류를 미워하거나 경멸하지 않을 수 없을 터이니 말이다. 그 반대로 보편적 인간사랑[69] — 자, 이것은 흡족의 사랑이 아니라, 기껏해야 호의의 사랑[70]일 따름일 것인데 — 으로 치장한 말이 무엇을 말한다 해도 그럴 것이다. 무릇 사람들은 — 자기 안에서 사랑을 강요하려고 제아무리 노력한다 해도 — 악 그리고 악에 머무르는 것, 특히

[※] 어떻게 보편적-**박애**의 전제가 **세계시민적** 헌정체제를 지시하고, 이 헌정체제가 어떻게 오직 그에서만 우리 인류를 사랑할 만하게 하는 인간성의 소질이 충분히 발전될 수 있는 상태인, **국제법**의 설립을 지시하는지는 곧장 눈에 들어오지 않는다. — 이 절의 결론부가 이러한 연관성을 보여줄 것이다.

69) *MS*, *TL*, A39=VI401이하 참조.
70) 타인에 대한 사랑은 "다른 인간의 완전성에 대한 쾌감, 즉 흡족"의 사랑이라기보다는 "오히려 친절을 결과 갖는 호의(실천적인 사랑)"이다.(*MS*, *TL*, A118=VI449 참조)

BM272 가장 신성한 인간 권리들을 고의로 (곧장 인간에게 해악을 끼치고자 하는 것은 아니지만, 그럼에도 가능한 한 인간과 상종하지 않고자) 교호적으로 침해할 때의 악을 증오하는 일을 피할 수 없을 터이니 말이다.

모제스 멘델스존은 (『예루살렘』,[71] 제2절, 44~47면에서) 후자의 생각이었고, 그는 이를 친구 **레싱**의 인간종(인류)의 신적 교육[72] 가설에 맞세운다. 그에게 "전체, 인류가 이 세상에서 계속해서 언제나 앞으로 나아가며 완전해지고 있다"라고 하는 것은 환영(幻影)이다. 그가 말하는바, ― "우리는 인간종(인류)이 전체로 작은 동요들을 일으키는 것을 본다. 그러나 인간종(인류)은 이내 나중에 곱절의 속도로 예전의 상태로 되돌아가지 않고서는 결코 몇

VIII308 걸음도 전진하지 못했다." (이것이야말로 바로 시지프스의 바위(헛고생)이다. 이렇게 해서 사람들은 인도인마냥 지상을 옛적의, 지금은 더 이상 상기할 수 없는 죄들에 대한 속죄의 장소로 받아들인다.) ― "인간은 앞으로 나아간다. 그러나 인류는 고정된 경계들 사이에서 끊임없이 오르락내리락 요동한다. 그러나 전

BM273 체적으로 보아서, 인류는 모든 시대, 시기에서 대략 같은 수준의 윤리성, 같은 정도의 종교와 비종교, 덕과 패악, 행복(?)과 비참을 유지한다." 그는 (46면에서) "그대들은 섭리가 인간에게 어떤 의도들을 가지고 있는지 알아내려 하지 마시라. 어떤 가설들도 다듬어내지 마시라"(그는 이 가설들을 앞서 이론이라고 칭했다)라고 말하면서 저러한 주장들을 도입한다. [그리고 이어서 말한다:] "실제로 일어나고 있는 일들만은 둘러보시라. 그리고 만약 그대들이 모든 시기의 역사를 조망할 수 있다면, 예부터 일어난 일들을 둘러보시라. 이런 일들이 사실이다. 이런 일들이 의도에 속한 것일 수밖에 없으며, 지혜의 계획 속에서 허락되고 적어도 받아들여진 것임이 틀림없다"라고.

나는 의견이 다르다. ― 만약 한 유덕한 사람이 역경과 악으로의 유혹들

---

71) Moses Mendelssohn(1729~1786), *Jerusalem oder über religiöse Macht und Judentum*, Berlin 1783.
72) Gotthold Ephraim Lessing(1729~1781), *Die Erziehung des Menschengeschlechts*, Berlin 1780 참조.

과 싸우고, 그럼에도 그가 그것들을 이겨내는 것을 보는 것이 신성(神性)에 어울리는 광경이라면, 인간종(인류)이 한 시대 한 시대 덕을 향해 한 걸음 한 걸음 진전하다가 이내 다시금 패악과 비참에 똑같은 깊이로 추락하는 것을 보는 것은 신성에 어울리지 않는 광경이라기보다, 심지어 매우 평범하나 건전한 인간에게도 최고로 어울리지 않는 광경이라고 나는 말하고 싶다. 이러한 비극을 보는 잠시 동안은 어쩌면 마음이 흔들리고 교훈적일 수 있다. 그래도 결국에 막은 내려지고 만다. 무릇 마침내 비극은 소극(笑劇)이 된다. 배우들이야 어릿광대들이기 때문에 그 극에 질리지 않는다고 할지라도, 이 한 막 또는 저 한 막을 충분히 본 관객은 그것으로써 결코 끝나지 않을 각본이 천편일률적이라고 근거 있게 추정할 수 있을 때 질리게 된다. 그것이 한낱 연극이라면, 종장에 뒤따라오는 징벌이 그 결말을 통해 그 불쾌감들을 다시금 회복시킬 수는 있다. 그러나 언젠가 정말로 크게 처벌받을 수 있게끔, 현실에서 무수한 패악들이 (간간이 나타나는 덕들이 함께한다고 할지라도) 층층이 쌓이게 하는 것은 적어도 우리의 개념상으로는 지혜로운 세계 창시자이자 통치자의 도덕성과는 배치된다.

BM274

그러므로 내가 능히 상정할 수 있는바, 인간종(인류)은 자신의 자연(본성)적 목적인 문화(개화)의 면에서 부단히 전진하는 중이므로, 자신의 현존의 도덕적 목적의 면에서도 개선을 향해 진보하는 중에 있고, 이 진보가 때때로 **중단**되기는 해도 결코 **절단**되지는 않을 것이다. 내가 이러한 상정을 증명해야 할 필요는 없으나, 이러한 상정을 반대하는 자는 증명해야만 한다. 무릇 나는 —(인간 일반으로서) 내가 그중에 있고, 그럼에도 내가 마땅히 그리해야 하고, 그러니까 할 수도 있는 만큼의, 나에게 요구되는 도덕적 성질을 훌륭하게 갖추지 못한 채이기는 하지만— 자손 대대의 일원으로서 후손에게 그들이 점점 더 개선되도록(그러므로 이러한 가능성 또한 상정되지 않으면 안 되거니와) 영향을 끼치고, 그리하여 자손 대대로 이러한 의무가 정당하게 계승될 수 있도록 할, 생득적 의무에 의지해 있으니 말이다. 이제 또 그만큼, 만약 증명이 될 수 있다면, 뻔히 부질없는 일들을 그만두도록 나를

VIII309

BM275

움직일 수 있는, 나의 희망들에 대한 회의들이 역사에 의거해 제기될 수도 있겠다. 그렇지만 나는, 이러한 일이 오직 전적으로 확실하게 이루어질 수 없는 한, (明確한 것[73])인) 의무를 (순전한 가설이기 때문에, 不明確한 것[74])인) 실현할 수 없는 일에 애쓰지 않는다는 영리의 규칙과 맞바꿀 수가 없다. 내가, 과연 인간종[인류]에서 개선을 희망할 수 있는지 어떤지를 아무리 확신하지 못하고 있고 앞으로도 그럴지라도, 그렇다고 이것이 준칙에, 그러니까 또한, 실천적 의도에서, 개선은 실현 가능하다는 이 준칙의 필수적 전제에 해를 끼칠 수 없다.

개선된 시대에 대한 이러한 희망이 — 이러한 희망이 없다면 보편적 복리를 위해 효능 있는 무엇인가를 하려는 진지한 욕구가 결코 인간의 심장을 뜨겁게 하지 못했을 터이거니와 — 역시 항상 선량한 사람들이 하는 일에 영향을 주었다. 그리고 선량한 멘델스존도, 그가 속한 민족의 계몽과 복지를 위해 그토록 열렬히 애썼을 때에, 틀림없이 이를 염두에 두었을 것이다. 무릇 이성적으로는, 만약 다른 이들이 그를 따라 같은 길을 계속 걸어 나가지 않았다면, 그 자신이 그리고 오로지 독자적으로 이러한 일을 이뤄내려 희망할 수는 없었을 터이니 말이다. 자연원인들에서 말미암은 인간종[인류]을 괴롭히는 해악들뿐만 아니라, 인간들 자신이 서로에게 가하는 해악들의 비참한 모습을 보면서도 장래에는 개선될 것이라는 전망으로 인해 마음은 명랑하게 된다. 우리는 벌써 무덤에 들어가 있을 것이고, 우리 자신이 일부는 파종한 과실을 수확하지도 못할 때이니, 그야말로 비이기적인 선의로써 말이다. 희망 위에서 취한 이러한 결정의 성공을 반박하는 경험적 증명근거들은 여기서는 아무 쓸모가 없다. 무릇 여태껏 성공하지 못한 일은 바로 그렇기에 앞으로도 전혀 성공하지 못할 것이라는 것이 결코 실용적 의도나 기술적 의도(예컨대 기체역학적인 기구(氣球) 항공의 의도)를 포기하는 것을 정

---

73) 원어: liquidum.
74) 원어: illiquidum.

당화하지는 못하고, 더구나 그 실현이 명시적으로 — 불가능한 것만 아니라면, 의무가 되는 도덕적 의도에 대해서는 더 말할 것도 없으니 말이다. 게다가 인간종〔인류〕이 전반적으로 실제로 우리 시대에서 모든 전 시대에 비하여 현저하게 도덕적–개선으로까지 전진했다는 다수의 증명이 제시될 수 있다. (짧은 동안의 장애들은 이에 대한 아무런 반증이 될 수 없다.) 그리고 멈추지 않고 증가하는 자신의 타락에 대한 외침이 바로 다음의 사실로부터 나온다. 즉 인간종〔인류〕은 도덕성의 더 높은 단계에 서 있을 때 더욱더 먼 앞을 내다보며, 사람이 무엇인지에 대한 판단은 사람이 무엇이어야 하는지와 비교하여 그만큼 더 엄격해진다. 그러니까 우리의 자책은 우리가 우리에게 알려진 세계 운행의 전체에서 윤리성의 더 높은 단계에 이미 올라 있을수록 그만큼 더 엄격해진다.

이제 '어떤 수단을 통해 이러한 개선으로의 부단한 진보가 유지될 수 있고, 더욱더 가속화될 수 있는지'를 묻는다면, 이내 알 수 있는 바는, 이러한 끝없이 멀리 퍼져나가는 성공은 **우리가** 하는 것에(예컨대 우리가 젊은 세대에게 하는 교육에), 그리고 이를 실현하기 위해 **우리가** 취하는 어떤 방법에 달려 있지 않고, 우리가 저절로는 쉽게 순응할 수 없을 어떤 궤도 진입에 우리를 **강제하기** 위해 인간의 **본성**이 우리 안에서 그리고 우리와 함께할 것에 달려 있다는 사실이다. 무릇 인간의 본성에서만, 아니 차라리 (이러한 목적의 완성을 위해서는 최고 지혜가 요구되기 때문에) **섭리**에서만 우리는 전체에 상관하고, 거기에서 부분들에 상관하는 하나의 성공을 기대할 수 있다. 인간들은 반대로 자신들의 **기획들**에서 오직 부분들에서 출발하고, 기껏해야 부분들에 머무르며, 전체 자체 — 그들에게는 너무 큰 것 — 에는 이념〔생각〕이라면 모를까 영향력을 뻗칠 수 없으니 말이다. 특히 인간들은, 자신들의 기획들에서 서로 거슬리기에, 그들 자신의 자유로운 결의로는 기획들에서 합일하기가 어려울 터이니 말이다.

전면적인 폭력과 그에서 발생하는 곤경이 결국 한 국민으로 하여금, 이성 자신이 그들에게 수단으로서 지정하는 강제에, 곧 공적 법칙에 복종하고, 하나의 **국가시민적** 헌정체제에 들어설 것을 결정하지 않을 수 없게 했듯이, 다시금 국가들이 서로를 축소시키거나 예속시키고자 하는 끊임없는 전쟁들로 인한 곤경은 마침내 국가들로 하여금, 심지어는 그 의지와는 반대로, **세계시민적** 헌정체제에 들어서도록 진척시키지 않을 수 없다. 또는 하나의 보편적 평화의 그러한 상태가, 아주 끔찍한 전제주의를 초래함으로써, (초대형 국가들과 함께 이미 여러 차례 있었듯이) 자유의 다른 측면에서 더욱 위험하다면, 이 곤경은 국가들에게, 한 원수(元首) 아래에 있는 세계시민적 공동체는 아니지만, 공동으로 협약한 **국제법**에 따른 하나의 **연방** 법적 상태인 하나의 상태를 강제하지 않을 수 없다.

무릇 간계나 폭력으로써 타 국가들을 대가로 자국을 확장시키려는, 동시에 증대하는 성벽(性癖)을 가진, 국가들의 선진적 문화는 전쟁을 배증시킬 수밖에 없고, (보수가 그대로라고 하더라도) 증대된, 출동 준비 태세로 훈련 중인, 항시 수많은 전쟁 도구들로 무장한 군대들은 점점 더 많은 비용을 초래할 수밖에 없다. 그런가 하면 모든 필수품의 가격들은, 그것들을 눈앞에 내놓을 금속들의 비례적인 발전적 증가가 기대될 수 없는데도, 지속적으로 상승한다. 또 어떠한 평화도 그다지 오래 지속되지 못하는바, 평화 시의 저금은 다음 전쟁을 위한 경비나 다름없고, 이에 대한 국채(국가부채)의 발명은 의미 있는 보조수단이기는 하지만, 결국은 자신을 파멸시키는 수단이기에 그러하다. 그렇게 이러한 무기력 상태가 선의지가 마땅히 행해야 했을 것이지만 행하지 않았던 것을 마침내 이루어지게 한다. 즉, 각 국가는 그 내부에서, 전쟁에 본래적으로는 아무런 비용도 치르지 않는 국가원수—그는 타자, 곧 국민의 비용으로 전쟁을 수행하는 것이기 때문에—가 아니라, 그 자신이 비용을 치르는 국민이 전쟁을 해야 할지 말지에 대한 결정권을 갖도록 조직되는 것이다. (물론 이를 위해서는 저 근원적 계약의 이념[75] 실현이 반드시 전제되어야 한다.) 무릇 국민은 한갓된 확장욕으로 인해 또는 소위,

---

75) 칸트의 위에서(BM249=VIII297)의 언급과 관련 각주 참조.

한낱 언어적 모욕 때문에, 원수에게는 해당하지 않는, 개개인의 빈곤 위험에 처하게 되는 일을 그만두려 할 것이다. 그렇게 해서 (자신에 의해 빚어지지 않은 어떠한 짐도 떠맡겨지지 않은) 후손도, 후손에 대한 사랑이 아니라 단지 각 세대의 자기사랑이 그 원인일 수 있는바, 언제나 개선을 향해, 심지어 도덕적 의미에서, 전진할 수 있을 것이다. 그때 각 공동체(국가)는 타 공동체(국가)를 폭력으로 해할 수 없고, 오직 법/권리를 준수해야 하며, 똑같은 형태의 타 공동체(국가)들이 그 점에서 그를 도와주리라고 충분히 기대할 수 있을 것이기 때문이다.

BM281

그러나 이러한 것은 단지 의견이고 한낱 가설이다. 그것은, 전적으로 우리의 지배력 안에 있지 않은, 하나의 의도된 결과에 대해 유일하게 적합한 자연원인을 갖다 대주려 하는 모든 판단들과 마찬가지로 불확실하다. 그리고 그 자체로 그것은 기존의 국가에서 (앞서 보았듯이) 그것을 강제하는, 신민을 위한 원리를 함유하지 않고, 오히려 오직 강제받지 않는 원수들만을 위한 원리를 함유하고 있다. 비록 자기의 지배력을 자의로 방기하는 일이 통상의 질서에 따르는 인간의 자연본성에 바로 있지는 않지만, 긴급한 상황에서는 그런 일이 불가능하지 않다. 그래서 그런 일을 사람들은 필요한 상황을 **섭리**에서 기대하는, (자신의 무능을 의식할 때의) 인간의 도덕적 소망과 희망에 부적절하지 않은 표현으로 여길 수 있다. 섭리인즉, 인류가 힘이 미치는 한 자신의 힘들을 자유롭게 사용하여 그 유(類) 전체에서 인류의 궁극의 규정/사명을 달성하는 **인류(인간성)**의 목적에 한 출구를 마련해 줄 것이다. 그런데 **인간들**의 목적들은 각기 떼어놓고 보면 이에 정면으로 길항작용한다. 무릇 악의 출처인, 바로 이 경향성들의 상호 길항작용이 이성에, 그 경향성들을 모두 굴종시키고, 서로 자신을 파괴하는 악 대신에, 일단 현존하기만 하면, 계속해서 저절로 유지되는 선이 통치력을 갖는 자유로운 놀이를 마련해 준다.

VIII312

BM282

　　　　　　＊　　　＊　　　＊

　　인간의 자연본성이 전체 민족들 상호 간의 관계에서보다 사랑할 만하지
　　못한 곳은 더 없는 것으로 보인다. 어떤 국가도 타 국가들에 대해 자기의
　　독립성이나 소유와 관련해 한시도 안전하지 못하다. 서로를 예속시키거나
　　타자의 것을 축소시키려는 의지는 항상 현존한다. 그리고 심지어 전쟁보다
　　도 더 평화를 짓누르고, 내부의 복지를 무너뜨리는, 방어를 위한 군비는 결
BM283　코 감축될 수 없다. 이제 이에 맞서서는 (개개인들의 시민법[공민법])이나 국가
　　법에 유비해서) 각 국가가 복속하지 않을 수 없는 권력을 수반하는 공적 법
　　칙 위에 수립된 국제법[76) 외의 다른 수단이 없다. — 무릇 이른바 **유럽 열강**
　　의 균형에 의해 지속하는 보편적 평화라는 것은, 한 건축 장인에 의해 모든
　　균형의 법칙들에 따라 그토록 완전하게 축조되었건만 참새 한 마리가 그
　　위에 앉자마자 곧장 무너졌던 스위프트[77)의 집처럼, 하나의 순전한 환영[幻
　　影]이다. — "그러나 사람들은, 국가들은 그러한 강제법칙들에 결코 복속하
　　지 않을 것이라고 말할 것이다. 그리고 그 권력 아래에서 모든 개별 국가는
　　그 법칙들에 복종하고자 자의로 순응해야 한다는 하나의 보편적 국제국가
VIII313　제안은 생 피에르 수도원장[78)이나 루소의 이론에서 근사한 말로 들릴지도
　　모르지만, 실천에는 유효하지가 않다. 대체 얼마나 이러한 제안이 대정치가

---

76) 이 '국제법'의 성격과 내용은 『영원한 평화』의 '영원한 평화를 위한 제2 확정 조항'(ZeF, AB30=VIII354이하)에서 좀 더 개진된다.
77) *Gulliver's Travels*(1726)의 작가 Jonathan Swift(1667~1745). 이 대목의 칸트 이야기 내용은 『걸리버여행기』, 「제3편, 하늘을 나는 섬의 나라–라퓨타 기행」에서 읽을 수 있다.
78) Abbé de Saint-Pierre(= Charles Irénée Castel de Saint-Pierre, 1658~1743). 스페인 왕위계승 전쟁을 종식시킨 Utrecht 평화회의에 참가(1712~1713)한 경험을 바탕으로 St.-Pierre는 "유럽연맹"의 구상을 포함한 『유럽에서 영원한 평화 회복을 위한 기획 (*Projet pour rendre la paix perpétuelle en Europe*)』(1712/1717)을 펴냈는데, 수많은 논박과 비판이 잇따랐다. 그러나 J.-J. Rousseau(1712~1778)는 발췌본(*Extrait de projet de paix perpétuelle de M. l'abbé de Saint-Pierre*, 1761)까지 출간하면서 St.-Pierre의 구상을 높이 평가했고, 칸트 또한 그 구상을 발전시키고자 하였다. 「보편사의 이념」에서도 이와 관련한 칸트의 생각을 읽을 수 있다.(IaG, BM399=VIII24 참조)

들에게, 더더욱 국가원수들에게 하나의 현학적이고—유치한, 학교에서 나온 관념이라고 웃음거리가 되었던가."

반면에 나는 그럼에도 이론을, 즉 인간들과 국가들 사이의 관계가 어떠**해야만** 하는가 하는 법원리에서 출발하고, 지상의 신들에게 그들의 분쟁들에서 그것을 통해 그러한 보편적 국제국가가 인도되게끔 항상 처신하는 준칙을 추천하는, 그러므로 국제국가가 (實踐에서) 가능함을, 그리고 국제국가가 **있을 수 있음**을 받아들이는 준칙을 추천하는 이론을 신뢰한다.—그러나 동시에 나는 또한 (補助的으로) 사람들이 기꺼이 하려고 하지 않는 곳으로 강제하는 사물의 본성을 신뢰한다. (運命은 意慾하는 者는 이끌고, 意慾하지 않는 者는 질질 끌고 간다.[79]) 그때 이 후자에서는 또한 인간의 본성이 함께 고려된다. 인간의 본성인즉 그 안에는 언제나 역시 법과 의무에 대한 존경심이 살아 있으므로, 도덕적–실천 이성이 수없이 실패한 시도 끝에 결국 악을 이겨내지 못하고, 또한 인간의 본성을 사랑받을 만한 것으로 현시하지 못할 만큼 그토록 인간 본성이 악에 빠져 있는 것이라고 나는 여길 수가 없다. 아니 그렇게 여기고 싶지 않다. 그러므로 세계시민적 견지에서도 다음의 주장에는 변함이 없다: 이성적 근거에서 이론에 타당한 것은 실천에도 타당하다.

쾨니히스베르크   임마누엘 칸트

---

79) 칸트 원문: "fata volentem ducunt, nolentem trahunt."(Seneca, *Epistulae moralis*, XVIII, 4) 칸트는 이 구절을 『영원한 평화』의 유사한 문맥에서도 인용하고 있다.(*ZeF*, A58=B59=VIII365 참조)

인간애로 거짓말한다는
허위의 권리에 관하여

erzählt, gleichsam um uns zur Nachahmung zu erwecken) die Franzosen itzt haben: von den klassischen Schriftstellern der Nazion schon stenographische Ausgaben zu machen! Immer mehr, scheint es, sollen wir zu »Buchstabenmenschen« (man s. August, Beschluß von Nr 12, S. 283) werden. Statt sofort der Gedanken des Schriftstellers zu genießen, statt mit Leichtigkeit die Anmuth und Wahrheit seines Vortrags zu fassen, sollen wir mit Anstrengung erst ein neues (und in der That das allerschwerste!) Alphabet enträthseln. Läßt sich diese Zeit und Arbeit nicht besser anwenden? Lieber etwas weniger Bücher, und etwas mehr Papier!

2.
Über ein vermeintes Recht aus Menschenliebe zu lügen.

In der Schrift: Frankreich, im Jahr 1797, Sechstes Stück, Nr 1: Von den politischen Gegenwirkungen, von Benjamin Constant, ist Folgendes S. 123 enthalten.

번역 대본

Über ein vermeintes Recht aus Menschenliebe zu lügen,
1) in: *Berlinische Blätter*(BB), hrsg. von Biester, 1. Jahrgang 1797(Blatt 10. Mittwoch den 6. September 1797), S. 301~314.
2) in: Wilhelm Weischedel(Hs.), *Immanuel Kant, Werke in sechs Bänden*, Darmstadt 1956, Bd. IV, S. 635~643.
3) in: Königlich Preußische Akademie der Wissenschaften(Hs.), *Kant's gesammelte Schriften, Kant's Werke*, Bd. VIII: Abhandlungen nach 1781, Berlin und Leipzig 1923, S. 421~430.

해제

논고 작성 배경과 개요

논고 「인간애로 거짓말한다는 허위의 권리에 관하여(Über ein vermeintes Recht aus Menschenliebe zu lügen)」(약칭: 「거짓말」(VRML))는 1797년 9월 ① 《베를린 신보(*Berlinische Blätter*(BB))》(hrsg. v. Biester, 1. Jahrgang 1797: Blatt 10. Mittwoch den 6. September 1797. S. 301~314)에 발표된 법철학적 논문으로,

② *I. Kants sämmtliche kleine Schriften*, Königsberg u. Leipzig 1798, Bd. IV, S. 21~32,

③ *I. Kant's vermischte Schriften*, Halle 1799, Bd. III, S. 357~368 에 수록되어 재발간되었다.

이 논고는 프랑스의 정치인이자 작가인 콩스탕(Benjamin Constant)이 칸트를 겨냥하여 쓴 논문 「정치적 반동에 대하여(Des réactions politiques)」(1796)가 이듬해에 독일어 잡지 《1797년 프랑스(*Frankreich im Jahr 1797*)》(St. 6, Nr. 1, hrsg. v. K. Fr. Cramer: St. 6, Nr. 1)에 번역되어 게재되었는데, 칸트가 이를 접한 후 적절한 대응의 필요를 느껴 쓴 것이다.

콩스탕은 '거짓말하지 말라!'는 칸트적 정언명령을 다음과 같이 정리한

다: "'진리를 말하는 것은 의무이다'라는 윤리적 원칙은, 만약 사람들이 이 원칙을 무조건적으로 그리고 따로따로 받아들인다면, 모든 사회를 불능으로 만들 것이다. 이에 대한 증명을 우리는 한 독일 철학자가 이 원칙에서 도출한 아주 직접적인 결론들에서 얻는다. 그는, 한 살인자에게 쫓기는 우리의 친구가 우리 집안에 피신해 들었는지를 묻는 그 살인자에게 하는 거짓말이 하나의 범죄일 터라고 주장하는 데까지 나아간다."(BB302=VIII425) 그리고 콩스탕은 이렇게 논박한다: "진리를 말하는 것은 의무이다. 의무 개념은 권리[법] 개념과 분리될 수 없다. 의무란 한 존재자에서 다른 한 존재자의 권리에 상응하는 것이다. 아무런 권리가 없는 곳에는 어떠한 의무도 없다. 진리를 말하는 것은 그러므로 의무이지만, 진리에 대한 권리를 갖는 이에 대해서만 의무이다. 그러나 타인을 해치는 진리에 대한 권리를 갖는 인간은 없다."(BB302이하=VIII425)

이에 대해 칸트는 먼저 진리에 대해서는 누구도 시인하고 말고 할 권리를 가질 수 있는 것이 아니므로, '진리에 대한 권리'란 무의미한 언사임을 지적한다. 인간이 갖는 것은 '자기 자신의 진실성에 대한 권리'(BB303=VIII425 참조)일 뿐이라는 것이다. 자신이 언제나 진실해야 할 권리를 갖는다고 함은 어느 경우에도 거짓말하지 않을 기본권을 가짐을 말하는 것이고, 이는 누구에게 손해가 날 것 같은 경우에는 거짓말할 수도 있다는 가능성을 원천적으로 배제한다. 그러므로 칸트에서 참말을 해야 하고 거짓말해서는 안 된다는 명령은 그 말로 인해 발생할 누구의 이익이나 손해와는 무관하게 준수되어야 할 법철학적 원칙이다. ― "모든 성명(설명)에서 진실(정직)하기는 하나의 신성한, 무조건적으로 지시명령하는, 어떤 편의에도 제한받을 수 없는 이성의 지시명령이다."(BB307=VIII427) 어떤 예외가 허용되어 보편성이 훼손되면 그런 것은 원칙일 수가 없다.

이 논고 「거짓말」을 이끄는 것은 칸트의 윤리 원론을 관통하는 법칙주의, 동기주의, '의무에 맞는'이 아니라 '의무이기 때문에' 하는 행위주의의 원칙이라고 하겠다.

역주

《베를린 신보[1)]》
1797

인간애로 거짓말한다는 허위의 권리에 관하여[2)]

BB301
VIII425

시사 문집《1797년 프랑스》, 제6편, 1번 글: "뱅자맹 콩스탕[3)] 지음, 정치

---

1) *Berlinische Blätter*(BB).《베를린 월보(*Berlinische Monatsschrift*)》(1783~1796)의 종간 이듬해에 그 편집인이었던 Johann Erich Biester(1749~1816)가 이어서 낸 시사 문예 학술지로 2년간(1797~1798) 발행되었다.
2) "Über ein vermeintes Recht aus Menschenliebe zu lügen." 수록:《베를린 신보》, 1797년도 제10호(1797. 9. 6, 수요일), 301~314면.
3) Benjamin Constant(=Henri-Benjamin Constant de Rebecque. 1767~1830). 스위스 태생의 프랑스 작가, 자유주의 정치가, 정치철학자. 그의 국가권력과 개인의 관계에 대한 이론은 19세기 초 여러 나라의 자유혁명에 영향을 미쳤다. 그의 책 *Des réactions politiques*(발행처 미상, 1797=an V.)의 독일어 번역본이 "Von den politischen Gegenwirkungen. von Benjamin Constant"이라는 제목으로 Karl Friedrich Cramer(Hs.), *Frankreich im Jahr 1797. Aus den Briefen deutscher Männer in Paris, Mit Belegen*(Bd. 2, Altona 1797)의 제5편~제8편에 분할 수록되었는데, 칸트를 겨냥한 내

적 반작용들에 대하여"의 123면에 다음과 같은 대목이 있다.

BB302
"'진리를 말하는 것은 의무이다'라는 윤리적 원칙은, 만약 사람들이 이 원칙을 무조건적으로 그리고 따로따로 받아들인다면, 모든 사회를 불능으로 만들 것이다. 이에 대한 증명을 우리는 한 독일 철학자가 이 원칙에서 도출한 아주 직접적인 결론들에서 얻는다. 그는, 한 살인자에게 쫓기는 우리의 친구가 우리 집안에 피신해 들었는지를 묻는 그 살인자에게 하는 거짓말이 하나의 범죄일 터라고 주장하는 데까지 나아간다.※"

※ "괴팅겐의 요한 다비드 미하엘리스[4]는 이런 기이한 의견을 칸트보다 앞서 개진했다. 이 대목에서 말하고 있는 철학자가 칸트라는 사실을 이 글의 저자 자신이 나에게 말해주었다. — 카를 프리드리히 크라머.[5]"†

†내가 지금은 생각해 낼 수 없는 어디에서인가 이런 말을 했다는 것을 이 자리에서 인정한다. — 임마누엘 칸트[6]

용을 포함한 "제8장 원칙들에 대하여"는 제6편 1번 글 중 116~127면에 실려 있고, 이 글이 칸트가 이 논고를 쓴 계기가 되었다.
4) Johann David Michaelis(1717~1791). Göttingen의 신학 교수. 그의 도덕학 저술은 사후에 Carl Friedrich Stäudlin(Hs.), *Johann David Michaelis Moral*(Göttingen 1792/93)로 출간되었다. Cramer가 시사하고 있는 내용은 이 책의 제2부 160·163면에서 읽을 수 있다. 칸트는 종교론 문제로 당국과 갈등을 겪고 있을 때 자신을 변호하기 위해 Michaelis의 도덕학을 끌어들인 바 있다. 『이성의 한계 안에서의 종교』의 제2판 서문(*RGV*, BXXIV=VI13)과 『학부들의 다툼』 서문(*SF*, AXVII=VII8) 참조.
5) Karl Friedrich Cramer(1752~1807). Kiel 대학의 동양학 교수이자 번역가, 잡지 편집자. 프랑스혁명의 열렬한 지지자로 1795년부터는 거주지를 Paris로 옮겼다. 루소, 디드로를 독일어로, 실러를 프랑스어로 번역해 냈다.
6) 칸트가 생전에 낸 저술 중에서 명시적으로 이렇게 말한 대목을 읽을 수는 없다. 굳이 이와 맥락이 닿는 구절을 찾자면 『윤리형이상학-덕이론』의 문답 한 토막을 들 수 있겠다: "교사 — 예컨대, 만약 자네가 빈틈없이 꾸며낸 거짓말에 의해 자네나 자네 친구들에게 막대한 이익을 가져다줄 수 있고, 게다가 그로 인해 어떤 타인도 해를 입지 않는 경우가 생긴다면, 그에 대해 자네의 이성은 무어라고 말할까? 학생 — 저는 거짓말을 해서는 안 됩니다. 저한테나 저의 친구들에게 제아무리 큰 이익이 된다고 하더라도 말이지요. 거짓말은 비열한 짓이고, 인간을 행복을 누릴 품격이 없게 만드는 것입니다. — 여기에 제가

저 프랑스 철학자는 124면에서 이 원칙을 다음과 같은 방식으로 반박한다. "진리를 말하는 것은 의무이다. 의무 개념은 권리[법] 개념과 분리될 수 없다. 의무란 한 존재자에서 다른 한 존재자의 권리에 상응하는 것이다. 아무런 권리가 없는 곳에는 어떠한 의무도 없다. 진리를 말하는 것은 그러므로 의무이지만, 진리에 대한 권리를 갖는 이에 대해서만 의무이다. 그러나 타인을 해치는 진리에 대한 권리를 갖는 인간은 없다."

BB303

여기서 第一의[原初的] 虛僞[7]는, "**진리를 말하는 것은 의무이다. 그러나 진리에 대한 권리를 갖는 이에 대해서만 의무이다**"라는 문장 안에 있다.

제일 먼저 지적해야 할 것은, "진리에 대한 권리를 갖다"라는 표현이 의미 없는 말이라는 점이다. 오히려 사람들은, '인간은 자기 자신의 **진실성**(眞實性)에 대한, 다시 말해 자기의 인격에서 주관적 진리에 대한 권리를 갖는다'고 말해야만 할 것이다. 무릇 객관적으로 진리에 대한 권리를 갖는다고 함은, 일반적으로 내 것과 네 것에서처럼, 주어진 하나의 명제가 참이어야 하는지 거짓이어야 하는지가 그의 **의지**에 달려 있다고 말하는 것이나 마찬가지일 터이니 말이다. 이렇게 되면 그것은 하나의 기이한 논리를 내놓는 것일 터이다.

VIII426

BB304

이제 **첫째 물음**은, 과연 인간이 '예' 또는 '아니오'의 대답을 회피할 수 없는 경우들에서 진실하지 않을 **권한**(권리)을 갖는지이다. **둘째 물음**은, 과연 인간은 부당한 강제가 그에게 강요하는 어떤 진술을 할 때에, 그 자신이나 어떤 타인에 대해, 그를 위협하는 악행을 막기 위해서, 진실하지 않은 것에 전혀 구속받지 않는가이다.

복종하지 않으면 안 되는, 이성의 지시명령(또는 금지)에 의한 무조건적인 강요가 있습니다. 교사 — 사람들은 이러한 직접적으로 이성에 의해 인간에게 부과되는, 그 법칙에 맞게 행위해야만 하는 필연성을 무엇이라 부르는가? 학생 — 그것을 의무라고 일컫습니다."(*MS*, *TL*, A170이하=VI481이하) 그러나 『윤리형이상학-덕이론』과 이 「거짓말」 논고는 1797년 9월 거의 동시에 출간되었으니, 여기 실려 있는 내용이 "지금은 생각해 낼 수 없는" 것은 아닐 터이다.

7) 원어: πρῶτον φεῦδος.

사람들이 피할 수 없는, 진술에서의 진실성은, 그로 인해 그 자신에게 또는 어떤 타인에게 제아무리 큰 손해가 생긴다고 할지라도, 모든 이에 대한 인간의 형식적 의무이다.※ 그리고 만약 내가 진술을 허위로 한다면, 부당한 방식으로 나에게 그 진술을 강요한 자에게 내가 불의를 행하는 것은 아닐지라도, 나는 그러한 허위 진술8) — 그렇기에 (비록 법률가의 의미에서는 아니라 하더라도) 거짓말이라고 불릴 수 있는 것 — 을 함으로써 가장 본질적인 부분에서 의무 **일반**에 불의를 행하는 것이다. 다시 말해, 나는 내가 할 수 있는 한에서, 진술(선언)들 일반이 믿음을 얻지 못하도록 만들고, 그러니까 또한 계약에 근거를 둔 모든 권리가 소멸하고, 그 힘을 상실하게 만든다. 이것은 인류 일반에게 저지르는 하나의 불의이다.

그러므로 한낱 타인에 대한 고의적인 거짓 천명이라고 정의되는 거짓말은, 법률가들이 이것의 정의(즉, 거짓말은 他人에게 害가 되는 거짓된 말이다9))를 위해 요구하는 것처럼, 그것이 타인에게 해를 끼쳐야 한다는 부가어를 필요로 하지 않는다. 무릇 거짓말은, 권리의 원천/법원(法源)을 쓸 수 없게 만듦으로써, 항상 타인에게, 설령 어떤 특정한 타인은 아닐지라도, 인류 일반에게 해를 끼치고 있으니 말이다.

그러나 이 선의의 거짓말도 **우연**(偶然)한 경우에는 시민적 법률에 따라 처벌받을 **수 있다**. 또한 그러나 순전히 우연한 경우에 범죄임을 피한 것이 외적 법률에 따라 불법이라고 판결받을 수도 있다. 곧 만약 그대가 지금 막 살인 충동에 사로잡혀 있는 자의 범행을 **거짓말로써** 저지한다면, 그대는 그로부터 발생할 수 있는 모든 결과에 대해 법적인 책임이 있다. 그러나 그

※ 여기서 나는 이 원칙을 "진실하지 않음은 자기 자신에 대한 의무의 훼손이다"라고 말하는 데까지 첨예화하고 싶지는 않다. 무릇 이런 원칙은 윤리학에 속하는바, 그러나 이 자리에서의 논의 주제는 법의무이니 말이다. — 덕이론은 저런 위반에서 단지, 거짓말쟁이라고 욕을 먹게 되는 **비천함**만을 주목한다.

---

8) 원어: Verfälschung.
9) 원문: mendacium est falsiloquium in praeiudicium alterius.

대가 엄격하게 진리를 고수한다면, 공적 정의는 그대에게 어떠한 해도 끼칠 수 없다. 어떤 예견하지 못한 결과가 일어나든 간에 말이다. 가령, 자기가 쫓고 있는 자가 집안에 있는지를 묻는 살인자에게 그대가 곧이곧대로 "예"라고 대답한 후에, 그 쫓기던 자가 슬그머니 빠져나가, 살인자와 마주치지 않아서, 결과적으로 범행이 일어나지 않을 수도 있다. 반면에 그대가 거짓말을 해서, 그런 자가 집안에 없다고 말하고, 그자가 (그대는 눈치채지 못했지만) 실제로는 집을 빠져나갔고, 살인자가 도망치는 그를 만나게 되어 범행을 저질렀다면, 그대는 당연히 그의 죽음의 원인 제공자로 고소당할 수 있다. 무릇 그대가 그대가 알고 있는 대로 진리를 말했다면, 어쩌면 살인자가 그가 쫓는 자를 집안에서 찾아다니던 중에 지나가던 이웃들에게 붙잡혀서, 범행이 저지되었을 터이니 말이다. 그러므로 **거짓말하는** 자는, 그때 그가 제아무리 선의로 생각했다고 할지라도, 그 결과들을, 시민적 법정에서마저도, 책임지고, 그 대가를 치러야 한다. 그 결과들을 제아무리 예견할 수 없었다고 하더라도 말이다. 왜냐하면, 진실성은 계약에 기초를 둔 모든 의무의 토대로 보아야만 하는 의무이고, 만약 이것에 최소한의 예외라도 용인하면, 이 의무의 법칙은 흔들려서 쓸데가 없게 되기 때문이다.

BB307

그러므로, 모든 성명[설명]에서 **진실**[정직]하기는 하나의 신성한, 무조건적으로 지시명령하는, 어떤 편의에도 제한받을 수 없는 이성의 지시명령이다.

이와 관련해 그러한 엄격하고, 언뜻 보아 실행 불가능한 이념에 빠진, 그로써 배척받아 마땅한 원칙들이라는 비방에 대한 콩스탕 씨의 언급은 사려 깊으면서 동시에 옳다. ─ "어느 때나, (그가 123면 아래쪽에서 말하거니와), 참인 것으로 증명된 하나의 원칙이 적용할 수 없는 것으로 보인다면, 그것은 우리가 적용 방법을 포함하고 있는 **중간**[매개] **원칙**을 모르는 데서 연유한다." 그는 (121면에서) 사회적 연쇄를 형성하는 첫째 고리로 **평등**의 이론을 인용한다: "곧 인간은 그가 그 형성에 함께 참여한 그러한 법칙[법률]들 외에 다른 것에 의해서는 구속될 수 없다.(122면) 매우 밀접하게 유대관계가

BB308

형성된 사회에서는 이러한 원칙이 직접적인 방식으로 적용될 수 있고, 그것이 일상적인 원칙이 되는 데에 어떤 중간(매개) 원칙을 필요로 하지 않는다. 그러나 아주 대규모의 사회에서는 우리가 여기서 인용하고 있는 원칙에다 하나의 새로운 원칙이 덧붙여지지 않을 수 없다. 다음의 중간 원칙 말이다. 즉, 법칙(법률)들을 형성하는 데에 개인들은 자기 자신이 또는 **대리인**을 통해 참여할 수 있다. 첫째 원칙을 중간(매개) 원칙을 취하지 않은 채 하나의 대규모 사회에 적용하고자 하는 자는 틀림없이 그 사회를 몰락시킬 터이다. 그러나 입법자의 무지와 미숙을 입증할 뿐인 이런 상황이 저 원칙을 반대할 무엇인가를 증명하지는 않을 터이다." ─ 그는 125면에서 이렇게 결론짓는다: "그러므로 참인 것으로 승인된 원칙은 결코 포기되어서는 안 된다. 거기에 제아무리 위험이 있어 보인다고 할지라도 말이다." (그러면서도 이 훌륭한 인사는 진실성의 무조건적인 원칙을 이 원칙이 수반하는 사회에 대한 위험 때문에 스스로 포기했다. 왜냐하면 그는 이 위험을 막는 데 쓸 중간(매개) 원칙을 발견할 수 없었고, 여기에는 실제로 어떤 중간 원칙도 끼워 넣을 수 없기 때문이다.)

사람들이 여기서 거명된 대로 인물들의 이름을 유지하고자 한다면, "저 프랑스 철학자"는 누군가가 고백하지 않을 수 없는 진리를 말함으로써 타인에게 **해를 끼치는**(害로운[10]) 행위를 이 타인에게 **불의**를 행하는(害한[11]) 행위와 혼동했다. 진술의 진실성이 그 집의 주거인에게 해를 끼쳤던 것은 순전히 우연(偶然)이었지, (법률적 의미에서) 자유 **행위**가 아니다. 무릇 타인에게 자기의 이익을 위해 거짓말해야 한다고 요구하는 그의 권리에서는 모든 합법칙성과 상충하는 요구주장이 뒤따를 터이니 말이다. 그러나 인간은 누구나 그가 피할 수 없는 진술에서 진실성에 대한 권리뿐만 아니라, 가장 엄격한 의무도 갖는다. 무릇 이 진실성이 그 자신이나 타인에게 해를 끼친다고 하더라도 말이다. 그러므로 그 자신이 그 진실성으로 인해 고난을 받은 자

---

10) 원어: noceo.
11) 원어: laedo.

에게 본래 해를 **입힌** 것이 아니라, 우연이 이 해를 **야기한** 것이다. 무릇 저 사람은, (만약 그가 일단 말을 할 수밖에 없다면) 진실성은 무조건적인 의무이기 때문에, 여기에서 선택할 자유가 전혀 없으니 말이다. — 그러므로 그 독일 철학자는 "진리를 말하는 것은 의무이다. 그러나 **진리에 대한 권리**를 갖는 이에 대해서만 의무이다"(124면)라는 명제를 자신의 원칙으로 받아들이지 않을 것이다. 첫째로는, 진리는 그것에 대한 권리가 누구에게는 허용되고, 또 다른 누구에게는 거부될 수 있는 점유물이 아니기에, 저 명제의 불분명한 정식(定式) 때문에 그렇고, 그러나 그다음에는 특히, (여기서 논의의 유일한 주제인) 진실성의 의무는 사람들이 이 의무를 갖는 인격들과 이 의무에서 벗어나는 인격들을 구별하지 않고, 오히려 모든 관계에서 타당한 **무조건적인 의무**이기 때문이다.

BB311

VIII429

이제 (모든 경험 조건들을 도외시하는 것인) 하나의 법 **형이상학**에서 (이러한 개념들을 경험 사례들에 적용하는 것인) 하나의 **정치** 원칙에, 그리고 이 원칙을 매개로 정치 과제의 해결에, 보편적 법원리에 따라서, 이르기 위해서, 철학자는 다음의 것을 제시할 것이다. 즉 1) 하나의 **공리**, 다시 말해 (각자의 자유가 어느 누구와의 자유와도 하나의 보편적 법칙에 따라 합치함[12]이라는) 외적 법의 정의에서 직접적으로 나오는 명증적으로-확실한 하나의 명제, 2) 하나의 **요청**, (즉 **평등** — 이것이 없이는 어느 누구의 자유도 생길 수 없을 터이다 — 의 원리에 따라 합일된 만인의 의지로서의, 외적 공적 **법칙**(법률)의 요청), 3) 하나의 **문제**, 즉 어떻게, 하나의 거대한 사회에서 그럼에도 불구하고 자유와 평등의 원리에 따라 (곧 대의제를 매개로 해서) 단결이 유지되게끔 할 수 있을까 하는 문제. 그러면 이와 같은 것이 **정치**의 원칙이 될 것이고, 정치의 운영과 조치는 이제 인간의 경험인식에서 도출된 법령들을 그 내용으로 가질 것인데, 이 법령들은 오직 법무 행정의 기제(機制)를, 그리고 어떻게 이 기제가 합목적적으로 설치될 수 있을 것인지만을 목적으로 갖는다. — — 법이 정

BB312

---

12) 『윤리형이상학 - 법이론』, '법의 보편적 원리'(*MS, RL*, AB34=VI230) 참조.

치에 맞춰져서는 결코 안 되고, 그러나 충분히 정치는 항상 법에 맞춰져야 한다.

"참인 것으로 승인된(내가 덧붙인다면, 선험적으로 승인된, 그러니까 명증적인) 하나의 원칙은 결코 포기되어서는 안 된다. 거기에 제아무리 위험이 있어 보인다고 할지라도 말이다"라고 저자는 말하고 있다. 다만 사람들은 여 BB313 기서 위험을 (우연히) **해를 끼치는** 위험이 아니라, 도대체가 **불의를 행할** 위험으로 이해해야 한다. 만약 내가 전적으로 무조건적이고, 진술함에 있어 최상위 법적 조건을 이루는, 진실성의 의무를 하나의 조건적이고, 다른 고려 사항들에 종속된 의무로 삼는다면, 이런 일이 일어날 터이다. 그리고 나는, 설령 내가 모종의 거짓말에 의해 실제로는 누구에게도 불의를 행하지 않는다 해도, 불가피하게 필연적인 모든 진술 **일반**에 관해 법의 원리를 훼손한다. (實質的으로는 아닐지라도, 形式的으로는 불의를 행한다.) 이런 일은 누군가에게 불의를 저지르는 것보다 훨씬 더 나쁘다. 왜냐하면 그러한 행위는 주관 안에 그런 행위를 위한 원칙을 언제나 전제하고 있지 않기 때문이다.

VIII430   타인이 그에게, 과연 그가 지금 해야만 하는 진술에서 진실되게 하려고 하는지 않는지를 묻는 물음을, 이로써 표출된, 그도 거짓말쟁이일지 모른다는, 그에 대한 의혹에 대해 불쾌감 없이 이미 받아들이고, 오히려 우선 BB314 가능한 예외를 생각해 보게 허락해 달라고 청하는 자는 이미 (潛在的인) 거짓말쟁이이다. 왜냐하면 그는, 그가 진실성을 의무 그 자체로 인정하지 않고, 오히려, 예외를 두면 곧바로 자기모순에 빠지기 때문에, 본질상 어떤 예외도 있을 수 없는, 한 규칙의 예외를 떠올리고[13] 있음을 보이고 있기 때문이다.

모든 법적-실천적 원칙들은 엄격한 진리를 함유해야 한다. 그리고 여기서 이른바 중간(매개) 원칙들은 단지 (정치의 규칙들에 따라) 출현하는 사례들

---

13) AA는 BB의 원어 "vorhalten"을 "vorbehalten"으로 고쳐 읽는다. 이에 따르면 "자신을 위해 남겨놓고".

에 대한 저 원칙들의 적용에 관한 더 상세한 규정을 함유할 뿐 결코 저 원칙들의 예외를 함유할 수 없다. 왜냐하면 예외들은, 원칙들이 오로지 그로 인해 원칙이라는 명칭을 가지고 있는, 그 보편성을 파기하기 때문이다.

쾨니히스베르크 임마누엘 칸트

제 2부
역사철학

보편 역사에 대한 이념(1784)
서평: 헤르더의 『인류 역사의 철학에 대한 이념들』(1785)
인간 역사의 시초(1786)

보편 역사에 대한 이념

Berlinische Monatsschrift.
1784.
Eilftes Stük. November.

1.

Idee zu einer allgemeinen Geschichte in weltbürgerlicher Absicht. *)

Was man sich auch in metaphysischer Absicht für einen Begriff von der Freiheit des Willens machen mag; so sind doch die Erscheinungen desselben, die menschlichen Handlungen, eben so wohl als jede andere Naturbegebenheit, nach allgemeinen Naturgesetzen bestimmt. Die Geschichte, welche sich mit der Erzählung dieser Erscheinungen beschäftigt, so tief auch deren Ursachen verborgen sein mögen,

---

*) Eine Stelle unter den kurzen Anzeigen des zwölften Stüks der gothaischen Gel. Zeit. d. J., die ohne Zweifel aus meiner Unterredung mit einem durchreisenden Gelehrten genommen worden, nöthigt mir diese Erläuterung ab, ohne die jene keinen begreiflichen Sinn haben würde.

번역 대본

Idee zu einer allgemeinen Geschichte in weltbürgerlicher Absicht.

1) in: *Berlinische Monatsschrift*(BM), hrsg. von F. Gedike / J. E. Biester, Bd. 4(Julius bis December, 1784), Elftes Stück, Berlin 1784, S. 385~411.

2) in: Wilhelm Weischedel(Hs.), *Immanuel Kant, Werke in sechs Bänden*, Darmstadt 1954, Bd. VI, S. 31~50.

3) in: Königlich Preußische Akademie der Wissenschaften(Hs.), *Kant's gesammelte Schriften, Kant's Werke*, Bd. VIII: Abhandlungen nach 1781, Berlin und Leipzig 1923, S. 15~31.

해제

논고 발표의 배경

1770년대 거의 전부를 『순수이성비판』의 구상과 서술에 몰두했고, 이를 출판(1781)하고 평자들에 대한 응답(『형이상학 서설』, 1783)으로 3년을 더 할애했던 칸트의 흉중에는 순수 이성의 이론적 사용을 넘어 그것의 실천적 사용과 실천적이면서도 동시에 이론적인 사용에 관한 자문자답이 가득 차 있었다. 그에 관한 사념의 결과가 그 뒤 15년간 제2비판서, 제3비판서 등 다량의 논저로 나타났던바, 그 가운데 칸트의 인간 내지는 인류에 대한 사랑과 기대를 담은 역사철학 논고들이 있다. 그 첫 번째 논고「세계시민적 의도에서의 보편 역사에 대한 이념(Idee zu einer allgemeinen Geschichte in weltbürgerlicher Absicht)」(약칭: 보편 역사에 대한 이념(IaG))이 《베를린 월보》 1784년 11월호「계몽이란 무엇인가」보다 한 달 앞서 게재 발표되었다.

칸트 자신이 밝히고 있는 논고「보편 역사에 대한 이념」을 집필하게 된 직접적인 동기는 학계 소식을 전하는 《고타 학보(Gothaische Gelehrte Zeitungen)》, 1784년 2월 11일 자의 다음과 같은 "단신"이다: "칸트 교수가 애호하는 한 가지 생각은 '인류의 궁극목적이 가장 완전한 국가헌정체제의 성취이다'라는 것이다. 그는 어떤 철학적 역사가가 기꺼이 이러한 견지에서 인류의 역사를 개진하고, 인류가 서로 여러 시대에서 이러한 궁극목적에 얼마나 접근했는지, 또는 이로부터 멀어졌는지, 그리고 이의 성취를 위해서 아직 무엇을 행해야만 하는지를 제시하는 일을 감당해 줄 것을 바라고 있다."

칸트는 저 같은 단신의 내용이 자기 생각의 일단을 담고 있는 것은 분명하지만, 이것만으로는 오해의 여지가 있기 때문에, 관련 사항에 대한 해명 논고로 「보편 역사에 대한 이념」을 쓴다고 말하고 있다.(IaG, BM385=VIII15 참조) 이 논고는 ①《베를린 월보(*Berlinische Monatsschrift*(BM))》(F. Gedike / J. E. Biester 공편), 1784년 제4권(제11호), 385~411면에 최초로 게재된 후, 칸트 생전에만 해도

② *Kleine Schriften von Immanuel Kant*, Neuwied 1793, S. 1~33,

③ *Zerstreute Aufsätze von Herrn Professor Kant*, Frankfurt u. Leipzig 1793, S. 1~25,

④ *I. Kants sämmtliche kleine Schriften*, Königsberg u. Leipzig 1797, Bd. III, S. 131~158,

⑤ *I. Kant's vermischte Schriften*, Halle 1799, Bd. II, S. 661~686
등에 수록 재발간되었다.

논고의 대강

"이념이란 전체의 형식에 대한 이성개념"으로서 "이 개념을 통해 잡다한 것의 범위와 부분들 상호 간의 위치가 선험적으로 규정"되는 것이다. "이념은 실현을 위해 하나의 도식"이 필요한데, 그래서 이성은 "목적"을 세우고, 그로써 사념들은 "모든 부분들이 관계 맺고 있는 목적의 통일성", 곧 하나의 체계를 얻는다.(*KrV*, A832=B860 참조) 그래서 칸트는 「세계시민적 의도에서의 보편 역사에 대한 이념」에서 마침내 세계시민적 헌정체제에 이를 보편적 인류 역사의 도정을 그리며, 인류 역사 문명의 진정한 발전을 기대하고 있다. 칸트의 이성 비판은 인간 이성의 단련이자 인간 이성에 대한 신뢰

이고, 인간 이상의 표현이다.

칸트는 그의 "철학적 역사의 시론"(IaG, BM411=VIII30)에서 인류 보편 역사를 이끌어가는 이념을 다음 9개의 명제로 서술한다.

1. "한 피조물의 모든 자연소질은 언젠가는 완벽하게 그리고 합목적적으로 펼쳐지게끔 정해져 있다."(IaG, BM388=VIII18)

2. "(지상의 유일한 이성적 피조물로서의) 인간에 있어서 그의 이성 사용을 목표로 하고 있는 자연소질들은 개체(개인)에서가 아니라, 오직 유(인류)에서만 완벽하게 발전될 것이다."(IaG, BM388=VIII18)

3. "자연은, 인간이 자기의 동물적 현존의 기계적 안배를 넘어서는 모든 것을 전적으로 자기 자신으로부터 만들어내고, 그 자신이 본능에서 벗어나 자신의 이성을 통해 마련해 가진 이외의 행복이나 완전성을 분유(分有)하지 않을 것을 의욕했다."(IaG, BM389이하=VIII19)

4. "자연이 자기의 모든 소질들의 개발을 성취하기 위해 이용하는 수단은 사회 안에서 이 소질들의 적대관계이며, 그렇지만 이 적대관계가 결국에는 사회의 합법칙적 질서의 원인이 되는 한에서 그러하다."(IaG, BM392=VIII20)

5. "자연이 인간에게 해결하도록 강제하는, 인류를 위한 최대의 문제는 보편적으로 법을 시행하는 시민 사회의 달성이다."(IaG, BM394=VIII22)

6. "이 문제는 동시에 가장 어려운 문제이고, 인류에 의해 가장 늦게 해결될 문제이다."(IaG, BM396=VIII23)

7. "완전한 시민적 [헌정]체제의 건립 문제는 합법칙적인 외적인 국가들의 관계 문제에 달려 있으며, 이 문제의 해결 없이는 해결될 수 없다."(IaG, BM398=VIII24)

이 대목에서 우리는 인류의 전도에 대한 칸트의 절절한 우려의 목소리를 듣는다.

"우리는 기예와 학문을 통해 고도로 **문화화**되어 있다. 우리는 온갖 사회적 예의범절에 대해 과도할 정도로까지 **문명화**되어 있다. 그러나 우리가 이미 **도**

덕화되어 있다고 여기기에는 아직도 많은 것을 결여하고 있다. 무릇 도덕의 이념도 문화의 요소이다. 그러나 이 도덕 이념의 사용이 단지 명예심과 외면적 예절 따위의 윤리 같은 것으로 귀착한다면, 그것은 한낱 문명화를 이룰 뿐이다. 그러나 국가들이 모든 힘을 헛되고 폭력적인 확장 의도에 소모하고, 그리하여 시민들의 사유방식(성향)을 내면적으로 형성(도야)해 가려는 완만한 노력을 끊임없이 저해하고, 이러한 의도를 지원하는 것마저 모두 시민들에게서 빼앗는 한에서, 이런 방식에서는 (도덕화를 위한) 아무런 것도 기대할 수 없다. 왜냐하면 이를 위해서는 각 공동체가 자기 시민들의 도야(형성)를 위해 장기적이고 내면적인 노력을 경주해야 하기 때문이다. 그러나 도덕적으로-선한 마음씨에 접지되지 않은 좋은 것은 모두가 순전히 가상이며 겉만 번지르르한 비참함에 지나지 않는다. 인류는 내가 말한 바의 방식으로 그 국가 관계들의 혼돈한 상태에서 헤어 나오게 될 때까지는 아마도 이러한 상태에 머물러 있을 것이다."(IaG, BM402이하=VIII26)

8. "인류의 역사는 대체로 자연의 어떤 숨겨져 있는 계획의 수행, 즉 내적으로-완전하며, 그리고 이 목적을 위해 또한 외적으로-완전한 국가(헌정)체제를 성취하기 위한 계획의 수행이라고 볼 수 있는바, 이 국가체제는 자연이 인간성 안에 있는 그의 모든 소질을 온전히 발전시킬 수 있는 유일한 상태이다."(IaG, BM403=VIII27)

9. "인류 안에서 완전한 시민적 통합을 목표로 하는 자연의 어떤 계획에 따라 보편적 세계사를 작성하려는 철학적 시도(시론)는 가능한 것으로, 그리고 그 자체로 이러한 자연의도를 촉진하는 것으로 간주되지 않으면 안 된다."(IaG, BM407=VIII29)

역주

《베를린 월보》
1784
11월, 제11호[1]

세계시민적 의도에서의 보편 역사에 대한 이념[※2]

사람들이 **의지의 자유**를 형이상학적 관점에서 무엇이라 이해한다고 할

※ 금년《고타 학보》[3] 제12호[4]의 단신[5]들 중에 있는 이 글귀는 의심할 것이 없이 내가 어떤 과객 학자와 나눈 담화 중에서 취한 것이 분명하거니와, 이 글귀로 인해 이 해명 논고를 쓴다. 이 해명 논고 없이는 이 글귀가 제대로 이해되지 못할 것이기 때문이다.

---

1) *Berlinische Monatsschrift*(BM), hrsg. von F. Gedike / J. E. Biester, Bd. 4(Julius bis December, 1784), Elftes Stück(November), Berlin 1784.
2) "Idee zu einer allgemeinen Geschichte in weltbürgerlicher Absicht." 게재: BM, 1784, IV, S. 385~411.

BM386

지라도, 의지의 **현상들**, 즉 인간의 행위들은 여타 여느 자연사건과 꼭 마찬가지로 보편적인 자연법칙들에 따라 규정된다. 이 현상들의 서사를 일로 갖는 역사는 이 현상들의 원인들이 제아무리 깊숙이 숨겨져 있다 할지라도, 인간 의지의 자유의 놀이[활동]를 **대체로** 고찰한다면, 저 자유의 규칙적인 진행을 발견할 수 있음을 기대하게 된다. 그리고 그와 같이 개개 주체에서는 얽혀 있고 불규칙적인 것으로 눈에 들어오는 것도 전체 인류에서는 인류의 근원적 소질의 비록 느리기는 하지만 끊임없이 전진하는 발전이 인식될 수 있으리라는 것도 기대하게 된다. 혼인과 그에서 비롯하는 출생과 사망은 인간의 자유 의지가 이에 매우 큰 영향을 미치기 때문에 그 수를 미리 산정해 볼 수 있는 어떤 규칙에도 종속되어 있는 것 같지 않아 보이나, 큰 나라들의 이의 연간 통계표는 이런 것 역시 변덕스러운 날씨가 그렇듯이 항존하는 자연법칙들에 따라 일어나고 있음을 증명한다. 변덕스러운 날씨는 사람들이 그 양상을 낱낱이 미리 규정할 수는 없지만, 전체적으로는 식물들의 성장과 강물의 흐름, 그리고 여타 자연의 안배들을 동일한 형태의 중단 없는 경과로 유지시킨다. 개개인이나 전체 국민들조차도, 그들이 각자 자신의 생각에 따라, 또 흔히 타자의 생각에 반하여 자기 자신의 의도를 좇

---

3) *Gothaische Gelehrte Zeitungen*. Emanuel Christoph Klüpfel, Heinrich August Ottokar Reichard, Johann Wilhelm Dumpf, Schack Hermann Ewald, Ludwig Christian Lichtenberg 등이 Gotha에서 1774년에 창간하여 1804년까지 주 2회 발행된 서평지. 1787~1794년에는 주 1회 외국어 문헌에 대한 서평지 *Gothaische gelehrte Zeitungen. Ausländische Literatur*도 함께 발간되었다. 《고타 학보》는 단지 신간들에 대한 서평뿐만이 아니라, 새로운 학술적 발견, 학술 기관이나 학자들의 새로운 기획과 소식도 실었으며, 당대의 계몽주의 정신 확산에 지대한 영향을 미쳤다.
4) 1784년 2월 11일 자.
5) 여기서 칸트가 언급하고 있는 《고타 학보》 당호의 "단신(kurze Nachricht)"을 그대로 옮기면 이렇다: "칸트 교수가 애호하는 한 가지 생각은 '인류의 궁극목적이 가장 완전한 국가헌정체제의 성취이다'라는 것이다. 그는 어떤 철학적 역사가가 기꺼이 이러한 견지에서 인류의 역사를 개진하고, 인류가 서로 여러 시대에서 이러한 궁극목적에 얼마나 접근했는지, 또는 이로부터 멀어졌는지, 그리고 이의 성취를 위해서 아직 무엇을 행해야만 하는지를 제시하는 일을 감당해 줄 것을 바라고 있다."

는 중에, 그들 자신에게도 알려지지 않은 자연의 의도를 알지 못한 채 — 설령 자연의 의도가 그들에게 알려졌다 해도, 거의 개의하지 않았겠지만 — 그것을 실마리로 따라가고 있고, 그런 자연의도의 촉진을 위해 일하고 있다는 사실을 거의 생각하지 못한다.   BM387

 인간은 노력하는 일에서 동물들처럼 한낱 본능대로 행동하지도 않고, 그렇다고 이성적 세계시민처럼 약정된 계획에 따라 전반적으로 행동하지도 않으므로, (가령 꿀벌이나 해리〔海狸〕들의 것과 같은) 어떤 계획대로의 역사도 인간에 의해서는 가능하지 않은 것으로 보인다. 사람들은 자기들의 행동거지가 거대한 세계무대에서 펼쳐지는 것을 보면서, 여기저기서 개별적으로는 지혜가 나타나 보임에도 불구하고 끝내는 모든 것이 전체적으로는 어리석음과 유치한 허영심으로, 때때로는 심지어 유치한 악성과 파괴욕으로 뒤얽혀 있음을 발견할 때, 모종의 불쾌를 억누를 수가 없다. 이때 결국 사람들은 자기의 우월성을 그렇게나 상상하는 우리 인류를 어떻게 이해해야 할지를 모른다. 이때 철학자에게 유일한 탈출구는, 그는 인간과 인간의 유희〔활동〕들에서 전반적으로 아무런 이성적인 **자신의 의도**를 전제할 수 없기 때문에, 그가 이 자가당착적인 인간사의 경과에서 어떤 **자연의도**를 발견할 수 없을까를 시도해 보는 것이다. 그러면 이러한 자연의도로부터 자기 자신의 의도 없이 행해나가는 피조물에 대해서도 자연의 일정한 계획에 따르는 하나의 역사가 가능할 것이다. — 우리는 과연 그러한 역사를 위한 실마리를 발견하는 일이 성공할 수 있는 것인지 살펴보고자 하며, 그다음에 그러한 실마리에 따라 역사를 저술할 수 있는 인사를 낳는 것을 자연에 맡기고자 한다. 예기치 않은 방식의 행성들의 편심〔偏心〕 궤도들을 일정한 법칙들에 귀속시킨 케플러나, 이러한 법칙들을 하나의 보편적인 자연원인으로써 설명한 뉴턴 같은 이를 자연이 낳았듯이 말이다.

VIII118

BM388

제1 명제

한 피조물의 모든 자연소질은 언젠가는 완벽하게 그리고 합목적적으로 펼쳐지게끔 정해져 있다. 이것은 모든 동물들에서 외적인 그리고 내적인 관찰 내지는 분석적인 관찰이 증명하는 바이다. 사용하지 않아도 될 기관, 자기의 목적에 이르지 않는 안배는 목적론적 자연이론에서는 하나의 모순이다. 무릇, 만약 우리가 저 원칙을 버리면, 우리는 더 이상 합법칙적 자연이 아니라, 목적 없이 놀이하는 자연을 갖게 된다. 그리고 암담한 우연(대충)[6]이 이성의 실마리를 대신한다.

제2 명제

(지상의 유일한 이성적 피조물로서의) **인간에 있어서 그의 이성 사용을 목표로 하고 있는 자연소질들은 개체(개인)에서가 아니라, 오직 유(인류)에서만 완벽하게 발전될 것이다.** 한 피조물에서의 이성은 그의 모든 힘들의 사용 규칙들과 의도들을 자연본능을 훨씬 넘어서까지 확장하는 능력이며, 그런 기획들의 한계를 알지 못한다. 그러나 이성은 그 자신이 본능적으로 작용하지 않으며, 한 단계의 통찰로부터 다음 단계의 통찰로 점차적으로 전진해 가기 위해 시도들과 연습 그리고 교도(敎導)를 필요로 한다. 그래서 인간이 각기 어떻게 자기의 모든 자연소질들을 완벽하게 사용할 것인지를 배우기 위해서는 엄청나게 오래 살아야만 할 터이다. 또는, 만약 자연이 인간의 생애를 단지 짧게 배정해 놓았다면 — 실제로가 그렇거니와 —, 자연은 인간의 한 세대가 다음 세대에게 자기의 계몽을 전수하여 마침내 인류 안에 있는 자연의 싹을 자연의 의도에 완벽하게 부합하는 발전 단계에 이르기까지 추진해 가기 위해 아마도 무한한 세대(계열)의 생식을 필요로 할 것이다.

---

6) 원어: Ungefähr.

그리고 이 시점(時點)이 적어도 인간의 이념상에서는 인간 노력의 목표이어야 한다. 그렇지 않으면 자연소질들은 대부분 헛되고 목적 없는 것으로 간주될 수밖에 없을 것이기 때문이다. 이런 일은 모든 실천적 원리들을 폐기할 터이고, 그럼으로써 그 자연의 지혜로움이 여타의 모든 안배의 판정에서는 원칙으로 쓰일 수밖에 없는 자연이 유독 인간에서만은 유치한 유희를 한다는 의혹을 사게 될 터이다.

제3 명제

자연은, 인간이 자기의 동물적 현존의 기계적 안배를 넘어서는 모든 것을 전적으로 자기 자신으로부터 만들어내고, 그 자신이 본능에서 벗어나 자신의 이성을 통해 마련해 가진 이외의 행복이나 완전성을 분유(分有)하지 않을 것을 의욕했다. 곧 자연은 아무것도 과잉으로는 하지 않으며, 자기의 목적들을 위한 수단을 사용함에서 낭비적이지 않다. 자연이 인간에게 이성과 그 위에 기초한 의지의 자유를 부여했으므로, 그것은 이미 인간을 설비한 것에 관한 자연의 의도의 명백한 공시였다. 이제 곧 모름지기 인간은 본능에 이끌려서는 안 되며, 바꿔 말해 천부의 지식에 의해 부양되거나 교도되어서는 안 될 것이다. 오히려 인간은 모름지기 모든 것을 자기 자신에서 꺼내 와야 한다. 인간의 식료품, 의복, 외부로부터의 안전과 방호 — 이런 것을 위해 자연은 인간에게 황소의 뿔, 사자의 발톱, 개의 이빨이 아니라, 한낱 두 손을 주었다 — 를 찾아내는 일, 생을 쾌적하게 만들어줄 수 있는 모든 오락, 자기의 통찰력과 현명함조차도, 심지어는 자기의 의지의 선량함까지 전적으로 그 자신의 소행이어야 하는 것이다. 이때 자연은 자기의 최대한의 절약에 스스로 흡족해한 것으로 보이며, 동물적 장치를 초기의 생존(실존)에 딱 필요한 만큼만 최소한으로 부여한 것으로 보인다. 마치 자연은 만약 인간이 가장 조야한 상태에서부터 언젠가 최고의 숙련성과 성향의 내적 완전성에까지, 그리고 (그것이 지상에서 가능한 한에서) 그렇게 함

BM390

VIII120

BM391

으로써 행복에까지 애써서 이른다면, 이에 대한 공적을 전적으로 혼자서 갖고, 그 공로를 오직 그 자신에게 돌려도 좋게끔 의욕한 양하다. 마치 자연이 인간의 안녕보다도 이성적인 **자기존중**(자기평가)을 중요시한 것처럼 말이다. 왜냐하면 인간사의 이러한 경과에는 온갖 간난신고가 있으며, 그것이 인간을 기다리고 있기 때문이다. 그러나 그렇기에 자연의 관심사는 인간이 잘 사는 데 있었던 것이 아니라, 인간이 스스로 분발하여 자신의 자세에 의해 생활과 안녕을 누릴 품격을 이루는 데 있었던 것처럼 보인다. 그럼에도 여전히 기이한 바는, 앞선 세대는 오직 뒤 세대를 위해 수고스러운 일들을 하는 것, 곧 뒤 세대가 그로부터 자연이 의도하는 건축물을 한층 높이 쌓을 수 있도록 뒤 세대에게 한 계단을 준비해 주기 위해 그런 것으로, 그럼에도 오직 맨 뒤 세대만이 그 건물에 거주하는 행운을 누리고, 누대에 걸친 그들의 선조는 노동은 했으되, (물론 의도한 것은 아니겠지만) 그들이 준비한 그 행운에 자신은 참여할 수 없었다는 사실이다. 그러나 만약 사람들이 그럼에도 일단, 동물의 한 유(類)가 이성을 가졌다 하고, 이 이성적 존재자의 부류가 모두 (낱낱으로는) 죽되 그 유는 불사적이어서, 그 소질의 완벽한 발전에 이른다는 것을 받아들인다면, 이런 일은 수수께끼 같으면서도, 또한 동시에 필연적인 것이다.

BM392

제4 명제

자연이 자기의 모든 소질들의 개발을 성취하기 위해 이용하는 수단은 사회 안에서 이 소질들의 적대관계이며, 그렇지만 이 적대관계가 결국에는 사회의 합법칙적 질서의 원인이 되는 한에서 그러하다. 나는 여기서 적대관계라는 것을 인간의 **비사교적 사교성**, 다시 말해 사회에 들어가려 하면서도, 이 사회를 끊임없이 분열시키려 위협하는 전반적인 저항(심)과 결합되어 있는 인간의 성벽(性癖)이라 이해한다. 이에 대한 소질이 인간의 자연본성에 있는 것은 분명하다. 인간은 자신을 **사회화**하려는 경향성을 가지고 있으니, 그것은 인간이 그러한 상태에서 더 많이 인간임을, 다시 말해 자기의 자연소질의 개발을 자각하기 때문이다. 그러나 인간은 또한 자신을 **개별화**(고립화)하려는 강한 성벽을 가지고 있으니, 그것은 동시에 인간이 자신 안에서 모든 것을 순전히 자기 생각대로 평결하고자 하는 비사교적 속성과 마주치고, 그래서 인간은 자기 쪽에서 타인들에게 저항하려는 경향이 있음을 자기 자신에 대해 아는 만큼, 도처에서 저항이 있을 것을 예상하기 때문이다. 그런데 이 저항이야말로 인간의 모든 힘들을 일깨우고, 인간으로 하여금 나태로의 성벽을 극복하게 하고, 명예욕과 지배욕 또는 소유욕에 추동되어, 그들을 잘 **견뎌낼** 수도 없지만 그렇다고 그들로부터 **떠날** 수도 없는 동료들 사이에서 어떤 지위를 얻게 한다. 무릇 이에서 야만에서 문화로의 참된 첫걸음이 일어나니, 문화란 본래 인간의 사회적 가치에서 존립하는 것이다. 이에서 모든 재능들이 서서히 개발되고, 취미가 도야(형성)되며, 계속되는 계몽에 의해 하나의 사유방식(성향)을 확립하기 위한 발단이 이루어져서, 이러한 사유방식이 윤리적 분별을 위한 조야한 자연소질을 시간이 지나면서 명확한 실천 원리들로 변환시키고, 그렇게 해서 **정념적**으로-압박되어 하나의 사회로 합치된 것을 마침내 하나의 **도덕적**인 전체로 변환시킬 수 있는 것이다. 누구나 이기적인 참월에서는 필연적으로 마주칠 수밖에 없는 저항이 그로부터 생기는, 그 자체로는 애호할 만한 것이 못 되는 저 비사교성이라는 속성이 없다면, 목가적인 전원생활 속에서 완전한 화목과 만족스러움과 상호 사랑에도 불구하고 모든 재능은 영구히 그 맹아 속에 숨겨져 있을 터이다. 인간들은 그들이 키우는 양들처럼 온순하되 그들의 현존재에 그들의 가축이 갖는 것보다 더 큰 가치를 부여하지는 않을 터이다. 그렇게 되면 인간은 이성적 자연(존재자)으로서 그들의 목적과 관련한 창조의 여백을 채우지 못할 터이다. 그러므로 불화에 대해서, 시기하면서 경쟁하는 허영에 대해서, 충족될 줄 모르는 소유욕 또는 지배욕에 대해서 자연(본성)에 감사할지어다! 이런 것이 없었다면 인간성(인류) 안의 모든 탁월한 자연소질들은 영원히 개발되지 않은 채로 잠자고 있을 터이다. 인간은 화목을 의욕한다. 그러나 자연은 인류에게 무엇이 좋은 것인지를 더 잘 안다. 자연은 불화를 의욕한다. 인간은 안락하고 즐겁게 살기를 의욕한다. 그러나 자연은 인간이 나태와 안일한 만족스러움에서 벗어나 노동과 간난 고초 속에 떨어지되, 그 반면에 현명하게 이로부터 다시금 벗어날 수단을 찾을 것을 의욕한다. 이에 대한 자연적 동기들, 즉 그로부터 그토록 많은 해악들이 생겨나는 비사교성과 전반적인 저항의 원천들은 그러나 또한 다시 힘들의 새로운 긴장을, 그러니까 자연소질들의 더 많은 발전을 촉진하는 것으로서, 그러므로 현명한 창조자의 안배를 능히 드러내 주는 것이지, 자기의 훌륭한 시설물[7]을 훼손했다거나 질투한 나머지 타락시킨 어떤 악령의 손길을 드러낸 것이 아니다.

VIII22

제5 명제

BM395

  자연이 인간에게 해결하도록 강제하는, 인류를 위한 최대의 문제는 보편적으로 법을 시행하는 시민 사회의 달성이다. 오직 사회에서만, 그것도 사회 구성원의 최대의 자유, 그러니까 적대관계와 그러면서도 타인의 자유와 양립할 수 있기 위해 이 자유의 한계에 대한 정확한 규정과 보장이 되어 있는 사회에서, — 오직 이 사회에서만 자연의 최고의 의도, 곧 자연의 모든 소질들의 개발이 인간성(인류) 안에서 달성될 수 있으며, 자연은 또한, 인간성(인류)이 자기 사명의 모든 목적들과 마찬가지로 이 목적을 스스로 이룩할 것을 의욕한다. 그리하여 그 안에서 **자유가 외적 법칙(법률)들 아래** 가능한 최고의 정도로 저항할 수 없는 권력과 결합되어 만나는 하나의 사회, 다시 말해 완전히 **정의로운 시민적 (헌정)체제**가 인류에 대한 자연의 최고 과제임이 틀림없다. 왜냐하면 자연은 오직 이러한 과제의 해결과 수행에 의해서만 인류와 함께하는 자기의 여타 의도들을 달성할 수 있기 때문이다. 필

---

7) 곧 인간.

요(궁핍)[8]가 그렇지 않을 경우 구속 없는 자유에 사뭇 사로잡혀 있는 인간을 강제의 이러한 상태에 들어설 것을 강제한다. 필요(궁핍)들 가운데서도 최대의 것은 곧 그 경향성이 그들로 하여금 야만의 자유(상태)에서는 오래 공존할 수 없도록 만드는 그런 인간들이 서로 간에 스스로 야기하는 것이다. 그러나 시민적 통합체와 같은 그러한 울타리 안에서 바로 이러한 경향성에 나중에 가장 좋은 작용결과가 생긴다. 그것은 숲속의 나무들이 각기 다른 나무로부터 공기와 햇빛을 빼앗으려 하다 보니 서로 간에 타자를 위로 자라도록 강요하고, 그럼으로써 제대로 곧게 성장하는 것과 같다. 그 대신에 자유롭게 서로 격리되어 가지를 제멋대로 뻗는 나무들은 기형으로, 삐뚤고 구부러져 자란다. 인간성(인류)을 장식하는 모든 문화와 기예, 가장 훌륭한 사회적 질서는 비사교성의 결실이거니와, 이 비사교성은 서로가 스스로 훈육하도록 강요하고, 그렇게 함으로써 강요된 기예를 통해 자연의 싹을 완벽하게 발전시키는 것이다.

BM396

제6 명제

VIII23

이 문제는 동시에 가장 어려운 문제이고, 인류에 의해 가장 늦게 해결될 문제이다. 이 과제의 순전한 이념이 이미 눈앞에 제시하는 난점인즉(이 과제를 생각만 해도 눈앞에 드러나는 곤란한 점은), 인간은 **하나의 동물**이거니와, 동류의 타자들 사이에서 살 때면, **하나의 주인**(지배자)을 **필요로 하는** 동물이라는 사실이다. 왜냐하면 인간은 확실히 동류의 타자들에 대해 자기의 자유를 오용하기 때문이다. 또한 인간이 비록 이성적인 피조물로서 만인의 자유에 제한을 정하는 법칙을 소망한다 할지라도, 그의 이기적이고 동물적인 경향성이, 할 수만 있다면, 자기 자신만은 예외로 하도록 그를 유혹하기 때문이다. 그러므로 인간은 그 자신의 의지를 꺾고, 그로 하여금 하나의 보

---

8) 원어: Not.

보편 역사에 대한 이념 175

BM397 편-타당한 의지에, 그럼으로써 누구나 자유로울 수 있는 의지에 순종할 것을 강요하는 **주인**[지배자]을 필요로 한다. 그런데 인간은 이러한 주인[지배자]을 어디서 얻을 것인가? 다른 어디도 아닌 인류 중에서이다. 그러나 이 주인[지배자] 또한 한 주인[지배자]을 필요로 하는 동물 아니겠는가. 그러므로 인간은 자기가 의욕하는 대로 시작할 수가 있다. 그렇기에 인간이 어떻게 정의로운, 공적 정의의 원수(元首)를 만들어낼 수 있는지는 예측할 수 없다. 무릇 인간은 이 원수를 개별 인(人)에서나 다수의 선출된 인(人)들의 사회에서 구할 수도 있다. 왜냐하면 사회의 누구든 만약 법칙에 따라 그에 대해 권력을 행사하는 이를 자기 위에 갖지 않으면, 그는 언제나 자기의 자유를 오용할 것이기 때문이다. 그러나 최고 원수는 **그 자신 자체로** 정의로워야 하고, 그러면서도 **인간**이어야 한다. 그래서 이 과제는 난제 중 최고 난제이고, 실로 그 완전한 해결은 불가능하다. 인간이 그렇게 구부러진 목재로 만들어진 것이라면, 그렇게 구부러진 목재에서 아주 곧바른 것이 나올 수는 없는 것이다. 단지 이러한 이념에 접근해 가는 것이 자연이 우리에게 부과한 바이다.※ 이 밖에도 이 이념이 가장 늦게 실현될 것임은, 이를 위해서는 가능한 [헌정]체제의 본성에 대한 올바른 개념[이해], 수많은 세상사

BM398 를 겪으면서 얻은 경륜, 그리고 무엇보다도 이런 [헌정]체제를 받아들일 준비가 되어 있는 선의지가 요구된다는 사실로부터 귀결하는 바이다. 그러나 이 세 요소는 매우 어렵게, 이런 일이 일어난다 해도, 오직 아주 늦게야, 수없이 헛된 시도를 한 연후에 언젠가 합치할 수 있을 것이다.

※ 그러므로 인간의 역할은 매우 인위적이다. 다른 행성의 거주자들과 그들의 본성이 어떤 성질인지에 대해 우리는 알지 못한다. 그러나 만약 우리가 이런 자연이 위임한 바를 잘 이행한다면, 우리는 우리가 이 천체 안에 있는 우리의 이웃들 가운데서 미미하지 않은 지위를 주장해도 좋을 것이라 자부할 수 있다. 어쩌면 이들 행성의 각자 개체들은 자기의 생애 중에서 자기의 사명(규정)을 온전히 달성할지도 모른다. 그러나 우리 인간에서는 사정이 달라, 오직 유(類)만이 이의 달성을 바랄 수 있다.

제7 명제

완전한 시민〔헌정〕체제의 건립 문제는 합법칙적인 외적 국가 관계들의 문제에 달려 있으며, 이 문제의 해결 없이는 해결될 수 없다. 개개인들 사이에서 하나의 합법칙적인 시민적〔헌정〕체제, 다시 말해 하나의 **공동체**를 정돈하는 일을 하는 것이 무슨 도움이 되는가? 인간들에게 이를 강요했던 동일한 비사교성이 다시, 각 공동체가 외적 관계에서, 다시 말해 국가들과 관계 맺고 있는 한 국가로서, 구속 없는 자유를 행사하고, 그 결과 한 국가는 개개 인간을 압박하여 그들로 하여금 합법칙적인 시민적 상태에 들어설 것을 강제한 바로 그 해악을 다른 국가에서 기대해야 하는 원인이 된다. 그러므로 자연은 인간의 불화를, 이 인간이라는 피조물의 거대한 사회 및 국가〔국체〕[9]들의 불화마저도 다시 이들의 불가피한 **적대관계** 중에서 하나의 평온과 안전의 상태를 만들어내기 위한 수단으로 사용하는 것이다. 다시 말해 자연은 전쟁을 통해서, 결코 감축되지 않는 과대한 군비를 통해서, 이 군비로 말미암아 결국은 어느 국가도 평화로울 때조차 통감하지 않을 수 없는 궁핍을 통해서 인간을 추동한다. 즉, 처음에는 불완전한 시도들을, 그러나 결국에는 무수한 황폐와 전복, 그리고 국력의 전반적인 고갈까지도 겪고 나서 이토록 무수한 쓰라린 경험을 하지 않았더라도 이성이 그들에게 말할 수 있었던바, 곧 야만적이고 무법칙적인 상태를 벗어나 국제연맹에 들어설 것을 추동한다. 그때 각국은 제아무리 약소 국가라 하더라도 자기의 안전과 권리를 자신의 힘〔권력〕 또는 자신의 사법적 판정에가 아니라, 오로지 이 거대한 국제연맹(암픽티오니아 同盟[10])에, 통일된 힘〔권력〕에, 통일된 의지의 법칙에 따른 결정에 기대할 수 있는 터이다. 그리하여 이런 이념〔생각〕이 제아무리 광신적으로 보이고, 생 피에르 수도원장[11]이나 루소[12]의 그

---

9) 원어: Staatskörper.
10) Foedus Amphictyonum. 고대 그리스의 근린 동맹. 처음에는 종교 행사를 위한 모임이었으나 차츰 정치적 동맹으로 변화하였다.

런 이념〔생각〕이 조소 받았다[13]고 — 아마도 그들은 이런 이념의 실현이 아주 가까이 왔다고 믿었기 때문이었겠지만 — 해도, 이것은 인간이 서로 몰아넣은 궁핍〔필요〕의 불가피한 결말이거니와, 이 궁핍은 국가들로 하여금 (그것들이 국가들을 제아무리 곤란하게 하더라도), 야만적 인간이 그렇게나 내키지 않게 강제당했던바, 곧 자기의 동물적〔야수적〕 자유를 포기하고 합법칙적인 〔헌정〕체제 안에서 평온과 안전을 찾을 결정을 하도록 필시 강제 할 것이다.

VIII25
BM400

— 그 때문에 모든 전쟁은 (그것이 인간의 의도에서가 아니라, 자연의 의도에서라고 하더라도) 국가들의 새로운 관계를 성취하려는, 모든[14] 국가들의 파괴, 적어도 분할을 통해 새로운 국가〔국체〕들을 세우려는 그토록 많은 시도들이다. 그러나 이 새로운 국가〔국체〕들은 다시 그 자신에 있어서든 상호 관계에 있어서든 자신을 유지할 수가 없고, 그래서 유사한 새로운 혁명을 겪지 않을 수 없다. 그래서 결국은 언젠가 한편으로는 시민적 〔헌정〕체제의 가능한 최선의 안배를 통해 내적으로, 다른 한편으로는 공동 협정 및 입법을 통해 외적으로, 시민적 공동체와 유사하게, 흡사 하나의 **자동기계**처럼 자신을 유지할 수 있는 상태가 설립되는 것이다.

〔이제 이러한 상태가 설립되는 방식에 관해서는 다음과 같은 세 가지 물음을 제기해 볼 수 있겠다.〕 〔첫째로〕 과연 사람들은 작용 원인들의 **에피쿠로스**적 합류 같은 것, 국가들이 물질의 작은 입자들처럼 우연히 충돌함으로써 온갖 형태들을 이루어보고, 새로운 부딪침으로 인해 다시 파괴되고, 이렇게 해서 결국 언젠가는 우연히 자신을 그 형식으로 유지할 수 있는 그러한 형태를

---

11) Abbé de Saint-Pierre(=Charles Irénée Castel de Saint-Pierre, 1658~1743). 프랑스 계몽주의 정치평론가로 스페인 왕위계승전쟁(1701~1714)을 종식시킨 Utrecht 평화회의 참가 경험(1712/13)을 토대로 『유럽의 영원한 평화 회복을 위한 기획(*Projet pour rendre la paix perpétuelle en Europe*)』(1712/1717)을 썼다.
12) Jean-Jacques Rousseau(1712~1778). St. Pierre의 평화론을 잇는 『발췌본(*Extrait du Projet de la paix perpétuelle de M. l'Abbé de St. Pierre*)』(1761)을 쓰는 등 칸트에 앞서 국제연맹에 대한 구상을 밝혔다.
13) 관련 내용은 「이론과 실천」의 말미에서도 읽을 수 있다.(*TP*, BM283=VIII313 참조)
14) 칸트 원문: aller. 이를 AA는 "alter(낡은)"로 고쳐 읽음.

성취하게 되는 것 — 이것은 좀처럼 이루어지기 어려운 요행이다! — 이라 기대해야 하는 것인지, 또는 〔둘째로〕 과연 사람들은 오히려 자연은 이 경우에 합규칙적인 행보를 좇아 우리 인류를 동물성의 저급한 단계에서부터 점차로 인간성의 최고 단계까지, 그것도 인간에게 압박된 것이기는 하지만 자신의 기예를 통해, 이끌어 올리며, 외관상 야만적으로 보이는 이런 안배 속에서 전적으로 합규칙적으로 저 근원적인 소질을 개발시킨다고 받아들여만 하는 것인지, 또는 〔셋째로〕 과연 사람들은 차라리 인간의 이러한 모든 작용, 반작용으로부터는 대체로 도무지 아무것도, 적어도 아무런 현명한 것도 나오지 않으며, 그리하여 사정은 예전에 있었던 그대로 지속될 것이고, 그래서 우리 인류에게 자연본성적인 것인 불화가 그렇게나 개화된 상태에서조차도 결국엔 우리에게 해악들의 지옥을 마련하지 않을 것이라고 예언하지 않을 수 없을 것인지. 그렇게 되면 이 불화는 어쩌면 이 개화된 상태 자체를 그리고 이제까지의 문화에서의 모든 진보를 야만적으로 황폐화시킴으로써 다시금 절멸할 것 — 이것은 맹목적 우연의 지배 아래서는 사람들이 짊어질 수밖에는 없는 숙명이다. 그리고 만약 사람들이 이런 맹목적인 우연의 지배 근저에 자연의 은밀하게 지혜와 결부된 실마리를 놓지 않는다면, 무법칙적인 자유는 이런 지배와 사실상 한가지인 것이다! — 이라고 말하려 할 것인지. 이러한 문제는 대략, 과연 자연의 안배는 부분들에서 보면 **합목적성**을, 전체에서 보면 **무목적성**을 지니는 것으로 상정하는 것이 합리적인가 하는 물음에 귀착한다. 그러므로 미개인들의 무목적적인 상태가 행했던바, 곧 그러한 상태는 우리 인류 안에 있는 모든 자연소질들을 억제했지만, 결국은 이 상태가 인류를 그 안에 빠뜨렸던 해악을 통해 인류로 하여금 이 상태를 벗어나, 저런 모든 싹을 발전시킬 수 있는 시민적 〔헌정〕체제에 들어서게 강요했던 것이다. 이미 설립되어 있는 국가들의 야만인적 자유 또한 이런 일을 한다. 곧 공동체의 모든 힘들을 서로에 대한 군비에 소비해 버림으로써, 전쟁이 야기하는 황폐화로 인해, 더더욱이나 전쟁을 상시 대비하고 있어야 하는 필요성 때문에 자연소질의 온전한 발전은 그 진전에 장애를 받는다. 그러나 그에 반해 그로부터 생기는 해악은 우리 인류로 하여금, 수많은 인접 국가들의 자신들의 자유에서 생기는, 그 자체로는 유효한 저항에 대하여 하나의 균형의 법칙을 찾아내고, 이 법칙을 확고히 할 통일된 권력, 그러니까 공적인 국가안전을 위한 세계시민적 상태를 도입하도록 강요한다. 이러한 세계시민적 상태는 인간성(인류)의 힘들이 잠들어버리지 않도록 하기 위해서는 모든 **위험**에서 벗어나 있어서는 아니 되며, 국가들이 서로를 파괴하지 않도록 하기 위해서는 상호 간의 **작용과 반작용**의 **동등**의 원리가 없어서도 안 된다. 이 마지막 걸음(곧 국가연합)이 이루어지기 전에, 그러니까 거의 반만 이루어졌을 때, 인간의 자연본성은 외적 복지라는 기만적인 외관을 띠고 나타나는 가장 혹독한 해악을 겪는다. 그렇기에 사람들이 우리 인류가 올라가지 않으면 안 될 이 최후의 단계를 저버리자마자 루소가 미개인의 상태를 우월시했을 때 그는 부당하지 않았던 것이다. 우리는 기예와 학문을 통해 고도로 **문화화**되어 있다. 우리는 온갖 사회적 예의범절에 대해 과도할 정도로까지 **문명화**되어 있다. 그러나 우리가 이미 **도덕화**되어 있다고 여기기에는 아직도 많은 것을 결여하고 있다. 무릇 도덕의 이념도 문화의 요소이다. 그러나 이 도덕 이념의 사용이 단지 명예심과 외면적 예절 따위의 윤리 같은 것으로 귀착한다면, 그것은 한낱 문명화를 이룰 뿐이다. 그러나 국가들이 모든 힘을 헛되고 폭력적인 확장 의도에 소모하고, 그리하여 시민들의 사유방식(성향)을 내면적으로 형성(도야)해가려는 완만한 노력을 끊임없이 저해하고, 이러한 의도를 지원하는 것마저 모두 시민들에게서 빼앗는 한에서, 이런 방식에서는 (도덕화를 위한) 아무런 것도 기대할 수 없다. 왜냐하면 이를 위해서는 각 공동체가 자기 시민들의 도야(형성)를 위해 장기적이고 내면적인 노력을 경주해야 하기 때문이다. 그러나 도덕적으로-선한 마음씨에 접지되지 않은 좋은 것은 모두가 순전히 가상이며 겉만 번지르르한 비참함에 지나지 않는다. 인류는 내가 말한 바의 방식으로 그 국가 관계들의 혼돈한 상태에서 헤어 나오게 될 때까지는 아마도 이러한 상태에 머물러 있을 것이다.

제8 명제

인류의 역사는 대체로 자연의 어떤 숨겨져 있는 계획의 수행, 즉 내적으로-완전하며, 그리고 이 목적을 위해 또한 외적으로-완전한 국가(헌정)체제를 성취하기 위한 계획의 수행이라고 볼 수 있는바, 이 국가체제는 자연이 인간성(인류) 안에 있는 그의 모든 소질을 온전히 발전시킬 수 있는 유일한 상태이다. 이 명제는 앞의 명제로부터의 귀결이다. 주지하는바, 철학도 그 나름의 **천년왕국설**[15]을 가질 수 있다. 즉 그러나 그 실현을 위해 철학의 이념이 비록 요원하기는 하지만 장려될 수도 있는 그러한 천년왕국설 말이다. 그러므로 그것은 결코 광상적인 것이 아니다. 다만 관건은, 과연 경험이 자연의도의 그러한 행보에 대해서 무엇인가를 밝혀낼 수 있는지이다. 이에 나는 '**무엇인가 조금**'이라고 말하는 바이다. 왜냐하면 이 (자연의) 운행은 그것이 종결될 때까지는 너무나 오랜 시간이 필요한 것으로 보이며, 그래서 인류가 이러한 의도 중에서 뒤밟아 왔던 도정의 작은 부분들로부터는 그 도정의 행태와 부분들과 전체의 관계를 확실하게 규정할 수 없기 때문이다. 그것은 마치 지금까지의 천체 관찰로부터는 우리의 태양이 자신의 위성 전체를 거느리고 거대한 항성계 내에서 취하는 행로를 확실하게 규정할 수 없는 것과 마찬가지이다. 그럼에도 불구하고, 우주의 체계적인 체제의 보편적인 근거와 사람들이 관찰했던 약간의 것으로부터도 그러한 운행의 현실성(실제성)을 충분히 신뢰할 만하게 추론할 수 있다. 그러나 인간의 자연본성은 우리 인류가 맞이할 아득히 먼 시대에 관해서도 그것이 확실하게 기대될 수만 있다면 무관심하지 않게끔 되어 있다. 특히 우리의 경우에는 우리가 우리 자신의 이성적 거행을 통해 우리 후손에게 이토록 기쁜 시점이 더 빨리 도래하게 할 수 있다고 보이기 때문에, 더욱이나 무관심할 수

---

15) 원어: Chiliasmus. Millenarismus라고도 일컬어지는, 예수 그리스도의 재림과 이상적 천년왕국의 건설에 대한 신앙. 「요한묵시록」 20, 4~6 참조. 이에 관한 칸트의 견해는 『이성의 한계 안에서의 종교』, B31=VI34·B205=VI136 참조.

가 없다. 그렇기 때문에 우리에게는 그러한 시점이 가까워지고 있다는 희미한 흔적조차 매우 중요하다. 현재 국가들은 이미 서로 매우 인위적인 관계로 맺어져 있어서, 어떤 국가라도 내면적 문화를 소홀히 하면, 타국에 대한 권력과 영향력을 잃을 수밖에 없다. 그러므로 진보는 아니더라도 자연의 이러한 목적의 유지는 국가들의 명예욕적인 의도들에 의해서라도 사뭇 보장된다. 더 나아가서 지금은 시민적 자유가 적지 않게 침해라도 되면, 그에 의한 손해가 모든 산업에서, 특히 상업에서 나고, 그러나 그로 인해 또한 대외 관계에서의 국력의 감퇴를 느끼지 않을 수 없다. 그런데 이 [시민적] 자유는 점차 확대되어 가고 있다. 만약 시민이 자기의 복지를 타인의 자유와 공존할 수 있는 한에서 모두가 자기 임의의 방식으로 추구하는 것이 방해를 받는다면, 전반적인 기업의 활발한 활동이 저해 받고, 그럼으로써 다시금 [국가] 전체의 힘이 저해 받는다. 그래서 행동거지에 있어서 개인적인 제한은 점점 더 철폐되고, 종교의 보편적 자유는 용인된다. 그리하여, 잠재된 망상과 기이한 공상과 함께, 점차로 **계몽**이 위대한 선[크게 좋은 것]으로서 생겨난다. 이 선을 인류는 심지어는 지배자들의 이기적인 확장 의도에서조차도 끌어내지 않으면 안 된다. 이 지배자들이 [진정한] 자신의 이익을 이해하기만 한다면 말이다. 그렇거니와 이 계몽과 또한 이 계몽과 더불어 선을 완전히 이해하는 계몽된 인간이 선에서 취하는 것을 피할 수 없는 모종의 공감은 점점 왕좌에까지 올라갈 수밖에 없으며, 그의 통치의 원칙들에까지도 영향을 미칠 수밖에 없는 것이다. 예컨대 모든 것이 장래의 전쟁을 위해 미리 계상되어 있기 때문에, 설령 우리의 세계 통치자들이 공공 교육 시설과, 도대체가 세계 복지와 관련된 모든 것에 지금 아무런 금전도 남겨 놓지 않고 있다 하더라도, 그들 역시 이 부분에서의 국민들의 비록 미약하고 완만하지만 스스로 노력하고 있는 것을 적어도 방해하지 않는 것이 그들 자신의 이익이기도 하다는 것을 알게 될 것이다. 끝으로, 전쟁조차도 점차 단지 그렇게나 인위적이고, 쌍방의 결말에서 그렇게나 불확실한 기업일 뿐만 아니라, 또한 점점 증대하여 상환할 전망도 없는 (최근의 고안물인)

국채[16)]에서 국가가 느끼는 뒤에 남는 고통으로 인해 그렇게나 위태로운 기업이 되고 있다. 게다가 그 산업에 의해 매우 긴밀하게 연쇄되어 있는 우리 대륙[17)]에서의 여느 국가의 동요가 다른 모든 국가에 미치는 영향은 아주 현저해서, 자국의 위험에 압박받는 이들 국가들은 비록 법적인 권위가 없음에도 스스로 중재자로 나서서, 이전 세계에서는 유례가 없었던 먼 장래의 거대한 국체(國體)를 위한 만반의 준비를 해나간다. 비록 지금은 이러한 국체가 아주 거친 기획안 상태에 있지만, 그럼에도 전체의 보전에 관심을 쏟고 있는 모든 구성국 사이에는 이미 말하자면 하나의 감정이 싹트기 시작하고 있고, 이것은 수다한 변혁의 혁명에 뒤이어 마침내 자연이 최고의 의도로 가지고 있는 하나의 보편적인 **세계시민적 상태**가 인류의 모든 근원적인 소질을 발전시키는 모태로서 언젠가는 성취될 것이라는 희망을 준다.

제9 명제

인류 안에서 완전한 시민적 통합을 목표로 하는 자연의 어떤 계획에 따라 보편적 세계사를 작성하려는 철학적 시도(시론)는 가능한 것으로, 그리고 그 자체로 이러한 자연의도를 촉진하는 것으로 간주되지 않으면 안 된다. 물론 만약 세계의 행정(行程)이 모종의 이성적 목적들에 부합해야 하는 것이라면, 세계의 행정이 어떻게 진행해야만 하는가 하는 이념에 따라서 하나의 **역사**를 저술하려고 함은 기이하고도 얼핏 보아 이치에 맞지 않은 시동[18)]인 것처럼 보인다. 그러한 의도에서는 단지 한 편의 **소설**이나 성취될 것 같아 보인다. 그러나 만약 자연은 인간의 자유의 유희 중에서조차 계획과 궁극의도 없이는 하는 일이 없다고 상정해도 좋다면, 이런 이념은 그래

---

16) 칸트 『영원한 평화』를 위한 예비조항 "4. 대외적인 국가분규와 관련하여 어떠한 국가부채도 져서는 안 된다."(*ZeF*, AB9=VIII345이하) 참조.
17) 곧 유럽.
18) 원어: Anschlag.

BM408 도 썩 쓸모가 있을 터이다. 그리고 비록 우리가 너무나 근시안적이어서 자연 설비의 비밀스러운 기제를 꿰뚫어 보지는 못하지만, 그럼에도 이 이념은 그렇지 않으면 인간행위들의 계획 없는 **집적**인 것을 적어도 크게 보면 하나의 **체계**로 현시할 수 있는 실마리로 쓰일 수 있겠다. 무릇 만약 사람들이 **그리스의** 역사 — 이것이야말로 이를 통해 모든 다른 이전의 그리고 동시대의 역사가 우리에게 보존되고, 적어도 확인되지 않으면 안 되는 그런 것이거니와[※] — 에서 시작해서, 만약 이것이 그리스의 국가를 병탄한 **로마** 민족[23)]의 국체의 형성과 기형화에 미친 영향과 이것이 다시금 저 로마 국가를 파괴한 **야만족들**에게 미친 영향을 우리 시대에 이르기까지 추적해 보면, 그러나 그때 다른 민족들의 국가 역사를 그에 대한 지식이 바로 이 계몽된 국가민

BM409 족(국족)들[24)]을 통해 점차 우리에게 이르게 된 바대로 **삽화적으로** 덧붙여지

※ 시초에서부터 오늘날까지 면면히 이어져 온 **유식한 공중**[19)]만이 고대사를 확증할 수 있다. 이 공중을 벗어나면 모든 것이 未知의 땅이고, 이 공중의 밖에서 산 민족들의 역사는 오직 그들이 이 공중 안에 들어섰던 시기부터 시작될 수 있었다. 유대 민족의 경우는 이런 일이 프톨레마이어[20)] 시대에 그리스어 성서 번역을 통해 일어났거니와, 이 번역이 없었더라면 그들의 **유리된** 보고 내용을 사람들은 그다지 신뢰하지 않았을 것이다. (그 시초가 먼저 충분히 조사되어 밝혀지면) 그때부터 사람들은 앞으로 올라가 그들의 이야기들을 추적할 수 있다. 그 밖의 다른 모든 민족의 경우도 그렇다. (**흄**이 말한바[21)]와 같이) 투키디데스[22)]의 첫 장은 모든 진정한 역사의 유일한 시초이다.

---

19) 원어: gelehrtes Publikum.
20) 알렉산더 대왕 사후 마케도니아계 장군 프톨레마이오스(Ptolemaios I, BC 367/66~283/82; 재위 305~283)에 의해 수도 알렉산드리아를 중심으로 세워져서 클레오파트라 여왕(Kleopatra VII, BC 69~30; 재위 51~30)에 이르러 로마에 패망한 고대 이집트 왕조. 이 왕조 초기, 대략 기원전 250년부터 히브리어 구약성서가 그리스어로 번역되었는데, 기원전 130년경부터 이를 "70인역 성서(Septuaginta)"라고 칭한다.
21) David Hume(1711~1776)의 *Essays moral political and literary*(1741) 참조.
22) Thukydides(ca. BC 454~399/96). 고대 아테네의 전략가이자 역사가. 그의 『펠로포네소스 전쟁사(Ιστορία του Πελοποννησιακού Πολέμου)』는 역사서의 전범이다.
23) 원어: Volk.

면, 그러면 사람들은 우리 대륙 — 이는 아마도 다른 모든 대륙에도 언젠가 법칙들을 수립해 줄 것이다 — 에서의 국가체제 개선의 어떤 규칙적인 행보를 발견한다.[25] 더 나아가 사람들은 어디서나 오직 시민적 [헌정]체제 및 그 법칙들에 대해, 그리고 국가 관계에 대해서만 주목하고, 이 두 가지가 그것들이 함유하고 있는 선에 의해 한동안은 민족들을 (그와 함께 그 기예와 학문들을) 향상시키고 영광되게 하되, 그러나 그에 부수되어 있는 결함들로 인해 다시금 그 민족들을 몰락시켰고, 그럼에도 불구하고 언제나 계몽의 싹은 남아 있어서 그 싹이 혁명을 거칠 때마다 더욱 발전하고, 이어지는 더 높은 단계의 개선을 준비한 한에서, 나는 믿거니와, 하나의 실마리를 발견할 수 있으니, 그 실마리는 단지 인간사의 그토록 혼란한 유희를 설명하거나 장래의 국가 변화에 대한 정치적 예언술에 쓰일 수 있을 뿐만 아니라 — 설령 사람들이 인간의 역사를 불규칙한 자유의 맥락 없는 작용결과로 보았다 하더라도, 사람들이 이미 인간의 역사에서 꺼내 쓴 유용성이다 —, 또한 그것은 — 사람들이 어떤 자연계획을 전제하지 않고서는 희망할 수 없는 근거가 없는 것인바 — 미래에 대한 위로가 되는 전망을 열어준다. 이러한 전망 중에서 요원한 미래에서의 인류는 어떻게 자연이 인류 안에 놓은 모든 싹들이 마침내 온전히 발전될 수 있고, 여기 이 지상에서 그 사명이 완수될 수 있는 그런 상태에 애써 이르게 되는지가 그려진다. 자연의 — 아니 더 적절하게 말해, **섭리의** — 그러한 **정당화**는 세계 관찰의 한 특수한 관점을 선택하는 중요한 동인이다. 최상의 지혜의 커다란 무대 중에서도 특히 이 목적(즉 인간종[인류]의 역사)이 함유하는 부분이 최상의 지혜에 대한 끊임없는 이의 제기에 머무른다면, 그것을 보기만 해도 우리로 하여금 불쾌하여 눈을 돌리게끔 만들고, 우리로 하여금 언젠가 그 안에서 완성된 이성적 의도를 만나게 되리라는 것을 의심하게 함으로써 그것을 단지 어떤 다른

---

24) 원어: Nationen. 곧 그리스와 로마.
25) 이런 성찰로 인해 "인류의 보편사"라는 이념을 가질 수 있다.

세상에서나 희망하게 만든다면, 이성 없는 자연의 나라에서 창조의 훌륭함과 지혜를 찬양하며, 그런 관찰의 관점을 추천하는 일이 무슨 소용이 있겠는가?

내가 얼마간은 **선험적**인 실마리를 갖는 이러한 세계사의 이념을 가지고서 본래 순전히 **경험적**으로 저술되는 역사서 작업을 밀어내려 했다고 생각한다면 그것은 나의 의도를 오해한 것이겠다. 이것은 단지 한 철학적 머리 — 그는 물론 아주 역사에 정통해야 할 것이지만 — 가 또 다른 관점에서 시도해 볼 수도 있는 것에 대한 하나의 사념일 따름이다. 그 밖에 보통 칭찬받는 오늘날 사람들의 당대 역사 서술의 상세함은 누구에게나 자연스럽게 우리가 수세기 후에 후손들에게 남길지도 모르는 역사의 짐을 그들이 어떻게 파악하게 될 것인가 하는 우려를 자아낸다. 의심할 여지없이 그들은 이미 그 원기록이 오래전에 소실됐을 옛 시대를 단지 그들이 관심을 갖는 것의 관점에서만, 곧 민족들과 정부들이 세계시민적 의도에서 무엇을 이루었고 해쳤는가 하는 관점에서만 평가할 것이다. 그러나 이러한 점을 고려하면서, 동시에 국가원수들과 그 신민들의 명예욕도 고려하여 그들의 영예로운 기념물을 먼 후세에까지 전달할 수 있는 유일한 수단에 주목하게 하는 것, 이것이 또한 이러한 철학적 역사의 시론을 위한 **작은** 동인을 제공할 수 있다.

임마누엘 칸트

서평:
헤르더의 『인류 역사의 철학에 대한 이념들』

Numero 4.

ALLGEMEINE LITERATUR-ZEITUNG

Donnerstags, den 6ten Januar 1785.

PHILOSOPHIE.

Riga und Leipzig, bey Hartknoch: *Ideen zur Philosophie der Geschichte der Menschheit* von *Johann Gottfried Herder.* Quem te Deus esse jussit et humana qua parte locatus es in re disce — *Erster Theil.* 318. S. 4. 1784. (1 Rthl. 12 gr.)

Der Geist unsers sinnreichen und beredten Verfassers zeigt in dieser Schrift seine schon anerkannte Eigenthümlichkeit. Sie dürfte also wohl eben so wenig, als manche andere aus seiner Feder geflossene, nach dem gewöhnlichen Maasstabe beurtheilt werden können. Es ist, als ob sein Genie nicht etwa blos die Ideen aus dem weiten Felde der Wissenschaften und Künste sammlete, um sie mit andern der Mittheilung fähigen zu vermehren, sondern als verwandelte er sie (um ihm den Ausdruck abzuborgen) nach einem gewissen Gesetze der *Assimilation,* auf eine ihm eigene Weise, in seine specifische Denkungsart, wodurch sie von denjenigen, dadurch sich andere Seelen nähren und wachsten (S. 292.), merklich unterschieden, und der Mittheilung weniger fähig werden. Daher möchte wohl, was ihm Philosophie der Geschichte der Menschheit heisst, etwas ganz Anderes seyn, als was man gewöhnlich unter diesem Namen versteht: nicht eine logische Pünktlichkeit in Bestimmung der Begriffe, oder sorgfältige Unterscheidung und Bewährung der Grundsätze, sondern ein sich nicht lange verweilender viel umfassender Blick, eine in Auffindung von Analogien fertige Sagacität, im Gebrauche derselben aber kühne Einbildungskraft, verbunden mit der Geschicklichkeit, für seinen immer in dunkeler Ferne gehaltenen Gegenstand durch Gefühle und Empfindungen einzunehmen, die, als Wirkungen von einem grossen Gehalte der Gedanken, oder als vielbedeutende Winke, mehr von sich vermuthen lassen, als kalte Beurtheilung wohl gerade zu in demselben antreffen würde. Da indessen Freyheit im Denken (die hier in grossem Maasse angetroffen wird) von einem fruchtbaren Kopfe ausgeübt, immer Stoff zum Denken giebt, so wollen wir von den Ideen desselben, soweit es uns glücken will, die wichtigsten und ihm eigenthümlichsten auszuheben suchen, und in seinem eigenen Ausdrucke darstellen, zulezt aber einige Anmerkungen über das Ganze hinzufügen.

A. L. Z. 1785. Erster Band.

Unser Verfasser hebt damit an, die Aussicht zu erweitern, um dem Menschen seine Stelle unter den übrigen Planetenbewohnern unserer Sonnenwelt anzuweisen, und schliesst aus dem mittleren nicht unvortheilhaften Stande des Weltkörpers den er bewohnt, auf einen blofs „mittelmässigen Erdverstand und eine noch viel zweydeutigere Menschentugend darauf er hier zu rechnen habe, die aber doch — da unsere Gedanken und Kräfte offenbar nur aus unserer Erdorganisation kommen, und sich so lange zu verändern und verwandeln streben, bis sie etwa zur Reinigkeit und Feinheit gediehen sind, die diese unsere Schöpfung gewähren kann, und, wenn Analogie unsere Führerin seyn darf, es auf anderen Sternen nicht anders seyn werde:" — vermuthen lassen, dafs der Mensch mit den Bewohnern der letzteren Ein Ziel haben werde, um endlich nicht allein einen Wandelgang auf mehr als einem Stern anzutreten, sondern vielleicht gar zum Umgange mit allen zur Reise gekommenen Geschöpfen so vieler und verschiedener Schwesterwelten zu gelangen." Von da geht die Betrachtung zu den Revolutionen, welche der Erzeugung der Menschen vorher gingen. „Ehe unsere Luft, unser Wasser, unsere Erde hervorgebracht werden konnte, waren mancherley einanderauflösende niederschlagende Stamina nöthig; und die vielfachen Gattungen der Erde, der Gesteine, der Crystallisationen, so gar der Organisation, in Muscheln, Pflanzen, Thieren, zuletzt im Menschen, wie viel Auflösungen und Revolutionen des Einen in das Andere setzten sie nicht voraus? Er, der Sohn aller Elemente und Wesen, ihr auserlesenster Inbegriff und gleichsam die Blüte der Erdschöpfung, konnte nichts anders als das letzte Schooskind der Natur seyn, zu dessen Bildung und Empfang viel Entwickelungen und Revolutionen vorhergehen mussten."

In der Kugelgestalt der Erde findet er einen Gegenstand des Erstaunens über die Einheit, die sie bey aller erdenklichen Mannigfaltigkeit veranlasst. „Wer, der diese Figur je beherzigt hätte, wäre hingegangen, zu einem Wortglauben in Philosophie und Religion zu bekehren, oder 'dafür mit dumpfem aber heiligem Eifer zu morden?" Eben so giebt ihm die Schiefe der Ekliptik Anlafs zur Betrachtung der Menschenbestimmung: „Unter unserer schräge gehenden Sonne, ist alles Thun der Menschen Jahresperiode" Die nähere Kenntnifs

E *des*

번역 대본

Rezension zu Johann Gottfried Herders
Ideen zur Philosophie der Geschichte der Menschheit.

1) in: *Allgemeine Literatur-Zeitung*(ALZ), Jena 1785, Nr. 4 u. Beilage, 17a~20b u. 21a~22b & ALZ, 1785, Anhang zum Märzmonat der Allgemeinen Literatur-Zeitung, 1a~2b & ALZ, 1785, Nr. 271, 153a~156b.

2) in: Wilhelm Weischedel(Hs.), *Immanuel Kant, Werke in sechs Bänden*, Darmstadt 1954, Bd. VI, S. 779~806.

3) in: Königlich Preußische Akademie der Wissenschaften(Hs.), *Kant's gesammelte Schriften, Kant's Werke*, Bd. VIII: Abhandlungen nach 1781, Berlin und Leipzig 1923, S. 43~66.

해제

서평 그리고 칸트와 헤르더

헤르더(Johann Gottfried Herder, 1744~1803)는 총 4부작인 『인류 역사의 철학에 대한 이념들(*Ideen zur Philosophie der Geschichte der Menschheit*)』을 나누어 발간했는데, 제1부를 1784년에, 제2부를 1785년에, 제3부를 1787년에, 제4부를 1791년에 이어서 냈다. 저작은 전체 4부가 잇따르는 20권으로 이루어져 있는데, 제1~5권이 제1부를, 제6~10권이 제2부를, 제11~15권이 제3부를, 제16~20권이 제4부를 구성한다. 칸트는 서평지 《일반 문예 신문(*Allgemeine Literatur-Zeitung*(ALZ))》의 편집인의 간곡한 요청에 따라 이 저작의 제1부와 제2부가 출간된 직후 두 차례 서평을 썼다.

칸트보다 20세 연하인 헤르더는 쾨니히스베르크 대학의 신학부 학생으로 수년간(1762~1764) 칸트의 여러 강의를 수강하였지만, 이 책을 저술할 무렵에는 괴테(Johann Wolfgang von Goethe, 1749~1832), 실러(Friedrich Schiller, 1759~1805), 빌란트(Christoph Martin Wieland, 1733~1813)와 함께 "바이마르의 사성(Viergestirn von Weimar)"으로 명성이 자자하였다. 그러나 바이마르, 예나의 문예적 분위기는 칸트의 이성주의에 대해 매우 비판적이었고, 그 가운데서도 헤르더는 가장 강력하게 칸트를 비판했다.

칸트 또한 '질풍과 노도'에 휩쓸린 헤르더가 『구약성서』, 「창세기」를 그의 방식으로 해석한 『인류 최고(最古)의 문서(Aelteste Urkunde des Menschengeschlechts)』(전 2권, Riga 1774/1776)를 출간했을 때부터 이미 그의 학문적 방식에 큰 우려를 보였다. "사람들이 구체적인 것을 소홀히 하거니와, 헤르더는 또다시 한갓 추상적으로만 사고함으로써 이성을 오용하고 있"(조각글, 911: XV398)고, 다른 한편으로 "헤르더는 원리들을 천착하지 않은 채 한낱 경험적인 이성만으로 보편적 판단을 내리도록 부추김으로써 인사들을 타락시키고 있다"(조각글, 912: XV399)라는 것이다. 이런 연유로 헤르더의 저작에 대한 서평 쓰기가 내키지 않았지만, 칸트는 학술지 편집인의 간청으로, 마지못해 1785년 1월 《일반 문예신문(ALZ)》(제4호)에 게재한 『이념들』 제1부에 대한 서평(약칭: 「헤르더 서평 1」(RezHerder1))을 통해 오랫동안 흉중에 있던 헤르더에 대한 생각을 함께 표명했다.

"재기 넘치는 우리의 저자가 저작을 계속 함에 있어서, 확고한 지반을 바로 앞에서 발견할 것이므로, 그의 발랄한 천재성을 다소간 억제하고, 무성한 어린 가지들을 빨리 자라게 하기보다는 잘라내는 데에 더 마음을 쓰는 철학이, 암시들이 아니라 명확한 개념들을 통해서, 추측된 법칙이 아니라 관찰된 법칙들을 통해, 형이상학에 의해서든 감정에 의해서든 날개 달린 상상력에 의거해서가 아니라, 기획에서는 광범위하되 실행에서는 신중한 이성을 통해 그를 그의 작업 계획의 완성으로 이끌 것을 더욱더 바라마지않는다."(RezHerder1, ALZ22b=VIII55)

이러한 고언으로 마무리한 서평을 본 헤르더는 "나는 마흔 살이다. 나는 더 이상 그의 형이상학 강의실 의자에 앉아 있지 않다"라고 격하게 반응했다고 한다(K. Vorländer, *Immanuel Kant: Kleinere Schriften zur Geschichtsphilosophie, Ethik und Politik*, PhB 47 I, Hamburg 1913, S. XVI이하 참조). 이에 《도이치 메르쿠르(*Der Teutsche Merkur*(TM))》의 부편집인인 라인홀트(Karl

Leonhard Reinhold, 1757~1823)는 헤르더를 대신해서 익명으로 저 칸트 서평에 대한 반박 글을 1785년 2월 호에 곧바로 게재했다. 그리고 이 반박 글에 대한 칸트의 촌평: "Erinnerungen des Rezensenten der Herderschen Ideen zu einer Philosophie der Geschichte der Menschheit(Nro. 4 u. Beil. der Allg. Lit. Zeit.) über ein im Februar des deutschen Merkur gegen diese Rezension gerichtes Schreiben"이 《일반 문예신문》의 1785년 3월 부록 (Anhang zum Märzmonat der Allgemeinen Literatur-Zeitung)으로 발표되었다.

당시에 막 『윤리형이상학 정초』(1785)를 발간하고, 『자연과학의 형이상학적 기초원리』(1786)의 출간을 앞둔 채, 『실천이성비판』(1788)과 『판단력비판』(1790)의 구상에 사로잡혀 있던 칸트는 헤르더의 『이념들』 제2부가 출간 (1785. 8)되자 한 번 더 서평(ALZ 제271호〔1785. 11〕)을 쓰는 것으로 헤르더와의 학술적 교류를 마칠 수밖에 없었다. 그러나 그는 차제에 관련 주제에 관한 자신의 생각을 정리한 논고: 「추측해 본 인간 역사의 시초」를 작성해서 발표(1786. 1)했으니, 이 2~3년간의 단편들이 칸트의 역사에 대한 철학의 얼개를 보여주고 있다.

헤르더는 그 이후에도 지속적으로 칸트철학에 반론을 펴 마침내는 『순수이성비판에 대한 메타비판(*Metakritik zur Kritik der reinen Vernunft*)』(전 2부, Leipzig 1799. 제1부: 지성과 경험, 제2부: 이성과 언어)까지 써낼 정도였지만, 그런 중에도 그는 비판철학 시기 이전, 사강사 시절의 칸트를 존경하며 좋게 기억했다.

"나는 나에게 참 스승이었던 한 철학자를 알게 된 행운을 누렸다. 당시 최절정의 개화기에 있었던 그는 젊은이의 즐거운 쾌활함을 가지고 있었다. 그의 시원하고 사려 깊은 이마는 깨질 수 없는 명랑함과 기쁨의 거처였다. 그의 입술에서는 시사로 가득 찬 강연이 흘러나왔다. 그는 천성적으로 농담과 기지와 유쾌함을 갖추었고, 그의 교시하는 강의는 오히려 재미있는 교제였다. 라이프니츠, 볼프, 바움가르텐, 크루시우스, 흄을 검토하고, 케플러, 뉴턴, 여타 물리학자들의 자연법칙들을 추궁해 들어가는 바로 그 정신으로, 그는 또한 당시 발간된 루소의 저작들 『에밀』과 『엘로이즈』를 다루고, 새로 알게 된 자연 발견들을 취급했으며, 그것들을 높이 평가했다. 그리고 그는 언제나 다시금 막힘 없는 자연에 대한 지식과 인간의 도덕적 가치로 복귀하였다. 그의 인류사, 민족사, 자연사, 자연 이론, 수학에 관한 지식과 경험이 그의 강의와 교제에 생기를 주는 원천이었다. 알 만한 가치가 있는 그 어떠한 것에도 그는 무관심하지 않았다. 어떤 간계, 어떤 종파, 어떤 선입견, 어떤 명성 — 명예욕도 그가 진리를 밝히고 넓혀가는 것을 방해하는 유혹이 되지 못했다. 그는 우리를 일깨우고 스스로 생각하도록 편안하게 강제하였다. 전제주의는 그의 마음과는 거리가 멀었다. 내가 최대의 감사와 경의로 칭하는 이 분은 임마누엘 칸트이다. 그의 모습이 편안하게 내 앞에 있다."(Herder, *Briefe zur Beförderung der Humanität*, Bd. 6, Riga 1795, S. 172~174)

그리고 이 시기 칸트 생전에 헤르더에 대한 서평 두 편은 *I. Kants sämmtliche kleine Schriften*(Königsberg u. Leipzig 1797, Bd. III, S. 207~238)에 수록되어 재발간되었다.

서평에서 드러난 헤르더의 인류 역사 기술 방식과 칸트의 관점

제1부에 대한 서평 앞부분에서 칸트는 헤르더의 『이념들』의 제1권~제5권의 요점을 기술하고, 자신이 생각하는 문제점을 제시한다.

헤르더는 자연 만물에는 등급이 있되 지속적으로 승급 활동을 하거니와, 인간이 그 최상단에 있다고 본다. "생명체는 스스로 죽어 있는 식물 생명에서 생생한 자극을 산출하고, 이러한 자극의 합으로부터, 정교한 통로들을 통해 정화하여, 감각 매체를 산출한다. 자극의 결과는 **충동**이 되고, 감각의 결과는 사유가 된다."(ALZ18a=VIII47/48) 즉 모든 생명체의 근저에는 "유기적 힘〔有機力〕"(ALZ18b=VIII48)이 있고, 이렇게 "모든 살아 있는 피조물에 내재하는, 유기적 창조의 영원한 진보"(ALZ18a=VIII48)가 있다. 이 진보에서 "인간은 동물들 가운데 중심 생명체이다. 다시 말해 인간은 그 주위에 모든 유의 모든 특징들이 가장 정교하게 포괄적으로 모여 있는, 가장 개활〔開豁〕한 형상〔形相〕이다."(ALZ18a=VIII47)

"직립 보행을 함으로써 인간은 기예의 창조물(Kunstgeschöpf)이 되었다. 인간은 자유로운 그리고 기예적인 손을 얻었다. — 오직 직립 보행에서만 참다운 인간의 언어가 출현한다."(ALZ19a=VIII49) "인간은 피조물 중 최초의 해방자이다. 그는 똑바로 선다." 〔이어서〕 부끄러움〔에 대해서〕: "부끄러움은 틀림없이 직립 형태로 인해 곧장 발전된 것이다." 인간의 본성은 특별한 변이를 겪지 않는다. "무엇으로 인해 이러한가? 직립 형태로 인해. 다른 무엇으로 인한 것이 아니다. — 인간은 인문성(Humanität)으로 형성되어 있다. 화해, 성애〔性愛〕, 동정심, 모성애는 직립하게 형성된 인간의 인문성의 하나의 계단이다. — 정의와 진리의 규칙은 인간의 직립 형태 자체에 기초하고 있으며, 이것이 인간을 예의 바르게 만든다. 종교는 최고의 인문성이다. 포복 동물은 흐릿하게 감각한다. 그러나 신은 인간을 일으켜 세워서, 인간이 알지도 못하고 하고자 하지도 않은 데도, 그가 사물들의 원인들을 추궁하게 하며, 만물의 위대한 연관인 그대 자신을 발견하게 한다. 그러나 종교는 불사성에 대한 희망과 믿음을 낳는다."(ALZ19a=VIII49)

"인간은 세계의 하나의 편람이다. 석회, 흙, 소금, 산〔酸〕, 기름과 물, 생장 능력, 자극 능력, 감각 능력이 인간 안에 유기적으로 통일되어 있다." (ALZ19a=VIII50) — "이렇게 해서 우리는 또 **하나의 보이지 않는 힘들의 나라**를 상정하는 데 이르게 된다. 그 나라는 창조의 보이는 나라에서와 마찬가지로, 똑같은 응집〔연관〕과 천이〔遷移〕 중에 있으며, 보이지 않는 힘들의 하나의 상승하는 계열이다. — 이 보이지 않는 힘들의 나라가 영혼의 불사성에 대한 **모든 것**을 설명해 주고, 이뿐만이 아니라 세계 창조의 모든 작용하는 살아 있는 힘들의 지속성도 설명해 준다."(ALZ19a이하=VIII50)

"우리의 인문성은 단지 예습, 즉 미래의 꽃을 위한 맹아(꽃눈)일 따름이다. 자연은 한 걸음씩 앞으로 나가면서 미천한 것을 버리고, 그 반면 정신적인 것을 경작하고, 세련된 것을 더욱더 세련되게 만들어간다. 그리하여 우리는 자연의 예술가적 손에 대해, 저렇게 현존하는 우리의 인문성의 맹아도 그 본래적인 진짜로 신적인 인간 형태에서 발현할 것이라 희망할 수 있다."(ALZ20a=VIII51)

이러한 헤르더의 우주 유기체론과 인간 예찬에 대해 칸트는 매우 기본적인 의문을 제기한다: "도대체 사람들은 유기조직을 작용하게 하는 보이지 않는 힘들의 가설, 그러니까 사람들이 요해하지 못하는 것을 사람들이 더더욱 요해하지 못하는 것에 의해 설명하고자 하는 시도를 어떻게 생각해야만 할까?"(ALZ21b=VIII53)

제2부에 대한 서평(약칭: 「헤르더 서평 2」(RezHerder2))도 앞서의 서평과 유사한 방식으로 전개되어, 먼저 제6권~제10권의 요점이 기술되고, 칸트가 제기하는 문제점들이 뒤따른다.

헤르더는 여러 민족들의 유기조직과 풍토와의 관계를 여러 여행가, 탐험가들의 기록들에 의거해서 서술한 다음, 그러나 "유전적 힘이 지구상에서의 모든 형성의 어머니이며, 풍토는 이에 단지 우호적이거나 적대적으로 작용할 뿐이라고 주장한다."(ALZ153b=VIII59) 또한 인간의 감각 능력, 상상력, 지성, 이성 등의 정신 능력은 한편으로는 훈련과 습관의 영향을, 다른 한편으로는 언어와 사회질서의 영향을 크게 받는다. 그리고 이상의 고찰을 토대로 다시 한번 자신의 「창세기」 해석을 재론한다.

그리고 칸트의 서평은 헤르더의 이 같은 서술에서 상상력 풍부한 웅변이 학문적 엄밀성보다 앞서고, "철학 언어의 영역에서 시적 언어의 구역으로" 빈번히 "이월"(ALZ154a=VIII60)하는 것에 대한 거듭되는 안타까움의 표명으로 점철되어 있다.

역주

제1 서평[1]

요한 고트프리트 헤르더, 『인류 역사의 철학에 대한 이념들』— 신이 네게 무엇을 명했는지, 네가 세상 어디에 처해 있는지, 사실에서 배워라[2] —, 제1부, 318면, 리가·라이프치히, 하르트크노흐 출판사, 1784. 4. (1제국탈러 12그로셴)[3]   ALZ17a VIII45

이 저술에서 우리의 재기 넘치고 웅변적인 저자의 정신은 이미 잘 알려진 그 특성을 보여주고 있다. 그러므로 이 저술은 그의 펜에서 나온 다른 많은

---

1) 《일반 문예신문(*Allgemeine Literatur-Zeitung*(ALZ))》, Jena 1785, 제4호(1785. 1. 6, 목요일). 17a~20b 및 제4호의 첨부: 21a~22b에 게재. 이 《일반 문예신문》은 출판인 F. J. Bertuch가 예나 대학 문학교수 Ch. G. Schütz(1747~1832), 바이마르의 작가 Ch. M. Wieland와 함께 1785년에 Jena에서 창간(제1호: 1785. 1. 3, 월요일)하여, 주 6회 발간한 당대 최고이자 최대의 문예 일간지이다. 주 편집인인 Schütz가 1804년에 할레 대학으로 전근함에 따라 신문 또한 1803년부터 Halle에서 발간되었고, 1849년까지 이어졌다.

2) Aulus Persius Flaccus, *Satires*, 3, 11, 12 참조.

3) 서평 제목을 겸한 서평 대상 책 정보. Riga und Leipzig, bei Hartknoch: Ideen zur Philosophie der Geschichte der Menschheit von Johann Gottfried Herder. Quem te Deus esse iussit et humana qua parte locatus es in re disce — Erster Teil, 318 S. 4. 1784. (1 Rthl. 12 gr.)

저술이 그랬듯이 통상적인 척도로는 평가될 수 없을 것이다. 마치 그의 천재는 한낱 광범위한 학문과 예술들에서 생각들을 소통 공유할 수 있는 다른 생각들을 가지고서 증가시키기 위해 수집한 것이 아니라, 오히려 그는 (그의 표현을 빌리자면) 그 생각들을 자기의 고유한 방식에서, 모종의 **동화**[同化]의 법칙에 따라, 그의 특수한 사유방식으로 변환시킨 것처럼 보인다. 그럼으로써 그의 생각들은 다른 영혼들의 자양분이 되고 그들을 성장시키는 그런 생각들(292면[4])과는 뚜렷이 구별되고, 거의 소통 공유될 수가 없다. 그래서 아마 '인류 역사의 철학'이라는 말이 그에게서 일컫는 바도 사람들이 통상 이 명칭으로 뜻하는 바와는 전혀 다를 수도 있다. 그것은 가령 개념 규정에서의 논리적 정확성이나 원칙들의 세밀한 구분 및 입증을 뜻하지 않는다. 오히려 그것은 머뭇거리지 않고 많은 것을 포괄하는 한눈에 봄, 유비들을 찾아내는 데 능숙한 총명함, 그러나 유비들을 사용함에서의 대담한 상상력을 뜻한다. 이러한 상상력은 언제나 멀리 떨어져 있는 대상을 감정과 감각을 통해 받아들이는 능숙함과 결합되어 있는바, 감정과 감각은, 사유의 거대한 내용의 작용결과로서든 애매모호한 암시로서든, 냉철한 판단이 그러한 것들에서 능히 발견할지도 모르는 것보다 더 많은 것을 추정하게 한다. 그럼에도 한 생산적인 두뇌에 의해 실행된, (이 책에서 대단히 자주 만나게 되는) 사고에서의 자유는 언제나 사고를 위한 소재를 제공하므로, 우리에게 허락되는 한, 우리는 그 생각들에서 가장 중요하고 가장 특성적인 점을 드러내고자 시도하면서, 이를 그 자신의 표현대로 서술하되, 끝에 가서 전체에 관한 약간의 논평을 붙이고자 한다.

ALZ17b
VIII46

우리의 저자는 인간에게 우리 태양계의 여타 행성 거주자들 가운데서 그의 위상을 지정하기 위해 시야를 확대하는 일로 시작한다. 그리고 그는 인

---

4) 서평 책의 면수. 이하 대부분의 인용문에는 인용부호가 있음에도 인용 면수 표시가 없고, 인용문이 출판된 책의 낱말들과 정확하게 일치하지 않는 경우가 적지 않다. 그렇게 된 데는 책의 출판과 거의 동시에 서평을 내기 위해 칸트에게 인쇄 과정에 있는 교정쇄본이 서평용으로 제공된 탓도 있을 것이다.

간이 거주하는 천체의 중간적인, 불리하지는 않은 위치로부터 다음과 같이 추론한다: 순전히 "여기서 인간이 의지해야 하는 것은 중간 정도의 지상지성[5]과 역시나 애매한 인간덕성[6]이다. 그럼에도 이것들이 — 우리의 사유와 능력들은 분명히 오직 지구조직[7]에서 나와서,[8] 이것들이 발전하여 우리의 창조가 승낙할 수 있는 순수성과 정밀성에 이를 때까지 스스로 변화하고 변환하려고 애쓰고, 유비가 우리의 안내자여도 좋다면, 이런 사정은 다른 별들에서도 마찬가지일 것이므로 — 추측할 수 있게 하는바, 인간은 다른 별들의 거주자들과 함께 '하나의' 목표를 가지며, 그것은 마침내는 단지 여러 별들을 산책할 뿐만이 아니라, 또한 어쩌면 수많은 서로 다른 자매 세계의 성숙된 모든 피조물들과 교류하기에 이르려는 것이다."[9] 이에서 고찰은 인류의 탄생 이전에 일어났던 혁명들에로 나아간다. "우리의 공기, 물, 흙은 생성될 수 있기에 앞서, 갖가지로 서로를 용해하고 침전시키는 강력한 지속력[10]이 필요했다. 그리고 다양한 종류의 흙, 돌, 결정체들, 또 조개의, 식물의, 동물의, 최종적으로는 인간의 유기조직은 얼마나 많이 이것에서 저것에로의 분해와 혁명을 전제하지 않았던가? 모든 원소와 존재자의 아들이고, 이것들의 최고로 정선된 화신이며, 이를테면 지구창조의 꽃인 인간은 자연의 최종의 총아 외의 다른 것일 수가 없었다. 이러한 그의 형성과 영접을 위해서 많은 발전과 혁명들이 선행해야만 했다."[11]

저자는 지구의 구형(球形)에서 생각할 수 있는 온갖 잡다함에서도 이것이 야기하는 통일성과 관련해 하나의 경이의 대상을 발견한다. "일찍이 이러한 형상을 마음에 간직한 이라면 그 누가 철학과 종교에 대한 단순 신앙으

---

5) 원어: Erdverstand.
6) 원어: Menschentugend.
7) 원어: Erdorganisation.
8) 칸트 원문은 "kommen"이나 Herder 원문은 "싹터서(keimen)"이다.
9) Herder, *Ideen*, I, S. 13이하 참조.
10) 원어: Stamina.
11) Herder, *Ideen*, I, S. 18~20 참조.

로 전향할 것이며, 또 그런 것을 위해 명확하지 않으나 성스러운 열망을 가지고서 살인을 저지르겠는가?"[12] 마찬가지로 황도(黃道)의 기울어짐이 그에게 인간 숙명에 대한 고찰의 기연(機緣)이 된다: "기울어져 운행하는 우리의 태양으로 인해 인간의 모든 행동은 일 년 주기이다."[13] 그는 대기권에 대한 상세한 지식이, 천체의 대기권에 대한 영향도, 이것을 좀 더 상세히 알게 된다면, 인류의 역사에 대한 큰 영향을 줄 것이라고 본다. 육지와 해양의 분포를 다룬 절(節)에서는 지구의 구조가 민족역사의 상이성에 대한 설명 근거로 제시된다. "아시아는 대륙이 하나로 펼쳐져 있는 만큼 윤리와 습속에서 아주 연결되어 있다. 그에 반해 작은 홍해는 벌써 윤리를 갈라놓고, 작은 페르시아만은 더더욱 그리한다. 그러나 아메리카의 수많은 호수, 산맥, 하천, 육지가 온대 지역에 넓게 분포된 것은 이유가 없지 않다. 그리고 구대륙의 구조는 자연이 인간의 최초 거주지로 의도해서 만든것으로 신세계의 구조와는 다르다."[14] 제2권은 지구의 조직들을 다루고 있는데, 빛과 열, 그리고 거친 바람과 물이 작용한 화강암으로 시작한다. 아마도 저런 요인들은 조약돌을 소석회로 변환시켰을 것이고, 거기에서 최초의 해양 생물인 갑각류가 형성되었을 것이다. 이어서 초목이 출현한다. ― 인간의 형성과 식물의 형성, 그리고 인간의 성애(性愛)와 식물의 개화(開花)의 비교. 인간과 관련한 식물의 유용성. 동물계. 기후에 따른 동물과 인간의 변화. 고대 세계의 것들은 불완전하다. "피조물의 부류는 인간에서 먼 것일수록 늘어나며, 인간과 가까운 것일수록 줄어든다. ― 만물에는 하나의 주형상(主形相), 즉 하나의 비슷한 골격이 있다. ― 이러한 천이(遷移)들은, 해양 생물들과 식물들 그리고 어쩌면 '**무생명**'체들[15]에서조차 동일한 조직 소인(素因)이, 무한히

---

12) Herder, *Ideen*, I, S. 23 참조.
13) Herder, *Ideen*, I, S. 29 참조.
14) Herder, *Ideen*, I, S. 45~54 참조. 이 대목의 인용문은 Herder의 원문 인용이라고 보기 어려울 정도로 칸트 나름의 요약이다.
15) 원어: "*totgenannte* Wesen". '죽은' 것이라고 불리는 것들.

조야하고 혼란스럽지만, 지배적일지도 모른다는 추정을 가능하게 한다. 만물을 연관 속에서 보는 영원한 존재자의 안중에는 아마도 얼음조각이 생겨나는 형태나 눈송이가 형성되는 형태가 모태 안에서의 태아의 형성과 언제나 유비적 관계에 있을 것이다. — 인간은 동물들 가운데 중심 생명체이다. 다시 말해 인간은 그 주위에 **모든 유의 모든 특징들**이 가장 정교하게 포괄적으로 모여 있는, 가장 개활(開豁)한 형상(形相)이다. — 나는 공기와 물에서, 말하자면 높은 데서 그리고 깊은 데서, 동물들이 인간으로 다가오고, 한 걸음 한 걸음 인간의 형태에 접근하고 있음을 본다."¹⁶⁾ 이 제2권은 다음과 같은 말로써 끝맺는다: "오, 인간이여! 그대의 지위를 기뻐하라! 그리고 그대 주위에서 살고 있는 만물 중의 고귀한 중심 생명체인 그대를 공부하라!"¹⁷⁾

　제3권은 식물과 동물의 구조를 인간의 조직과 비교한다. 저자는 자연 연구가의 관찰들을 자기 의도대로 이용하고 있으므로, 여기서 우리가 그를 따라갈 수는 없다. 다만 결말은 대강 이렇다: "그러그러한 기관들을 통해 생명체는 스스로 죽어 있는 식물 생명에서 생생한 자극을 산출하고, 이러한 자극의 합으로부터, 정교한 통로들을 통해 정화하여, 감각 매체를 산출한다. 자극의 결과는 **충동**이 되고, 감각의 결과는 **사유**가 된다. 이렇게 **모든 살아 있는 피조물에 내재하는**, 유기적 창조의 영원한 진보가 있다."¹⁸⁾ 저자는 식물에서나 동물에서나 배아가 아니라 유기적 힘(有機力)을 주시한다. 그는 다음과 같이 말한다: "식물 자체가 유기적 생명이듯이, 산호충도 유기적 생명이다. 그래서 수많은 유기적 힘들, 초목의, 근육 자극의, 감각의 유기적 힘이 있다. 신경이 더 많고 더 정교할수록, 두뇌가 더 클수록, 그 유는 그만큼 더 많이 이지적이다. **동물영혼**은 하나의 유기조직 안에서 작

ALZ18b

VIII48

---

16) Herder, *Ideen*, I, S. 88~93 참조. 칸트의 짜깁기 요약이다.
17) Herder, *Ideen*, I, S. 94 참조.
18) Herder, *Ideen*, I, S. 106 참조.

용하는 모든 힘들의 총화이다."¹⁹⁾ 그리고 본능은 하나의 특수한 자연력이 아니라, 자연이 저 전체 힘들에게 자신의 기온을 통해 제시하는 방향성이다. 우리가 지금 (암석의 경우) **조형적**이라고, (식물의 경우) **생장적**이라고, 또 **감각적**이라고, **인위 건설적**이라고 부르고, 근본적으로는 단 하나의 동일한 유기적 힘인, 자연의 한 유기적 원리가 더 많은 기관(器官)들로 그리고 더 많이 상이한 지체(肢體)로 분배되면 될수록, 그리고 그것이 그것들 안에서 하나의 고유한 세계를 더 많이 가지면 가질수록, ─ 본능은 그만큼 더 많이 소멸하고, (가령 인간의 경우처럼) 감관과 지체들의 독자적인 자유로운 사용이 시작된다. 결국 작가는 인간의 본질적인 자연 차이점에 이른다. "직립 보행은 인간에서 **유독** 자연스럽다. 직립 보행은 인류의 전체 소명을 위한 조직이며, 인간을 다른 것과 구별 짓는 성격이다."²⁰⁾

인간이 이성적이게끔 규정되어 있었기 때문에, 이성적으로 그의 사지를 사용하도록 직립 보행이 그에게 지정되었던 것이 아니라, 인간은, 직립 보행을 통해, 그가 순전히 직립 보행하기 위해 필요했던 바로 그 채비의 자연적 결과로서, 이성을 획득했다. "이 성스러운 예술 작품에, 그렇게 우리 종(種)이 인간종이 된 이 은전(恩典)에 감사의 시선으로, 경탄과 함께 머무르자. 우리는 인류의 이 직립 형태에서 능력들의 어떤 새로운 조직이 개시하고, 어떻게 오로지 이에 의해 인간이 인간이 되었는지를 알고 있으니 말이다."²¹⁾

제4권에서 저자 선생은 이 점을 더 상세히 개진한다. "인간과 유사한 조물(원숭이)에게는, 그가 인간이 되지 못한 데, 무엇이 부족했는가?"²²⁾ ─ 그리고 무엇에 의해서 인간은 인간이 되었던가? **직립 형태를 위해** 머리가 형상화함에 의해, 수직적 무게중심을 위한 내부 및 외부의 조직에 의해서. ─

---

19) Herder, *Ideen*, I, S. 119·124·125·134 참조.
20) Herder, *Ideen*, I, S. 177 참조.
21) Herder, *Ideen*, I, S. 180 참조.
22) Herder, *Ideen*, I, S. 185 참조.

원숭이는 인간이 가지고 있는 뇌의 모든 부분을 가지고 있다. 그러나 원숭이는 두개골의 형태상 뇌의 모든 부분들을 뒤로 눌린 위치에 가지고 있다. 원숭이는 머리가 〔인간과는〕 다른 각도에서 형상화되어, 직립 보행에 맞지 않게 만들어졌기 때문에, 이렇게 된 것이다. 이내 모든 유기적 능력들이 다르게 작용했다. — "그러하니, 오! 인간이여, 하늘을 바라보라! 그리고 세상의 창조주가 그대의 직립 형태를 그토록 간단한 원리에 결합한, 그대의 측량할 수 없는 탁월성을 전율로써 기뻐하라!"[23] — 땅과 야채를 저 아래 두고는 더 이상 후각이 아니라 시각이 지배한다.[24] — 직립 보행을 함으로써 인간은 기예의 피조물[25]이 되었다. 인간은 자유로운 그리고 기예적인 손을 얻었다. — 오직 직립 보행에서만 참다운 인간의 언어가 출현한다.[26] 이론적으로 그리고 실천적으로 이성은 다른 것이 아니라 곧 **들어서 안**〔지각한〕 어떤 것,[27] 즉 인간의 조직과 생활 방식에 따라 그에 맞도록 조성된, 관념과 능력들의 학습된 균형과 방향이다."[28] 그리고 이제 자유〔에 대해서 말한다〕. "인간은 피조물 중 최초의 해방자이다. 그는 똑바로 선다."[29] 〔이어서〕 부끄러움〔에 대해서〕: "부끄러움은 틀림없이 직립 형태로 인해 곧장 발전된 것이다."[30] 인간의 본성은 특별한 변이를 겪지 않는다. "무엇으로 인해 이러한가? 직립 형태로 인해. 다른 무엇으로 인한 것이 아니다.[31] — 인간은 인문성[32]으로 형성되어 있다. 화해, 성애〔性愛〕, 동정심, 모성애는 직립하게 형성된 인간의 인문성의 하나의 계단이다. — 정의와 진리의 규칙은 인간의 직

VIII49

ALZ19a

---

23) Herder, *Ideen*, I, S. 205 참조.
24) Herder, *Ideen*, I, S. 216 참조.
25) 원어: Kunstgeschöpf.
26) Herder, *Ideen*, I, S. 216~223 참조.
27) 원어: etwas *Vernommes*.
28) Herder, *Ideen*, I, S. 229 참조.
29) Herder, *Ideen*, I, S. 231 참조.
30) Herder, *Ideen*, I, S. 238 참조.
31) Herder, *Ideen*, I, S. 238이하 참조.
32) 원어: Humanität. 인문성(人文性) 곧 인도주의 정신.

립 형태 자체에 기초하고 있으며, 이것이 인간을 예의 바르게 만든다. 종교는 최고의 인문성이다. 포복 동물은 흐릿하게 감각한다. 그러나 신은 인간을 일으켜 세워서, 인간이 알지도 못하고 하고자 하지도 않은 데도, 그가 사물들의 원인들을 추궁하게 하며, 만물의 위대한 연관인 그대 자신을 발견하게 한다. 그러나 종교는 불사성에 대한 희망과 믿음을 낳는다."[33] 이것이 제5권의 화제이다. "암석에서 결정체로, 결정체에서 금속으로, 금속에서 식물 창조로, 이로부터 동물로, 마침내 인간으로 조직의 형상(形相)이 상승하는 것을 우리는 보았다. 이와 함께 조물들의 능력과 추동들이 더욱 다양해지고, 마침내는 인간의 형태가 이것들을 포용할 수 있었던 한에서, 만물이 인간의 형태 안에서 통합되는 것을 우리는 또한 보았다. ─"[34]

"존재자들의 이러한 계열을 통해 우리는 점점 더 인간의 형태에 근접해 가는 주형상(主形相)들의 유사성을 알게 되었다. ─ 마찬가지로 우리는 또한 능력들과 추동들이 인간에게 근접해 가는 것을 보았다. ─ 각각의 조물마다 그것이 진척시켜야 할 자연의 목적에 따라 그 수명도 정해져 있었다. ─ 한 조물이 조직화되면 될수록, 그것의 축조는 그만큼 더 많이 저급한 영역들로 합성되어 있다. 인간은 세계의 하나의 편람이다. 석회, 흙, 소금, 산(酸), 기름과 물, 생장 능력, 자극 능력, 감각 능력이 인간 안에 유기적으로 통일되어 있다. ─ 이렇게 해서 우리는 또 **하나의 보이지 않는 힘들의 나라**를 상정하는 데 이르게 된다. 그 나라는 보이는 창조의 나라에서와 마찬가지로, 똑같은 응집(연관)과 천이(遷移) 중에 있으며, 보이지 않는 힘들의 하나의 상승하는 계열이다. ─ 이 보이지 않는 힘들의 나라가 영혼의 불사성에 대한 **모든 것**을 설명해 주고, 이뿐만이 아니라 세계 창조의 모든 작용하는 살아 있는 힘들의 지속성도 설명해 준다. 기관(器官)은 파괴될 수 있어도, 힘을 소멸할 수 없다. 만물을 살아 있게 하는 이가 생명을 부여한 것은

---

33) Herder, *Ideen*, I, S. 244~260 참조.
34) Herder, *Ideen*, I, S. 265 참조.

살아 있고, 작용하는 것은 그의 영원한 연관 속에서 영원히 작용한다."[35] 이 원리들이 해명되지는 않는다. "왜냐하면 여기가 그것을 위한 자리는 아니기 때문이다."[36] 그렇기는 하지만 "우리는 물질 속에서 그토록 많이 정신과 유사한 힘들을 본다. 두말할 것 없이 매우 상이한 이 두 존재자, 정신과 물질의 온전한 대립과 모순이 자체로는 모순되어 보이지 않고, 적어도 전혀 입증된 것으로 보이지 않는다."[37] ― "누구도 전성(前成)된 배아를 보지 못했다. 사람들이 후성(後成)설을 이야기한다면, 그들은 부적절하게도 마치 지체(肢體)들이 **외부에서** 성장해 온다고 말하는 것이다.[38] 형성(生成)이란 **내적 힘들**의 작용으로서, 자연은 내적 힘들이 **형상화할** 하나의 덩이를 준비했고, 이 덩이에서 내적 힘들이 가시화될 터이다. 육체를 형성하는 것은 우리의 이성적 영혼이 아니라, 신성(神性)의 손가락, 유기적 힘이다."[39] 요컨대: "1. 힘(능력)과 기관은 밀접하게 결합해 있지만, 동일한 하나는 아니다. 2. 각각의 힘(능력)은 그 기관과 조화롭게 작용한다. 무릇 힘(능력)은 자기의 본질을 드러내기 위해 그 기관에서 형상화하고 그것에 동화하니 말이다. 3. 외피가 떨어져 나가도, 힘(능력)은 여전하다. 힘(능력)은 앞서서, 비록 저차적(低次的) 상태이기는 하지만, 어느 경우에나 유기적으로, 그러면서도 이 외피에 앞서 이미 실존했다."[40] 이어서 저자는 유물론자들에게 다음과 같이 말한다: "우리의 영혼이 물질의, 자극의, 운동의, 생명의 모든 힘들과 근원적으로 한가지이고, 단지 더 높은 단계에서, 더 완성되고 더 정교한 조직에서 작용한다고 해보자. 그렇다고 자극의 운동의 힘[41]이 하나라도 소멸하는

---

35) Herder, *Ideen*, I, S. 265~270 참조.
36) Herder, *Ideen*, I, S. 270 참조.
37) Herder, *Ideen*, I, S. 273 참조.
38) 자연 산물들은 배아 때부터 그 형상이 미리 정해져 있다고 하는 전성(Präformation)설과 발생 과정에서 분화를 거듭하면서 일정한 개체로 형성된다고 하는 후성(Epigenesis/Postformation)설에 관한 칸트의 관점은 『판단력비판』, §81 참조. 또 관련 개념 사용에 관해서는 『순수이성비판』, B167~168 참조.
39) Herder, *Ideen*, I, S. 274~276 참조.
40) Herder, *Ideen*, I, S. 277 참조.

것을 본 사람이 있는가? 그리고 이 저차적 힘들이 그것들의 기관들과 동일한가?"[42] 이 연관에 대해 말하자면, 그것은 단지 진보일 수 있다는 것이다. "사람들은 인간종을 저차의 유기적 힘들의 거대한 합류(合流)라고 볼 수 있으며, 저차의 유기적 힘들은 이 합류에서 인문성의 형성(도야)을 위해 발아할 터이다."[43]

VIII51 인간-(유기)조직이 하나의 정신적 힘(능력)들의 나라에서 출현한다는 사실은 다음과 같이 제시된다: "(1)[44] 사고는 감관이 영혼[45]에 공급하는 것과는 전혀 다른 것이다. 사고의 연합들의[46] 기원에 관한 모든 경험은 유기적이긴 하지만 자주적인, 정신적 결합의 법칙들에 따라 작용하는 한 존재자의 작용(들)의 증빙들이다. 2. 육체가 음식물에 의해 자라듯이, 정신은 관념(생각)들에 의해 자란다. 실로 우리는 정신에서 동화와 성장과 산출의 법칙들을 인지한다. 요컨대 우리 안에서 한 내적, 정신적 인간이 형성되는바, 그 인간은 자기의 고유한 본성을 가지고, 신체를 도구로만 필요로 한다.[47] 명료한 의식, 즉 인간 영혼의 이 위대한 탁월성은 정신적 방식으로 인문성에 의해 비로소 조성된다 등등."[48] 한마디로 말해, 우리가 올바로 이해한다면:

ALZ20a 영혼은 정신적인, 점점 더해가는 힘들에서 최초로 생성된 것이다. ― "우리

---

41) Herder의 원문에 따르면, "운동의 힘과 자극의 힘이".
42) Herder, *Ideen*, I, S. 279이하 참조.
43) Herder, *Ideen*, I, S. 287 참조.
44) 아래에 "2" 항이 등장하는 것에 비춰볼 때, 이 자리에 "1"을 넣어 읽으면 무난할 듯하다.
45) 원문의 "ihr"는 이 인용문에 상응하는 Herder의 구절에 비춰볼 때 "Seele(영혼)"를 지칭한다고 하겠다. Herder, *Ideen*, I, S. 289: "사고(Gedanke), 정말이지, 영혼이 하나의 외적 대상을 표상하는 최초의 지각(Wahrnehmung: 인지)인 사고가 감관이 영혼에 공급하는 것과는 전혀 다른 것임을 부인할 수 없다" 참조.
46) 원문의 "ihr"의 지칭을 칸트 원문상에서는 찾을 수 없다. 상응하는 Herder의 원문에 비추어 "Associationen unserer Gedanken"라고 추정할 수 있겠다.(Herder, *Ideen*, I, S. 290이하 참조)
47) Herder의 원문에는 이 문장 다음에 "3."이라는 순번 숫자가 있다.
48) Herder, *Ideen*, I, S. 289~293 참조.

의 인문성은 단지 예습, 즉 미래의 꽃을 위한 맹아(꽃눈)일 따름이다. 자연은 할 걸음씩 앞으로 나가면서 미천한 것을 버리고, 그 반면 정신적인 것을 경작하고, 세련된 것을 더욱더 세련되게 만들어간다. 그리하여 우리는 자연의 예술가적 손에 대해, 저렇게 현존하는 우리의 인문성의 맹아도 그 본래적인 진짜로 신적인 인간 형태에서 발현할 것이라 희망할 수 있다."[49]

마무리는 다음의 문장이 한다: "인간의 현금의 상태는 다분히 두 세계를 결합하는 가운데 마디(中節)이다.[50] ― 인간이 지구 조직체들의 연쇄를 그 최고이자 최후의 마디로서 마무리 짓는다면, 인간은 바로 그로써 조물들의 상위 유의 연쇄를 그것의 최하위 마디로서 개시하고, 그래서 다분히 창조의 서로 맞물리는 두 체계 사이의 가운데 고리이다.[51] ― 인간은 두 세계를 한꺼번에 전시하고, 그것은 그의 본질의 이중성을 직시하게 한다.[52] ― 삶은 투쟁이고, 순수한 불사의 인문성의 꽃은 어렵게 싸워 얻은 왕관이다.[53] ― 그래서 더 상위의 우리 형제들은 우리가 그들을 찾고 사랑할 수 있었던[54] 것보다 확실히 우리를 더 많이 사랑한다. 무릇 그들은 우리의 상태를 더 명료하게 보고, ― 그들은 우리를 아마도 그들의 행운의 동참자로 가르쳐 줄 것이니 말이다.[55] ― 인간의[56] 동물이 기꺼이 믿으려 하는 것처럼, 미래의 상태가 현재의 상태에서 전혀 알릴 수 없는 것이라고 생각될 수는 없을 것이다.[57] ― 그래서 더 높은 지도 없이는 언어와 최초의 학문은 설명할 수 없는 것으로 보인다.[58] ― 또 나중에는 설명할 수 없는 상황에 의해 지구에 매우

---

49) Herder, *Ideen*, I, S. 299·304이하 참조.
50) Herder, *Ideen*, I, S. 308 참조.
51) Herder, *Ideen*, I, S. 308 참조.
52) Herder, *Ideen*, I, S. 310 참조.
53) Herder, *Ideen*, I, S. 311 참조.
54) Herder의 원문은 "있는".
55) Herder, *Ideen*, I, S. 313 참조.
56) Herder의 원문대로 읽으면 "인간 안의".
57) Herder, *Ideen*, I, S. 313 참조.
58) Herder, *Ideen*, I, S. 314 참조.

VIII52

중대한 작용들이 생겼다. — 질병들조차도 종종, 기관(器官)이 지상 생활의 일상적 범위에서 사용할 수 없게 되었을 때, 그를 위한 도구들이었다. 쉬지 않는 내적인 힘이 아마도 방해받지 않은 조직은 닿을 수 없었던 인상들을 수용한다는 것이 자연스러워 보인다. — 그렇지만 인간은 자신의 장래 상태를 들여다보지는 못하고, 믿고 들어간다."⁵⁹⁾ (그러나 만약 인간이 그 자신이

ALZ20b

장래 상태를 들여다볼 수 있다고 일단 믿는다면, 그가 때때로 이러한 능력을 사용하고자 하는 것을 어떻게 막을 수 있을까?) — "그만큼 확실한바, 그의 힘들 각각은 무한하고, 또한 우주의 힘들이 영혼 안에 숨겨져 있는 것으로 보이며, 영혼은 이것들을 활동시키기 위해 단지 하나의 조직 또는 일련의 조직들만을 필요로 한다. — 그러므로 꽃이 서 있고, 지하의 아직 생명이 없는 창조의 나라를 **직립 형태로** 종결했듯이, — 인간은 지상을 기어다니는 모든 것들(동물들) 위에 다시 **수직으로** 서 있다. 인간은 숭고한 시선으로 손들을 들어 올린 채, 집안의 아들로서 아버지의 부름을 기다리면서, 서 있다."⁶⁰⁾

ALZ21a   **맺음말**⁽⁶¹⁾

(아마도 여러 권의 책으로 구성될 것으로 보이는 저작의) 이 제1부의 이념과 궁극 의도는 다음과 같으니, 그것은 일체 형이상학적 연구를 피하면서, 인간 영혼의 정신적 본성과 그것의 고정불변성 그리고 진보들을 완전히, 물질의 — 특히 그것들의 조직들에서의 — 자연 형성들에 유비하여 증명하는 일이다. 이를 위해 물질이 단지 그 건축 용재가 되는 정신적 힘들은 모종의 보이지 않는 창조의 나라로 받아들여지는데, 이 나라는 만물을 유기조직화하는 생명력을 함유하고 있고, 거기서 이 유기조직의 완전성의 도식이

---

59) Herder, *Ideen*, I, S. 314이하 참조.
60) Herder, *Ideen*, I, S. 315~318 참조.
61) 이 "맺음말"과 본문 사이에 다른 기사가 끼어 있고, 이 맺음말은 첨부 형태로 게재되어 있다.

인간이다. 모든 지상의 조물은 가장 저급한 단계에서부터 마침내는 다름이 아닌 특히 동물의 직립 보행이 그 조건인 이 완성된 유기조직에 의해 인간이 될 때까지 접근해 간다. 인간의 죽음은 이미 앞서 모든 종류의 조물에서 여러모로 들춰진, 유기조직들의 진보와 상승을 결코 끝낼 수는 없고, 오히려 그것을 통해 인간을 장래의 더 고차적인 삶의 단계로 그리고 그렇게 계속하여 무한히 촉진하고 고양시키기 위해, 자연의 더욱더 세련된 유기조직들로의 이월을 기대하게 한다. 이제 서평자가 털어놓지 않을 수 없는 바는, 비록 자연의 규칙과 함께 자연의 조물들의 저러한 연속적인 등급을, 곧 인간으로의 접근을 인정하려 한다고 해도, 이러한 추론을 자연의 유비에서 통찰해 낼 수는 없다는 점이다. 무릇 점차로 더 완전한 유기조직의 수많은 단계들을 이루는 **상이한** 존재자들이 현존하니 말이다. 그러므로 그러한 유비에서 추론할 수 있는 바는, 어딘가 **다른 곳에**, 가령 어떤 다른 행성에 다시금 인간 바로 위 단계의 유기조직임을 주장하는 조물들이 있을 수 있다는 것일 뿐, 그렇다고 **그 동일한 개체**가 이에 이르고 있다는 것이 아니다. 구더기나 애벌레에서 발전하여 날아다니는 미물들의 경우 자연의 통상의 절차와는 다른 전적으로 고유한 안배(按排)가 있는데, 여기서 재생/부활[62]은 **죽음** 뒤에 오는 것이 아니라, 단지 **번데기 상태**의 다음에 오는 것이다. 이에 반해 이 책에서 입증되어야만 했던 것은, 자연은 동물들이 썩거나 불타버린 후에도 그 회분(灰分)에서 종별적으로 더 완전한 유기조직으로 상승하게 하고, 이로써 사람들은 이를 유비해서, 여기서 회분(灰分)으로 변환되는 인간에 대해서도 이렇게 추론할 수 있다는 점이었다.

[63]그러므로 바로 그 동일한 인간이 다른 또 하나의 생에서 더 완전한 유기조직으로 승급하는 것과 자연의 나라의 전혀 상이한 종(種)들과 개체들

VIII53

ALZ21b

---

62) 원어: Palingenesie. 칸트는 『순수이성비판』에서도 "부활 따위의 허황한 가설들은 허용되지 않는다"라고 말한다. (*KrV*, A683=B711 참조)
63) 《일반 문예신문》의 원 논고는 여기서 새로운 문단이 시작하는데, AA에서는 이 문단이 앞 문단에 연속하는 것으로 고쳐져 있다.

에서의, 사람들이 생각할 수 있는, 등급계단들 사이에는 최소한의 유사성도 없다. 여기서 자연이 우리에게 보여주는 바는, 자연은 개체들을 완전한 멸망에 내맡겨 두고, 단지 종(種)만을 보존한다는 사실뿐이다. 그러나 거기서 사람들이 알고자 하는 바는, 과연 인간 개체가 자신의 멸망을 여기 지상에서 극복할 것인지이다. 이런 것은 어쩌면 도덕적인, 또는 하고자 한다면, 형이상학적 근거에서나 추론할 수 있지, 결코 가시적인 생식의 어떤 유비에 의해서 추론할 수는 없을 것이다. 그런데 효능 있고 자립적인 저 힘들의 보이지 않는 나라에 관해 말하자면, 실로 알 수 없는 것은, 왜 저자가 유기적 생식들에서 저러한 나라의 실존을 추론할 수 있다고 믿고 나서도, 인간에서의 사고의 원리를 직접적으로, 순전히 정신적 자연본성으로서, 그리로 넘기지 않았는가 하는 점이다. 그러한 원리를 유기조직의 건축물을 통해 혼돈에서 끄집어내지 않은 채로 말이다. 무릇 그가 이 정신적 힘들을 인간의 영혼과는 전적으로 다른 어떤 것으로 간주했고, 이 힘들을 특수한 실체가 아니라, 물질에 작용하여 물질에 생기를 주는 보이지 않는 보편적 본성의 작용 효과로 보았음이 틀림없다. 우리로서는 그가 이런 생각을 가지고 있다는 의구심을 품는 것이 당연하다. 도대체 사람들은 유기조직을 작용하게 하는 보이지 않는 힘들의 가설, 그러니까 **사람들이 요해하지 못하는 것**을 **사람들이 더더욱 요해하지 못하는 것**에 의해 설명하고자 하는 시도를 어떻게 생각해야만 할까? 그래도 전자에 대해서는 우리가 적어도 그 법칙들을 경험을 통해 알게 될 수 있다. 비록 법칙들의 원인이야 미지로 남아 있을지라도 말이다. 그러나 후자에 대해서는 우리에게 심지어 경험조차 일체 박탈되어 있다. 이제 여기서 철학자는 자기의 소위 주장을 정당화하기 위해, 어떤 자연 지식에서 해명의 열쇠를 발견하는 데서의 순전한 절망, 그리고 그 지식을 창작력[64]의 비옥한 들판에서 찾고자 하는 강제당한 결의 외에 무엇을 내보일 수 있을까? 그런데 이것 역시 여전히 형이상학이고, 그것도 심지

---

64) 원어: Dichtungskraft.

어 교조적 형이상학이거니와, 이것을 우리의 저술가도, 유행이 그것을 원하기에, 배척하는 바이다.

그러나 유기조직의 등급 계단에 관해서는, 만약 그 계단이 저 멀리 이 세계를 넘어가려는 의도에까지 이르고자 한 것이 아니면, 사람들이 저자를 그렇게 비난할 필요는 없다. 무릇 여기 지상의 자연의 나라의 관점에서 그런 계단을 사용하는 것은 아무것에도 소용이 없으니 말이다. 만약 사람들이 유(類)들을 그 **유사성**에 따라 나열한다면, 그 차이들이 작음은 그렇게나 큰 잡다성에도 불구하고 바로 이 잡다성의 필연적인 귀결이다. 다만, 하나의 유가 다른 유에서 생길 수도 있고, 모든 유가 유일한 원본유/원유⁶⁵⁾에서 또는 가령 유일한 생식 모태에서 생길 수도 있으므로, 이것들 사이의 **친족성**은 이성이 그 앞에서 뒷걸음칠 만큼 기괴한 **이념들**에 이를 터이다. 사람들은 그와 같은 것을, 부당하지 않고서는, 우리의 저자에게 덮어씌울 수 없다. 아래로는 식물에까지 이르는 모든 동물에 걸친 비교 해부학을 위한 그의 기여에 관해서는, 자연 기술을 하는 그들 자신이, 그가 여기서 새로운 관찰을 위해 제공한 지침을 어디까지 사용할 수 있고, 그 지침이 도대체가 약간이라도 근거를 가지고 있는지를 판단할 수 있을 것이다. 그러나 모든 유기적 조물(유기체)의 잡다함 속에서 자기를 형성하는 것으로서, 그리고 나중에는, 이것들의 기관들의 차이에 따라, 이 기관들을 통해 여러 가지로 작용하여, 수많은 종과 유를 전체적으로 구별 짓는, 유기적 힘(141면)의 통일성이란 관찰적인 자연 이론의 전체 분야 밖에 있고, 순전히 사변 철학에 속하는 하나의 이념이다. 무릇 여기서도 이 이념은, 입구를 찾는다면, 받아들인 개념들 사이에 커다란 폐허들을 야기할 터이다. 그러나 외부적으로는 그 형상에서 그리고 내부적으로는 뇌와 관련해 머리의 어떠한 조직화가 직립 보행의 소질과 필연적으로 결합되어 있는지, 그런데 더 나아가, 순전히 이러한 목적을 지향하고 있는 유기조직이 어떻게 이성 능력의 근거를 함유하

---

65) 원어: Originalgattung.

VIII55

는지, 그리고 동물이 이런 조직을 통해 이성 능력을 공유하는지를 규정하고자 하는 것은 분명히 인간의 이성을 넘어서는 일이다. 인간 이성이 이제 자연학적 실마리를 따라 더듬더듬 걷고자 하든, 형이상학적 실마리를 따라 날아오르고자 하든지 간에 말이다.

ALZ22b

이러한 고려점들에도 불구하고 이 매우 생각 깊은 저작에서 모든 공적을 빼앗아서는 안 된다. 그 가운데서 (고상하고 진실되고, 그만큼 아름답다고 말할 수많은 숙고들을 여기서 제쳐두더라도) 하나의 특장점은 용기이다. 용기 있게 이 저작의 저자는, 이성이 독자적으로 어디까지 이를 수 있는지 하는, 이성의 순전한 시도들에 관한 자신의 입장에 대한, 모든 철학을 그토록 자주 위축시키는 의혹들을 극복할 줄 알았다. 이 점에서 우리는 그를 뒤따르는 이들이 많이 있기를 원한다. 이 외에도 자연 자신이 자기의 유기조직들의 업무들과 자기의 조물들의 분류를 그렇게 숨기고 있었던 신비스러운 모호성이, 철학적 인간 역사의 이 제1부에 부착해 있는 모호성과 불확실성에 대한 책임의 일부를 진다. [이 저작의] 제1부는 인간 역사의 극단들, 역사가 개시했던 지점과 역사가 지상의 역사를 넘어 무한으로 소멸해 가는 지점을 가능한 한 서로 연결하고자 의도하였다. 이러한 시도는 대담하지만, 우리 이성의 연구 욕구에는 자연스러운 것이고, 온전히 성공적으로 수행되지는 못했다 해도, 상찬받지 못할 일이 아니다. 그러나, 재기 넘치는 우리의 저자가 저작을 계속 함에 있어서, 확고한 지반을 바로 앞에서 발견할 것이므로, 그의 발랄한 천재성을 다소간 억제하고, 무성한 어린 가지들을 빨리 자라게 하기보다는 잘라내는 데에 더 마음을 쓰는 철학이, 암시들이 아니라 명확한 개념들을 통해서, 추측된 법칙이 아니라 관찰된 법칙들을 통해, 형이상학에 의해서든 감정에 의해서든 날개 달린 상상력에 의거해서가 아니라, 기획에서는 광범위하되 실행에서는 신중한 이성을 통해 그를 그의 작업 계획의 완성으로 이끌 것을 더욱더 바라마지않는다.[66]

---

66) 칸트의 이러한 고언에 대해 학생 시절 한동안(1762~1764) 칸트를 열광적으로 수강

제1 서평에 대한 반박 글에 관한 서평자 촌평

헤르더의 『인류 역사의 철학에 대한 이념들』에 대한 서평을 겨냥해 《도이치 메르쿠르》의 2월 호에 실린 글에 관한 서평자의 촌평[67]

ALZ1a
VIII56

《도이치 메르쿠르》[68] [1785년] 2월 호의 148면에, 목사라는 호칭으로, 우리 《일반 문예신문》에 게재된 서평을 공격으로 생각한, 헤르더 씨의 책을 변호하는 사람[69]이 등장했다. 서평자와 서평 대항자 간의 다툼에 존경하는 저자의 이름을 끌고 들어가는 것은 마땅한 일이 아닐 터이다. 그래서 여기서 우리는 오직 당해 저작의 공지와 비평에서의 취급 방식을 이 《문예신문》이 기준으로 정했던 신중함, 불편부당함 그리고 절제의 준칙에 따라서 정당화하고자 한다. 저 목사는 그의 글에서 그가 염두에 둔 어떤 형이상학자와 많은 쟁론을 벌이고 있다. 그가 상상하는바, 그 형이상학자는 경험적 경로를 통한 일체의 가르침에 대해, 또는, 경험적 경로가 문제를 완결하지

했던 헤르더는, "나는 마흔 살이다. 나는 더 이상 그의 형이상학 강의실 의자에 앉아 있지 않다"라고 격하게 반응했다고 한다.(K. Vorländer, *Immanuel Kant: Kleinere Schriften zur Geschichtsphilosophie, Ethik und Politik*, PhB 47 I, Hamburg 1913, S. XVI이하 참조)

[67] 이 "Eeinnerungen des Rezensenten der Herderschen Ideen zu einer Philosophie der Geschichte der Menschheit(Nro. 4 u. Beil. der Allg. Lit. Zeit.) über ein im Februar des deutschen Merkur gegen diese Rezension gerichtes Schreiben"은 《일반 문예신문》의 1785년 3월 부록(Anhang zum Märzmonat der Allgemeinen Literatur-Zeitung), 1a~2b에 게재되었다.

[68] *Der Teutsche Merkur*(TM). 빌란트(Christoph Martin Wieland, 1733~1813)에 의해 1773년에 창간되어 1789년까지 발간된 서평지.

[69] 후에 라인홀트(Karl Leonhard Reinhold, 1757~1823)는 이 변호자가 자신임을 스스로 밝혔다.(1787년 10월 12일 자, 라인홀트가 칸트에게 보낸 편지: X497이하 참조) 라인홀트는 반(反)칸트 → 친칸트 → 빈칸트의 길을 걸었다. 그는 1784년에 《도이치 메르쿠르》의 부편집인으로 합류하여, 한동안(대략 1786~1794)은 칸트철학 정신을 열렬히 전파하였다. 그가 《도이치 메르쿠르》에 연속 기고한 "칸트철학에 관한 서한(Briefe über die Kantische Philosophie)"(1786~1789)은 칸트철학을 확산시키는 데에 최고의 기여를 한 것으로 평가받는다.

못하는 곳에서는, 자연의 유비에 따르는 추론들에 대해 전적으로 오염되어 있고, 모든 것을 자기의 비생산적인 스콜라적 추상화의 구두 골[70]에 맞추려고 하는 자이다. 서평자로서는 이러한 쟁론을 실로 잘 용인할 수 있다. 무릇 서평자는 이 점에 있어서 저 목사와 똑같은 의견을 가지고 있고, 서평 자체가 그러한 바를 최상으로 증명하고 있으니 말이다. 그러나 서평자는 인간학에 대한 자료들을 제법 잘 알고 있다고 믿으며, 또한 동시에 인류의 역사를 인류의 규정(사명) 전체에서 논구하기 위해, 저 자료들을 사용하는 방법에 대해 어느 정도 알고 있다고 믿는다. 그래서 서평자는 저런 자료들이 형이상학에서도 박물 표본실에서도, 인간과 다른 동물류의 골격을 비교하는 것으로, 탐색되어서는 안 된다고 확신한다. 그러나 특히 후자는 하나의 다른 세계에 대한 인간의 규정(사명)을 전혀 제시해 주지 못한다. 서평자는 오히려 저 자료들이 오로지 인간이 자기의 성격을 노정하는 자신들의 행위들에서 발견될 수 있다고 확신한다. 또한 서평자는, 헤르더 씨가 자신의 저작의 (단지 보편적 자연계 내의 동물로서의 인간을 전시하고, 그러므로 장래의 이념들의 전구(前驅)[71]만을 담고 있는) 제1부에서 결코 인간 역사의 실제적인 자료들을 제공하려는 의도를 가졌다고 믿지 않고, 오히려 그는 단지, 보통은 동물 구조의 의도만을 겨냥하는 자연학자의 탐구들을, 가능하면 더 나아가, 이러한 조물들에서의 이성 사용에 적합한(합목적적인) 유기조직에까지 확장하도록 자연학자들의 주의를 환기시킬 수 있는 생각들을 가졌다고 믿는다. 비록 그가 이러한 생각에 그것들이 보통 얻을 수 있는 것보다 더 큰 비중을 두었기는 하지만 말이다. 그리고 이러한 의견을 가진 이는 (저 목사가 161면에서 요구하는 바처럼) 인간 이성이 유기조직의 **다른 어떤 형식**(형상)에서도 단지 **가능한**지를 증명할 필요가 없다. 무릇 그것은 인간 이성이 현금의 형식에서**만 오로지** 가능하다는 것이 통찰될 수 없는 것과 마

---

70) 원어: Leisten.
71) 원어: Prodromus.

찬가지로 결코 통찰될 수 없는 일이니 말이다. 경험적 이성 사용은 역시 한계가 있다. 경험은 '무엇은 어떠어떠하다'는 것을 가르쳐 줄 수는 있지만, 결코, '그것은 **도무지 다른 것일 수 없다**'는 것을 가르쳐 줄 수는 없다. 또한 어떠한 유비 유추도 우연적인 것과 필연적인 것 사이의 이 측량할 수 없는 간극을 메울 수는 없다. "만약 사람들이 유(類)들을 그 **유사성**에 따라 나열한다면, 그 차이들이 작음은 그렇게나 큰 잡다성에도 불구하고 바로 이 잡다성의 필연적인 귀결이다. 다만, 하나의 유가 다른 유에서 생길 수도 있고, 모든 유가 유일한 원본유/원유에서 또는 가령 유일한 생식 모태에서 생길 수도 있으므로, 이것들 사이의 **친족성**은 **이성**이 그 앞에서 **뒷걸음칠** 만큼 기괴한 **이념들**에 이를 터이다. 사람들은 그와 같은 것을, 부당하지 않고서는, 우리의 저자에게 덮어씌울 수 없다"[72]라고 서평에서 말했다. 이 말들이 저 목사로 하여금, 저작의 서평에서 **형이상학적 정통론**을, 그러니까 불관용을 마주치게 된다고 믿게[73] 끔 오도하였다. 목사는 이에, "**자기의 자유에 의탁한 건전한 이성은 어떤 이념 앞에서도 뒷걸음치지 않는다**"[74]라고 덧붙여 말한다. 그러나 그가 상상하는 모든 것에서 두려워해야 할 것은 아무것도 없다. 그것은 곧 사람들이 **전혀 아무것도 생각할 수 없는** 어떤 이념과 부딪치는 곳에서는 **뒷걸음치는**, 보편적 인간 이성의 한낱 眞空 恐怖[75]이다. 그리고 이러한 점에서 존재론적 규범은 능히 신학적 규준에, 그것도 바로 관용을 위해, 쓰일 수 있다. 이밖에 저 목사는 이 책에 부여된 '**사상의 자유**'의 공적을 저렇게나 유명한 저자에서는 너무나도 통상적인 일이라고 본다. 의심할 여지없이 그는 **외적** 자유를 이야기하는 것이라 생각하고 있다. 외적 자유는 장소와 시간에 좌우되기 때문에, 실제로는 전혀 공적이 아니다. 그러나 서평은 저 **내적** 자유, 곧 관습적인, 그리고 여론에 의해 강화된 개념들

---

72) 앞의 제1 서평 ALZ22a=VIII54 참조.
73) *Der Teutsche Merkur*(Feb. 1785)(TM), S. 164 참조.
74) TM, S. 165 참조.
75) 원어: horror vacui.

ALZ2a   및 사고방식의 족쇄로부터의 자유를 주목했다. 그것은 **전혀 통상적이지 않은** 자유로서, 철학한다고 자처하는 사람들조차도 아주 드물게만 애써 노력
VIII58   하여 그에 이를 수 있었다. 목사가 서평에 대해 "**서평은 결론을 표현한 구절들을 뽑아놓고서는, 그러나 동시에 그 결론을 준비한 구절들은 뽑아놓지 않고 있다**"[76]라고 힐난한바, 그런 일은 전체 저작자들에게는 한두 구절을 뽑아내서 한낱 대체적으로 칭찬하거나 폄하하는 것보다는 어쨌거나 훨씬 더 견딜 만한, 불가피한 하나의 폐단이다. 그러므로 저자에 대한 모든 합당한 존경과 함께 또한 그의 **명성** 및 더욱 커질 **장래의 명성**에 공감하면서 내
ALZ2b   린, 당해 저작에 대한 판단은 그대로 유지된다. 이 판단은 저 목사가 161면에서 "**이 책은 그 제목이 약속한 바를 해내지 못했다**"라고 (아주 양심 없게도) 저자에게 덮어씌운 것과는 완전히 다른 내용이다. 무릇 책 제목은 아직 단지 일반적 자연학적 예습들만을 내용으로 가진 제1부에서 이어질 (본래의 인간학을 내용으로 가질 것으로 판단할 수 있는) 권호〔卷號〕들에서 해낼 바를 전혀 약속하지 않았으니 말이다. 그리고 저 예습들에서는 허용될 수도 있는 자유를 이 인간학에서 제한할 것을 환기한 일이 지나친 것은 아니었다. 아무튼지 이제 제목이 약속했던 바를 해내는 일은 오직 저자 자신에게 달려 있거니와, 사람들은 그의 재능과 학식에서 그 성공을 능히 기대하는 바이다.

---

76) TM, S. 166 참조.

제2 서평[77]

요한 고트프리트 헤르더, 『인류 역사의 철학에 대한 이념들』, 제2부, 344면, 리   ALZ153a
가·라이프치히, 하르트크노흐 출판사, 1785. 8.[78] [79]   VIII58

제10권까지 나가는 제2부는 먼저 제6권의 여섯 절에서 북극 근방 민족들의, 아시아 지역 주위 민족들의, 훌륭히 개명된 민족들 지방의, 아프리카 민족들의, 열대지방 도서민들의, 그리고 아메리카인들의 유기조직을 기술한다.[80] 저자는 니부어,[81] 파킨슨,[82] 쿡,[83] 회스트,[84] 게오르기[85] 등이 단초를 제공했던, 민족들의 새로운 초상화 집대성을 바라면서 기술을 마친다. "만약 그런 것을 할 수 있는 누군가가 여기저기 산재해 있는, 우리 인류의 상이성의 충실한 초상화들을 수집하고, 그것으로써 **인류의 명확한 자연이론과 골상학을 정초**했다면, 멋진 선물이었을 것이다. 그러한 기예가 더 철

---

77) 《일반 문예신문(*Allgemeine Literatur-Zeitung*〔ALZ〕)》, Jena 1785, 제271호(1785. 11. 15, 화요일). 153a~156b에 게재.
78) 서평 제목 겸 서평 대상 책 정보. Riga und Leipzig, bei J. T. Hartknoch: Ideen zur Philosophie der Geschichte der Menschheit, von Johann Gottfried Herder. Zweiter Teil, 344 S. 8. 1785.
79) 『이념들』의 제1부(제1권~제5권)를 이어서 제6권부터 제10권까지가 이 제2부를 이루고 있으니, 제6권이 제2부의 첫머리이다.
80) Herder, *Ideen*, II, 제6권의 I~VI절 제목 참조.
81) Carsten Niebuhr(1733~1815). 독일의 수학자이자 탐구 여행가. 방대한 아라비아 여행기를 남겼다.
82) Sydney Parkinson(1745~1771). 영국의 동식물 도화가. 남태평양 군도 등을 여행한 후 약 1,000개의 동식물 도화를 남겼다.
83) James Cook(1728~1779). 영국의 해군 제독, 탐험가. 그는 1768년 이래 12년 동안 세 차례에 걸쳐 남태평양 일대를 탐험, 항해하면서 여러 섬을 발견하고, 민속학적인 자료를 수집, 정리해 놓았다.
84) Georg Hjersing Høst(1734~1794). 덴마크 정부 고위 관리. 아프리카 지역 체류 경험을 여행기 담아 남겼다.
85) Johann Gottlieb Georgi(1738~1802). 독일의 지리학자, 화학자이자 식물학자. 러시아 여행기를 썼다.

VIII59 학적으로 적용될 수 있기는 어려웠을 것이다. 그리고 짐머만[86]이 하나의 동물학적 지도 작성을 시도했듯이, 인류의 다양성이 무엇인지 외에는 아무것도 시사하는 바가 없을 수밖에 없을 터인 하나의 인간학적 지도는, 이것은 그렇지만 모든 현상과 관점에서, 그와 같은 것은 박애주의적 저작에 왕관을 씌울 것이다.'[87]

제7권은 제일 먼저 다음의 명제들을 고찰한다: '그토록 상이한 형상에도 불구하고 인류는 어디서나 오직 하나의 유(類)이다.' 그리고 '하나의 인류가 지구상의 어디서나 풍토에 적응했다.' 바로 이어서는 풍토가 인간의 신체와 영혼의 형성에 작용한 결과들이 조명된다. 저자는 우리가 하나의 생리학적, 병리학적[88] 풍토학에, 항차 모든 인간의 사고력과 감각력의 풍토학에 이를 수 있기 이전에, 아직도 많은 예비 작업이 결여되어 있다고 예리하게 지적한다. 여기서 지방의 고저와 성질, 지방의 산물과 음식물, 생활 방식, 노동, 의복, 심지어는 습관적인 자세, 오락과 예술이 여타의 상황들과 함께 만들

ALZ153b 어내는 원인들과 결과들의 혼돈을, 사물마다, 개개 지역마다 각자의 권리가 있고, 무엇도 누구도 너무 많거나 너무 적게 보유하지 않는 하나의 세계로 정돈한다는 것은 불가능하다고 그는 지적한다. 그래서 또한 그는 아주 겸손하게도 99면에 이어지는 92면의 일반적 주석들을 단지 문제들로만 예고한다. 그것들은 다음의 주요 명제들 가운데 함유되어 있다. 1. 온갖 원인들에 의해 지구상에는 생명체의 생활에 적합한 하나의 풍토적 공동체가 촉성되었다. 2. 우리 지구의 거주 가능한 땅은 대부분의 생명체들이 자신들에게 가장 만족스러운 형식으로 활동하는 지역들에 밀집되어 있다. 대륙의

---

86) Eberhard August Wilhelm von Zimmermann(1743~1815). 독일의 지리학자이자 생물학자. 그의 대표 저작인 『인간 및 보편적으로 분포되어 있는 4족 동물들의 지리학적 역사. 부록: 동물학적 세계지도(Geographische Geschichte des Menschen und der allgemein verbreiteten vierfüßigen Thiere. Nebst einer hierher gehörigen zoologischen Weltcharte)』(전 3권, Leipzig 1778~1783)는 큰 주목을 받았다.
87) Herder, Ideen, II, S. 69이하 참조.
88) Herder의 원문은 "생리학적-병리학적". AA는 Herder의 원문대로 고쳐 쓰고 있다.

위치는 그것들 모두의 풍토에 영향을 미친다. 3. 산맥들에 연한 지구의 구조로 인해 아주 다양한 생명체들을 위해 그 기후가 헤아릴 수 없이 변화했을 뿐만 아니라, 인류의 확산[89]도, 방지될 수 있는[90] 바대로, 방지되었다. 이 제7권의 제4절에서 저자는, 유전적 힘이 지구상에서의 모든 형성의 어머니이며, 풍토는 이에 단지 우호적이거나 적대적으로 작용할 뿐이라고 주장한다. 그리고 그는 **발생과 풍토의 갈등**에 관해 약간의 주석을 붙이면서 말을 맺는다. 여기서 그는 무엇보다도 **풍토와 시대에 따른 우리 인류의 기원과 변종의 자연지리학적 역사**를 바란다.

제8권에서 헤르더 씨는 인간의 감관 사용, 인간의 상상력과 실천적 지성, 추동, 행복을 탐색하고, 전통과 의견 그리고 훈련과 습관의 영향을 서로 다른 민족들의 사례들을 통해 해명한다.

VIII60

제9권이 다루는 바는, 인간이 자신의 역량을 발전시키는 데 타자에 대한 의존성, 인간 형성을 위한 수단으로서의 언어와, 모방, 이성, 언어에 의한 예술과 학문의 발명, 그리고 대부분 물려받은 전통들에서 기인한 인간들 사이에 확립된 질서들로서의 정부들이다. 그리고 제9권은 종교와 최고〔最古〕의 전통에 대한 언급과 함께 끝을 맺는다.

제10권은 대부분 저자가 이미 다른 곳에서 개진했던 사상들의 결론을 내용으로 갖는다. 그러는 중에 인간의 최초의 거주지에 관한 고찰 및 대지와 인류의 창조에 관한 아시아적 전통에 관한 고찰과 함께 제10권은 저자의 저술 『인류 최고(最古)의 문서』[91]에 의거하여 모세의 「창세기」에 관한 가설의 가장 본질적 요소를 거듭 말한다.

ALZ154a

제2부의 이 무미건조한 소개는 단지 그 내용을 예고하는 것일 뿐, 당연히 이 저작의 정신을 현시하지는 못한다. 이 소개는 저 저작 읽기로 초대하는 것이지, 당연히 이 저작의 열람을 대신하거나 불필요하게 만드는 것이

---

89) 원어: Ausbreitung. Herder의 원문은 "Ausartung(변질/변종)".
90) Herder의 원문대로 읽으면 "있었던".
91) *Älteste Urkunde des Menschengeschlechts*, 1774/1776.

아니다.

제6권과 제7권은 그 내용 자체가 대부분 기존의 민족 서술(民族誌)들을 발췌한 것이다. 물론 능란한 선별과 대가다운 배열이 있고, 어느 곳에서나 고유한 뜻깊은 가치판단들이 함께하고 있다. 그러나 바로 그렇기에 그만큼 더 상세한 발췌가 될 수는 없었다. 시인적 웅변 가득한 그토록 많은 아름다운 구절들을 끄집어내거나 분석하는 일은 여기서 우리의 의도가 아니다. 그런 것들은 자연히 감각 있는 독자 누구의 눈에나 띌 것이다. 그러나 또한 우리는 여기서 다음의 점들을 검토하려는 것이 아니다: 과연 표현을 생동감 있게 하는 시적 정신이 또한 때로는 저자의 철학에 침투해 있지는 않은지; 과연 여기저기서 동의어들이 설명으로, 그리고 우의(寓意)들이 진리로 간주되고 있지나 않은지; 철학 언어의 영역에서 시적 언어의 구역으로의 이웃 같은 이월 대신에 때때로 양자의 한계와 영지(領地)가 완전히 혼동되어 있지 않은지; 그리고 과연 많은 곳에서 대담한 은유와 시적 비유들 및 신화적 암시들의 천/직물(織物)이 사상의 몸을 투명한 의복 속에서 알맞게 빛을 발하도록 쓰이기보다는, 오히려 베르튀가댕[92] 속에 그 몸을 감추는 데 쓰인 꼴이나 아닌지 하는 점들 말이다. 우리는 다음과 같은 점들의 검토를 좋은 철학적 문체의 비평가들이나 저자 자신의 최종 윤문에 넘긴다. 예컨대 99면의 "낮과 밤뿐만이 아니라 교대하는 계절들의 **윤무**(輪舞)가 기후를 변화시킨다"보다는 '**낮과 밤뿐만이 아니라, 계절들의 바뀜이 기후를 변화시킨다**'고 말하는 것이 좀 더 낫지 않은지; 또 과연 100면에 있는, 이러한 변화들에 대한 자연사적 기술을 잇는 다음과 같은 디오니소스풍의 송가 형식의 의심할 여지 없이 아름다운 소묘가 과연 그 기술을 적합하게 잇고 있는 것인지: "주피터의 왕관 주위를 그 (땅의) **계절의 여신들**[93]이 윤무 한다. 그

VIII61

---

92) 칸트 원어: Vertügade. 프랑스 근대 여성 복식에서 유래한 vertugadin. 치마를 불룩하게 하려고 안에 입던 둥근 틀. 보통은 원추형의 버팀대로 farthingale이라 칭하기도 했다.

93) 원어: Horen. Ὧραι / *Horae*. 그리스 신화에서 Zeus와 Themis의 세 딸. 시간(hora)과

들의 발 아래에서 만들어지는 것은, 만물은 상이한 종류의 사물들의 통일 위에 건설되어 있기에, 단지 하나의 불완전한 완전성일 뿐이지만, 서로의 내적인 사랑과 결혼을 통해 도처에서 자연의 아이가, 곧 감성적 합규칙성과 아름다움(미)이 탄생한다." 또는 제8권을 시작하는 다음과 같은 표현법이 여행 작가들의 여러 민족들과 풍토에 관한 기록들로부터 그것들에서 끄집어낸 상투어들의 모음으로 넘어가는 데는 너무 **서사적**이지 않은지: "대양의 파도에서 공중으로 항해해야만 하는 이같이, 내가 그렇다. 무릇 이제 나는 인류의 형성과 자연력들을 따라 인류의 정신에 이르고, 우리의 광활한 지구 위에서 변화무쌍한 인류의 정신 속성들을 생소하고 결함 많고, 부분적으로는 불확실한 정보들에 의거해서 감히 탐구하려 하니 말이다." 또한 우리는 그의 웅변의 질풍이 그를 이곳저곳에서 모순에 얽혀들게 하지나 않는지를 검토하지 않을 것이다. 예컨대, 248면에서 인용한다면, "발명가들은 종종 자신이 발명한 것보다 그들의 발굴물의 더 큰 효용성을 후세에 남겨놓았음이 틀림없다"라고 한다. 그런데 이 말은 여기서 '이성 사용과 관계되는 인간의 자연소질들은 응당 개체에서가 아니라 오직 유(類)에서 완벽하게 발전된다'는 명제의 확증을 위한 새로운 사례가 아닌지; 그럼에도 저자는 206면에서 이 명제와 이 명제에서 — 비록 완전히 올바르게 이해된 것은 아니지만 — 도출되는 몇몇 명제를 **자연의 위엄에 대한 모욕** — 이것을 다른 이들은 散文體로[94] 신성모독이라고 부르는바 — 이라고 거의 비난할 기세이다. — 그러나 여기서 우리는 우리가 처한 제약들을 생각해 이 모든 사안들은 건드리지 않고 그대로 두지 않을 수 없다.

서평자가 우리의 저자에게 그리고 인간의 일반적 자연사를 다루는 다른 모든 철학 사업자에게 한 가지 바라는 바가 있다면, 그것은 곧 역사적-비판적 머리(인사)가 그들을 위해 모조리 사전작업을 해놓았더라면 하는 일이

ALZ154b

시절, 계절, 질서의 세 여신. 생육(봄)과 성장(여름)과 결실(가을)의 수호신들. 세 계절에 대응하는 Thallo, Auxo, Karpo. (※옛 그리스에서는 계절을 셋으로만 구분했다.)
94) 원어: in Prosa. "보통 쓰는 말로"로 의역할 수도 있겠다.

VIII62

다. 그러한 머리(인사)는 헤아릴 수 없이 많은 민족지(民族志)들 내지는 여행담들에서 그리고 그들의 모든, 추측하건대 인간의 본성에 속하는 정보들에서 특히 그것들 사이에 서로 모순되는 것들을 가려 뽑아낼 것이고, 그것들을 (각 서술자의 신뢰성에 관해 첨부한 비망록과 함께) 대조해 놓을 것이다. 무릇 어느 누구도 사전에 다른 이들의 보고서들을 정확하게 가늠해 보지 않고서는 일방적인 보고서에 대담하게 의지하지는 않을 것이니 말이다. 그러나 지금 사람들은, 하고 싶다면, 다량의 지지(地誌)에 의거해서, 아메리카인들, 티베트인들, 그리고 다른 순 몽골 민족들이 턱수염을 가지고 있지 않다고 증명할 수 있고, 그러나 또한, 그렇게 하는 것이 더 마음에 드는 사람은, 그들 모두 태생적으로는 턱수염이 있으되, 뽑은 것뿐이라고 증명할 수도 있다. 또 아메리카인과 흑인은 정신소질에서 인류의 여타 구성원들 아래로 쳐져 있는 종족/인종들이라고 증명할 수도 있고, 그러나 다른 한편으로는, 역시 똑같이 그럴듯한 정보에 따라서, 그들도 자연소질에 관해서는 다른 모든 세계주민과 똑같게 평가받을 수 있다고 증명할 수 있다. 그러니까 철학자에게는 그가 자연본성의 차이점들을 상정하고 싶던, 모든 것을 '집처럼 편안하게'[95)]라는 원칙에 따라 판정하고 싶던, 여전히 그 선택이 있다. 이로 인해 도대체가 그토록 흔들리는 토대 위에 세워진 그의 모든 체계는 붕괴 위험이 있는 가설들의 외관을 얻지 않을 수 없다. 인류를 인종/종족으로 구분하는 것에 우리의 저자는 호의적이지 않다. 특히 그는 유전적인 피부색에

ALZ155a

기초하는 그런 구분에 대해 그러하다. 그것은 아마도 그에게는 인종/종족의 개념이 아직 분명하게 규정되어 있지 않기 때문인 것 같다. 제7권의 제3번에서 그는 인간의 풍토적 차이의 원인을 **발생적 힘**[96)]이라고 부른다. 서평자는 저자가 뜻하는 바 이 표현의 의미에서 다음의 개념을 얻는다. 저자는 한편으로는 개전체계(開展體系)[97)]를, 그러나 다른 한편으로는 또한 외적 원

---

95) 원문: tout comme chez nous.
96) 원어: genetische Kraft.
97) 원어: Evolutionssystem. '진화체계'라고 옮길 수도 있겠으나, Kant와 Herder가 사용

인들의 한낱 기계적 영향을 쓸모없는 해설 근거라고 거부하며, 그리고 저 원인으로는 외적 상황의 차이에 따라, 이에 맞춰, 내적으로 **자기 자신**을 변양하는 생명 원리를 상정한다. 서평자는 이 점에 대해 다음과 같은 유보 아래 저자에 온전히 찬동하는 바이다. 즉, 만약 **내부로부터** 조직하는 원인이 그 본성에 의해 가령 조물의 형성에서 일정한 수와 정도의 상이성에만 제한된다면(그런 것들의 조성 후에 그 원인이, 변화된 상황에 따라 새로운 유형을 형성하기 위해서 더 이상 자유롭지 못하다면), 형성하는 자연의 이러한 자연규정[98]을 사람들은 배아 또는 근원적 소질이라고 부를 수도 있겠다. 그렇다고 (개전체계에서처럼) 원초적으로 내장된, 어떤 계기에만 상호 전개하는 기계들과 맹아들을 알아볼 것 없이 말이다. 오히려 우리가 설명할 수 없고 이해할 수 없는, 어떤 자기 자신을 형성하는 능력의 더 이상 설명될 수 없는 제한들 같은 것으로 말이다.

제**8권**과 함께 새로운 사유 과정이 시작되어, 이 제2부의 끝까지 간다. 그것은 이성적이고 윤리적인 조물로서의 인간의 형성 기원을, 그러니까 모든 문화의 발단을 포함하고 있는데, 이 기원과 발단은 저자의 뜻에 따르면 인류의 고유한 능력 안에서가 아니라, 전적으로 인간 능력 밖의 다른 자연들의 교시와 교습에서 찾을 수 있다고 한다. 이에서 개시하는바 문화에서의 모든 진보는 근원적인 전통과의 확대된 전달과 우연적인 번창 외의 다른 것이 아니라 한다. 그리고 인간은 그 자신에게가 아니라 저 전통에 그가 모든 지혜에 접근해 갈 수 있는 공을 돌려야 한다는 것이다. 서평자는, 자연의 바깥에 그리고 이성의 인식의 길 바깥에 발을 디디면, 어떻게 앞으

VIII63

하는 낱말 'Evolution'은 Darwin 이후의 이 낱말이 의미하는 바와는 무관하다. '개전체계'는 곧 '개체적 전성(Präformation) 체계'를 말하는바, 이에 관한 주장을 당시 '개전설(Evolutionstheorie)'이라고 일컬었고, 이와 대립하는 '후성(Epigenesis/Postformation) 체계'에 관한 주장을 '내전설(Involutionstheorie)'이라고 일컬었다. 칸트 『판단력비판』, §81, B376=V422이하 참조. 앞선 "제1서평"에서도 이와 관련된 언급이 있었다.(앞의 ALZ19b=VIII50 참조)

98) 원어: Naturbestimmung. 즉, 본성 본질.

로 나아갈지를 모르고, 박학한 언어 연구와 고문헌에 대한 지식이나 판정에 전혀 정통하지 못한 탓에, 그러니까 거기서 서술되고, 그를 통해 동시에 입증된 사실들을 철학적으로 이용하는 것을 전혀 이해하지 못한다. 그래서 서평자는 이런 것에는 아무런 판단이 없음을 자인하는 바이다. 그럼에도 저자의 박학다식함과 흩어져 있는 자료들을 하나의 관점 아래 파악하는 특수한 재능은 미리 다음과 같은 점을 충분히 짐작하게 한다. 즉 우리는 적어도 인간사들의 경과에 관한 — 이 경과가 인류의 성격과 그리고, 가능한 한, 인류의 일정한 분류상의 차이점들을 좀 더 세밀하게 아는 데 도움이 되는 한에서 — 많은 아름다운 읽을거리를 얻게 될 것이고, 이것은 모든 인간 문화의 시초에 관해 다른 의견을 가진 이들에게도 교훈적일 수 있을 것이다. 저자는 자기 생각의 기본을 (338~339면에서 주해와 함께) 다음과 같이 간략히 표현한다: "이 (모세의) 교육적 역사는 이렇게 이야기하고 있다: 최초의 창조된 인간들은 교도하는 하느님[99)]과 소통하고 있었고, 그의 지도 아래서 동물적 지식을 거쳐 언어와 지배적 이성을 취득하였다. 인간은 금지된 방식으로 악의 인식에서 저들과 똑같이 되고 싶어 하므로, 손상을 입은 채, 이를 성취한다. 그리고 이제부터 다른 곳에 수용되어, 더 인위적인 새로운 삶의 방식을 개시하였다. 그러므로 만약 신성(神性)이 인간이 이성과 신중함을 실행하기를 바랐다면, 신성 또한 이성과 신중함을 가지고서 인간을 보살펴야만 했다. — 그러나 이제 하느님은 인간들을 어떻게 보살폈는가, 다시 말해, 그들을 가르치고, 훈계하고, 교도하였는가? 이에 관해 묻는 것이 대답하는 것과 마찬가지로 그렇게 대담한 것이 아니라면, 전통 자신이 우리에게 다른 곳에서 마땅히 이에 대해 설명해 줄 것이다."

미답의 황무지에서 사상가에게는 여행자처럼 필시 자기 생각에 따라 길을 선택할 자유가 있다. 사람들은 그가 어떻게 성취해 낼지, 그가 자기의

---

99) 원어: Elohim. 이에 따라 원문은 이하 복수 대명사로 쓰여 있지만, 번역문에서는 모두 단수로 옮김.

목표에 도달한 후에 과연 무사히 다시금 집에, 다시 말해 이성의 자리에 제시간에 도착해서, 또한 뒤따르는 이를 기약할 수 있을지 기다려 보아야 한다. 그 때문에 서평자는 저자가 취하여 걷는 고유한 사유의 길에 관해서는 할 말이 없다. 다만 서평자는 이 길 위에서 저자가 공박한 몇몇 명제들을 방어할 권리가 있다고 믿는다. 왜냐하면 그에게도 자기의 노선을 스스로 그려볼 자유가 있기 때문이다. 곧 저자는 160면[100]에서 이렇게 말하고 있다: "'인간은 하나의 주인(지배자)을 필요로 하는 동물이고,[101] 이 주인(지배자)에서 또는 그와의 결합에서 자신의 궁극규정의 행복을 기대하는 동물이다'라는 것은 인류 역사의 철학을 위한 **쉽지만 악한** 하나의 기본 명제이다." 오랜 세월 모든 민족들의 경험이 이 명제를 확인해 주니까, 쉬운 것일지는 모르겠으나, 그런데 이 명제가 악하다고? 또 205면에서는 이렇게 말하고 있다: "자비롭게도 섭리는 거대 사회들의 인위적 궁극목적들에 개별 인간들의 더 손쉬운 행복들을 앞세웠고, 할 수 있는 한, 저 값비싼 국가기구들을 뒤로 미뤘다." 이는 전적으로 옳은 말이다. 그러나 가장 먼저는 동물의 행복이고, 그다음은 어린아이의, 젊은이의, 그리고 끝으로 성인의 행복이다. 인류의 어느 시대에서나, 또한 동시대의 어느 상황에서나, 조물의 개념들과 그 조물이 태어나 자란 환경적 관습에 맞는 행복이 있다. 정말이지 이 점에 관해서는, 행복의 정도를 비교하고, 한 인간계급 또는 한 세대의 다른 계급이나 세대에 대한 우위를 지적하는 일이 결코 가능하지 않다. 그러나 각자가 스스로 만들어내는 행복의 이러한 허상[102]이 아니라, 이에 의해 개시되어 계속 진보하고 성장하는 활동과 문화 — 이것의 가능한 최고도가 오직 인권의 개념들에 따라 질서 지어진 국가헌정체제의 산물이고,

---

100) Herder, *Ideen*, II, S. 260. "160"은 "260"의 오기라 하겠으나. AA에는 "260"으로 고쳐져 있음.
101) 칸트는 『보편 역사에 대한 이념(IaG)』, 제6명제에서 이러한 견해를 개진했다. (BM396=VIII23 참조)
102) 원어: Schattenbild.

따라서 인간들 자신의 한 작품일 수 있는바 — 가 섭리의 본래 목적이라면, 206면에 있는, 행복의 향유에서 어떤 후세의 구성원보다 뒤짐이 없이 "개개 인간은 누구나 자기 행복의 척도를 자신 안에 가질 것"이라는 말은 어떻게 된 것인가? 그러나 인간들이 실존할 때, 그들의 상황의 가치에 관해서가 아니라, 그들의 실존 자체의 가치에, 다시 말해, 왜 인간들은 본래 현존하는지에 관해서 말한다면, 오직 여기서만 하나의 지혜로운 의도가 전체로 개시(開示)될 것이다. 저자분은 정말로, 타이티의 행복한 주민들은, 개화된 민족들의 방문을 결코 받는 일 없이, 무사태평한 가운데 수천 세기를 지나면서 살도록 정해졌다면, 사람들이 '왜 그들은 도대체 실존하는지', 그리고 '이 섬이 양과 소들로 채워져 있는 것이 순전히 향유하는 행복한 사람들로 채워져 있는 것과 과연 똑같은지' 하는 물음에 만족스러운 대답을 할 수 있다고 생각하는가. 그러므로 저 기본 명제는 저자분이 생각하는 바처럼 그렇게 **악한** 것이 아니다. — 어떤 **악한 자**[103]가 그 명제를 말했을 수 있긴 하겠지만 말이다. — 방어해야 할 두 번째 명제는 다음의 것이겠다. 212면에서 말하는 바다: "만약 누군가가, 개별 인간이 아니고, 인간종이 교육된다고 말했다면, 그는 나로서는 이해할 수 없는 말을 한 것이다. 종과 유는, 그것들이 개별 존재자들에서 실존하는 한에서, 그 이외에는, 단지 보편적 개념들일 따름이니 말이다. — 마치 내가 동물성, 암석성, 금속성 일반에 대해 말하면서, 그것을 화려하지만 개별적 개체들에서는 서로 모순되는 속성들로 수식할 때처럼. — 우리의 역사 철학이 이 같은 아베로에스[104] 철학의 길 위를 배회해서는 안 될 것이다." 물론 누가 "어떤 개별적인 말도 뿔을 가지고 있지 않다. 그렇지만 마류(馬類)는 뿔을 달고 있다"라고 말했다면, 그는

---

103) 칸트 자신을 지칭하는 것이 분명하다.
104) Averroes(1126~1198). Abū al-Walīd Muḥammad ibn Aḥmad ibn Rushd. 안달루시아의 철학자, 의사이자 당대 최고의 아랍어 작가. 이슬람 철학은 물론이고, Aristoteles의 거의 대부분의 저작에 대해 해박하였다. 그는 사고와 진리의 법칙 체계인 논리학에 인간이 행복하게 될 유일한 가능성이 있다고 보았다.

전혀 이치에 맞지 않게 말한 것이겠다. 무릇 유(類)란 그 점에서 모든 개별자가 서로 합치해야만 하는 징표 이상의 것이 아니니 말이다. 그러나 인류가 무한히(규정할 수 없게) 나아가는 세대 계열의 **전체**를 의미한다면(이런 뜻이 아주 통상적이듯이), 그리고 이 세대 계열이 그들의 행로에 함께하는 규정〔사명〕의 선에 부단히 접근해 간다는 것이 받아들여진다면, 세대 계열이 그 모든 부분에서 점근적(漸近的)이지만, 전체적으로는 그 선에 모인다고, 바꿔 말해, 인간종 세대의 어느 구성 부분이 아니라 유(類)만이 그 규정〔사명〕에 온전히 도달한다고 말하는 것은 모순이 아니다. 이런 것에 관해서는 수학자가 해명을 줄 수 있다. 이제 철학자는 이렇게 말할 터이다: 전체적으로 인간종의 규정〔사명〕은 **부단한 진보**이고, 그 규정〔사명〕의 완성은 하나의 순전한, 그러나 섭리의 의도[105]에 맞게 우리가 우리의 노력을 경주해야만 하는, 모든 관점[106]에서 매우 유용한 목표 이념이다. 그렇지만 인용했던 위의 논쟁적인 대목에서의 이런 착오는 사소한 것에 불과하다. 더 중요한 것은 그 대목의 결론이다: "우리의 역사 철학이 이 같은 (세칭) 아베로에스 철학의 길 위를 배회해서는 안 될 것이다." 이로부터 추론할 수 있는바, 이제까지 사람들이 철학을 위해 내놓은 모든 것이 매양 마음에 들지 않았던 우리 저자가 이제야말로 무익한 용어 설명으로가 아니라, 이 상세한 저작에서 사실과 사례를 통해 철학 세계를 위한 하나의 진정한 방식의 전범을 제시할 것이다.

---

105) 원어: Absicht.
106) 원어: Absicht.

인간 역사의 시초

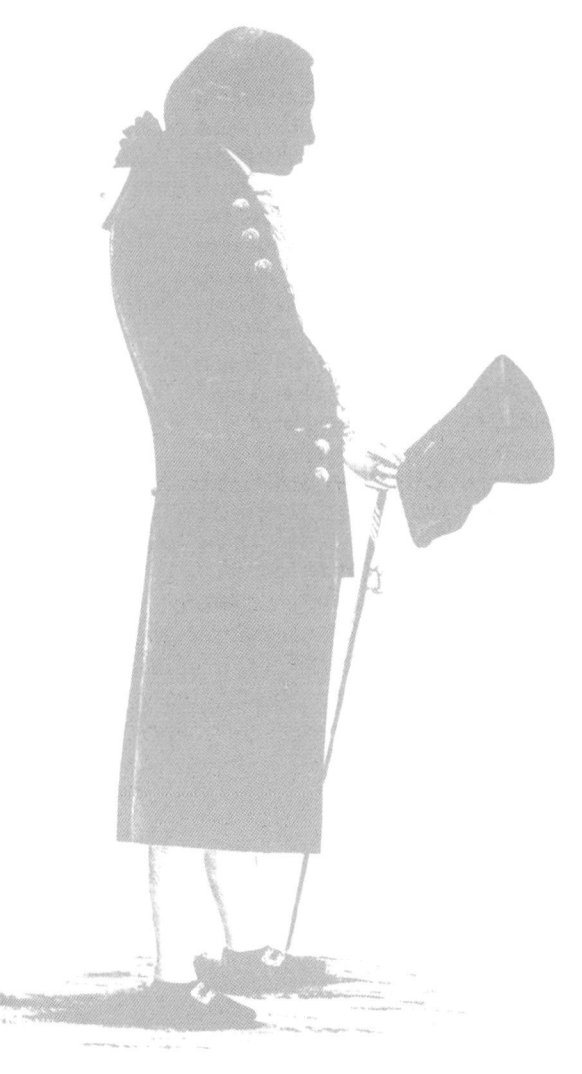

Berlinische Monatsschrift.

1786.

Erstes Stük. Januar.

I.

Muthmaßlicher Anfang der Menschengeschichte.

Im Fortgange einer Geschichte Muthmaßungen einzustreuen, um Lükken in den Nachrichten auszufüllen, ist wohl erlaubt: weil das Vorhergehende, als entfernte Ursache, und das Nachfolfolgende, als Wirkung, eine ziemlich sichere Leitung zur Entdekkung der Mittelursachen abgeben kann, um den Uebergang begreiflich zu machen. Allein, eine Geschichte ganz und gar aus Muthmaßungen entstehen zu lassen, scheint nicht viel besser, als den Entwurf zu einem Roman zu machen. Auch würde sie nicht den Namen einer muthmaßlichen Geschichte, sondern einer bloßen Erdichtung führen können. — Gleichwohl kann das, was im Fortgange der Geschichte menschlicher Handlungen nicht gewagt werden darf, doch wohl über den ersten Anfang derselben, so fern ihn die Natur macht, durch Muthmaßung versucht werden,

---

번역 대본

Muthmaßlicher Anfang der Menschengeschichte.

1) in: *Berlinische Monatsschrift*(BM), hrsg. von F. Gedike / J. E. Biester, Bd. VII, Erstes Stück, Berlin 1786, S. 1~27.

2) in: Wilhelm Weischedel(Hs.), *Immanuel Kant, Werke in sechs Bänden*, Darmstadt 1954, Bd. VI, S. 83~102.

3) in: Königlich Preußische Akademie der Wissenschaften(Hs.), *Kant's gesammelte Schriften, Kant's Werke*, Bd. VIII: Abhandlungen nach 1781, Berlin und Leipzig 1923, S. 107~123.

해제

논고 작성의 배경

칸트의 논고 「추측한 인간 역사의 시초(Muthmaßlicher Anfang der Menschengeschichte)」(약칭: 「인간 역사의 시초」(MAM))는 ① 《베를린 월보(Berlinische Monatsschrift(BM))》(F. Gedike / J. E. Biester 공편), 1786년 제7권(제1호), 1~27면에 최초로 게재된 후, 칸트 생전에만 해도

② *Kleine Schriften von Immanuel Kant*, Neuwied 1793, S. 69~103,

③ *Zerstreute Aufsätze von Herrn Professor Kant*, Frankfurt u. Leipzig 1793, S. 90~115,

④ *I. Kants sämmtliche kleine Schriften*, Königsberg u. Leipzig 1797, Bd. III, S. 245~274,

⑤ *I. Kant's vermischte Schriften*, Halle 1799, Bd. III, S. 33~60

등에 수록 재발간되었다.

논고 「인간 역사의 시초」가 1786년 1월에 발표되었으나, 학술지 편집인인 비스터가 1785년 11월 8일 자 편지에서 "인간의 역사에 관한 탁월한 논문에 대한 각별한 감사"(X417) 인사를 한 것으로 볼 때, 이 논고의 작

성은 헤르더의 『인류 역사의 철학에 대한 이념들(*Ideen zur Philosophie der Geschichte der Menschheit*)』 제2부에 대한 서평(게재: 《일반 문예신문》 1785. 11)을 쓴 직후에 이루어진 것으로 보인다. 전후 맥락으로 볼 때나 내용상으로 볼 때나 이 논고에서 칸트는 헤르더가 『인류 최고(最古)의 문서(*Aelteste Urkunde des Menschengeschlechts*)』(1774/1776)에 이어서 『이념들』 제2부(제10권)에서 반복하고 있는 『구약성서』, 「창세기」에 대한 지나친 자의적인 해석에 반대하면서, 철학적 원리에 따른 자신의 해석을 내놓은 것이라 하겠다.

논고의 개요

논고는 구약성서 「창세기」의 기록을 활용하여 최초의 인간 역사를 소묘한 다음, 그에 대해 '주해'를 붙이고, 이어서 '마무리 이야기'를 하고, '맺음말'을 하는, 짧은 글이지만 중첩적으로 구성되어 있다.

최초 인간 역사 소묘

인간의 역사는 직립 보행하고, 연관된 개념들을 가지고 말할 수 있는, 곧 사고할 수 있는(BM4=VIII110) 인간으로부터 시작한다. "자연의 목소리"(BM7=VIII112)이자 "신의 음성"(BM5=VIII111)인 본능에 순종하면서 '낙원'에 거주하던 자연인간에서 이성이 활동을 개시한다. "자연추동이 없이도, 그뿐만 아니라 오히려 자연추동에 반하여, 욕망들을 지어낼 수 있는 것이 이성의 속성이다."(BM6=VIII111) 이러한 이성의 작동과 함께 인간에게는 "이제까지 본능이 그에게 지시해 주었던 그의 욕망들의 개개 대상들로부터 무한한 선택 가능성"(BM7=VIII112)이 열렸다. 그러나 인간은 아직 그 선택을 제대로 할 줄 몰랐지만, 여하튼 이성은 "충동들에 봉사하는"(BM8=VIII113) 것에 머무르지 않는다. 그것은 그의 인생 여정이 고난의 길임을 의미한다.

이성의 첫걸음은 "거부"이다. 자초한 간난고초 가운데서 "한낱 감각적인 자극에서 관념적인 자극으로, 한낱 동물적인 욕망에서 점차 사랑으로, 그리고 이 사랑과 함께 한낱 쾌적함의 감정에서 미에 대한 취미로"(BM8=VIII113) 나아가는 것이 인간 역사의 단초이다.

이성의 둘째 걸음은 "예의"이다. 즉 "좋은 몸가짐(즉 멸시를 야기할 수도 있는 것을 가림)에 의해 우리에 대한 타인의 존경을 불러일으키는 하나의 경향성은 모든 참된 사교성의 본래적인 토대로서 더 나아가 윤리적 피조물인 인간의 조성을 위한 최초의 눈짓이 되었다."(BM9=VIII113)

"이성의 셋째 걸음은 신중한 장래에 대한 기대였다. 한낱 현재의 삶의 순간을 향유할 뿐만 아니라 다가올, 종종 아주 먼 시기를 현재로 만드는 이러한 능력은, 인간의 규정(사명)에 맞게 먼 미래의 목적들을 위해 스스로 준비하는 인간의 특장 중 가장 결정적인 표지(標識)이다."(BM9=VIII113)

"인간을 동물들과의 사회를 넘어 전적으로 고양시킨 이성이 행한 넷째의 그리고 마지막 걸음은 인간이 (비록 흐릿할망정), 인간은 본래 자연의 목적이며, 지상에 살고 있는 어떤 것도 이 점에서 인간과 견줄 자는 있을 수 없다고 파악한 사실이었다."(BM10=VIII114) 여기서 인간은 자신이 여타 동물들에 대한 특권을 가진 것을 인식함과 동시에 "동료인간"을 "자연의 선물들에 대한 동등한 참여자로 간주해야 한다"(BM11=VIII114)라는 것을 깨달았다. "이렇게 해서 인간은 모든 이성적 존재자들과 […] 평등함에 들어섰다. 곧 자신이 목적이라는 요구주장과 관련하여 모든 다른 인간도 그런 목적으로 존중되어야 하고, 그 누구도 다른 목적들을 위한 한낱 수단으로 대해서(사용해서)는 안 되는 평등함 말이다."(BM11=VIII114) — 이로써 인간은 "사회 건립"(BM11=VIII114)을 위한 준비를 마쳤다.

주해

인간이 이성에 의해 자연 '낙원'에서 "나온 것은 한갓된 동물류의 조야함에서 인간성(인류)으로, 본능의 보행기로부터 이성의 지도로, 한마디로 말해, 자연의 후견상태에서 자유의 상태로 이행한 것이었다."(BM12/13=VIII115) 그러나 "이성이 미약함에도, 동물성과 그 전체 위력과 맞붙어 싸우게 되었을 때, 해악이 그리고, 더 고약한 것은, 계발된 이성에서 무지의, 그러니까 순진무구한 상태에서는 전혀 낯선 것이었던 패악이 불가불 발생하였다." (BM13=VIII115) 그래서 "신의 작품"인 "자연의 역사가 선에서 시작한다"면, "자유의 역사는 악에서 시작한다. 왜냐하면 그것은 인간작품이기 때문이다."(BM13=VIII115)

마무리 이야기

"다음 시대의 시작은 인간이 평온과 평화의 시기에서 사회로의 통합의 서막인 노동과 불화의 시기로 이행한 것이었다."(BM18=VIII118) 생계가 토지의 경작, 곧 노동에 의거하고, 노동을 통한 소유가 형성되자, 소유를 지키기 위한 방호책으로 "시민적 체제와 공적 정의를 위한" "합법칙적인 권력" 기구들, 정부 조직이 생기고, "문화가 발생했다."(BM19~20=VIII119) 그 과정에서 "최초의 조야한 싹에서부터 점차 인간의 모든 기예가 하나씩 발전할 수 있었는데, 그 가운데서 가장 유익한 것이 사교성(사회성)과 시민 안전성이었다. 이에 인간종은 번식할 수 있었"던 반면에, "수많은 악의 원천이자 모든 선의 원천이기도 한 불평등 또한 시작되어, 계속적으로 증가하였다."(BM20~21=VIII119)

맺음말

자유의 역사로서 인간의 역사는 인간 자신이 만들어간다. "그래서 인간은 고난들의 현재 상태를 역시 언제나 자기 자신과 그 자신의 선택 탓으로 돌리지 않을 수 없"고, "그를 억압하는 해악에 관해 섭리 탓을 해서는 안"

되며, "또 인간에게는 그 자신의 범행을 조상의 원죄 탓으로 돌릴 합당성이 없다."(BM26~27=VIII123) — 이러한 칸트의 "최고(最古)의 인간 역사에 대한 철학적 시론"은 "인간사의 행정(行程)은 선에서 개시하여 악으로 진행하지 않고, 오히려 더 나쁜 것에서부터 더 좋은 것으로 점점 발전한다. 무릇 이 진보를 위해 각자는 그의 몫에서 그의 역량이 미치는 한 기여하라고 자연 자체에 의해 부름받았다"(BM27=VIII123)는 것이다.

역주

《베를린 월보》
1786
1월, 제1호[1)]

추측한
인간 역사의 시초[2)]

BM1

역사의 **진행**에 정보〔기록〕들 사이의 틈을 메우기 위해 추측들을 **뿌려 넣는 일**은 허용될 만하다. 왜냐하면 먼 원인으로서의 선행하는 것과 결과로서의 후속하는 것은 그 이행 과정을 파악하기 위한 매개 원인들을 발견할 수 있는 상당히 확실한 지도를 해줄 수 있기 때문이다. 그러나 어떤 역사를 도대체가 추측으로부터 **생겨나게** 한다는 것은 어떤 소설을 위한 기획보다 더 나을 것이 없어 보인다. 또한 그러한 역사는 **추측한 역사**라는 이름보

VIII109

---

1) *Berlinische Monatsschrift*(BM), hrsg. von Friedrich Gedike & Johann Erich Biester, Bd. 7(Januar bis Junius, 1786), Erstes Stück, Berlin 1786.
2) "Mutmasslicher Anfang der Menschengeschichte." 게재: BM, Bd. 7, Nr. 1, S. 1~27.

다는 오히려 순전한 **허구**라는 이름을 가질 수 있겠다. — 그럼에도 불구하고 인간 행위들의 역사 진행에서는 감행될 수 없는 것이 역사의 **최초의 시작(시초)**에 관해서는, **자연**이 그 시작을 이룩한 한에서, 추측에 의해 시도될 수 있다. 왜냐하면 이 시초는 지어낼 필요가 없고, 경험에서 얻을 수 있는 것이기 때문이다. 만약 사람들이 최초의 시작에서 이 자연이 우리가 지금 마주치는 것보다 더 좋지도, 더 나쁘지도 않았다고 가정한다면 말이다. 이런 가정은 자연의 유추3)에 따른 것이며, 감행한 것이 아무것도 없다. 그래서 인간의 자연본성에 내재된 근원적인 소질에서 비롯된 자유의 최초의 발전 역사는 오직 정보〔기록〕들 위에 기초할 수 있는, 진행 중인 자유의 역사와는 전적으로 다른 것이다.

그럼에도 불구하고, 추측들이란 찬동에 대한 요구주장을 높이 할 수가 없으며, 기껏해야 단지 마음의 휴양과 건강을 위해 이성을 동반하는 상상력에 허용된 운동으로서만 등장할 수 있는 것이지, 어떤 진지한 과업으로서 등장해서는 안 되는 것이므로, 바로 동일한 사건에 관해 실제적인 정보〔기록〕로 제시되고 믿어지는 그런 역사와 견주어져서는 안 된다. 실제적인 정보〔기록〕의 검증은 순전한 자연철학과는 전혀 다른 근거에 의거하는 것이다. 바로 그렇기 때문에, 그리고 나는 여기서 한갓된 유람여행을 감히 하는 것이므로, 나에게 허용되어 있다고 기대할 수 있는 호의는, 내가 내 여행을 위한 지도로 성서 기록을 이용할 수 있으며, 비록 이성에 의해 경험과 연결된 실마리가 없는 것은 아니지만, 동시에 마치 내가 상상력의 날개를 타고 하는 나의 행진은 성경이 역사적으로 기록하여 함유하고 있는 바로 그 노선을 밟는다고 내가 상상할 수 있는 일이다. 독자는 저 성서 기록의 장들(모세 제1경4), 2장부터 4장까지5))을 한 장 한 장 펴게 될 것이며, 과연 철학이

---

3) 곧 인과율. 『순수이성비판』, "경험의 유추"(A176=B218이하) 참조.
4) 곧 『구약성서』, 「창세기」, 이하 칸트 본문 중 ( )의 장, 절 지시는 모두 「창세기」의 장과 절이다.

개념에 따라 취하는 길이 역사가 제공하는 길과 합치하는지를 한 걸음 한 걸음 확인하게 될 것이다.

사람들이 추측들에 빠지려 하지만 않는다면, 선행하는 자연원인들에서 인간의 이성에 의해 도출될 수 없는 것의 시작은, 그러므로, **인간의 실존**과 함께하지 않으면 안 된다. 그것도 **다 큰 성인**에서 말이다. 왜냐하면 시작은 모성적 보조가 없어야 하기 때문이다. 또 종(種)을 번식시키기 위해서는 **쌍**에서, 그러나 그것도 **유일한 쌍**[6])에서 그리해야 한다. 사람들이 서로 가까이 있으면서도 서로 모른다면 곧바로 발발할 터인 전쟁이 발생하지 않게끔 하기 위해서, 그리고 자연이 혈통의 상이성으로 인해 인간 사명(존재 규정)의 최대 목적인 사교성(사회성)[7])을 위한 최고로 적절한 설비를 갖추지 못하게 했다는 비난을 받지 않기 위해서 말이다. 무릇 그로부터 모든 인간이 유래했을 가족의 단일성은 의심할 바 없이 이를 위한 최선의 안배였다. 나는 이 쌍을 맹수의 습격에 대해 안전하고, 자연에서 먹거리가 풍부하게 갖추어진 곳, 그러므로 말하자면 항상 기후가 온화한 지역에 있는 어떤 **동산**[8]) 안에 위치하게 한다. 그리고 이에 더하여, 나는 이 쌍을 이 쌍이 이미 숙련성에서 상당한 진보를 이룬 후에야 관찰한다. 그러므로 나는 이 쌍의 자연본성의 전적으로 조야한 상태에서 시작하는 것이 아니다. 왜냐하면 만약 내가 짐작하건대 긴 시간을 포함할 이 빈칸을 채워보려고 한다면, 그것은 독자에게 추측들은 너무 많은, 그러나 그 개연성은 너무 적은 일이 될 수 있겠다. 그러므로 최초의 인간은 **서서 걸을** 수 있었고, 그는 **말할** 수 있었다.(모세 제1경, 2장 20절[9])※ 실로 **이야기할** 수 있었다. 다시 말해 연관된 개념들을 가지고 말할(23절[10]) 수, 그러니까 **사고할** 수 있었다. 순정한 숙련성들. 이

BM4

---

5) 아래에서 보듯이 실제로는 6장까지.
6) 곧 아담과 하와.
7) 원어: Geselligkeit.
8) 곧 에덴동산.
9) 「창세기」, 2, 20: "이렇게 사람은 모든 집짐승과 하늘의 새와 모든 들짐승에게 이름을 붙여주었다. 그러나 그는 사람인 자기에게 알맞은 협력자를 찾지 못하였다."

VIII111
BM5

숙련성들을 인간은 모두 스스로 취득하지 않으면 안 되었다. (왜냐하면 만약 숙련성들이 천부적인 것이라면, 그것들은 유전될 터인데, 그것은 경험과는 상충하는 일이다.) 그러나 지금 나는 인간이 이 숙련성들을 이미 다 갖추고 있는 것으로 가정하거니와, 그것은 순전히 저런 숙련성을 필연적으로 전제하는 인간의 행동거지에 있어서의 윤리적인 것의 발전을 고찰하려는 것이기 때문이다.

본능, 즉 이 **신의 음성**, 모든 동물들이 순종하는 본능만이 시초에는 저 초보자를 인도했음이 틀림없다. 본능은 그에게 몇몇 먹을거리는 허용했고, 다른 것은 금지시켰다.(3장 2~3절[11]) — 그러나 이를 위해 지금은 상실한 어떤 특수한 본능을 가정할 필요는 없다. 그것은 한갓 후각의 감관 및 그것의 미각의 기관과의 친화성이었을 수 있다. 그런데 미각의 기관은 소화 기관들과 교감을 나눌 줄 아는 것이며, 그러므로 말하자면 어떤 음식이 향유하기에 적절한지 부적절한지를 미리 감지하는 능력으로, 그와 같은 것을 사람들은 지금도 지각하는 바이다. 그래서 이런 감관이 최초의 쌍에서 지금

※ **자신을 전달[서로 소통]하려는 추동**은, 아직 혼자 있는 인간으로 하여금 그의 외부에 있는 생명체들에게, 특히 그가 흉내 낼 수 있고 나중에는 이름으로 쓰일 수 있는 소리를 내는 생명체들에게, 우선 자신의 실존을 알리도록 움직였을 것이 틀림없다. 이러한 추동의 유사한 작용을 아직도 어린아이들이나 무심한 사람들에게서 볼 수 있는데, 이들은 떠들거나 소리치거나 휘파람을 불거나 노래를 부르거나, 다른 시끄러운 오락을 함으로써 (종종 그와 같이 예배드림으로써) 공동체의 생각 있는 사람들을 방해한다. 무릇 내가 보기에 이들이 자기들의 실존을 자기 주위에 널리 알리고자 하는 것 외에 이렇게 하는 다른 동인은 없다.

---

10) 「창세기」, 2, 23: "사람이 이렇게 부르짖었다. '이야말로 내 뼈에서 나온 뼈요, 내 살에서 나온 살이로구나! 남자에게서 나왔으니 여자라고 불리리라.'"
11) 「창세기」, 3, 2~3: "여자가 뱀에게 대답하였다. '우리는 동산에 있는 나무 열매를 먹어도 된다. 그러나 동산 한가운데에 있는 나무 열매만은, 〈너희가 죽지 않으려거든 먹지도 만지지도 마라〉라고 하느님께서 말씀하셨다.'"

보다 더 예리했을 것이라고 가정할 필요까지는 없다. 무릇 한낱 감관들만 가지고 작업하는 사람과 동시에 사고를 가지고 작업하는, 그러나 그렇기에 감각들을 외면하는 사람 간의 지각 능력에 어떤 차이가 있는지는 충분히 알려져 있으니 말이다.

노련하지 못한 인간이 자연의 이러한 부름에 순종하는 동안은 잘 살 수 있었다. 그러나 **이성**은 이내 활약을 개시했고, 본능이 결부되어 있었던 감관과는 다른 감관, 가령 시각의 감관이 기존에 향유한 것과 유사한 것으로 표상해 주는 것을 향유한 것과 비교함으로써, 식료품에 대한 자기의 지식을 본능의 한계 너머까지 확장하려고 시도하였다.(3장 6절[12]) 이러한 시도는 비록 본능이 권장한 것은 아닐지라도 본능이 그에 모순만 되지 않는다면 우연하게도 충분히 좋은 결말을 거둘 수도 있었을 터이다. 그러나 상상력의 보조를 받아 그것을 향한 자연추동이 **없이도**, 그뿐만 아니라 오히려 자연추동에 **반하여**, 욕망들을 지어낼 수 있는 것이 이성의 속성이다. 욕망들은 처음에는 **열정**의 이름을 얻지만, 그로 인해 차츰 **방탕**이라 일컫는, 불필요하고 심지어는 반자연적인 경향성들의 전적인 열광이 생긴다. 자연추동에서 이반한 것은 단지 작은 일이었을지도 모른다. 그러나 이 최초 시도의 성공은, 곧 모든 동물들이 묶여 있는 제한을 넘어 스스로 확장할 수 있는 능력으로서 이성을 자각하게 된 이러한 시도의 성공은 매우 중요한 것이었고, 또 생활 방식에 대하여 결정적이었다. 그러므로 만약 얼핏 보기에 사람들이 예전에 맛보았던 먹을 만했던 것들과 유사해서 먹어본 과일이 있는데, 어떤 동물에게는 그 본성상 그것을 향유하기가 적절하지만, 그것이 인간에게는 해로운 것으로, 인간에게는 이를 저어하는 자연적인 본능이 있다면, 이런 사실은 이미 자연의 목소리로 괴롭히고,(3장 1절[13]) 이런 모순에

BM6

VIII112

BM7

---

12) 「창세기」, 3, 6: "여자가 쳐다보니 그 나무 열매는 먹음직하고 소담스러워 보였다. 그뿐만 아니라 그것은 슬기롭게 해줄 것처럼 탐스러웠다. 그래서 여자가 열매 하나를 따서 먹고 자기와 함께 있는 남편에게도 주자, 그도 그것을 먹었다."

도 불구하고 자유로운 선택을 최초로 시도할 — 이 시도는 최초의 시도로서 아마도 기대대로 되지 않았겠지만 — 최초의 계기를 이성에 줄 수 있었다. 무릇 그 손상은 사람들이 의욕하는 것만큼 그렇게는 중요하지 않을 수도 있었고, 그리하여 인간은 이에 관해 눈을 떴다.(3[14]장 7절[15]) 인간은 자신 안에서 스스로 인생 여정[16]을 선택할 수 있는, 다른 동물들처럼 유일한 행로에 묶여 있지 않는 능력을 발견했다. 이러한 괄목할 만한 장점이 인간에게 일으켰을 순간적인 흡족에는 이내 불안과 걱정거리가 뒤따랐을 것이 틀림없었으니, 그것은 아직 그것의 숨겨진 속성들과 멀리까지 미칠 작용결과들에 대해 아무것도 몰랐던 인간이, 자기의 그 새롭게 발견된 능력을 갖고서, 어떻게 일을 착수해야 하는지 하는 불안이었다. 인간은 이를테면 심연의 가장자리에 섰다. 왜냐하면 이제까지 본능이 그에게 지시해 주었던 그의 욕망들의 개개 대상들로부터 무한한 선택 가능성이 그에게 열렸는데, 아직 그는 그 선택을 할 줄 전혀 몰랐기 때문이다. 그리고 이 한 번 맛본 자유의 상태에서 그는 그렇지만 이제 (본능의 지배 아래의) 노역의 상태로 다시 돌아가는 것은 불가능했다.

BM8 자연이 그것을 통해 각 개체를 보존하는 영양 본능 다음에는, 그것을 통해 자연이 각각의 종(種)의 보존을 보살피는 **성의 본능**이 가장 두드러진 것이다. 그런데 한 번 활기를 얻은 이성은 이 성의 본능에서도 그 영향력을 보이는 것을 주저하지 않았다. 성적 자극은 동물들에서는 일시적이고, 대부분 주기적인 충동에 의거하는 것인데, 인간에서는 상상력에 의해 연장될 수도 있고 심지어는 증대될 수 있음을 인간은 이내 알게 되었다. 상상력

---

13) 「창세기」, 3, 1: "뱀은 주 하느님께서 만드신 모든 들짐승 가운데서 가장 간교하였다. 그 뱀이 여자에게 물었다. '하느님께서 〈너희는 동산의 어떤 나무에서든지 열매를 따 먹어서는 안 된다〉고 말씀하셨다는데 정말이냐?'"
14) 원문은 "V"이나 내용에 맞춰 "3"으로 고쳐 읽는다.
15) 「창세기」, 3, 7: "그러나 그 둘은 눈이 열려……."
16) 원어: Lebensreise. AA: Lebensweise(생활 방식).

은 대상이 **감관에서 멀리 떨어져** 있으면 있을수록 자기 일을 더욱더 완화해서, 그러나 동시에 더 지속적으로 한결같이 해나가고, 그로 인해 한갓된 동물적 욕망의 포만이 수반하는 권태가 방지된다. 그러므로 무화과 이파리는(3[17]장 7절[18]) 이성이 그 발전의 초기 단계에서 보여주었던 것보다 훨씬 더 큰 외현(外現)의 산물이었다. 무릇 사람들이 경향성의 대상을 감관들에서 떼어놓음으로써 어떤 경향성을 더욱 내적이고 지속적으로 만드는 것은 충동들에 대한 이성의 어느 정도의 지배 의식을 보여주는 것이다. 이제 이성은 그 첫걸음에서처럼 작은 범위에서든 큰 범위에서든 충동들에 봉사하는 능력에 머무르지 않는다. **거부**는 한낱 감각적인 자극에서 관념적인 자극으로, 한낱 동물적인 욕망에서 점차 사랑으로, 그리고 이 사랑과 함께 한낱 쾌적함의 감정에서 미에 대한 취미로, 처음에는 단지 인간에서, 그러나 다음에는 또한 자연에서, 나아가는 곡예/묘술이다. **예의**[19]는, 즉 좋은 몸가짐 (즉 멸시를 야기할 수도 있는 것을 가림)에 의해 우리에 대한 타인의 존경을 불러일으키는 하나의 경향성은 모든 참된 사교성의 본래적인 토대로서 더 나아가 윤리적 피조물인 인간의 조성을 위한 최초의 눈짓이 되었다. ― 신기원을 이루는 한 작은 시작은 사유방식에 전혀 새로운 방향을 제시함으로써 그에 뒤따르는 문화 확장의 광대한 전체 계열보다도 더 중요하다.

VIII113

BM9

이성이 최초의 직접적으로 감각한 필요욕구들에 섞인 후에 이성의 셋째 걸음은 신중한 **장래에 대한 기대**였다. 한낱 현재의 삶의 순간을 향유할 뿐만 아니라 다가올, 종종 아주 먼 시기를 현재로 만드는 이러한 능력은, 인간의 규정(사명)에 맞게 먼 미래의 목적들을 위해 스스로 준비하는 인간의 특장 중 가장 결정적인 표지(標識)이다. ― 그러나 〔그것은〕 또한 동시에 불

---

17) 앞서와 같이 원문은 "V"이나 내용에 맞춰 "3"으로 고쳐 읽는다.
18) 「창세기」, 3, 7: "…… 자기들이 알몸인 것을 알고, 무화과나무 잎을 엮어서 두렁이를 만들어 입었다."
19) 원어: Sittsamkeit.

확실한 미래가 야기하는, 모든 동물에게는 없는, 걱정과 고뇌의 고갈되지 않는 원천이다.(3[20]장 13~19절[21]) 자신과 아내, 그리고 장래의 자녀들을 양육해야만 했던 남자는 점점 증가하는 자기 노동의 괴로움을 미리 보았다. 여자는 자연이 여성으로 하여금 굴복하게 하였던 고난들을 미리 보았고, 거기다가 힘이 더 센 남자가 그녀에게 부과한 고난들 또한 미리 보았다. 이 둘은 고단한 삶의 뒤에서 아직은 그림의 배경에 있는, 모든 동물들은 아무런 걱정 없이 불가피하게 맞는 것, 곧 죽음을 공포를 가지고서 미리 보았다. 그리고 그들은 이 모든 해악을 그들에게 야기하는 이성의 사용을 나무라고 범죄시하는 것처럼 보였다. 어쩌면 그들이 더 삶을 누릴 수 있거나, 잘 하면 한 가족의 성원으로서 그들의 무거운 짐을 덜어줄 수도 있는 후손들 속에서 사는 것이 어쩌면 그들을 위로하는 유일한 위안이 되는 전망[희망]이었다.(3[22]장 16~20절[23])

인간을 동물들과의 사회를 넘어 전적으로 고양시킨 이성이 행한 넷째의 그리고 마지막 걸음은 인간이 (비록 흐릿할망정), 인간은 본래 **자연의 목적**이며, 지상에 살고 있는 어떤 것도 이 점에서 인간과 견줄 자는 있을 수 없다고 파악한 사실이었다. 처음으로 인간이 양을 향해 "**네가 입고 있는 가죽은 자연이 너를 위해 너에게 준 것이 아니라, 나를 위해 준 것이니라**"라고 말

---

20) 앞서와 같이 원문은 "V"이나 내용에 맞춰 "3"으로 고쳐 읽는다.
21) 「창세기」, 3, 13~19: "······ 주 하느님께서 뱀에게 말씀하셨다. ······ 그리고 여자에게는 이렇게 말씀하셨다. '나는 네가 임신하여 커다란 고통을 겪게 하리라. 너는 괴로움 속에서 자식들을 낳으리라. 너는 네 남편을 갈망하고, 그는 너의 주인이 되리라.'"
22) 앞서와 같이 원문은 "V"이나 내용에 맞춰 "3"으로 고쳐 읽는다.
23) 「창세기」, 3, 16~20: "그리고 사람에게는 이렇게 말씀하셨다. '네가 아내의 말을 듣고, 내가 너에게 따 먹지 말라고 명령한 나무에서 열매를 따 먹었으니, 땅은 너 때문에 저주를 받으리라. 너는 사는 동안 줄곧 고통 속에서 땅을 부쳐 먹으리라. ······ 너는 흙에서 나왔으니 흙으로 돌아갈 때까지 얼굴에 땀을 흘려야 양식을 먹을 수 있으리라. 너는 먼지이니 먼지로 돌아가리라.' 사람은 자기 아내의 이름을 하와라 하였다. 그가 살아 있는 모든 것의 어머니가 되었기 때문이다."

하면서, 양에게서 가죽을 벗겨 자신이 걸쳤을 때,(3[24]장 21절[25]) 인간은 자기의 자연본성 덕분에 모든 동물들 위에 그가 가지고 있는 어떤 특권을 깨달았다. 인간은 이제 동물들을 더 이상 자기의 동료 창조물로 보지 않고, 자기의 임의의 의도들의 달성을 위해 자기의 의지에 맡겨진 수단과 도구로 보았다. 이러한 표상은 (비록 흐릿하지만), 인간은 **인간**을 향해서는 그런 어떤 말을 해서는 안 되며, 오히려 인간을 자연의 선물들에 대한 동등한 참여자로 간주해야 한다는 반대되는 사상을 포함한다. 그것은 이성이 장차 동료인간과 관련하여 의지에 부과해야 할 제한들에 대한 먼 데서의 준비이며, 이 준비는 사회 건립을 위해 애호와 사랑보다도 훨씬 더 필수적인 것이다.

BM11

이렇게 해서 인간은 **모든 이성적 존재자들과** — 이들이 어떤 지위에 있든지 간에 — **평등함**에 들어섰다.(3장 22절[26]) 곧 **자신이 목적**이라는 요구주장과 관련하여 모든 다른 인간도 그런 목적으로 존중되어야 하고, 그 누구도 다른 목적들을 위한 한낱 수단으로 대해서(사용해서)는 안 되는 평등함 말이다. 인간의 무제한적인 평등함의 근거는 이 점에 들어 있으며, 다양한 경향성들을 충족시키기 위한 한낱 수단으로 여겨지는 것과 같은 이성에 있지 않다. 그렇기에 천부적 재능에 있어서 모든 비교에서 인간을 앞서는 더 상위의 존재자들이 있다고 해도, 그것들 가운데 어느 것도 그렇다고 해서 한갓되이 임의로 인간을 좌지우지할 권리는 없다. 그래서 이 걸음은 동시에 인간이 자연의 모태로부터 **벗어남**과 결부되어 있는 것인즉, 영예로운 것이기는 하지만, 동시에 매우 위험한 것이기도 하다. 자연은 인간을 아동 양육의 위험이 없고 안전한 상태, 이를테면 아무런 수고 없이 인간을 돌보아 주

---

24) 앞서와 같이 원문은 "V"이나 내용에 맞춰 "3"으로 고쳐 읽는다.
25) 「창세기」, 3, 21: "주 하느님께서는 사람과 그의 아내에게 가죽 옷을 만들어 입혀주셨다."
26) 「창세기」, 3, 22: "주 하느님께서 말씀하셨다. '자, 사람이 선과 악을 알아 우리 가운데 하나처럼 되었으니, ……."

BM12 던 동산[정원]에서 추방하였고,(3²⁷⁾장 23절²⁸⁾) 수많은 걱정과 수고와 알지 못하는 해악들이 인간을 기다리고 있는 넓은 세상으로 인간을 몰아넣었으니 말이다. 장차 삶의 고난은 인간으로 하여금 더 자주 그의 상상력의 산물인

VIII115 바, 그가 아무것도 하지 않으면서 편안히 그리고 지속적인 평화 속에서 자신의 현존을 꿈꾸고 빈둥거릴 수 있는 낙원을 소망하게끔 꾈 것이다. 그러나 인간과 저 상상된 기쁨의 거소 사이에는 휴식을 모르고 인간 안에 있는 능력들을 막무가내로 개발하고자 추구하는 이성이 놓여 있어서, 그가 인간을 끌어내었던 그 조야하고 소박한 상태로 인간이 되돌아가는 것을 허용하지 않는다.(3²⁹⁾장 24절³⁰⁾) 이성은 인간이 싫어하는 수고를 그럼에도 인내로 극복하고, 인간이 경멸하는 허식적인 것들을 좇고, 인간이 두려워하는 죽음 자체도 인간이 더더욱 그 손실을 아까워하는 저 모든 사소한 것들로 인해 잊어버리도록 인간을 추동한다.

주해

최초의 인간 역사에 대한 이러한 소묘로부터 다음과 같은 사실이 드러난다. 즉 인간이 이성에 의해 인류의 최초 체류지로 표상된 낙원에서 나온 것은 한갓된 동물류의 조야함에서 인간성[인류]으로, 본능의 보행기로부터 이

BM13 성의 지도로, 한마디로 말해, 자연의 후견 상태에서 자유의 상태로 이행한 것이었다. 인류의 규정[사명]이 완전성으로의 **진보함** 외에 어느 것에도 있지 않다고 본다면, 과연 인간이 이러한 변화를 통해 얻었는지 잃었는지는 이제 더 이상 문제가 아니다. 설령 이 목표를 향한 최초의 시도들이 허점투

---

27) 앞서와 같이 원문은 "V"이나 내용에 맞춰 "3"으로 고쳐 읽는다.
28) 「창세기」, 3, 23: "그래서 주 하느님께서는 그를 에덴 동산에서 내치시어, 그가 생겨나 온 흙을 일구게 하셨다."
29) 앞서와 같이 원문은 "V"이나 내용에 맞춰 "3"으로 고쳐 읽는다.
30) 내용상으로는 24절이라기보다는 앞의 23절의 두 번째 구절을 함의한다고 볼 수 있다.

성이이고, 심지어 그에 줄 이어 계속된 시도들에 괄목할 만한 것이 없었다고 하더라도 말이다. — 그럼에도 불구하고 인류에게는 나쁜 것에서 더 좋은 것으로의 **진보**인 이러한 행보가 개인에게는 바로 곧 그러한 것은 아니다. 이성이 깨기 전에는 지시명령도 금지도 없었고, 그러므로 위반도 없었다. 그러나 이성이 자기의 업무를 시작했을 때, 이성이 미약함에도, 동물성과 그리고 그 전체 위력과 맞붙어 싸우게 되었을 때, 해악이 그리고, 더 고약한 것은, 계발된 이성에서 무지의, 그러니까 순진무구한 상태에서는 전혀 낯선 것이었던 패악이 불가불 발생하였다. 그러므로 이러한 상태에서의 첫 걸음은 윤리적인 측면에서는 **타락**이었고, 물리적 측면에서는 결코 알려진 바 없던 다량의 삶의 해악이 이 타락의 결과, 그러니까 형벌이었다. 그러므로 **자연**의 역사는 선에서 시작한다. 왜냐하면 그것은 **신의 작품**이기 때문이다. 〔그 반면에〕 **자유**의 역사는 악에서 시작한다. 왜냐하면 그것은 **인간작품**이기 때문이다. 자기 자유의 사용에 있어 순전히 자기 자신만을 주목하는 개인에게는 그러한 변화에서 손실이 있었다. 〔그 반면에〕 그 목적을 인간과 관련하여 그 유(類)에 두는 자연에 그 변화는 이득이었다. 그래서 개인은 그가 겪는 모든 해악과 그가 저지르는 모든 악을 자기 자신의 탓으로 돌릴 이유를 갖는다. 그러나 동시에 전체(유)의 한 성원으로서 안배의 지혜와 합목적성에 경탄하고 그것을 칭송할 이유 또한 갖는다. — 이런 방식으로 사람들은 또한 자주 오해되고, 겉보기에 서로 상충하는 저 유명한 장 자크 루소의 주장들을 서로 간에 그리고 이성과 일치시킬 수 있다. 『학문들의 영향에 관하여』[31] 및 『인간 불평등에 관하여』[32]라는 자신의 저술에서 루소는 전적으로 올바르게 문화와 인류 자연본성 사이의 불가피한 상충을 지적한다.

BM14
VIII116

---

31) 곧 『학문과 예술에 관한 논고(*Discours sur les sciences et les arts*)』(1750). 이 논고에서 J.-J. Rousseau는 학문과 예술의 부흥이 윤리 순화에 기여하는지 어떤지, 곧 학문과 예술이 윤리에 미치는 영향을 논한다.
32) 곧 『인간의 불평등의 기원에 관한 논고(*Discours sur l'origine et les fondements de l'inégalité parmi les hommes*)』(1755). 이 논고에서 Rousseau는 인간 사이의 불평등의 기원은 무엇인지, 그것이 자연법에서 유래하는 것인지를 논구한다.

여기서 인류란 그 안에서 각 개체(개인)가 자기의 규정(사명)을 완전히 성취해야만 하는 하나의 **물리적(자연적)** 유를 말한다. 그러나 『에밀』[33]과 『사회계약론』[34] 및 다른 저술들에서 그는 다시, 하나의 **윤리적** 유로서의 인류(인간성)의 소질을 그 규정(사명)에 마땅하게 발전시킴으로써 이 윤리적 유로서의 인류가 저 자연의 유로서의 인류와 더 이상 상충하지 않게 하기 위해 문화가 어떻게 진전해야만 하는가 하는 더 어려운 문제를 풀고자 한다. 이러한 상충에서 — 왜냐하면 인간과 동시에 시민으로의 **교육**의 참된 원리들에 따르는 문화는 어쩌면 아직 제대로 시작도 안 되었고 더욱이나 완성되어 있지 못하므로 — 인간적인 삶을 억압하는 모든 진짜 해악과 인간적인 삶을 능욕하는 모든 패악들이 생겨난다.※ 사람들이 죄과를 그에 돌리는 패

BM15
VIII117

※ 단지 한편으로 자기의 윤리적 규정(사명)을 위한 인류의 노력과 다른 한편으로 조야한 동물적 상태에서 그들의 본성에 놓여 있는 법칙들에 대한 변함없는 준수 사이의 이러한 상충의 몇몇 사례를 제공하기 위해, 나는 다음과 같은 것을 끌어오는 바다.
자연은 성년 시기를, 다시 말해 자기의 종(種)을 생산할 추동과 능력의 시기를 대략 16~17세로 확정했다. 그 나이에 조야한 상태에서 소년은 문자 그대로 하나의 남자가 된다. 무릇 그는 그때 자기 자신을 보존하고, 자기의 종을 생산하고, 자기의 처를 포함해서 이들을 부양할 능력을 가지게 되니 말이다. 소박한 필요욕구가 그가 이 일을 하는 것을 용이하게 한다. 그 반면 개화된 상태에서는 처자 부양을 위해, 숙련성에 있어서도 유리한 외적 환경에 있어서도 많은 취득 수단이 필요하다. 그래서 이 시기가, 시민으로서는, 적어도 평균 10년은 더 뒤로 늦춰진다. 그렇지만 자연은 그들의 성숙의 시점을 사회 정치화(精緻化)의 진보에 맞춰 동시에 변화시키지 않고, 자연이 동물류로서의 인류를 보존하기 위해 설정했던 자기 법칙을 고집스럽게 준수한다. 무릇 여기에서 윤리로 인해 자연목적에 훼손이 생기고, 자연목적으로 인해 윤리에 훼손이 생긴다. 시민적 인간으로서는 (물론 그가 자연 인간인 것을 그치지는 않지만) 단지 소년이고, 심지어는 단지 아이일 때도, 자연 인간은 일정한 나이에 벌써 남자이다. 무릇 사람들은 자기 종(種)을 생산할 추동과 능력을 가지고 있고, 그러니까 자연이 그를 부름에도 불구하고, 그의 연령 때문에

VIII117

---

33) 『에밀(*Émile ou De l'éducation*)』(1762).
34) 『사회계약론(*Du Contract Social ou Principes du Droit Politique*)』(1762).

(시민 상태에서는) 결코 자기 자신을, 더욱이나 자기 종을 부양할 수 없는 자를 이렇게 ('아이'라고) 부를 수 있을 것이다. 무릇 자연이 생물들 안에 본능들과 능력들을 안배하고서, 그것들과 쟁투하고 억압하라 하기 위해서 그러지 않았을 것은 확실하다. 그러므로 생물들의 그러한 소질은 개명된 상태를 위해 설정된 것이 아니라, 순전히 동물류로서의 인류의 보존을 위해 설정된 것이다. 그러므로 문명 상태는 후자[35]와 불가피하게 상충하게 되고, 이 상충을 (문화의 최종 목표인) 완전한 시민적 헌정체제만이 해소할 수 있을 터이다. 지금 그 중간은 보통 패악들과 그 결과들인 잡다한 인간적 고난들로 채워진다.

'자연은 우리 안에 상이한 두 목적을 위한 두 소질을, 곧 동물류로서의 인류의 소질과 윤리적 유(類)로서의 인류의 소질을 설립했다'는 명제의 진리를 증명하기 위한 하나의 다른 예는 "藝術은 길고, 人生은 짧다[36]"라는 히포크라테스[37]의 말이다. 학문들과 예술들은, 그에 적합한 한 인사(머리)가 오랜 연습과 습득한 지식을 통해 진정으로 성숙한 판단에 한 번 이르고 나면, 전 세대에 걸친 학자들이 잇따르며 성취했음 직한 것보다도 더 진전할 수 있는 것일 터이다. 저 인사(머리)가 이 세대들에게 공여되어 있는 시간을 오직 바로 그 젊은 정신력으로써 겪어냈다면 말이다. 그런데 자연은 분명히 학문 장려의 관점과는 다른 어떤 관점에서 인간 수명에 대한 결정을 내렸다. 무릇 그 아주 운 좋은 인사(머리)가 그의 숙련성과 능란함에서 기대할 수 있는 최대 발견들의 부근에 서면, 노령이 닥치니 말이다. 그는 우둔해지고, 문화의 진보에서 한 뼘을 더하는 일을 (다시금 '가나다'에서 시작하고, 이미 걸었던 전 구간을 다시 한번 걷지 않을 수 없는) 차세대에게 넘겨야만 한다. 그래서 그 전체 규정(사명)에 이르는 인류의 보행은 끊임없이 중단되고, 옛적 조야함으로 퇴락을 거듭되는 위험에 놓여 있는 것으로 보인다. 그리스 철학자가 아무 근거 없이 다음처럼 탄식한 것은 아니었다: **사람들이 본래 어떻게 살아야만 하는 것인지를 막 알기 시작한 바로 그때, 사람들이 죽어야 한다는 것은 유감스러운 일이다.**[38]

---

35) 지시하는 바가 분명하지는 않으나, '동물로서의 인간의 보존' 정도로 해석할 수 있겠다.
36) 원문: ars longa, vita brevis. *Corpus Hippocraticum*, Aph. 1,1: "Ὁ βίος βραχὺς, ἡ δὲ τέχνη μακρή." 회자하는 라틴어 번역문은 Seneca, *De brevitate vitae*, 1,1에서 유래하는 것으로 본다.
37) Hippokrates. Ἱπποκράτης ὁ Κῷος(ca. 460~370). '의학의 아버지'라 불리는 고대 그리스의 전설적 명의. 그의 4유형의 체액 이론을 바탕으로 한 체액병리학은 19세기까지도 전승되었으며, 칸트도 자신의 인간학 강의에서 자주 활용하였다. 그의 이론과 명언들은 그의 사후 추종자들에 의해 편찬된 고대 의학총서 *Corpus Hippocraticum*에 담겨 전해오고 있다.

BM16
BM17
BM18
VIII118

악으로의 자극은 그 자체로는 좋은 것이며, 자연소질로서 합목적적인 것이다. 그러나 이러한 소질들은 한갓된 자연상태에서 성립되었던 것이므로 진전하는 문화에 의해 파손을 입고, 반대로 문화를 파손한다. 완전한 기예가 다시 자연이 될 때까지는 말이다. 이것이야말로 인류의 윤리적 규정(사명)의 최종 목표인 것이다.

마무리 이야기

다음 시대의 시작은 인간이 평온과 평화의 시기에서 사회로의 통합의 서막인 **노동과 불화**의 시기로 이행한 것이었다. 여기서 우리는 다시금 크게 비약을 해서, 갑자기 가축을 점유하고 그 자신이 파종하거나 재배하여 식용으로 증산할 수 있었던 곡식을 점유하는 데로 인간을 옮겨놓아야 한다.(4장 2절[39]) 비록 거친 수렵 생활에서 목축 상태로의 이행, 그리고 떠돌

VIII118

인간들 사이의 **불평등**, 그것도 천부적 자질이나 재물의 불평등이 아니라 인간들의 보편적 **인권**의 불평등이 세 번째 사례가 될 수 있을 것이다. 루소가 진실로 크게 탄식하는 불평등, 그것은 그러나 문화가 말하자면 무계획으로 진전하면(이런 일은 오랫동안 게다가 불가피한바), 문화로부터 격리될 수가 없다. 그러나 자연이 인간에게 불평등을 규정하지 않은 것은 확실하다. 자연은 인간에게 자유를 주었고, 이 자유를 다른 것이 아니라 그 고유의 보편적인, 그것도 **시민법(시민권)**이라고 일컫는 외적 합법칙성을 통해 제한하는 이성을 주었기 때문이다. 인간은 마땅히 자기의 자연소질의 조야함에서 스스로 애써 벗어나야 하고, 그것을 극복한다고 해도, 그에 엇나가지 않게 주의해야만 한다. 그것이 숙련성인데, 이 숙련성을 인간은 늦게야, 많은 시행착오를 한 후에야 기대할 수 있다. 그 중간에 인간은 미숙함으로 인해 스스로 만든 해악들 사이에서 한숨 쉰다.

---

38) 이 말의 원출처는 찾을 수 없으나, Cicero, *Tusculanae disputationes*, III, 69에서 이 단락의 요지와 유사한 내용을 읽을 수 있으며, Cicero는 이 내용을 Aristoteles의 말로 소개하고 있다.

39) 「창세기」, 4, 2: "그 여자는 다시 카인의 동생 아벨을 낳았는데, 아벨은 양치기가 되고, 카인은 땅을 부치는 농부가 되었다."

아다니며 나무뿌리를 캐거나 열매를 채집하는 생활에서 경작 상태로의 이행이 충분히 서서히 일어났다고 할지라도 말이다. 여기에서 그때까지 평화롭게 서로 이웃해 살던 사람들 사이에 분쟁이 이미 시작될 수밖에 없었고, 그 분쟁의 결과는 생활양식이 서로 다른 사람들의 분리와 지구상 곳곳으로의 분산이었다. **목축 생활**은 평온할 뿐만이 아니라, 사람이 살지 않았던 광대한 토지에 사료가 부족할 수 없기 때문에, 가장 안정적인 생계를 제공한다. 그에 반해 **경작**, 내지 재배는 매우 고단하고, 변덕스러운 날씨에 의존하고, 그러니까 불안정하며, 지속성 있는 주택과 토지의 소유, 그리고 그것을 방어할 충분한 힘도 필요로 한다. 그러나 목축인은 자기의 방목의 자유를 제한하는 이러한 소유를 증오한다. 전자에 관해서, 농부는 목축인을 하늘로부터 더 많이 총애받는 것이라 선망하는 것으로 보일 수 있겠다.(4[40]장 4절[41]) 그런데 실제로 그에게 목축인은, 그가 자신의 이웃으로 머물러 있는 한, 매우 부담스럽게 되었다. 무릇 방목하는 가축이 재배식물들을 내버려 두지 않으니 말이다. 그런데 저 목축인에게는 손해를 야기한 후에 자기의 가축 떼를 데리고 멀리 떠나, 일체의 손해 배상에서 벗어나는 것이 용이한 일이다. 왜냐하면 그는 어디에서나 다시 볼 수 있는 것이 아닌 것은 아무것도 남겨놓지 않기 때문이다. 그래서 목축인이 불허된 것이라 여기지 않았던 그러한 침해들에 대해 폭력이 필요한 것은 농부였고,[42] (그러한 침해 야기가 완전히 그칠 수 없었으므로), 자신이 오래 흘린 피땀의 결실들이 손실되기를 원하지 않는다면, 마침내 목축 생활을 영위하는 이들로부터 가능한 한 멀리 **떨어지**지 않으면 안 되었다.(4[43]장 16절[44]) 이 결별이 제3 시기를 개시한다.

---

40) 원문은 "V"이나 내용에 맞춰 "4"로 고쳐 읽는다.
41) 「창세기」, 4, 4: "아벨은 양 떼 가운데 맏배들과 그 굳기름을 바쳤다. 그런데 주님께서는 아벨과 그의 제물을 기꺼이 굽어보셨으나, ······."
42) 「창세기」, 4, 8: "카인이 아우 아벨에게 '들에 나가자' 하고 말하였다. 그들이 들에 있을 때, 카인이 자기 아우 아벨에게 덤벼들어 그를 죽였다" 참조.
43) 원문은 "V"이나 내용에 맞춰 "4"로 고쳐 읽는다.
44) 「창세기」, 4, 16: "카인은 주님 앞에서 물러 나와 에덴의 동쪽 놋 땅에 살았다."

BM20

생계가 토지의 경작과 식재(특히 식목)에 의존해 있는 그런 토지는 지속성 있는 주택을 요하고, 모든 침해에 대응해 토지를 지키려면 서로 돕는 일군의 사람들이 필요하다. 그러니까 사람들은 이러한 생활 양식에서, 야만적인 수렵인들이나 떼 지어 떠돌아다니는 유목민들에 대항하여 자기들의 소유를 지키기 위해서는, 더 이상 가족 형태로 흩어져 살 수 없었고, 함께 결속하여 촌락 — 도시라고 부르면 맞지 않은 — 을 세우지 않을 수 없었다. **상이한 생활 양식**에 따라 마련할 필요가 있는 일차적 생활필수품들을($4^{45)}$장 $20절^{46)}$) 이제 서로 **교환**할 수 있었다. 이에서 필시 문화가 발생했고, 기예, 근면의 기예뿐만 아니라 오락의 기예가 개시했다.($4^{47)}$장 $21{\sim}22절^{48)}$) 그러나 가장 주요한 것은 시민적 체제와 공적 정의를 위한 몇몇 기구들도 생겼고, 물론 최초에는 엄중한 폭행들에 관해서만 그랬으나, 이제 그에 대한 응징은 더 이상 야만 상태에서처럼 개개인에게 맡겨지지 않았으며, 오히려 전체를 결속하는 합법칙적인 권력에, 다시 말해 그에 대해 어떠한 폭력 행사도 있지 않은, 하나의 정부에 맡겨졌다.($4^{49)}$장 $23{\sim}24절^{50)}$) — 이제 이러한 최초의 조야한 싹에서부터 점차 인간의 모든 기예가 하나씩 발전할 수 있었는데, 그 가운데서 가장 유익한 것이 사교성(사회성)과 시민 안전성이었다. 이에 인간종은 번식할 수 있었고, 하나의 중심에서, 마치 벌집같이, 이미 교육받은 이주민들이 파견되어 도처로 퍼질 수 있었다. 이 시기와 함께

---

45) 원문은 "V"이나 내용에 맞춰 "4"로 고쳐 읽는다.
46) 「창세기」, 4, 20: "아다는 야발을 낳았는데, 그는 집짐승을 치며 천막에 사는 이들의 조상이 되었다."
47) 원문은 "V"이나 내용에 맞춰 "4"로 고쳐 읽는다.
48) 「창세기」, 4, 21~22: "그 아우의 이름은 유발인데, 그는 비파와 피리를 다루는 이의 조상이 되었다. 칠라도 투발 카인을 낳았는데, 그는 구리와 쇠로 된 온갖 도구를 만드는 이였다. 그리고 투발 카인의 누이는 나아마였다."
49) 원문은 "V"이나 내용에 맞춰 "4"로 고쳐 읽는다.
50) 「창세기」, 4, 23~24: "라멕이 자기 아내들에게 말하였다. '아다야, 칠라야, 내 소리를 들어라. 라멕의 아내들아, 내 말에 귀를 기울여라. 나는 내 상처 하나에 사람 하나를, 내 생채기 하나에 아이 하나를 죽였다. 카인을 해친 자가 일곱 갑절로 앙갚음을 받는다면, 라멕을 해친 자는 일흔일곱 갑절로 앙갚음을 받는다.'"

수많은 악의 원천이자 모든 선의 원천이기도 한 불평등 또한 시작되어, 계속적으로 증가하였다.

그런데 오직 신을 그들의 주(主)로 아는 유목 민족들이 한 인간(당국자(최고 지배자))을 주(主)로 갖는 도시주민과 농민들을(6장 4절[51])※ 에워싸고, 일체의 토지 소유를 단호히 반대하여 이들을 적대시하며, 이들로부터 되짚어 증오를 받는 동안은 양편 사이에 계속적인 전쟁이, 적어도 끊이지 않는 전쟁 위험이 있었다. 그래서 양편 민족들은 적어도 내적으로는 소중한 자산인 자유의 기쁨을 누릴 수 있었다. — (무릇 전쟁 위험은 지금도 전제주의를 누그러뜨리는 유일한 것이니 말이다. 왜냐하면 지금 한 국가가 하나의 강국이려면, 부가 필요한데, 부를 창출할 수 있는 근면은 **자유** 없이는 생기지 않기 때문이다. 그 반면 가난한 민족에서는 공동체 유지에 큰 동참이 있어야만 하는데, 이 역시 그 민족이 **자유롭다**고 느낄 때만 가능한 일이다.) — 그럼에도 시간이 감에 따라 도시주민들의 늘어나는 화려함, 특히 황야의 지저분한 시골 여자들을 무색하게 만드는 도회 여자들의 치장술은 저 목축인들에게는 도시주민들과 관계 맺게 하고,(6[52])장 2절[53]) 화려한 고통 속으로 끌어넣는 강력한 유혹물이지 않을 수 없었다. 거기서 이제까지 서로 적대시하던 두 족속이 융합함으

※ 아라비아의 **베두인**들은 자신들을 여전히 (**베니 할레드** 및 그 비슷한) 그들 부족의 창시자인, 옛적 **수장**(首長)의 자녀라고 부른다. 이 자는 결코 그들 위에 군림하는 주(主)가 아니라, 자기 임의로 그들에게 권력을 행사할 수 없다. 무릇 누구도 뒤에 남겨놓을 수밖에 없을 타인 부동산을 갖지 않는 유목 민족에서는 마음에 들지 않는 것이 있는 어느 가족이든 아주 쉽게 그 부족을 떠나 다른 부족을 강화할 수 있으니 말이다.

---

51) 「창세기」, 6, 4: "그때 그리고 그 뒤에도 세상에는 느빌림(나필족)이라는 거인족이 있었는데 그들은 아들들과 사람의 딸들 사이에서 태어난 자들로서 옛날부터 이름난 장사들이었다."
52) 원문은 "V"이나 내용에 맞춰 "6"으로 고쳐 읽는다.
53) 「창세기」, 6, 4: "하느님의 아들들은 사람의 딸들이 아름다운 것을 보고, 여자들을 골라 모두 아내로 삼았다."

로써 모든 전쟁 위험의 종식과 함께 동시에 자유의 종식이 [왔고], 그러므로 한편으로는 강력한 폭군들의 전제정이, 그러나 채 시작되지도 못한 문화에서 아주 타락한 노예근성의 영혼 없는 사치가 야만 상태의 모든 패악과 뒤섞이고, 다른 한편으로는 인간종은 자연에 의해 그들에게 예정된 선을 향한 자기 소질 계발의 진전을 아무 저항 없이 중단했다. 그렇게 해서 인간종은 지상을 지배하고, 짐승처럼 즐기지 말고, 노예처럼 복역하지 않도록 규정된 유(類)로서의 자기 실존조차 품격 없게 만들어버렸다.(6[54])장 17절[55])

맺음말

VIII121
BM23

생각 없는 이는 알지 못하지만, 생각 있는 이는 능히 윤리의 타락이 될 수 있는 어떤 비탄을 느낀다. 곧, 인간종을 그토록이나 그리고 개선의 희망 없이 억압하는 (것처럼 보이는) 해악을 가늠할 때, 세계 행정(行程) 전체를 다스리는 섭리에 대해 갖는 불만 말이다. 그러나 가장 중요한 것은, (비록 섭리가 우리에게 우리의 지상 세계에서 참으로 고단한 노정을 점지했을지라도), **섭리에 만족하는 일**이다. 그것은 한편으로는, 고난들 가운데서도 언제나 다시금 용기를 갖기 위해서이고, 다른 한편으로는, 우리가 그 고난들의 탓을 운명으로 돌림으로써, 어쩌면 이 모든 해악의 유일한 원인일지도 모르는 우리 자신의 죄과[탓]를 외면하지 않고, 자기 개선에서 이에 대한 구조[대처]를 소홀히 하지 않기 위해서이다.

사람들이 고백하지 않을 수 없는바, 개화된 민족들을 억압하는 최대의 해악들은 **전쟁**으로 인해, 그것도 현재의 또는 과거의 전쟁으로 인해서보다도 더욱이나 결코 축소되지 않는, 심지어는 끊임없이 증가하는 장래의 전쟁을 위한 **군비**로 인해 우리에게 야기되는 것이다. 국가의 모든 역량과, 더

---

54) 원문은 "V"이나 내용에 맞춰 "6"으로 고쳐 읽는다.
55) 「창세기」, 6, 17: "이제 내가 세상에 홍수를 일으켜, 하늘 아래 살아 숨쉬는 모든 살덩이들을 없애버리겠다. 땅 위에 있는 모든 것이 숨지고 말 것이다."

욱더 위대한 문화를 위해 사용될 수도 있을 터인, 국가 문화의 모든 결실이 이 군비를 위해 쓰인다. 자유는 수없이 많은 곳에서 심각하게 훼손당하고, 개개 구성원에 대한 국가의 모성적 배려는 가혹한 수탈로 바뀐다. 그럼에도 이러한 일은 외부 위험에 대한 걱정으로도 합리화된다. 그러나, 만약 저 언제나 두려운 전쟁 자체가 국가의 원수들에게 이런 **인류에 대한 존경**을 강요하지 않았다면, 이런 문화가, 공동체의 계층들의 상호 복지 증진을 위한 밀접한 결합이, 주민이, 더욱이나 비록 심하게 제한하는 법률들 아래서나마 아직 남아 있는 자유의 정도가 있을 수 있었겠는가? **중국**의 경우만 보아도 아는 바이다. 중국은 위치상 예상치 못한 습격 같은 것을 받을 수는 있지만, 두려운 강력한 적이 없고, 그래서 중국에서는 자유의 흔적조차 사라졌다. — 그러므로 인간종이 아직 머물러 있는 문화의 단계에서 전쟁은 문화를 계속 진전시키는 하나의 불가결한 수단이다. (신이 그때를 알겠지만) 오직 완성된 문화가 있고 나서야 하나의 영속적인 평화가 우리에게 효력이 있을 것이고, 저 완성된 문화를 통해서만 가능할 것이다. 그러므로 이 점에 관해서 말하자면, 우리가 그토록 비탄하는 해악들은 우리 자신의 탓〔죄과〕이다. 그리고 성서가 민족들이 하나의 사회로 융해되고, 그들의 문화가 채 개시되지도 못했는데 외부의 위험에서 완전히 해방되는 것을 진일보하는 모든 문화의 장애이고 구제할 수 없는 타락으로의 침몰이라고 본 것은 전적으로 옳다.

BM24

인간들의 **둘째 불만족은 생(삶)의 짧음**과 관련해서 자연 질서에 대한 것이다. 만약 사람들이 생이 실제로 지속되는 것보다 마땅히 더 길게 존속되어야 한다고 소망한다면, 필시 생의 가치 평가를 잘못 이해하고 있는 것이기는 하다. 무릇 그것은 순정하게 고난들과 끊임없이 쟁투하는 경기의 연장일 뿐일 터이니 말이다. 그러나 유치한 판단력을 가진 이들이 삶을 사랑하지 않으면서 죽음을 두려워하고, 그들의 생존을 하루하루 그럭저럭 만족스럽게 이어가는 것이 힘에 겨우면서도, 이러한 재앙을 반복할 날들이 결코 충분하지 않다고 하는 것을 사람들이 굳이 타박할 필요는 없다. 그러나 그

VIII122

BM25

토록 짧은 생을 위한 수단들에 대한 얼마나 많은 걱정이 우리를 괴롭히는지, 장래의 그런 잠시나마의 향유를 기대하면서 얼마나 많은 부정이 행해지는지를 생각만이라도 해본다면, 사람들은 이성적으로 다음과 같은 사실을 믿지 않을 수 없을 것이다. 즉, 만약에 인간들이 800년 이상의 수명을 내다볼 수 있다면, 아버지는 아들의 위험에서, 형제는 다른 형제의 위험에서, 또한 친구는 다른 친구의 위험에서 그의 생이 더 이상 거의 안전하지 못하고, 그토록 오래 사는 인간종의 패악들은 높이 치솟을 수밖에 없을 터이며, 그로 인해 인간들은 지상의 대홍수에서 절멸되는 것보다 더 나은 운명을 갖지 못할 터이다.(6⁵⁶⁾장 12~13절⁵⁷⁾)

셋째 소망, 아니 차라리 공허한 동경 — 무릇 사람들은 그 소망한 것이 우리에게 결코 배분될 수 없다는 것을 알고 있으니까 — 은 시인들이 그토록이나 찬양한 **황금시대**의 허상이다. 우리를 호화, 사치로 몰아대는 일체의 상상적인 필요욕구로부터의 해방이 있고, 자연의 순전한 필요만으로 족〔足〕함이 있고, 인간들의 전반적인 평등이 있으며, 인간들 사이에 영속적인 평화가 있는, 한마디로 말해 걱정 없이 게으름을 피우며 몽상하거나 어린애같이 놀면서 세월을 보내는 삶의 순수한 향유가 있는 시대 말이다. — 이것은 로빈슨 크루소 같은 사람들을 그리고 남태평양 섬들로의 여행을 아주 매력적으로 만드는 동경이지만, 대체로 사유하는 사람이 문명화된 삶에서 그 가치를 오로지 **향유**에서 찾을 때 느끼는, 그리고 가령 이성이 그에게 **행동들**로써 삶에 가치를 부여할 것을 환기시킬 때 나태의 평형추로 고려하는, 따분함을 증명하는 것이다. 순진무구의 저러한 시대로 복귀하려는 이러한 소망이 무의미함은, 사람들이 원시 상태에 대한 앞서의 묘사를 통해

BM26

---

56) 원문은 "V"이나 내용에 맞춰 "6"으로 고쳐 읽는다.
57) 「창세기」, 6, 12~13: "하느님께서 내려다보시니, 지상은 타락해 있었다. 정녕 모든 살덩어리가 지상에서 타락한 길을 걷고 있었다. 하느님께서 노아에게 말씀하셨다. '나는 모든 살덩어리들을 멸망시키기로 결정하였다. 그들로 말미암아 지상이 폭력으로 가득 찼다. 나 이제 그들을 지상에서 없애버리겠다.'"

배우는 바가 있다면, 충분히 적시되는 바이다: 인간은 저런 상태에서 자신을 지켜갈 수가 없다. 왜 그런가 하면 저런 상태는 인간을 충족시키지 못하기 때문이고, 더욱이나 인간은 단연코 저러한 상태로 되돌아가려 하지 않는다. 그래서 인간은 고난들의 현재 상태를 역시 언제나 자기 자신과 그 자신의 선택 탓으로 돌리지 않을 수 없다.

VIII123

그러므로 인간의 역사에 대한 이러한 서술은 인간의 교도(敎導)와 개선을 위해 유익하고 유용하다. 그것은, 인간이 그를 억압하는 해악에 관해 섭리 탓을 해서는 안 된다는 것을 적시하고, 또 인간에게는 그 자신의 범행을 조상의 원죄 탓으로 돌릴 합당성이 없다는 것을 적시한다. 그렇다 하면 가령 유사한 위반들로의 성벽이 후손들에게도 유전될 터이니 말이다. (무릇 자의적인 행위들은 어떠한 상속적인 것도 지니지 않는 바이다.) 오히려 저 서술은, 인간이 저러한 행위들에 의해 일어난 것을 그 자신에 의해 행해진 것으로 인정함이 지극히 당연하다는 것을, 그러므로 자기 이성의 오용으로 인해 발생한 모든 해악에 대해 그 탓을 전적으로 그 자신에게 돌려야 한다는 것을 적시한다. 인간은 그가 동일한 상황에서는 똑같이 처신할 것이고, (자연의 암시에 반해서조차) 이성을 오용하는 것으로 최초의 이성 사용을 했을 것임을 아주 잘 알 수 있으니 말이다. 만약 도덕적 해악에 관한 저러한 점이 수정되어 있다면, 원래의 자연적 해악이 수익과 부채의 차감에서 잉여금을 우리에게 유리하게 가져갈 수 있기는 어려울 것이다.

BM27

그래서 최고(最古)의 인간 역사에 대한 철학적 시론의 결과는 섭리와 전체 인간사의 행정(行程)에 대한 만족이다. 인간사의 행정은 선에서 개시하여 악으로 진행하지 않고, 오히려 더 나쁜 것에서부터 더 좋은 것으로 점점 발전한다. 무릇 이 진보를 위해 각자는 그의 몫에서 그의 역량이 미치는 한 기여하라고 자연 자체에 의해 부름받았다.

임마누엘 칸트

제3부
문화철학
(자연지리학)

'인종'의 개념 규정(1785)
철학에서 목적론적 원리들의 사용(1788)

'인종'의 개념 규정

2.
Bestimmung des Begrifs einer Menschenrace.

Die Kenntnisse, welche die neuen Reisen über die Mannigfaltigkeiten in der Menschengattung verbreiten, haben bisher mehr dazu beigetragen, den Verstand über diesen Punkt zur Nachforschung zu reizen, als ihn zu befriedigen. Es liegt gar viel daran, den Begrif, welchen man durch Beobachtung aufklären will, vorher selbst wohl bestimmt zu haben, ehe man seinetwegen die Erfahrung befragt; denn man findet in ihr, was man bedarf, nur alsdann, wenn man vorher weiß, wornach man suchen soll. Es wird viel von den verschiedenen Menschenracen gesprochen. Einige verstehen darunter wohl gar verschiedene Arten von Menschen; Andere dagegen schränken sich zwar auf eine engere Bedeutung ein, scheinen aber diesen Unterschied nicht viel erheblicher zu finden, als den, welchen Menschen dadurch unter sich machen, daß sie sich bemalen oder bekleiden. Meine Absicht ist jetzt nur, diesen Begrif einer Race, wenn es deren in der Menschengattung giebt, genau zu bestimmen; die Erklärung des Ursprungs der wirklich vorhandenen, die man dieser Benennung fähig hält, ist nur Nebenwerk, womit man es halten kann.

번역 대본

Bestimmung des Begrifs einer Menschenrace.

1) in: *Berlinische Monatsschrift*(BM), hrsg. von F. Gedike / J. E. Biester, Bd. VI, Elftes Stück, Berlin 1785, S. 390~417.
2) in: Wilhelm Weischedel(Hs.), *Immanuel Kant, Werke in sechs Bänden*, Darmstadt 1954, Bd. VI, S. 63~82.
3) in: Königlich Preußische Akademie der Wissenschaften(Hs.), *Kant's gesammelte Schriften, Kant's Werke*, Bd. VIII: Abhandlungen nach 1781, Berlin und Leipzig 1923, S. 89~106.

해제

논고의 성격

논고 「'인종'의 개념 규정(Bestimmung des Begrifs einer Menschenrace(BBM)」은 최초 ①《베를린 월보(*Berlinische Monatsschrift*(BM)》(F. Gedike / J. E. Biester 공편), 1785년, 제6권(제11호), 390~417면에 게재된 후, 칸트 생전에만 해도

② *Zerstreute Aufsätze von Herrn Professor Kant*, Frankfurt u. Leipzig 1793, S. 64~89,

③ *Immanuel Kants frühere noch nicht gesammelte kleine Schriften*, Lintz 1795, S. 107~128,

④ *I. Kants sämmtliche kleine Schriften*, Königsberg u. Leipzig 1797, Bd. III, S. 531~558,

⑤ *I. Kant's vermischte Schriften*, Halle 1799, Bd. II, S. 633~660

등에 수록 재발간되었다.

논고 「'인종'의 개념 규정」은 이 논고의 초기 형태라고도 볼 수 있는 칸트의 다른 논고 『상이한 인종들에 대하여(*Von den verschiedenen Racen der*

Menschen)』(Königsberg 1775; 수정본 수록: J. J. Engel 편, *Der Philosoph für die Welt*, Tl II, Leipzig 1777), 그리고 수년 후에 발표한 「철학에서 목적론적 원리들의 사용에 관하여(Über den Gebrauch teleologischer Principien in der Philosophie)」(수록: *Der Teutsche Merkur*, 1788)와 함께 칸트의 인간종의 자연사 3부작으로 간주된다.

칸트는 대학 강의를 시작하고 나서 두 번째 학기인 1756년 여름 학기부터 1772년 여름 학기까지는 매 학기 자연지리학 강좌를 개설하였다. 정교수 취임 후 1772/1773년 겨울 학기에 인간학 강좌를 개설한 후부터 1796년까지는 매년 여름 학기에만 자연지리학 강좌를 격학기로 계속 강의하였다.

칸트의 자연지리학과 인간학, 이 두 강의는 인간과 세계와 자연을 개관하는 당시 대학의 교양 필수 교과목처럼 여겨졌다. 특히 자연지리학 강좌는 칸트가 대학에서 최초로 개설한 것으로, 강의 기본 교재를 지정해야 하는 당시의 대학 강의 개설 지침을 벗어나, 칸트 자신이 자유롭게 수집 선별한 자료를 바탕으로 운영되었다.

칸트는 자신의 자연지리학 강의에서 인간종의 자연사를 중요하게 다루었고, 인종의 차이에 관해서도 논하였는데, 칸트의 판단에 따르면 인종의 차이의 주요인은 자연소질(배아)이고, 환경적 요소(기후)는 부수적인 것이다.

'인종'의 개념 규정과 가능한 구분

상이한 '인종들(Menschenrassen)' 곧 '인간의 종족들'에서 '종족(Rasse)'이라는 개념은 "첫째로 공동의 원근(문) 개념을, 둘째로 그 원근(문)의 후손들 상호 간의 부류 차이의 필연적인 유전적 성격(특성)들을 내용으로 갖는다." (BM405/406=VIII99) 그래서 칸트는 "종족이라는 개념은 동일한 원근(문)을 갖는 동물들의 부류 구별이다. 단, 그 부류 구별이 불가불 유전하는 한에서 그러하다"(BM407=VIII100)라고 규정한다. 이러한 개념에 따르면 현재까지 승인할 수 있는 것은 "피부색 관련해서" 백인, 황색 인도인, 흑인, 홍동

〔紅銅〕색 아메리카인, 이렇게 "네 부류"의 인종 "구별을 받아들일 수 있다." (BM394=VIII93)

이러한 인간의 상이한 부류들이 발생한 것은, 자연이 각각의 혈통의 "원근〔문〕에 자기 성격을 부여하"고, 그것이 근원적으로 거주하는 지대의 "기후에 적합하게 부여하였"기 때문이다.(BM404=VIII98 참조) "한 원근〔문〕의 유기조직은 다른 원근〔문〕의 유기조직과는 전적으로 다른 목적을 가지고 있"(BM404=VIII98)고, "인간의 상이한 부류들은 자기의 규정된〔특정한〕 특징을 나중에 다른 모든 부류와의 생식에도 전달해야만 했다. 왜냐하면 이 특징은 그 부류 자신의 실존 가능성을 위해, 그러니까 또한 그 종의 번식 가능성을 위해 필요했고, 그 〔혈통의〕 원근류〔原根類〕에서의 필연적인 최초의 소질에서 파생되었기 때문이다. 그러므로 사람들은 그러한, 불가불의, 다른 부류와의 혼혈〔교합〕에서조차 잡종으로 유전되는 속성들로부터 이들이 어떤 하나의 원근〔문〕에서 파생했다고 추론하지 않을 수 없다. 왜냐하면 이러한 원근〔문〕 없이는 천성의 필연성이 이해될 수 없을 것이기 때문이다."(BM404 이하=VIII98)

칸트의 이러한 이론은 "최초의 공동의 인간 원근〔문〕에 어떤 근원적인, 지금 현존하는 종족 차별을 완전히 본래적으로 목표로 한 배아〔싹〕를 상정하고 있거니와, 그것은 언급한 네 종족에서 모든 경험을 통해 확증된 그것들의 천성〔유전〕의 불가불성〔不可不性〕에 전적으로 의거"(BM409=VIII101)하고 있는 것이다. 그러니까 칸트는 인류의 "최초의 부모원근〔문〕/시조를 백인으로 상정하면서, 여타의 이른바 종족들은 나중에 공기와 태양에 의해 후손들에게 일어난 인상들로써 설명할 수 있다고 믿"고, "다수의 다른 특유성도 한낱 동일한 지역의 한 민족의 주거지에서 비롯하여 마침내 유전되고, 신체적〔물리적〕 민족 성격〔특징〕을 이룬 것"(BM409=VIII101)이라는 주장은 실증적 근거가 없다고 본다.

역주

《베를린 월보》
1785년 11월[1)]

'인종'의 개념 규정[2)]

BM390
VIII89

 근래의 여행들이 인류에서의 다양성에 관해 전파한 지식들이 지금까지 VIII91
는 이 문제에 대해 지성을 만족시키기보다는, 탐구를 자극하는 데에 더 많
이 기여했다. 여기서 중요한 것은, 사람들이 관찰을 통해 해명하고자 하는
개념을 그 때문에 경험에 묻기에 앞서 스스로 잘 규정하는 일이다. 무릇 사
람들은 자기가 찾아야 할 것을 미리 알고 있을 때에만, 자기가 필요로 하
는 것을 경험에서 발견하니 말이다. 서로 다른 **인종들**[3)]에 대한 많은 말이

---

1) *Berlinische Monatsschrift*(BM), hrsg. von Friedrich Gedike & Johann Erich Biester, Bd. 6(Julius bis December, 1785), Berlin 1785. 11월호.
2) "Bestimmung des Begrifs einer Menschenrace." 게재: BM, Bd. 6(Berlin 1785), S. 390~417.
3) 원어: Menschenracen(=Menschenrassen).

'인종'의 개념 규정 265

있다. 몇몇 사람은 이 말로 서로 다른 인간의 **종**(種)들[4]을 뜻하고, 이에 반해 다른 사람들은 더 좁은 의미로 제한하기는 하지만, 이 차이를, 사람들이 화장하거나 옷을 입음으로써 서로 간에 만드는 차이보다, 그다지 더 중대한 것이라고 보지 않는 것 같다. 지금 나의 의도는 오직, 만약 '**종족**'이라는 이 개념이 인류 안에 있는 것이라면, 그것을 정확하게 규정하는 일이다. 사람들이 이러한 명명을 할 수 있다고 여기는 실제로 현존하는 종족들의 기원에 대한 설명은, 하고 싶은 대로 할 수 있는, 부산물일 따름이다. 그런데 내가 보는바, 다른 일에서는 명민한 인사들이, 수년 전 오로지 저런 관점에서 말했던 것[※]을 평가함에서, 이 부차적인 일에, 곧 원리의 가설적 적용에만 주의를 기울이고, 그러나 모든 것이 달려 있는 원리 자체는 단지 가볍게 다루었다. 그것은 원리들에 소급하는 다수의 탐구들이 부딪치는 숙명이고, 그래서 사변적인 사안들에서 일체 논쟁과 변호를 하지 말라고 충고하되, 오해된 것에 대한 더 상세한 규정과 해명만은 바람직한 것이라 추천할 수 있는 숙명이다.

※ 엥겔의 『세계를 위한 철학자』, 제2편, 125면 이하[5] 참조.

---

4) 원어: Arten von Menschen.
5) Johann Jakob Engel(1741~1802)은 칸트 당대 독일의 작가이자 인기 있던 계몽 철학자였다. 그를 유명하게 만든 편저 *Der Philosoph für die Welt*(Leipzig Tl I: 1775, Tl II: 1777)는 그의 생전에 중쇄를 거듭하면서 널리 읽혔다. 이 책의 제2편 제22장(125~164면)에 칸트가 최초에 '자연지리학 강의' 개설 예고 논고로 출간했던 『상이한 인종들에 대하여(*Von den verschiedenen Racen der Menschen*)』(Königsberg 1775)를 다듬은 글이 실려 있다.

1.
한 동물류[6] 안에서 유전되는 것만이
동일한 유 안에서 부류-구별할 권리를 준다

자기 고국에서 공기와 태양에 의해 갈색으로 그을려서 그 피부색으로 인해 독일인이나 스웨덴인과 매우 잘 구별되는 **무어인**[7](모리타니인[8])과, 질병에서 거의 회복되지 않은 것처럼 창백하고 기진해 보이는 서인도 제도의 프랑스나 영국의 **크리올**[9]이 이런 것 때문에 인류의 상이한 부류로 헤아려질 수는 없다. 그 지방의 양들에는 예외 없이 검은 털이 나기 때문에, 교사인 양 검은 옷을 입고 유유히 다니는 **라만차**[10]의 스페인 농부가 그럴 수 없는 것과 마찬가지로 말이다. 무릇 만약 무어인이 실내에서 그리고 크리올이 유럽에서 성장했다면, 그 둘은 우리 대륙의 주민들과 구별될 수 없을 것이기 때문이다.

BM392
VIII92

선교 사제 드마네[11]는 **세네감비아**에서 한동안 체류했기 때문에, 마치 자

---

6) 원어: Tiergattung. 칸트가 이 논고에서 'Stamm(문)', 'Gattung(속)', 'Klasse(강)', 'Art(종)' 등의 생물 분류 명칭을 쓰고 있기는 하지만, Linné에 따른 통상의 분류 명칭들: 역(域, Domain), 계(界, Kingdom), 문(門, Phylum), 강(綱, Class), 목(目, Order), 과(科, Family), 속(屬, Genus), 종(種, Species) 등을 일관되게 계층대로 사용하고 있지는 않다. 이 논고에서 칸트가 쓰는 관련 분류 명칭은 문맥을 고려하여 'Stamm: 원근(原根)/문(門)', 'Stammgattung: 원근류', 'Gattung: 유(類)', 'Klasse: 부류(部類)', 'Art: 종'으로, 그리고 관련해서 'Rasse: 종족', 'Menschenrasse: 인종'으로 대응 번역하여 사용한다.
7) 원어: Mohr(=Moor).
8) 원어: Mauritanier(=Mauritanian).
9) 원어: Kreole(=Creole). 보통 현지인과 유럽계 백인 사이의 혼혈인을 지칭한다.
10) 원어: la Mancha. 스페인 중부의 광활한 고원지대로 포도원, 올리브 과수원, 밀과 보리 농장이 펼쳐져 있고, 스페인의 포도주 생산지로 유명하며, 세르반테스의 소설『돈키호테』의 배경 지역이기도 하다. 소도시 콘수에그라(Consuegra)에는 소설에 등장하는 11개의 풍차가 있다.
11) Jean-Baptiste Demanet(1778년 사망). 프랑스의 가톨릭 선교사로 1760/70년대 프랑스령 서아프리카 지역을 순회하며 열정적으로 전교 활동하였다. 그는 1767년에 *Nouvelle histoire de l'Afrique françoise*(『프랑스령 아프리카의 새 역사』, 전 2권)를 펴냈는데, 이 책이 널리 읽혀 독일어 번역판: *Neue Geschichte des französischen Africa*

기만이 흑인의 피부 검은색을 올바로 판단할 수 있는 것처럼 뽐내며, 이에 관한 그의 동향인인 프랑스인들의 모든 판단을 혹평한다. 나는 이와 반대로 주장한다. 프랑스에서는 사람들이 피부색에 따라서 흑인들과 다른 인간들의 부류 차이를 규정하려고 하는 한에서는, 그곳에 오랫동안 거류했던 흑인들의 피부색에 대해서, 더욱이나 거기에서 태어난 흑인들의 피부색에 대해서, 흑인들의 고국에서보다 훨씬 더 정확하게 판단할 수 있다. 무릇 아프리카에서 흑인의 피부에 태양이 가한, 단지 우연적인 것이 프랑스에서는 없어질 수밖에 없고, 그러므로 그에게는 출생에 의해 부여되어 자손에게 계속 이식시키는 검은 색만이 남는다. 따라서 이것만이 부류의 구별점으로 사용될 수 있다. 이제까지의 모든 기술(記述)에 따르면 남태평양 제도 거주민들의 원래 피부색에 대해서는 사람들이 아직 어떤 확실한 개념을 잡을 수 없다. 무릇 비록 그들의 일부는 마호가니 나무 색깔(적갈색)의 속성을 가지고 있다고 하지만, 그럼에도 나로서는 이 갈색 중 얼마만큼이 태양과 공기 때문에 착색이 된 것이고, 얼마만큼이 출생으로 인해 가진 속성인지를 알지 못하니 말이다. 저 사람들의 부부가 유럽에서 낳은 아이는 모호함 없이 그들 **본래의[태생적인]** 고유한 피부색을 드러낼 터이다. 캐터릿[12]의 — 물

(2 Bde., Leipzig 1778)도 나왔다. 칸트가 말하는 내용은 독일어판 Bd. 1, S. 18이하; Bd. 2, S. 155이하에서 읽을 수 있다.

12) Philip Carteret(1733~1796). 칸트 당대 영국의 해군 장성이자 지리 탐험가로 1차 (1764~1766), 2차(1766~1769) 세계 일주 항해를 했는데, 남태평양 항해 중 다수의 섬들을 발견했다. 그의 제2차 항해 일지는 John Hawkesworth에 의해 편집되어 *An Account of the Voyages undertaken by the order of His present Majesty for making discoveries in the Southern hemisphere, and successively performed by Commodore Byron, Captain Wallis, Captain Carteret, and Captain Cook, in the Dolphin, the Swallow, and the Endeavour*(London 1773)로 출판되었는데, 이 책의 독일어 번역판 John Hawkesworth: *Geschichte der See-Reisen und Endeckungen im Süd-Meer welche auf Befehl Sr Grossbrittannischen Majestat unternommen: und von Commodore Byron, Capitain Wallis, Capitain Carteret und Capitain Cook in Dolphin, der Swallow, und dem Endeavour nach einander ausgeführet worden sind / aus den Tagebüchern der verschiedenen Befehlshaber und den Handschriften Joseph Banks in drey Bänden verfasst Dr. Johann Hawkesworth;*

론 그는 항해 중 육지를 많이 밟지는 않았지만, 그래도 카누를 타고서 여러 섬사람들을 보았다 — 여행기의 한 대목으로부터 내가 추론하는 바로는, 대부분의 섬들의 주민들은 필경 백인이다. 무릇 (인도 수역에 속하는 섬들 인근의) **프리윌섬**[13]에서 그는, 그의 말대로, 처음에 인도인의 **진짜 황색** 피부를 보았으니[14] 말이다. 말라쿨라[15] 섬사람들의 머리 형태가 자연에 의한 것인지 인위적인 것인지, 또 카퍼[16]족의 **자연**(천생) 피부색은 흑인들의 피부색과 얼마나 다른지, 그리고 그 밖의 다른 더 많은 성격적인 속성들은, 과연 유전적이고 출생 시에 자연(본성) 자신에 의해 새겨져 있는지, 아니면 단지 우연적으로 새겨져 있는지를, 그래서 단정적으로 결정할 수 있으려면 아직도 멀었다.

VIII93

2.
피부색 관련해서
인간의 네 부류 구별을 받아들일 수 있다

BM394

우리는 피부색의 유전적 구별점[차이]을 **백인**의, **황색** 인도인[17]의, **흑인**

    Mit des Herrn Verfassers Genehmhaltung aus dem Englischen übersetzt von Johann Friedrich Schiller(Berlin 1774)도 이어 나왔다. 몇 년 후 그가 작성한 여행기 "Carteret's voyage round the world, 1766-1769"(H. Wallis의 편집, 전 2권으로 1965년에야 출간)의 독일어판 *Captain Carteret's Fahrt um die Welt von 1766-69*(Leipzig 1776)가 출판되었는데, 칸트는 이 책에서 정보를 얻은 것으로 보이나, 인용 내용이 일치하지 않아 Georg Forster와의 논쟁이 유발되었고, 그 결과로 논고 "Über den Gebrauch teleologischer Pricipien in der Philosophie"(1788)가 나왔다.

13) 원어: Frevill-Eiland(=Free Will Island). Carteret는 2차 항해 중에 이 섬을 발견했다.
14) Carteret의 여행기에는 인도인의 피부색이 "동(銅)색(a copper)"이라고 서술되어 있다.(독일어판 여행기, 67면 참조)
15) 원어: Mallicolo(=Malakula).
16) 원어: Kaffer(=Kaffir).
17) 원어는 "Indianer"이지만, 아래에 "본래 힌두스탄의"의 서술로 볼 때 '인디언'이라기보다는 '인도인(Inder)'을 지칭하는 것으로 보인다.

의, **홍동**(紅銅)**색** 아메리카인의 피부색 그 이상으로는 확실하게 알지 못한다. 주목할 만한 것은, 이 부류 각각이 그들의 거류지 면에서 상당히 고립되어(다시 말해, 나머지 부류들과는 격리되어 있으되, 자기들끼리는 통일되어) 있기 때문에, 이러한 성격(특징)들이 **첫째로** 인류의 부류 구분에 특히 적합해 보인다는 점이다. 곧, **백인** 부류는 카보 피니스트레[18]에서부터 노르드캅,[19] 옵강,[20] 소 부하라,[21] 페르시아, 행복한 아라비아,[22] 아비시니아,[23] 사하라 사막의 북쪽 경계를 거쳐 아프리카의 카프 블랑[24] 또는 세네갈의 하구에 이르는 지역에, **흑인** 부류는 거기서부터 카보 네그로[25]에 이르는 지역과, 카퍼족을 제외하고, 다시 되돌아 아비시니아에 이르는 지역에 거주하며, 본래 힌두스탄의 **황인** 부류는 케이프 코모린[26]에 이르는 지역에 거주한다. (그들 중 절반은 다른 쪽 인도반도와 인근 몇몇 섬들에서 산다.) 그리고 **홍동색인** 부류는 완전히 격리되어 있는 대륙에, 곧 아메리카에 거주한다. 비록 피부색의 차이가 다수에서 아주 무의미하게 나타난다고 할지라도, 이러한 성격(특징)이 특히 부류 구분에 적합한 **둘째** 이유는, 조물(생물)이 — 공기와 태양에

BM395

---

18) 원어: Kap Finisterrae(=Cabo Finisterre). 스페인 갈리시아 지방의 서쪽 끝에 위치한 곳. 라틴어 명칭 그대로 "땅끝(Finis terrae)"이라 받아들여지고 있다.
19) 원어: Nordkap(=Nordkapp). 노르웨이 북부 핀마르크주에 위치한 절벽으로, 유럽 대륙의 최북단 지점으로 알려져 있다.
20) 원어: Obstrom. 알타이산맥에서 발원하여 북쪽으로 서시베리아 평원을 가로질러 흘러서 카라해로 유입된다.
21) 원어: die Kleine Bucharei. 아마도 실크로드의 중심 도시 중 하나인 중앙아시아의 우즈베키스탄의 부하라(Bukhara) 인근으로 보인다.
22) 원어: das Glückliche Arabien(=Arabia Felix). 아라비아 사막 지대에서 비교적 비옥한 남서부 및 남쪽 지방(오늘날의 예멘)을 지칭.
23) 원어: Abessinien(=Abyssinia). 동아프리카에 위치한 고대 왕국으로, 현재의 에티오피아와 에리트레아 지역.
24) 원어: das Weiße Vorgebirge(=Cap Blanc). 서사하라 모리타니(Mauritania)에 위치한 곳.
25) 원어: Capo Negro(=Cape Negro, Cabo Negro). 앙골라의 나미베(Namibe)주에 위치한 곳.
26) 원어: Kap Comorin(=Cape Comorin, Kanyakumari). 인도 반도의 최남단 꼭짓점.

매우 서로 다르게 자극받는 온갖 지대에 이식되어 — 기예가 최소한으로 필요한 방식으로 존속해 가야 하는 한, 발산을 통한 분리가 필시 자연이 배려하는 가장 중요한 요소라는 점이다. 그리고 저런 분리의 기관으로 여겨지는 피부가 인류를 눈에 띄게 상이한 부류들로 구분할 권리를 주는, 이러한 자연적 성격의 상이함의 흔적을 자체로 지니고 있다는 점이다. — 이 밖에도 나는 때때로 다툼이 있는, 피부색의 **유전적** 차이를, 향후 그것을 확증할 계기가 나타날 때까지는, 인정할 것을 청하는 바이다. 그리고 또한, 이 자연의 복장과 관련해서 앞서 명명한 네 가지 외에는 다른 유전적 민족 성격[특징]이 없음을, 저 수효는 증명되지만 그 외의 다른 것은 확실하게 밝혀지지 않는다는, 오로지 그 이유에서 내가 받아들이는 것을 허용할 것을 청하는 바이다.

VIII94

3.
백인 부류에는 인류 일반에 속하는 것 외에 다른 어떤 성격적 속성도 **필연적으로 유전하지** 않고, 여타의 부류들에서도 그러하다

우리 백인들에는 유[27)의 성격에 속하지 않는 많은 유전적 성질들이 있는데, 이런 성질들에서 가족들이, 심지어는 민족들이, 서로 구별된다. 그러나 그런 속성들 중 단 하나도 **불가불**[28) 천성이 되지[29)는 않는다. 오히려 그런 속성을 가진 이들이 백인 부류의 다른 이들과 결합하여 이러한 구별적 성질이 없는 자녀를 낳기도 한다. 그래서 덴마크에서는 금발색의 차이가, 반

BM396

---

27) 원어: Gattung.
28) 원어: unausbleiblich.
29) 원어: anarten. 사실상 'anerben/erben'과 마찬가지로 '유전되다/상속되다'로 옮기는 편이 더 자연스러울 수도 있겠으나, 원문의 두 표현을 구별하기 위해 칸트의 이 논고에서는 많은 대목에서 '천성이 되다/천성화하다'로 옮긴다.

면에 스페인에서는 (그러나 더욱이 아시아에서는 백인으로 간주되는 민족들에서) 갈색 피부색이 (눈과 머리카락의 색깔도 함께) 지배적이다. 심지어 격리된 민족에서는 이 갈색이 예외 없이 유전할 수도 있다. (푸른 눈을 우스꽝스럽다고 보는 중국인들에서처럼 말이다.) 저들에서는 그 색깔을 후손에게 물려줄 수 있는 금발인 이가 발견되지 않기 때문이다. 그러나 만약 이 갈색인들 중 한 남자가 금발 부인을 맞으면, 그는, 아이가 이쪽이나 저쪽으로 기울어짐에 따라, 갈색이나 금발의 아이를 낳는다. 어떤 가족들에는 유전적인 폐결핵, 측만증,[30] 광기 등등이 있다. 그러나 이런 수많은 유전적 질환 중 어느 것도 **불가불** 유전하지는 않는다. 무릇, 결혼할 때 가족 유형에 어느 정도 주의를 기울임으로써 그러한 결합을 조심스럽게 피하는 것이 더 좋다 할지라도, 나 자신이 여러 차례 본바, 한 건강한 남자가 폐결핵을 앓는 부인을 만나, 얼굴 모습이 그와 꼭 닮고 건강한 한 아이와, 또 엄마를 닮았고, 엄마처럼 폐결핵을 앓는 다른 한 아이를 낳기도 했다. 또 나는, 광기가 유전적인 가족의 출신일 뿐 그 자신은 이성적이었던 부인과 어떤 이성적인 남자의 혼인에서 여러 영리한 아이들 가운데 한 아이만이 광기가 있는 것도 보았다. 여기에 유전적 계승[31]이 있지만, 양친이 서로 다른 점의 경우에서는 불가불 그렇지는 않다. ― 바로 이 규칙을 사람들은 확신을 가지고 여타 부류들의 경우에도 기초로 삼을 수 있다. 흑인, 인도인, 또는 아메리카인들 역시 그들의 개인적인, 또는 가족적인, 또는 지역적인 상이점들을 갖는다. 그러나 이런 것들 가운데 어느 것도 **동일 부류인**들과의 교합(혼혈)에서 그 각각의 특성이 **불가불** 후손에게 전해지고 전파되지는 않는다.

---

30) 원어: Schiefwerden.
31) 원어: Nachartung.

4.
앞서 명명한 네 부류의 상호 교합(혼혈)에서
각 부류의 성격은 **불가불** 천성이 된다

    백인 남성과 흑인 여성, 반대로 흑인 남성과 백인 여성은 만나서 흑백 혼혈인[32]을 낳고, 백인 남성과 여성 인도인은 만나 황(黃) 인구(印歐) 혼혈인[33]을 낳으며, 백인과 아메리카인은 만나서 홍(紅) 인구 혼혈인을 낳는다. 그리고 아메리카인과 흑인은 만나서 **흑 카리브인**을 낳는다. (인도인과 흑인의 교합은 아직 시도되지 않았다.) 부류들의 성격은 이종 교합(혼혈)에서 불가불 천성이 되며, 이 경우 예외는 전혀 없다. 그런 경우가 인증되는 것을 본다면, 그것은 오해에 기인하는 것이다. 사람들이 **백색증 환자**[34]나 **백피증**(白皮症) **환자**[35] — 이 둘은 기형이다 — 를 백인으로 여기는 경우처럼 말이다. 이렇게 천성이 되는 것은 이제 항상 양쪽에서 일어나고, 동일한 아이에서 결코 한낱 한쪽에서만 일어나지 않는다. 백인 아버지는 그의 부류의 특성을, 흑인 어머니는 그녀 부류의 특성을 아이한테 새긴다. 그러므로 항상 중간 유형이나 튀기[36]가 생길 수밖에 없고, 이러한 잡종종(혼혈종)[37]은 동일한 부류와의 수 세대의 생식에서 서서히 사라진다. 그러나 만약 그 잡종종이 똑같은 잡종종에 제한이 된다면, 그 잡종종은 예외없이 계속 퍼지고 영속할 것이다.

BM398

---

32) 원어: Mulatte(=mulatto).
33) 원어: Mestize(=mestizo).
34) 원어: Albino.
35) 원어: Kakerlak.
36) 원어: Bastard. 어원(bastardus)을 고려하여 '사생아'나 '불법적 자식'으로 옮길 수도 있겠으나, 문맥을 살펴 '혼혈인'의 비속어인 '튀기'로 옮긴다. 그러나 아래에서(BM416=VIII105) 쓰인 동사형 "verbastert"(=bastardized)는 '혼혈된(변종된)'으로 옮긴다.
37) 원어: Blendlingsart.

5.
필연적 잡종 생식[38]의 법칙에 관한 고찰

다음의 사실은 언제나 매우 주목할 만한 현상이다. 인류에게는 부분적으로는 중요하고, 심지어 가족 내에서는 유전적인 제법 많은 성격들이 있는데, 그럼에도 인간 부류 내에서 순전한 피부색에 의해 성격지어지는 필연적으로 천성이 되는 특징은 단 하나도 없다는 사실과, 이에 반해 이 피부색 특징이, 아주 사소하게 보일지라도, 이 부류 내에서뿐만 아니라 그 부류와 다른 세 부류 중 어느 하나와의 교합(혼혈)에서도 보편적으로 그리고 **불가불** 천성이 된다는 사실 말이다. 어쩌면 이러한 특이한 현상으로부터, 본질적으로 유에 속하지 않고, 순전히 불가불의 상황에서 비롯하는 그러한 속성들이 천성이 되는 원인들에 관해 무엇인가를 추측할 수 있겠다.

첫째로, 무엇이 도대체 유의 본질에 속하지 않는 어떤 것이 **유전**될 수 있도록 거드는지를 선험적으로 결정하는 일은 난처한 감행이다. 인식원천이 이렇게 모호할 때는 가설의 자유가 너무나도 무제한적이어서, 이런 경우 반박들을 다루는 온갖 노고가 아까울 뿐이다. 그런 경우들에서는 각자가 자기 생각을 고집하니 말이다. 나로서는 그러한 경우들에서, 누구나 그것에서 출발하고, 그것에 따라 보통 그것에 호의적인 사실들도 찾아낼 줄 아는, 특수한 **이성준칙**만을 주시한다. 그리고 난 후, 내가 아직 그 반대이유들을 명확히 할 줄 알기 전에는, 나에게 저 모든 설명을 믿지 않도록 하는 나의 준칙을 찾아낸다. 만약 이제 내가 나의 준칙을 입증된, 자연과학에서의 이성 사용에 정확히 부합하는, 일관성 있는 사고방식에 오로지 유용한 것으로 간주하면, 나는 이른바 사실들에 구애받지 않고 준칙을 따른다. 저 이른바 사실들이란 그것들의 신뢰성과 취한 가설에의 충족성을 거의 오로지 일단 선택한 저 준칙에서 얻어오며, 그런 중에 이러한 사실들에 대해 사

---

38) 원문: halbschlächtige Zeugung.

람들은 애쓰지 않고도 또 다른 수백의 사실들을 맞세울 수 있다. 임신한 부인의 상상력의 작용결과에 의한, 또는 실로 궁정 외양간 암말의 작용결과에 의한 유전, 전 종족들의 수염 뽑기, 영국 말들에서 꼬리 다듬기, 이런 것들을 통해 자연은 자신의 생식들에서 자신이 시원적으로는 그것을 위해 조직된바 그런 하나의 산물을 차츰차츰 빼내도록 강요받게 된다. 당초에 부모들에 의해 신생아들에게 인위적으로 만들어진 납작코는 나중에 자연에 의해 자연의 출산력에 수용된 것일 터이다. 이러한 그리고 저러한 설명근거들이 훨씬 더 잘 증명된 사실들을 맞세울 수 있는, 이 목적으로 끌어온 사실들에 의거해서는 신용을 얻기가 아주 어려울 터이다. 만약 저 설명근거들이 이성의 보통의 완전히 올바른 준칙, 곧 '(原理는 必要 外로 增加해서는 안 된다[39])는 원칙에 따라서) 현상들을 위해 특수한 제1의 자연력이나 천부적 소질을 상정하기보다는 차라리 모든 것을 주어진 현상들에서 과감히 추정하라'는 준칙으로부터 추천받지 못했다면 말이다. 그러나 이에 맞서, 없어도 되는 원리를 절약하라는 저 준칙을 제한하는 또 다른 준칙, 곧 '(自然은 어떻게 해서든 自己를 保存한다[40])는 학파들의 정식(定式)에 따르는) 전체 유기적 자연에서는 개별 생물들의 온갖 변화에도 불구하고 그것들의 종(種)들은 불변적으로 유지된다'는 준칙이 있다. 이제 분명한 것은, 생식력 자체를 변경시키고, 자연의 원초적 유형을 변형시키거나, 나중에 이어질 세대들에 지속적으로 보존될 첨가물들을 가지고서 기형화하는 어떤 능력이 상상력의 마력이나 동물의 신체에 대한 인간의 기교에 있다고 시인이 된다면, 어떤 원형에서 자연이 시작되었는지, 또 원형의 변경은 어디까지 나갈 수 있을지, 그리고 인간의 상상력은 한계를 모르므로, 유와 종들이 마침내 어떤 추한 꼴로

---

39) 원문: principia praeter necessitatem non sunt multiplicanda. Aristoteles, 스콜라철학을 거쳐 '오컴의 면도날'로 표상된 이 원리에 대한 칸트의 이해와 활용에 관해서는 『판단력비판』, BXXXI=V182 및 『순수이성비판』, A652=B680 참조.
40) 원문: quaelibet natura est conservatrix sui. 스토아학파 이래 F. Bacon이 채택한 이른바 '자연의 자기 보존 법칙'.

까지 악화될 수 있을지를 전혀 알 수 없을 것이라는 점이다. 이러한 숙고에 따라서 나는, 상상력이 자연의 생식 사업에 끼어드는 어떠한 영향력도 전혀 승인하지 않고, 외적 기교를 통해 유나 종의 구(舊) 원형에 변화를 일으켜, 그러한 변화를 생식력 안에 생기게 해서, 유전시키는, 인간의 어떠한 능력도 승인하지 않는 것을 원칙으로 취한다. 무릇, 내가 이 같은 것을 하나의 경우라도 허용한다면, 그것은 마치 내가 유례가 없는 유령 이야기나 마법도 인정한 것처럼 되니 말이다. 이렇게 되면 이성의 경계선이 일단 뚫려, BM402 그 틈을 통해 망상이 수천 곳으로 밀치고 나갈 것이다. 이러한 결심을 함에서 내가 나 자신을 의도적으로 실제 경험에 어둡게 만들 것이라거나, 같은 말이지만, 실제 경험들을 완강하게 불신하게 만들 것이라는 것이 아무런 위험도 되지 않는다. 무릇 그와 같은 진기한 사건들은 그 자체에 하나 같이, 전혀 **아무런 실험도** 허락하지 않고, 오직 우연적인 지각들을 잡아챔으로써 증명되고자 하는, 표지(標識)를 지니니 말이다. 그러나 능히 실험이 가능할지라도, 단 하나의 실험도 견디내지 못하거나, 온갖 핑계로 실험을 지속적으로 피하는 식의 것, 그런 것은 망상이나 허구에 지나지 않는다. 이것이, 왜 내가 모든 은폐, 아주 작은 은폐라도 얻기를 바라는, 마술에 대한 열광적 성벽을 기본적으로 부추기는 설명 방식에 찬동하지 않는지에 대한 이유이다. 곧, 천성이 되는 것은, 언제나 성공적이지는 않은, 단지 우연적으로 천성이 되는 것도, 유(속) 자체에 있는 배아(싹) 및 소질과는 다른 어떤 원인의 작용결과일 수 있다.

VIII98   그러나 내가 우연적인 인상들에서 생기고, 그럼에도 불구하고 유전되는 성격들을 인정하려 한다고 할지라도, 그를 통해서 어찌하여 저 네 가지 피부색 차이가 모든 유전하는 차이들 가운데서도 **불가불** 천성이 되는 **유일한** 것인지를 설명하는 일은 불가능할 터이다. 이 피부색의 차이가 우리에게 BM403 알려지지 않은 인류의 근원적 [혈통의] 원근[41] 배아(싹) 안에, 그것도 유(속)

---

41) 원어: Stamm.

의 보존을 위해, 적어도 번식의 최초의 시기에 반드시 필요했고, 그때부터 이어지는 번식〔세대〕에서 불가불 나타날 수밖에 없었던 자연소질로서, 필시 놓여 있었다는 것 외에 다른 무엇이 이것의 원인일 수 있겠는가?

그러므로 우리가 상정하지 않을 수 없는 것은, 일찍이 인간의 **상이한 원근**〔문〕들이 대략 우리가 지금 만나는 그 거주지들에 있었고, 그 거주지들은 유〔類〕가 보존되도록 자연에 의해 그 상이한 지대에 적합하게, 그러니까 또한 상이하게 조직되었으며, 그에 대해 네 가지 피부색은 그 외적 표지〔標識〕라는 점이다. 이 피부색은 이제 모든 그 각각의 원근〔문〕에 그 각자의 거주지에서 필연적으로 유전될 뿐만 아니라, 인류가 이미 충분히 강성해졌을 때 — 단지 서서히 온전한 발전이 이룩되었든, 이성의 점진적 사용을 통해 기술이 자연을 방조할 수 있었든지 간에 —, 이 피부색은 또한 다른 모든 지대에서도 동일한 부류의 모든 세대〔생식〕에서 감소되지 않고 보존될 것이다. 무릇 이 성격은 종〔種〕의 보존에 요구되었기 때문에, 생식력에 필연적으로 부착하니 말이다. — 그러나 만약 이 원근〔문〕들이 **근원적**인 것이라면, 왜 이제 이 원근〔문〕들의 상호 교합에서 그것들의 상이성의 성격들이, 실제로 일어나는 바처럼, 그대로 **불가불** 천성이 되는지가 전혀 설명되고 이해될 수가 없을 터이다. 무릇 자연은 각각의 원근〔문〕에 자기 성격을 부여하되, 근원적으로 기후와 관련하여 그 기후에 적합하게 부여하였으니 말이다. 그러므로 한 원근〔문〕의 유기조직은 다른 원근〔문〕의 유기조직과는 전적으로 다른 목적을 가지고 있다. 그리고 그럼에도 불구하고 이 둘의 생식력이 그들의 성격적인 상이성의 점에서조차도 딱 들어맞아야 해서, 이에서 하나의 중간 유형이 생길 **수 있을** 뿐만 아니라, 불가불 발생**해야만 한다**는 것, 이것은 근원적〔혈통의〕원근〔문〕들의 상이성에서는 전혀 이해될 수 없다. 그러하니, **단 하나의 최초 원근**〔문〕의 배아〔싹〕에, 이 원근〔문〕이 상이한 지대〔지역〕에서 서서히 주민을 이룰 수 있도록 하기 위해, 이 모든 부류적 상이성을 위한 소질들이 필시 들어 있었다고 상정할 때에만, 왜, 이 소질들이 때때로 그리고 그에 따라 또 상이하게 전개될 때, 인간의 상이한 부류들이 발생했

BM404

VIII99

'인종'의 개념 규정　277

는지가 이해될 수 있다. 인간의 상이한 부류들은 자기의 규정된〔특정한〕 특징을 나중에 다른 모든 부류와의 생식에도 전달해야만 했다. 왜냐하면 이 특징은 그 부류 자신의 실존 가능성을 위해, 그러니까 또한 그 종의 번식 가능성을 위해 필요했고, 그 〔혈통의〕 원근류〔原根類〕[42]에서의 필연적인 최초의 소질에서 파생되었기 때문이다. 그러므로 사람들은 그러한, 불가불의, 다른 부류와의 혼혈〔교합〕에서조차 잡종으로 유전되는 속성들로부터 이들이 어떤 하나의 원근〔문〕에서 파생했다고 추론하지 않을 수 없다. 왜냐하면 이러한 원근〔문〕 없이는 천성의 **필연성**이 이해될 수 없을 것이기 때문이다.

6.
인류의 부류 구별에 **불가불 유전되는** 것만이 하나의 특수한 인종이라고 명명할 권리를 줄 수 있다

유 자체에 본질적으로 속하는, 그러니까 모든 인간 그 자체에 공통적인 속성들은 불가불 유전적이기는 하지만, 그것들에서는 인간들의 차이가 없기 때문에, **인종들**의 구분에서는 그러한 것들이 고려되지 않는다. 인간이 (성별 차이 없이) 서로 구별되게 하는, 그것도 오직 유전적인, 신체적〔물리적〕 성격〔특징〕들만을 유의 부류들로 구분하는 근거로 고찰한다.(앞의 3항 참조) 그러나 저 성격〔특징〕들이 **불가불** (동일한 부류에서뿐만 아니라, 다른 모든 부류와의 교합에서도) 천성이 되는 경우에만 이 부류가 **종족**이라고 불릴 수 있다. 그러므로 종족이라는 개념은 첫째로 공동의 원근〔문〕 개념을, 둘째로 그 원근〔문〕의 후손들 상호 간의 부류 차이의 **필연적인 유전적** 성격〔특징〕들을 내용으로 갖는다. 이 둘째 것을 통해 확실한 구별 근거가 확정되고, 그에 따라 우리는 유를 부류들로 구분할 수 있는바, 그때 이 부류들은 첫째 것, 곧 원근〔문〕의 단일성〔공동성〕 때문에 결코 **종**〔種〕들[43]이라고 일컬어서는 안 되

---

42) 원어: Stammgattung.

고, 단지 **종족들**[44)]이라고 일컬어야 한다. 백인 부류가 인류의 특수한 종으로서 흑인 부류와 구별되는 것이 아니다. 결코 **서로 다른(상이한) 인간의 종들**은 있지 않다. 그런 것이 있다면 그로써 인류가 그에서 유래할 수 있었던 원근(문)의 단일성(공동성)은 부정되는 것이겠다. 사람들은 이렇게 할 아무런 근거도 가지고 있지 않으며, 그 부류적 성격들이 불가불 유전하는 데서 증명되었듯이, 오히려 이와 반대되는 아주 중요한 근거를 가지고 있다.※

그러므로 종족이라는 개념은 **동일한 원근(문)을 갖는 동물들의 부류 구별이다. 단, 그 부류 구별이 불가불 유전하는 한에서 그러하다.**

VIII100

BM407

이것이 이 논고에서 내가 본래 의도한바 그 규정이다. 나머지 것은 부차적 의도에 속하거나 한갓된 부가물로 볼 수 있어서, 사람들이 그것을 수용하든 거부하든 무방하다. 나는 저 앞의 규정이 증명된 것으로 여기고, 더 나아가 자연사(박물학)의 탐구를 위한 원리로 사용될 수 있다고 여긴다. 왜냐하면 이 규정은, 이 규정이 없다면 불안정하고 불확실한 터인, 저 개념의

※ 시초에, 사람들이 한낱 (비슷한지 비슷하지 않은지에 따라) 비교되는 성격(특성)들만을 시야에 두면, 하나의 유 아래에서 생물들의 **부류들**을 갖는다. 더 나아가 사람들이 그것들의 혈통에 주목하면, 과연 저 부류들이 그만큼의 상이한 **종(種)들**인지, 아니면 단지 **종족들**인지가 밝혀질 수밖에 없다. 늑대, 여우, 자칼, 하이에나, 반려견은 그만큼의 사족동물의 부류들이다. 사람들이 저것들 각각의 부류가 각기 하나의 특수한 기원을 필요로 했다고 납득한다면, 그만큼의 종(種)들이 있는 것이다. 그러나 사람들이 저것들 모두가 하나의 원근(문)에서 생겨날 수 있었다는 것을 인정한다면, 그것들은 단지 그 원근(문)의 종족들이다. **종**과 **유**는 (단지 생식과 혈통(기원)만을 다루는) **자연사(自然史)/박물학(博物學)**[45)]에서는 자체로는 구별되지 않는다. 순전히 징표들을 비교하는 것이 중요한 **자연기술(自然記述)/박물지(博物誌)**[46)]에서 이 구별이 오로지 생긴다. 여기서 종이라고 일컬어지는 것이 저기서는 필시 흔히 **종족**이라고 불린다.

BM407

---

43) 원어: Arten.
44) 원어: Rassen.
45) 원어: Naturgeschichte.
46) 원어: Naturbeschreibung.

적용을 확실하게 인도할 수 있는 **실험**을 할 수 있기 때문이다. — 서로 다른 형태를 갖는 인간들이 교합하는 상황에 놓일 때, 그 생식이 혼혈이면, 그들이 아마도 서로 다른 종족에 속할 것이라는 강한 추측이 이미 성립한다. 그러나 이 교합의 출산 결과가 **항상** 혼혈이면, 저 추측은 확실성이 된다. 그 반면, 단 하나의 생식도 중간 유형을 보이지 않는다면, 사람들은 같은 유의 부모가, 설령 서로 다르게 보인다고 할지라도, 동일한 종족에 속한다는 것을 확신할 수 있다.

나는 단지 인류의 네 종족을 상정했다. 마치 내가 어디에도 더 많은 종족의 흔적이 없다고 전적으로 확신하는 것처럼 말이다. 그러나 왜냐하면, 순전히 이 종족들에서만 하나의 종족의 성격[특징]으로 내가 요구하는 것, 곧 혼혈[잡종] 생식이 **이루어졌고**, 반면에 여타 어떤 인간 부류에서는 충분히 증명된 바 없기 때문이다. 그래서 팔라스[47] 씨는 그의 몽골 민족에 대한 기술(記述)에서, 러시아인 남자와 몽골족(**부랴트인**[48]) 부인과의 제1대 생식이 이미 예쁜 아이들을 낳는다고 말하지만, 과연 이들에서 칼무크인[49] 기원의 흔적을 발견할 수 있는지에 관해서는 주목하지 않고 있다. 몽골인과 유럽인이 혼합할 때 몽골인의 특징적 생김새가 전적으로 지워진다고 한다면, 중국인, 아바르인,[50] 말레이시아인 등등에서 몽골인의 남방 민족(추정컨대

---

47) Peter Simon Pallas(1741~1811). 칸트 당대 대표적인 독일 출신 탐험가로서 장기간(1767~1810) 러시아에 체류하면서 동물학, 식물학, 인류학, 지리학, 지질학, 자연사학[박물학], 분류학 등 다양한 분야에 걸쳐 활동했다. 그의 이름이 광물의 이름(예컨대 석철운석 Pallasite)에도, 동물과 식물 분류의 여러 종의 학명에도 남아 있고, 지역과 도시의 이름에도 남아 있다. *Reise durch verschiedene Provinzen des Russischen Reichs*(St. Petersburg 1771~1801); *Bemerkungen auf einer Reise in die südlichen Statthalterschaften des Russischen Reichs, in den Jahren 1793 und 1794*(Martini, Leipzig 1799~1803); *Sammlungen historischer Nachrichten über die mongolischen Völkerschaften*(St. Petersburg, Frankfurt, Leipzig 1776~1801) 등 수많은 저술도 남겼다.
48) 원어: Burätin(=Buryat). 부랴트족의 춤 요호르(Yohor)가 고려시대 생긴 강강술래의 원형이라는 주장도 있다.
49) 원어: Kalmücken(=Kalmuckian).

인도인)과의 혼합에서는 그 생김새가 다소간 눈에 띄게 언제나 발견될 수 있다는 것은 주목할 만한 정황이다. 그러나 몽골인의 특유성은 본래 형태와 관계가 있고, 피부색에 있지 않다. 그런데 지금까지의 경험은 이 피부색에 대해서만 불가불의 천성을, 한 종족의 성격(특징)으로, 가르쳐 주었다. 사람들은 또한, 과연 파푸아의 카피르[51]족 및 그들과 유사한 태평양 여러 섬 주민들의 형태가 하나의 특수한 종족을 지시하는지를 확실하게 결정할 수가 없다. 왜냐하면 사람들은 그들과 백인의 교접(혼혈)에서 나온 출생자를 알지 못하기 때문이다. 무릇 이들은 덥수룩하고 곱슬곱슬한 수염으로 흑인들과는 충분히 구별된다.

BM409

주해

지금 이 이론은 최초의 공동의 인간 원근(문)에 어떤 근원적인, 지금 현존하는 종족 차별을 완전히 본래적으로 **목표로 한 배아**(싹)를 상정하고 있거니와, 그것은 언급한 네 종족에서 모든 경험을 통해 확증된 그것들의 천성(유전)의 **불가불성**(不可不性)에 전적으로 의거한다. 이 설명근거를 자연사(박물학)에서 원리의 불필요한 증대로 간주하고, 그와 같은 특별한 자연소질은 전혀 없어도 된다고 믿고, 최초의 부모원근(문)/시조를 백인으로 상정하면서, 여타의 이른바 종족들은 나중에 공기와 태양에 의해 후손들에게 일어난 인상들로써 설명할 수 있다고 믿는 이가, 다수의 다른 특유성도 한낱 동일한 지역의 한 민족의 주거지에서 비롯하여 마침내 유전되고, 신체적(물리적) 민족 성격(특징)을 이룬 것이라고 내세운다면, 그때 그는 아직 아무 것도 증명한 것이 없다. 그는 그러한 특유성들이 천성이 되는 **불가불성**에 대해, 그것도 동일한 민족에서가 아니라, (그 특유성에서 그 민족과 어긋나는)

BM410
VIII102

---

50) 원어: Avanern(=Avars).
51) 원어: Kaffer(=Kaffir).

다른 모든 민족과의 교합에서, 그래서 그 생식(출산)이 예외 없이 혼혈이 되는, 사례를 내세우지 않으면 안 된다. 그러나 그는 이것을 해낼 수가 없다. 무릇 우리가 언급했던, 그 시작이 모든 역사를 넘어가는 성격(특징) 외에 다른 성격(특징)의 이 목적을 위한 사례가 없으니 말이다. 만약 그가 차라리 그와 같은 유전적 성격을 갖는 상이한 **최초의 인간 원근(문)들**을 상정하려 한다면, 그것은 **첫째로** 철학에서는 거의 권할 만한 것이 못 된다. 그런 경우 철학은 상이한 조물들에 의지할 수밖에 없을 터이고, 그런 경우에조차도 언제나 유의 단일성(통일성)을 상실할 터이다. 무릇 그 상이성이 너무나 커서, 그것들이 실존하려면 같은 수의 상이한 창조가 필요했을 터인 동물들은 (그것들을 모종의 유사성에 따라 분류하기 위한) 하나의 **명목적 유**[52]에는 속할 수 있겠지만, 적어도 유일한 한 쌍으로부터의 기원 가능성이 철두철미 요구되는 하나의 **실재적 유**[53]에는 결코 속할 수 없으니 말이다. 이 실재적 유를 발견하는 일이 본래 자연사(박물학)의 과업이고, 자연기술자(自然記述者)는 명목적 유에 만족할 수 있다. 그러나 그런 경우에도 **둘째로** 언제나, 기원에 있어서 완전히 서로 다르지만 서로 생산적으로[54] 교합할 수 있는, 두 상이한 유들의 생식력의 기묘한 합치가, 그냥, 그것이 자연에 적의하다는 것 외에 다른 아무런 이유 없이 받아들여질 터이다. 이 점을 증명하기 위해 사람들이 그 최초의 원근(문)이 상이함에도 불구하고 이런 일이 일어나는 동물들을 끌어대려 한다면, 누구나 그러한 경우들에서 그 전제를 부인하고, 오히려 그러한 생산적인 교합(혼혈)이 발생한다는 바로 그 사실에서 원근(문)의 단일성(통일성)을 추론할 것이다. 개와 여우 등등의 교합에서처럼 말이다. 그러므로 부모 양측의 특유성들이 **불가불 천성이 됨**(특유성들의 **불가불적인 유전**)은 그들이 속한 종족들의 상이성의 유일하게 참되고 동시에 충분한 시금석이고, 그들이 생겨난 원근(문)의 단일성(통일성)의 증거, 곧

---

52) 원어: Nominalgattung.
53) 원어: Realgattung.
54) 원어: fruchtbar.

이 원근(문) 안에 놓여 있어 이어지는 생식(세대)들에서 발달하는 근원적 배아(싹)들의 증거이다. 이 배아(싹)가 없다면 저 유전적 다양성은 생기지 못했을 터이고, 특히 **필연적으로 유전**될 수가 없었을 터이다.

어떤 유기조직에서 **합목적적인 것**은 우리가 그것으로부터 이러한 의도로 한 생물의 본성에 원초적으로 들어 있는 장비를, 그리고 만약 이 목적이 오직 나중에야 달성될 수 있었다면, 그 천부의 배아(싹)를 추론하는 보편적 근거이다. 이제 이 합목적적인 것이 어떤 종족의 특유성에서도 **흑인종**에처럼 그렇게 분명하게 증명될 수가 없기는 하지만, 이 흑인종에서 오로지 얻은 사례는 우리가 유추해서 그와 똑같은 것을 여타 종족들에 대해서도 적어도 추측할 권리(정당성)를 준다. 곧 지금 사람들은, 인간의 피는 순전히 플로지스톤[55]이 지나치게 쌓임으로써 (피떡의 하부에서 볼 수 있듯이) 흑색이 된다는 것을 안다. 무릇 어떤 청결로도 면하지 못하는 강렬한 흑인의 냄새는 이미, 그들의 피부가 혈액에서 아주 많은 **플로지스톤**을 제거하고, 자연은, 그 일을 대부분 폐가 맡아 하는 우리에게서 일어나는 것보다 훨씬 더 많은 정도로 피부를 통해 피가 **탈연소화**(脫燃素化)[56]할 수 있도록, 필시 이들의 피부를 조직화했다고 추측할 계기를 준다. 그러나 진짜 흑인들은 울창한 숲과 늪으로 뒤덮인 지대로 인해 공기가 연소화(燃素化)되어, 린드[57]의

VIII103

BM412

---

55) 원어: Phlogiston. 어원인 그리스어 φλογιστός('불에 타는/탄')의 의미를 새겨 '연소(燃素)' 또는 '화소(火素)'라고 옮길 수 있겠다. 독일의 의학자이자 화학자였던 G. E. Stahl(1660~1734)은 1702년에 연소(燃燒)와 금속 용해 실험을 근거로 불의 원소로 'phlogiston'을 명명하고, 이것이 물질 연소 시에 방출된다고 주장했다. 이러한 주장은 A. L. de Lavoisier(1743~1794) 등이 1777년에 산화 이론을 발표한 후 차츰 자취를 감추었는데, 칸트는 이 논고를 발표할 때(1785)뿐만 아니라, 『순수이성비판』의 제2판(1787)을 집필할 무렵까지도 Stahl을 인용하고 있다.(KrV, BXII 참조) 그러나 화학에서의 새로운 발전에 깊은 관심을 가졌던 칸트가 늦어도 1796년경에는 산화 이론을 알게 되었던 것 같고, 말년에는 분명하게 Lavoisier의 이론을 채택하고 있다.(OP, XXII508 참조)
56) 원어: dephlogistisieren.
57) James Lind(1716~1794). 스코틀랜드 출신 의사로 영국 왕립 해군 병원의 수석 의사를 역임했으며, 위생학 분야 선구자로 예방의학과 영양학 발전에 크게 기여하였다. 그의

보고에 따르면 영국 선원이 고기를 구입하기 위해 **감비아강**[58]을 하루만 거슬러 올라가도 죽을 위험이 있는 그러한 지역에도 거주한다. 그러므로, 혈액이 폐를 통해서는 아직 충분히 플로지스톤을 제거하지 못하므로, 피부를 통해 우리에서보다는 훨씬 더 강력하게 탈연소화될 수 있도록 그들의 피부를 유기조직한 것은 자연의 매우 지혜로운 채비이겠다. 그러므로 동맥의 끝으로 아주 많은 플로지스톤이 운반될 수밖에 없을 것이고, 그러니까 피부 바로 아래인 이곳에 플로지스톤이 지나치게 쌓일 수밖에 없을 것이며, 그러므로 신체의 내부에서는 충분히 붉다고 해도 검게 비칠 수밖에 없겠다. 더구나 흑인 피부의 유기조직이 우리들의 것과 차이 나는 것은 촉감상으로도 이미 알 수 있다. — 그러나 다른 종족들의 유기조직의 합목적성에 관해서는, 피부색에서 추론할 수 있는 한도에서, 물론 같은 정도의 개연성을 가지고서 설명할 수 없다. 그럼에도 저러한 적성의 추측을 지지해 줄 수 있는 피부색에 대한 설명근거가 전혀 없지는 않다. 수도원장 폰타나[59]가 기사 란드리아니[60]에 반대해서 한 주장, 곧 숨 쉴 때마다 폐에서 방출되는 고정된 공기[61]〔이산화탄소〕는 대기층에서 내려오지 않고, 혈액 자체에서 나온다는 것이 옳다면, 능히 어떤 인종은 폐 혼자서는 제거할 수 없고, 그래서 피부혈관이 그 나름으로 (물론 공기 형태로가 아니고, 기화된 다른 소재와 결합

저술 *Essay on Diseases Incidental to Europeans in Hot Climates, with the Method of Preventing their fatal Consequences*(London 1768)는 7판이 나와 반세기에 걸쳐 의학 교과서로 쓰였으며, 독일어 번역판(Riga·Leipzig 1773)도 있다.

58) 원어: Gambiastrom(=Gambia River).

59) Abbé Felice Fontana(1730~1805). 칸트 당대 이탈리아의 자연 연구가로 특히 독성학에 조예가 깊었다. *Recherches physiques sur la nature de l'air nitreux et de l'air déphlogistiqué*(Paris 1776) 등을 비롯해 다수를 저술하였다.

60) Count Marsiglio Landriani(1751~1815). 이탈리아의 물리학자, 기상학자. 공기의 건강성에 대한 물리학적 실험 연구서 *Ricerche fisiche intorno alla salubrità dell'aria* (Milano 1775)를 출간해 이미 젊은 나이에 유명해졌다. 이 책의 독일어 번역본이 1778년(Basel)에 나왔다.

61) 원어: fixe Luft(=fixed air). 1754년경에 이산화탄소(CO_2)를 최초로 분리해 낸 스코틀랜드 화학자 Joseph Black(1728~1799)이 이것에 붙인 명칭.

해서) 도와야만 할, 이런 탄산가스가 지나치게 쌓인 혈액을 가질 수 있겠다. 이런 경우 언급한 **탄산가스**가 혈액 속의 철입자[鐵粒子]들이 적갈색을 띠게 할 텐데, 이 색깔이 아메리카인들의 피부를 차별화한다. 그리고 이러한 피부 성질의 천성화[유전]는 그 필연성을, 이 대륙의 지금의 거주자들이 동북아시아에서, 그러니까 오직 해안을 따라, 아마도 심지어는 오직 얼음바다의 얼음을 건너 지금의 주거지에 이를 수 있었다는 사실로부터 얻을 수 있다. 이 바다들의 물은 계속적인 결빙 중에 또한 계속적으로 막대한 양의 고정된 공기[이산화탄소]를 필시 이동시키고, 그러므로 추측하건대 그곳의 대기는 다른 어느 곳보다도 더 지나치게 고정된 공기[이산화탄소]가 쌓일 것이다. 그래서(그것이, 숨 쉬는 것으로는, 그 고정된 공기[이산화탄소]가 폐에서 충분히 제거되지 않으므로) 이것을 제거하기 위해 자연은 미리 피부의 조직에 배려했을지도 모르겠다. 들은 바로는 사람들은 실제로 원래의 아메리카인들의 피부가 훨씬 덜 민감하다는 것을 알았다고 한다. 이런 사실은, 일단 종족의 구별점으로 발전하면, 나중에는 더 온화한 기후에서도 보존되는, 저 유기조직의 결과일 수 있겠다. 그러나 이런 온화한 기후에서도 이 과업의 실행을 위한 소재[물질]가 결여될 수 없다. 무릇 모든 음식물은 혈액을 통해 흡수되고, 앞서 언급한 방식으로 제거될 수 있는 다량의 고정된 공기[이산화탄소]를 함유하고 있으니 말이다. ― **휘발성 알칼리**는 자연이 혈액에서 제거해야만 하는 또 하나의 소재[물질]이다. 이것을 분비하기 위해 자연은 또한, 인류 발달의 초기에 그들의 체류지를, 그들의 혈액이 특히 저 소재[물질]를 엄청나게 산출할 수 있게 한, 건조하고 더운 지역에서 찾았을 최초 원근[문]의 후손들을 위해 특수한 피부 조직의 특정한 배아[싹]를 안배했을지도 모른다. 땀에 덮여 있을지라도 차가운 인도인들의 손은 우리들의 것과는 상이한 어떤 조직을 확인해 주는 것으로 보인다. ―― 그럼에도 가설들을 꾸며내는 일이 철학에는 거의 위안이 되지 못한다. 그러나 가설들은, 주요 명제를 반박할 쓸모 있는 것을 아무것도 모를 때, 가정된 원리가 결코 현상들의 가능성을 이해시킬 수 없음에 쾌재를 부르는 반대자에게 ― **그의**

BM414

BM415

가설 유희를 똑같은, 적어도 마찬가지 정도로 그럴듯해 보이는 가설 유희로 보복하는 데는 훌륭하다.

VIII105 그러나 사람들은 하고 싶으면 어떤 체계든 상정할 수 있다. 그렇지만, 지금 현존하는 종족들은, 그들 상호 간의 일체의 교접(혼혈)이 방지된다면, 더 이상 사라지지 않을 수 있다는 것만큼은 확실하다. 우리들 가운데 있는 **집시**들은 그들의 기원으로 보면 **인도인**임이 입증되었는데, 이들은 이에 대해 매우 분명한 증거를 제공한다. 사람들은 그들이 유럽에 현존한 것을 300년 훨씬 이전까지 추적할 수 있다. 그럼에도 그들은 그들 조상의 형태에서 조금도 변질되지 않았다. **감비아** 흑인에서 변질된 것이라고 하는 **포르투갈인**

BM416   들은 흑인과 (교접하여) **혼혈된**(변종된)[62] 백인들의 후손들이다. 무릇 최초로 이리로 왔던 포르투갈인들이 낯선 대륙에 백인의 순수 혈통을 세울 만큼의 백인 여자들을 데리고 왔고, 그 여자들이 또 충분히 오래 살았다거나 다른 여자 백인들로 대체되었다는 보고가 어디에 있으며, 그런 일이 어떻게 개연적이기라도 한가? 이와 반대되는 더 나은 보고가 있다. 보고인즉, 1481년부터 1495년까지 통치했던 **요한 2세왕**[63]은, **세인트토머스섬**으로 보낸 식민 정착민들이 그 앞에서 모두 사멸했으므로, 이 섬에 (포르투갈-기독교의 양심으로) 세례받은 유대인 아이들을 주민으로 살게 했고, 알고 있는 대로, 이들로부터 그 섬의 현재의 백인들이 유래한다. 북아메리카의 흑인 크리올과 자바섬의 네덜란드인은 그들의 종족을 충실하게 유지한다. 태양이 그들의 피부에 첨가하고, 그러나 시원한 바람이 다시 제거하는 착색 화장을 단지 그 종족 고유의 색깔과 혼동해서는 안 된다. 무릇 저것은 결코 유전되지 않으니 말이다. 그러므로 근원적으로 인류의 원근(문)에 종족의 출생을 위해 놓였던 배아(싹)들은 이미 아주 옛날에, 체류가 오래 지속되면, 기후의 필요 요구에 따라서 발달되었음이 틀림없다. 그리고 이러한 소질들 가운데 하나

---

62) 원어: verbastert(=bastardized). 번역어에 관해서는 위(BM398=VIII95)의 해명 참조.
63) Johann(=João) II(1455~1495. 재위: 1481~1495). "완전한 왕자(o Príncipe Perfeito)"라는 호칭처럼 포르투갈의 최고 번영을 이끌었던 왕으로 평가받는다.

가 어떤 민족에서 발달되고 나면, 그 소질이 여타 모든 소질들을 전적으로 지워버렸다. 그래서 사람들은, 일정 비율로 진행되는 상이한 종족들의 교접〔혼혈〕이 지금도 인간 원근〔문〕의 형태를 새롭게 산출할 수 있을 것이라고 상정할 수도 없다. 무릇 그렇지 않으면 이러한 이종 간의 짝짓기에서 출산된 잡종종이 지금도 (옛날의 최초의 원근〔문〕처럼) 그들이 상이한 기후로 이식될 때 그들의 생식에서 저절로 다시금 그들의 원래의 색깔로 분해되었을 터인데, 지금까지의 경험상 사람들은 이렇게 추측할 권한이 없으니 말이다. 왜냐하면 이 모든 잡종생식[64]은 그들 자신의 계속적인 번식에서, 그 교접〔혼혈〕으로 그들이 생겨난 그 종족들과 똑같이 **고정불변적으로** 보존되고 있기 때문이다. 그러므로 최초의 인간 원근〔문〕의 형태가 (피부 성질의 면에서) 어떠했을 것인지를 지금에 와서 짐작하는 일은 불가능하다. 백인들의 성격〔특징〕조차도 여타의 것들과 함께 저 원근〔문〕에서 발견할 수 있었던 근원적 소질들의 하나가 발달한 것일 따름이다.

쾨니히스베르크   임마누엘 칸트

BM417

---

64) 원어: Bastardzeugung.

철학에서
목적론적 원리들의 사용

II.
Ueber
den Gebrauch teleologischer Principien in der Philosophie.
von J. Kant.

Wenn man unter Natur den Inbegrif von allem versteht, was nach Gesetzen bestimmt existirt, die Welt (als eigentlich sogenannte Natur) mit ihrer obersten Ursache zusammengenommen, so kann es die Naturforschung (die im ersten Falle Physik, im zweyten Metaphysik heißt) auf zweyen Wegen versuchen, entweder auf dem blos theoretischen oder auf dem teleologischen Wege, auf dem letztern aber, als Physik, nur solche Zwecke, die uns durch Erfahrung bekannt werden können, als Metaphysik dagegen, ihrem Berufe angemessen, nur einen Zweck, der durch reine Vernunft fest steht, zu ihrer Absicht gebrauchen. Ich habe anderwärts gezeigt, daß die Vernunft in der Metaphysik auf dem theoretischen Natur-Wege (in Ansehung der Erkenntniß Gottes) ihre ganze Absicht nicht nach Wunsch erreichen könne, und ihr also nur noch der teleologische übrig sey; so doch, daß nicht die Naturzwecke, die nur auf Beweißgründen der Erfahrung beruhen, sondern ein a priori durch reine praktische Vernunft bestimmt gegebener Zweck (in der Idee des höchsten Guts) den Man-

---

번역 대본

Über den Gebrauch teleologischer Principien in der Philosophie.

1) in: *Der Teutsche Merkur*(TM), hrsg. von Christoph Martin Wieland, Weimar 1788, Bd. I, S. 36~52(Januar) & S. 107~136(Februar).

2) in: Wilhelm Weischedel(Hs.), *Immanuel Kant, Werke in sechs Bänden*, Darmstadt 1957, Bd. V, S. 137~170.

3) in: Königlich Preußische Akademie der Wissenschaften(Hs.), *Kant's gesammelte Schriften, Kant's Werke*, Bd. VIII: Abhandlungen nach 1781, Berlin und Leipzig 1923, S. 157~184.

해제

논고 작성의 배경

칸트가 발표한 두 논고 「'인종'의 개념 규정(Bestimmung des Begrifs einer Menschenrace)」(수록: *Berlinische Monatsschrift*(BM), Berlin 1785. 11월호, 390~417면)과 「추측한 인간 역사의 시초(Mutmasslicher Anfang der Menschengeschichte)」(수록: BM, Berlin 1786. 1월호, 1~27면)를 겨냥해서 독일의 자연연구가이자 인류학자인 포르스터(Georg Forster, 1754~1794)가 《도이치 메르쿠르(*Der Teutsche Merkur*(TM))》(1786년[제4권] 10월호 / 11월호 57~86 / 150~166면)에서 「인종에 관한 첨언. 비스터 박사 귀하(Noch etwas über die Menschenrassen. An Herrn Dr. Biester)」라는 반론을 펼쳤고, 또 칸트의 둘째 논고에 대한 비평 「칸트철학에 관한 서한(Briefe über die kantische Philosphie)」이 이에 앞서 《도이치 메르쿠르》, 1786년[제3권] 8월호 99~141면에 게재되었다. 후자의 필자는 당초에는 익명이었으나, 다음 해에 《도이치 메르쿠르》의 공동 편집자였던 라인홀트(K. L. Reinhold, 1758~1823)가 칸트에게 편지(1787. 10. 12 자, X497~500 참조)를 보내 그 필자가 자신임을 밝히면서, 자신이 칸트를 오해했음을 고백함과 함께, 이제는 자신이 칸트철학을 이해하고 있음을 공개적으로 증언하는 글을 써 보내줄 것을 청했다. 칸트는 그의 청에 응하면서, 포르스터의 반론에 대한 반론을 겸하여 본 논고를 썼다.

이 논고 「철학에서 목적론적 원리들의 사용에 관하여(Über den Gebrauch teleologischer Principien in der Philosophie)」(약칭: 「목적론적 원리들의 사용」 〔ÜGTP〕)는 최초 ① 《도이치 메르쿠르(*Der Teutsche Merkur*(TM))》(Chr. M. Wieland 편), 1788년〔제1권〕 1월호(36~52면)와 2월호(107~136면)에 나뉘어 게재된 후, 칸트 생전에만 해도
  ② *Kleine Schriften von Immanuel Kant*, Neuwied 1793, S. 139~199,
  ③ *Zerstreute Aufsätze von Herrn Professor Kant*, Frankfurt u. Leipzig 1793, S. 148~193,
  ④ *I. Kants sämmtliche kleine Schriften*, Königsberg u. Leipzig 1797, Bd. III, S. 337~384,
  ⑤ *I. Kant's vermischte Schriften*, Halle 1799, Bd. III, S. 99~144
등에 수록 재발간되었다.

논고의 전개와 결론

논고 「목적론적 원리들의 사용」은 전반부에서는 「'인종'의 개념 규정」의 논지를 재정리하고, 이를 바탕으로 후반부에서는 철학적 사고에서 목적론적 원리가 도입되는 사유와 그 사용의 한계를 웅변적으로 전개한다. 논고의 작성 때가 『실천이성비판』(1788)을 탈고하고, 『판단력비판』(1790)을 구상하던 시기이기도 했던 만큼, 이 논고는 이 두 비판서의 연결고리로 볼 수 있다. 논고의 후반부는 『판단력비판』의 '제2편 목적론적 판단력 비판'의 예고편이라 해도 무방할 것이다.

칸트는 인종 구별이 생긴 것이 인간 종의 보존 방책일 것이라고 본다. 인

간의 기본소질들이 합일된 채로 최초의 인간 부부에 내재했고, 이것이 후손들에게 생식 전승됨으로써, 후손들은 각자 처한 환경에서 "그들을 알맞게 해주는 그 배아가 그곳에서 발달할 수 있었다"(TM116=VIII173)는 것이다.

"종의 보존을 위해 하나의 인간원근 안에 근원적으로 그리고 합목적적으로 함께 있는 소질들의 발달을 통해 불가불적으로 유전적인 상이성들이 파생한다."(TM122=VIII176)

이러한 종의 보존 원리는 이미 '목적' 개념을 함유한다. 여기에 더하여 인간이 '유기적 존재자'라는 인간관이 목적론을 불러들인다. 인간은 유기적 존재자(유기체)이고, 유기적 존재자가 "그것 안에 함유되어 있는 모든 것이 상호 목적과 수단으로서 관계 맺음으로써만 가능한 하나의 물질적 존재자(물체)"(TM131=VIII181)인 한에서, 그러한 것이 어떻게 가능한지는 결코 "물리-기계적으로" 설명될 수 없고, 부득불 "인간 이성의, 목적론적 설명"(TM127=VIII179)을 필요로 하니 말이다.

"도대체 모든 유기화(有機化) 자체가 근원적으로 어디에서 유래하는지를 캐물을 수가 없다. 이 물음에 대한 답변은, 그것을 우리가 어떻게든 할 수 있다면, 분명히 자연과학의 **바깥에**, **형이상학** 안에 있을 터이다. 〔…〕 모든 유기조직은 유기적 존재자(유기체)로부터 (생식을 통해) 파생하고, (이런 종류의 자연사물들의) 후속하는 형상들은 그것들의 원근의 유기조직에서 볼 수 있던 **근원적 소질들**에서 점진적 발달의 법칙들에 따라 파생한다. (이와 같은 것은 식물의 이식에서 흔히 볼 수 있다.) 이 원근 자체가 어떻게 **발생**했는가, 이 과제는 전적으로 인간에게 가능한 〔…〕 모든 물리학의 한계를 넘어서 있다."(TM127=VIII179)

유기조직 일반의 특성을 이렇게 파악한 후, 하나의 유기조직을 작용시키는 것은 목적인(Endursache)이라고 생각할 수밖에 없으니, "목적들

(Zwecke)"을 유기체의 "작용을 가능하게 하는 근거"(TM131=VIII181)로 놓지 않을 수 없다는 것이 칸트의 생각이다. 그런데

"목적들은 **이성**과 곧바로의 관계를 갖는다. 그 이성이 외부의 이성이든 우리 자신의 이성이든 간에 말이다. 그러나 목적들을 외부의 이성에 두기 위해서도, 우리는 우리 자신의 이성을, 적어도 외부 이성의 유비로서, 기초에 두지 않으면 안 된다. 왜냐하면 목적들은 이것이 없으면 전혀 표상될 수 없기 때문이다. 그런데 목적들은 **자연**의 목적들이거나 **자유**의 목적들이다. 자연 안에 필시 목적들이 있다는 것을 인간은 선험적으로 통찰할 수 없는 반면에, 자연 안에 필시 원인들과 결과들의 연결이 있다는 것은 선험적으로 아주 잘 통찰할 수 있다. 따라서 자연에 대한 목적론적 원리의 사용은 항상 경험적으로 조건 지어진다. 만약, 순전히 규정 근거들 상호 간의 그리고 그것들의 합계와의 비교에 의거해서 목적으로 삼는 것을 이성에 의해 규정하기 위해서는, 자유에 먼저 의욕의 대상들이 자연을 통해 (필요욕구들과 경향성들에서) 규정 근거들로 주어져야만 할 터이면, 자유의 목적들과 관련해서도 사정은 마찬가지일 터이다. 그러나 실천 이성 비판은, 순수한 실천적 원리들이 있고, 이 원리들을 통해 이성은 선험적으로 규정되는바, 그러므로 순수한 실천 원리들은 선험적으로 이성의 목적을 제시한다는 것을 알려준다. 그러므로 만약 자연을 설명하기 위한 목적론적 원리의 사용이, 그런 목적론적 원리는 경험적 조건들에 제한받고 있기 때문에, 합목적적 결합의 원근거를 결코 완벽하게 그리고 모든 목적에 대해 충분히 명확하게 제시할 수 없다면, 이와 반대로 사람들은 이런 일을, 그 원리가 선험적으로 이성 일반의 모든 목적들의 전체와의 관계 맺음을 함유하고, 오직 실천적일 수 있는, 하나의 **순수 목적이론** — 즉 **자유**의 목적이론 외에 다른 것일 수 없는 — 에 기대할 수밖에 없다. 그러나 순수한 실천적 목적론은, 다시 말해 도덕론은, 자기의 목적들을 세계 안에서 실현하도록 정해져 있기 때문에, 세계 안에서의 목적들의 **가능성**을, 세계 안에 주어진 **목적인들**에 관해서뿐만 아니라, **최상 세계원인**의, 작용결과로서의 모든 목적들의 전

체에 대한 적합성에 관해서도 소홀히 해서는 안 된다. 그러니까 실천적 순수 목적이론에 객관적 실재성을, 실행에서 객관의 가능성의 관점에서, 곧 이 이론이 세계 안에서 실현할 것으로 지정한 목적의 객관적 실재성을 보장하기 위해서는, **자연 목적론**뿐만 아니라, 자연 일반의 가능성, 다시 말해 초월-철학 또한 소홀히 해서는 안 된다."(TM132이하=VIII182이하)

하나의 유기체로서의 인간이든 세계 사건 일반이든 목적 원리에 의거해서 설명하게 되면, 그것은 순수 목적이론, 다시 말해 자유의 목적이론 곧 도덕론에 이를 수밖에 없는데, 그것은 말하자면 세계를 윤리 체계로 이해하는 것이다. 그리고 윤리 체계의 실현은 최상의 세계원인의 작용 없이는 생각할 수 없으므로, 철학에서 목적론적 원리의 사용은 결국 이성신학의 범위 내에서 가능하다 하겠다.

역주

《도이치 메르쿠르》[1]
1788

철학에서
목적론적 원리들의 사용에
관하여[2]

임마누엘 칸트

사람들이 **자연**을, 세계(본래 자연이라고 불리는 것)와 그 최상 원인을 포함   VIII159

TM36
VIII157

---

[1] *Der Teutsche Merkur*(TM). 독일 계몽주의를 대표하는 작가 중 한 사람인 Christoph Martin Wieland(1733~1813)가 창간, 1773년부터 1789년까지 Weimar에서 계간으로 발간한 문예 신문 겸 서평 기관지. 《독일 전령》쯤으로 번역할 수도 있겠으나, 이 책에서는 《도이치 메르쿠르》로 음차 표기한다.
[2] "Über den Gebrauch teleologischer Principien in der Philosophie." 이 논고는 계간 《도이치 메르쿠르》 1788년 제1권 1월호(36~52면)와 2월호(107~136면)에 나뉘어 실려 있다. 이 번역 글에서는 그 면수를 TM36, TM107과 같이 표기한다.

하여, 법칙들에 따라 규정되어 실존하는 모든 것의 총체라고 이해한다면, (첫째 경우에는 물리학이라고, 둘째 경우에는 형이상학이라고 일컬어지는) 자연연구는 두 경로로 시도할 수 있다. 곧 순전히 **이론적** 경로로나 **목적론적** 경로로 말이다. 그런데 후자의 경로로 하는 자연연구는, **물리학**으로서는, 오직 경험을 통해 우리에게 알려질 수 있는 목적들을, 그에 반해 **형이상학**으로서는, 그 사명에 알맞게, 오직 순수 이성을 통해 확정되는 하나의 목적을 그 의도에 따라 사용할 수 있다. 내가 다른 곳에서[3] 보였던바, 이성은 형이상학에서 그 이론적 자연-경로에서 (신의 인식에 관해) 그 **전체** 의도를 소망대로 이룰 수 없고, 그러므로 이성에는 아직 목적론적 경로가 남아 있으되, 단지 경험의 증명증거들에 의지하는 자연목적들이 아니라, (최고선의 이념에서) 순수 실천 이성에 의해 선험적으로 규정되어 주어지는 하나의 목적이 그 불충분한 이론의 결함을 보완할 수밖에 없다. 그리고 이론이 우리를 저버리는 곳에서, 하나의 목적론적 원리에서 출발하는 이 같은 권한을, 아니 필요를 나는 인종에 관한 짧은 시론[4]에서 증명하려고 했다. 그러나 두 경우 다 지성이 마지못해 그에 복종하고, 충분히 오해의 계기를 제공할 수 있는 요구를 함유하고 있다.

TM37

당연히 이성은 모든 자연탐구에서 첫째로 이론을, 그리고 나중에야 목적규정을 부른다. 어떤 목적론이나 실천적 합목적성도 이론의 결여를 메울 수는 없다. 우리가 목적인(目的因)[5]을 ― 그것이 자연의 목적인이든 우리의 의지의 목적인이든 ― 가지고서 우리 전제의 적합성을 제아무리 명료하게 한다 해도, 우리는 작용인(作用因)에 관해서는 언제나 무지한 채로 머문다. 저러한 불평이 매우 이유 있어 보이는 데는, 내가 원인 개념을 규정할 생각

---

3) 예컨대 『순수이성비판』의 「순수 이성의 규준」 장, "제2절 순수 이성의 최종 목적의 규정 근거로서 최고선의 이상에 대하여"(특히 *KrV*, A810=B838이하), 그리고 『윤리형이상학 정초』, "제2절 대중적 윤리 세계지혜에서 윤리 형이상학으로의 이행"(특히 *GMS*, B28=IV408이하)에서.
4) 「인종'의 개념 규정」, 특히 BBM, BM411=VIII102이하 참조.
5) 원어: Endursache.

으로, 제일 먼저 목적을 제시하기 위해, (저 형이상학의 경우에서처럼) 더욱이나 실천 법칙들이 선행해야만 하는 경우이다. 저런 식의 원인 개념은 대상의 본성과는 전혀 상관이 없고, 한낱 우리 자신의 의도와 필요욕구와의 용무에만 상관하는 것으로 보인다.

VIII160

이성이 이중적인, 교호적으로 제한하는 이해관심을 갖는 경우에 원리들에서 일치하기란 언제나 어렵다. 그러나 이런 종류의 원리들에 관해서는 서로를 **이해하는 것**마저도 정말 어렵다. 왜냐하면 이러한 원리들은 객관을 규정하기에 앞서 사고하는 방법에 상관하고, 이성의 서로 상충하는 주장들은 사람들이 자기의 대상을 고찰해야 하는 그 관점을 모호하게 만들기 때문이다. 이 **학술지**에서 아주 서로 다른 두 가지 대상에 관한, 중요성이 자못 똑같지 않은 나의 두 시론이 예리한 검토를 받은 바 있다.[6] 그 하나에서 나는 기대했지만 **이해받지 못했고**, 그러나 다른 하나에서는 모든 기대를 뛰어넘어 **잘 이해받았다**. 둘 다 특출난 재능과 청춘의 힘과 자자한 명성을 가진 인사들에 의한 검토였다. 전자에서 나는 내가 마치 종교 문헌[성서]에 의거해서 **물리학적** 자연연구의 물음에 답하고자 한 것 같은 혐의를 받았고, 후자에서는 내가 형이상학적 자연연구의 불충분성을 증명함으로써 종교를 훼손하려 한 듯한 의혹에서 벗어났다. 이 양자에서 이해받기 어려웠던 이유는, 이론적 인식원천이 충분하지 못할 경우에 목적론적 원리를 이용

TM38

---

6) 논고 중에서 차차 밝혀지는 바대로, 여기서 말하는 "두 시론"은 「'인종'의 개념 규정(Bestimmung des Begrifs einer Menschenrace)」(in: *Berlinische Monatsschrift*(BM), Berlin 1785. 11월호, 390~417면)과 「추측한 인간 역사의 시초(Mutmasslicher Anfang der Menschengeschichte)」(in: BM, Berlin 1786. 1월호, 1~27면)이다. 칸트의 앞 논고를 겨냥해서 Georg Forster(1754~1794)의 반론 "Noch etwas über die Menschenrassen. An Herrn Dr. Biester"가 TM, 1786년[제4권] 10월호 57~86면 / 11월호 150~166면에, 그리고 뒤의 논고에 대한 비평 "Briefe über die kantische Philosphie"는 이에 앞서 TM, 1786년[제3권] 8월호 99~141면에 게재되었다. 후자의 필자는 당초에는 익명이었으나, 다음 해에 TM의 공동 편집자였던 Karl Leonhard Reinhold(1758~1823)가 칸트에게 편지(1787. 10. 12 자, X497~500 참조)를 보내 저 익명의 필자가 자기라고 밝히면서 자신이 칸트를 오해했음을 고백함과 함께, 이제는 자신이 칸트철학을 이해하고 있음을 공개적으로 증언하는 글을 써 보내줄 것을 청했다. 그 청에 응한 글이 본 논고이다.

해도 좋다는 권한이 아직 충분하게 해명되어 있지 않은 데 있다. 물론 목적론적 원리의 사용은, 이론적-사변적 자연연구가 가장 먼저 자기의 전체 능력을 시험해 보기 위해 **우선권**을 보장받고(그때 형이상학적 자연연구에서 순수 이성은 당연히, 어떤 무엇인가에 관해 결정하는 이러한 우선권을, 그리고 도대체가 자기의 월권을 먼저 정당화하되, 신뢰를 기대할 수 있도록 자기의 **능력 상태**를 완벽히 드러낼 것을 요구받는다), 연구 진행 내내 이러한 자유가 항상 방해받지 않는다는 제한을 갖는다. 여기서 대부분의 불일치는 이성 사용의 자유가 위협받을 침해에 대한 우려에서 기인한다. 이러한 우려가 해소된다면, 나는 일치의 장애물을 쉽게 제거할 수 있다고 믿는다.

1785년 11월《베를린 월보》에 게재한, **인종**의 개념과 기원에 관해 내가 오래전에 표명한 의견[7]에 대한 해설[8]을 두고 추밀고문관 게오르그 포르스터[9] 씨가《도이치 메르쿠르》1786년 10월호와 11월호에 반론을 제기했다. 그러나 내 생각에 그 반론은 순전히 내가 출발한 원리에 대한 오해에서 기인한 것이다. 저 유명한 인사는 당초부터, 자연연구가가 **탐색**과 관찰에서 지도받아야 할 하나의 **원리**를 확립하는 것마저 마뜩잖게 보고, 특히 관찰을 그 원리에 의해 촉진될 수 있는 **자연사**〔自然史〕/**박물학**〔博物學〕으로, 순전한 **자연기술**〔自然記述〕/**박물지**〔博物誌〕와는 구별되게끔, 이끌어가는 그러한 원리가, 또한 이러한 구별 자체가, 부적당하다고 본다. 그러나 이러한 불일치는 쉽게 해소될 수 있다.

첫 번째의 의구심에 관해 말하자면, 탐색할 때 사람들이 따라야만 하는

---

7) 칸트가 최초에 '자연지리학 강의' 개설 예고 논고로 출간했던 『상이한 인종들에 대하여 (Von den verschiedenen Racen der Menschen)』(Königsberg 1775)를 지칭하는 것으로 보인다.
8) 곧, 「인종」의 개념 규정(Bestimmung des Begrifs einer Menschenrace)」.
9) Georg Forster(1754~1794). 독일의 자연연구가, 인류학자이자 혁명가이면서, 여행문학의 선구자로 평가받는다. 아버지(Reinhold Forster)와 함께 James Cook(1728~1779) 선장을 동반하여 청소년기 3년간(1772~1775) 인도양 및 남태평양 일대를 탐험하고, 짧은 생애에도 다수의 여행 기록 및 왕성한 사회활동을 폈다.

지도 원리 없이 순전히 경험적으로 헤매다녀서는 아무런 합목적적인 것도 결코 발견할 수 없을 것이라는 점은 실로 의심할 여지 없이 확실하다. 무릇 **방법적(체계적)으로** 경험함[10]만을 **관찰**이라고 일컬으니 말이다. 나는 순전한 경험적 여행자와 그의 이야기(묘사)는 괘념치 않는다. 특히, 이성이 그것을 가지고서 하나의 이론을 목적으로 무엇인가를 만들어야 하는 연관적인 인식이 문제인 때는. 보통 그러한 여행자는 사람들이 무엇인가에 대해 물을 때, "사람들이 그런 것에 대해 물을 것을 내가 알았더라면, 그것을 사뭇 주의해 볼 수 있었을 텐데"라고 대답한다. 그렇지만 포르스터 씨 자신도 식물의 수분부(受粉部)의 성격은 고정불변적이라는 린네[11] 원리의 지도를 따르고 있다. 저 원리가 없었다면 식물계의 체계적인 **자연기술(自然記述)/박물지(博物誌)** 가 그토록 칭송할 만큼 정리되고 확장되지 못했을 터이다. 많은 이들이 너무도 부주의해서 자기의 이념(관념)들을 관찰 자체에 끌어넣는 일은, (그리고, 저 위대한 자연학자 자신에게도 뜻밖으로 일어났듯이, 몇몇 사례들을 좇아, 저 성격(특징)들의 유사성을 식물의 힘(植物力)들의 유사성의 통지로 간주하는 일은) 유감스럽게도 정말 진실이고, 또한 아주 잘 수립된 **성급하게 생각하는 자들**[12] ─ 짐작하건대 우리 둘은 해당하지 않는바 ─ 을 위한 교훈이다. 그러나 이러한 오용이 저 규칙의 타당성을 폐기할 수는 없다.

그러나 의심받는, 심지어는 노골적으로 거부 당한 자연기술(박물지)과 자연사(박물학)의 구별에 관해 말해보자. 여기서 만약 사람들이 후자(자연사)를 어떠한 인간적 이성도 이를 수 없는 자연사건들, 예컨대 식물과 동물의

TM41

---

10) 원문: Erfahrung methodisch anstellen.
11) Carl von Linné(=Carolus Linnaeus, 1707~1778). 스웨덴의 자연학자이자 식물학자로 현대 생물 분류학의 기초를 마련하고, 생물 명명법의 표준(이명법)을 세웠다. 그는 대저 *Systema naturae-per regna tria natura, secundum classes, ordines, genera, species, cum characteribus, differentiis, synonymis, locis*(1735·[12]1766~1768)에서 자연 세계를 동물계, 식물계, 광물계로 나누고, 식물의 수분(受粉) 기관의 속성들에 기초해서 식물의 성(性)을 분별하고, 식물 분류 체계를 만들었다.
12) 원어: rasche Vernünftler.

최초의 발생 같은 것에 대한 **이야기**(묘사)라고 이해할 터이면, 물론 그러한 것은, 포르스터 씨가 말하듯이, 현재했던 내지는 심지어 창시자였던 신들을 위한 하나의 학문이고, 인간을 위한 학문은 아니겠다. 그러나 자연사물들의 특정한 지금의 성질들과 그것들의 예전의 원인들과의 연관을 우리가 지어낸 것이 아니고, 그것들이 현재 우리에게 보여주는 바대로의 자연의 힘들에서 도출한 작용법칙들에 따라, 순전히 유추가 허용하는 만큼까지만 소급 추적하는 일, 그것은 **자연사**(박물학)이겠다. 더욱이 그것은 단지 가능할 뿐만이 아니라, 예컨대 지구이론 — 그중에 저 유명한 린네의 이론도 그 자리를 차지하고 있는바[13] — 에서, 철저한 자연연구들에 의해, 성취한 바가 크든 작든 간에, 자주 충분히 시도되기도 했다. 실로 **흑인**의 최초 기원에 대한 포르스터 씨의 추측도 확실히 자연기술(박물지)에 속하지 않고, 오직 자연사(박물학)에 속한다. 이러한 구별은 사태의 성질에서 기인한다. 나는 이 구별로써 어떤 새로운 것을 요구하지 않고, 순전히 하나의 과업을 다른 과업과 면밀히 분리하기를 요구할 따름이다. 왜냐하면 양자는 아주 **이질적**이고, 하나(즉 자연기술)가 학문으로서 하나의 거대한 체계라는 모든 화려함 속에서 나타난다면, 다른 하나(즉 자연사)는 단지 파편들, 또는 흔들리는 가설들을 제시할 수 있을 뿐이기 때문이다. 이렇게 분리함으로써, 그리고, 비록 후자(자연사)가 지금은 (어쩌면 앞으로도 영구히) 완성품으로보다는 윤곽으로 실현이 가능한 (대부분의 물음에 대해서 빈자리가 표시된 것이 발견될 수도 있는) 학문일지라도, 그것을 하나의 고유한 학문으로서 제시함으로써, 내가 희망하는 바는, 사람들이 하나에 대한 추정된 통찰을 가지고서 본래 순전히 다른 것에 속하는 무엇인가를 과도하게 잘 하지 않도록 하고, 자연사

---

13) 칸트는 그의 『자연지리학』 강의에서 "지구이론"들을 소개하면서 린네의 지구 형성 이야기를 요약하고 촌평한다.(*PG*, §77: X302~303 참조) 칸트는 1757년 여름 학기 '자연지리학 강좌 개설 공고문(Entwurf und Ankündigung eines Collegii der Physischen Geographie)'(II3~8)에서부터, 태초에 온통 바다로 덮여 있던 지구의 적도 부근에 산이 솟구쳐 섬이 생기고, 차츰 바닷물의 해안 퇴적에 의해 육지가 넓어져 가는 과정을 "린네의 가설"(II8)에 따라 서술한 바 있다.

에서 (사람들이 약간은 가지고 있으니) 실제 인식들의 범위를, 동시에 또한 이성 자신 안에 놓여 있는 그러한 인식들의 경계를, 그에 따라 자연사가 최고로 가능한 방식으로 확장될 수 있는 그 원리들도 함께, 더욱 확정적으로 알게 되도록 하는 것이다. 사람들은 필시 이러한 나의 세심함을 양해해 줄 것이다. 나는 학문들의 한계선들이 서로 교착할 수 있도록 한 부주의로 인한 수많은 해악을 다른 경우들에서 겪었으면서도, 모든 사람들이 흡족할 수 있게 곧바로 지적하지 못했으니 말이다. 더구나 이와 관련하여 나는 완전히 확신하게 된바, 사람들이 이전에 섞어서 취급했던 비동종적인 것[14]을 단지 갈라놓는 것만으로도 종종 학문들에 전적으로 새로운 빛이 비치고, 그 때 이종적인[15] 지식들 속에 은폐될 수 있었던 수많은 궁색이 들춰내지기도 하지만, 또한 사람들이 전혀 짐작도 하지 못했을, 인식의 많은 진정한 원천들이 열린다. 이러한 이른바 혁신에서 최대 난제는 순전히 그 명칭에 있다. 의미상 그리스어 '히스토리아'[16](이야기, 기술(記述))와 똑같은 것을 표현하는 '**역사**'[17]라는 낱말은 이미 많이 그리고 오래 사용되고 있어서, 사람들이 이것에다 기원에 대한 자연연구를 지칭할 수 있는 하나의 다른 의미를 승인하는 것도 쉽게 용인할 수 있을 것이다. 특히, 후자의 의미에서의 이 낱말에 알맞은 다른 기술적 표현을 찾아내는 일에 어려움이 없지 않기 때문에도 그렇다.※ 그럼에도 구별할 때의 언어적 어려움이 사태의 구별을 없앨 수는 없다. 추측하건대, **분류적** 표현들[20)]에서 불가피하게 벗어남으로 인한 바

TM43

VIII106

※ 나로서는 자연기술에 대해서는 **자연기술학**(自然記述學)[18)]이라는 낱말을, 반면에 자연사에 대해서는 **자연발생학**(自然發生學)[19)]이라는 낱말을 제안하는 바이다.

---

14) 원어: das Ungleichartige.
15) 원어: fremdartig.
16) 원어: Historia.
17) 원어: Geschichte.
18) 원어: Physiographie.
19) 원어: Physiogonie.

철학에서 목적론적 원리들의 사용 303

로 그와 같은 불일치가 **종족**[21]이라는 개념에서도 사태 자체에 대한 불화의 원인이었다. 지금 여기서 우리가 겪고 있는 바는 스턴[22]이 그의 기발한 발상으로 스트라스부르 대학의 모든 학부를 소란에 빠뜨렸던 골상학 논쟁 때 말했던, "논리학자들이 하나의 정의(定義)에만 부딪히지 않았더라면, 그들은 그 문제를 해결했을 터인데"와 같다.[23] **종족**이란 무엇인가? 이 낱말은 자연기술의 어떤 체계 안에도 아예 없고, 그러므로 아마도 그런 사물 자신이 자연 내 어디에도 없을 것이다. 그러나 이 표현이 나타내는 **개념**은, 서로 다른 교접(혼혈)적으로 생식하는 동물들의 유(類)개념 안에는 있지 않은, 유전적인 특유성에 대해 그 원인의 공동성, 그것도 그 유의 원근(原根)(문(門))[24]에 근원적으로 놓여 있는 원인의 공동성을 생각하는, 모든 자연 관찰자의 이성에 사뭇 기초적으로 놓여 있다. 이 낱말이 자연기술에서 나타나지 않는다(그 대신에 변이(變異)[25]라는 낱말이 있다)고 하는 것이 자연사의 관점에서는 이 낱말을 필요하다고 보는 자연관찰자를 막아설 수는 없다. 물론 그는 이를 위해서 이 낱말을 분명하게 규정해야만 하고, 이 일을 우리는 여기

TM44

---

20) 원어: klassische Ausdrücke. 'klassisch'의 통상적 번역어인 '고전적' 대신에 여기서는 '분류적'을 택한다. 칸트가 관련 논고들에서 한편으로는 Linné에 따른 통상의 생물분류 명칭들: 역(域, Domain), 계(界, Kingdom), 문(門, Phylum), 강(綱, Class), 목(目, Order), 과(科, Family), 속(屬, Genus), 종(種, Species) 등을 사용하면서도, 다른 한편으로는 'Class'를 문(門)과 목(目) 사이의 강(綱)보다는 '부류' 일반의 지칭으로 사용하는 점을 감안했다.
21) 원어: Rasse. 이 '종족'은 통상의 생물분류 어느 단계에 들어 있지 않고, 통상적 분류 단계의 '종(種, Art, Species)'과는 다른 기준에 따른 부류 명칭이다. '종족'과 '종'의 구별에 관해서는 「인종」의 개념 규정」(BBM405이하=VIII99이하) 참조.
22) Laurence Sterne(1713~1768). 성공회 사제로 아일랜드계 영국 소설가. 그는 풍자소설 *The Life and Opinions of Tristram Shandy, Gentleman*(전 9권, 1759~1767)과 *A Sentimental Journey Through France and Italy*(1768)로 유명했으며, *Tristram Shandy*는 1774년에 독일어 번역판(Hamburg)이 출간되었는데, Goethe를 비롯해 독일의 대표적 작가들이 예약할 정도로 인기가 높았다.
23) Sterne, *Tristram Shandy*의 제4권 초두에 나오는 "Slawkenbergii fabella" 참조.
24) 원어: Stamm.
25) 원어: Varietät.

서 시도해 보고자 한다.

한 공동의 혈통을 지시하고, 동시에 동일한 동물류의, 그뿐만 아니라 동일한 원근(문)의 다수의 고정불변적인 유전적 성격(특징)들을 인정하는 **근본적** 특유성의 명칭으로서 **종족**이라는 명칭은 부적절하지 않게 고안된 것이다.[26] 나는 이 명칭을, 종족을 **변종**[27](變種 即 **種的** 後孫[28])과는 구별하기 위해, **아종**[29](亞種)(部類的 後孫[30])※이라고 번역하겠다. 변종이란 (불변적인 형식(형상)으로 자기의 종을 보존함에 있는) 자연의 법칙에 어긋나는 것이기 때문에, 사람들이 용인할 수 없는 것이다. 後孫(후손)이라는 낱말이 알려주거니와, 후손은 근원적이 아닌, 동일한 유의 종만큼 많은 수의 원근(문)에 의해 파

TM45
VIII164

※ 綱[31]과 目[32]이라는 호칭은 전혀 모호함 없이, **이성**이 자기의 개념들 가운데에서 순전한 **비교**를 위해 만든 순전히 **논리적**인 분리를 표현한다. 그러나 類(屬)[33]와 種[34]은 **자연** 자신이 자기의 생물들 가운데서 그것들의 **생산**(생식)과 관련해 만들어낸 **물리적**(자연적) 분리를 의미할 수도 있다. 그러므로 종족의 성격(특징)이 그것에 따라 생물들을 분류하기에는 충분할 수 있지만, 그것으로써 하나의 특수한 **종**을 이루기에는 그렇지 못할 수 있다. 왜냐하면, 이 종은 우리가 종족이라는 명칭으로는 이해되기를 의욕할 수 없는 하나의 특별한 혈통을 의미할 수 있을 것이기 때문이다. 우리가 여기서 '강(綱)/부류'라는 말을 린네의 체계에서 취하고 있는 확장된 의미로 취하고 있지 않음은 명백하다.[35] 그러나 우리는 이 말을 전혀 다른 의도에서 역시 구분을 위해 사용한다.

TM45
VIII164

---

26) 칸트는 「'인종'의 개념 규정」에서 "종족이라는 개념은 동일한 원근(문)을 갖는 동물들의 부류 구별이다. 단, 그 부류 구별이 불가불 유전하는 한에서 그러하다"(BBM, BM407= VIII100)라고 규정한 바 있다.
27) 원어: Ausartung.
28) 원어: degeneratio s. progenies specifica.
29) 원어: Abartung.
30) 원어: progenies classifica.
31) 원어: classis.
32) 원어: ordo.
33) 원어: genus.
34) 원어: species.
35) 앞의 "분류적 표현들"(TM43=VIII163) 참조.

생된, 오히려 세대가 잇따르면서 비로소 발전하는 성격(특징)들, 그러니까 상이한 종(種)들이 아니라, **아종**들이며, 그럼에도 너무도 확정적이고 고정 불변적이어서, 그것들이 하나의 부류 구별을 할 권리를 준다.

이러한 예비개념들에 따르면 **인류**는 (자연기술에서의 인류의 보편적 표지(標識)에 따라) 자연사의 체계에서 **원근**(문)(내지 원근(문)들), **종족** 내지 아종(部類的 後裔), 상이한 **인간 유형**(土着變異[36])으로 세분될 수 있을 것이다. 이 가운데 마지막 것은 불가불적이지 않은, 지정되는 법칙에 따라 유전되는, 그러므로 또한 분류 구분을 위해 충분하지 않은 표지(標識)들을 함유하겠다. 그러나 이 모든 것은 아직은, 이성에 의해 생식에서의 최대의 다양성이 혈통의 최대의 통일성과 어떻게 합일될 수 있는가 하는 방식에 대한 하나의 순전한 이념일 뿐이다. 과연 인류에 그러한 친족성이 실제로 있는지는 혈통의 통일성(단일성)을 밝혀내는 관찰들이 결정해야 한다. 그리고 여기서 사람들은, 순전하게 **관찰하기** 위해서는, 다시 말해 한낱 성격(특징)-유사성이[37] 아니라 혈통을 알려줄 수 있는 것을 주목하기 위해서는 하나의 특정한 원리에 의해 지도받지 않으면 안 된다는 것을 분명하게 안다. 왜냐하면, 그래야 우리는 자연기술과 한낱 방법적인 명명법이 아니라 자연사의 과제를 수행하는 것이기 때문이다. 누군가가 저 원리에 따라 자기의 자연연구를 하지 않았다면, 그는 언젠가는 그것을 찾지 않으면 안 될 것이다. 무릇 과연 생물들 사이에 실재적인 친족성이 있는지 혹은 순전히 명목적인 친족성이 있는지를 결정하기 위해 그가 필요로 하는 것이 그에게 저절로 드러나지는 않을 것이기 때문이다.

근원적인 원근(문)의 상이성에 대한 확실한 표지(標識)는 유전적으로 상이한 두 인간집단의 교접(혼혈)을 통해서 생식력 있는 후손을 얻는 것이 불가능하다는 것 이외에는 없다. 그러나 만약 이것이 성공적이라면, 제아무

---

36) 원어: varietas nativa.
37) AA에 따라 원문의 "der"를 "die"로 고쳐 읽음.

리 크게 상이한 형태라도 그것들 공동의 하나의 혈통이 적어도 가능하다고 보는 데 장애물이 되지 못한다. 무릇 그것들이 이러한 상이성에도 불구하고 생식을 통해 양쪽의 성격(특징)을 함유하는 하나의 생산물로 **통일**될 수 있듯이, 그것들은 양쪽 성격(특징)의 발달을 위한 소질들을 자신 안에 감춰 두었던 하나의 원근(문)에서 생식을 통해 그만큼의 종족으로 **분화**할 수 있었으니 말이다. 그리고 이성은 하나의 원리로 해낼 수 있다면, 쓸데없이 두 원리에서 출발하지 않을 것이다. 그러나 유전적 특유성들의 확실한 표지는 똑같이 수만큼의 종족들의 징표들의 표지로서 이미 인증되었다. 이제 아직도 유전적 **변이들**에 대한 약간의 주석이 필요하다. 이 변이들이 이런저런 인간 유형(가족 유형 및 민족 유형)이라고 명명하는 계기를 제공한다.

TM47

변이라 하는 것은 **부류적**이지 않은 유전적 특유성이다. 왜냐하면 변이는 불가불적으로 생식전승(번식)[38] 되지는 않기 때문이다. 무릇 자연기술이 부류 구분을 할 권리를 얻기 위해서라도, 유전적 성격(특징)의 그러한 고정불변성이 요구되니 말이다. 생식전승(번식) 되어갈 때 **단지 어쩌다가** 최근 부모의 성격(특징)을, 그것도 대개는 (아버지를 닮거나 어머니를 닮거나) 단지 한쪽을 재생산하는 형태는 그것을 가지고서 양친의 혈통을 알 수 있는 징표가 아니다. 예컨대 금발인 사람과 갈색 머리인 사람의 차이 같은 것 말이다. 마찬가지로 종족, 내지 아종은 불가불적인 유전적 특유성이다. 이 특유성은 분류 구분 할 권리를 주기는 하지만 종적(種的)[39]이지는 않다. 왜냐하면 불가불적인 혼혈적 재생[40](그러므로 그들을 구별해 주는 성격(특징)들의 **융합**)이, 그들의 유전적 상이성은 그들의 원근(문)에서도 원초적으로, 순전한 소질로 **통합되어** 있다가, 단지 생식전승(번식)할 때 점차로 발달되고 **분리된** 것이라 생각하는 것이 불가능하지 않다고 판단할 수 있게 하기 때문이다. 무릇 만약 어떤 동물족(動物族)[41]이 다른 어떤 동물족과 함께 자연의 동

TM48

---

38) 원어: fortpflanzen.
39) 원어: spezifisch.
40) 원어: Nachartung.

일한 생식계에 속한다면, 사람들은 그 동물족을 하나의 특수한 종(種)으로 만들 수 없으니 말이다. 그러므로 자연사에서 유(類)와 종은 한가지를, 곧 하나의 공동 혈통과 일치할 수 없는 유전적 특유성을 의미하겠다. 그러나 그와 공존할 수 없는 유전적 특유성은 필연적으로 유전하거나 그렇지 않거나 한다. 전자의 경우에 그것은 **종족**의 성격(특징)을, 후자의 경우에 **변이**의 성격(특징)을 이룬다.

VIII166

인류에서 **변이**라고 부를 수 있는 것에 대해 내가 이제 여기서 덧붙여 말하는 바는, 사람들은 이 변이에 관해서도 자연이 완전히 자유롭게 형성해가는 것으로 보아서는 안 되고, 종족-성격(특징)에서와 똑같이 단지 발달해가고, 변이되도록 근원적 소질에 의해 예정되어 있는 것으로 보아야 한다는 점이다. 왜냐하면 **이 변이에서**도 우연의 작품일 수가 없는, 합목적성과 그에 맞는 정밀성이 발견되기 때문이다. 이미 샤프츠베리 경이 주의를 환기시켰던바,[42] 곧 모든 사람의 얼굴에서는 개개인이 다른 이들과 공유하지 않는 특수한 목적들을 위해 사명 지어진 것임을 표시하는 모종의 원본성(이를테면 실제적인 데쌍[43])이 발견된다. 비록 이 표시를 해독하는 일은 우리 능력을 넘어서지만, 자신의 예술을 생각하는 초상화가들은 모두 이를 인증하는 바이다. 사람들은 실물을 보고 그린 잘 표현된 그림을 보고서 진상을, 다시 말해 그 그림이 상상에서 취한 것이 아니라는 것을 알아챈다. 그런데 이 진상은 어디에서 존립하는가? 그것은 의심할 여지없이 얼굴의 많은 부분

TM49

---

41) 원어: Tiergeschlecht.
42) Anthony Ashley Cooper, Third Earl of Shaftesbury(1671~1713)는 영국의 도덕철학자로, 도덕 감정에 기초하는 윤리관을 설파하여 당대 유럽 지성계에 매우 큰 영향을 끼쳤다. 그의 저술 『인간, 풍습, 의견 및 시대의 특징들(*Characteristics of Men, Manners, Opinions and Times*)』(전 3권, London 1711)은 몇 차례의 부분 번역을 거쳐 1768년과 1776년에 독일어로 완역되었고, 칸트는 『윤리형이상학』(*MS, RL,* ABX=VI209 참조)과 『논리학』(*Log,* A65=IX47 참조) 강의 등에서 그를 자주 인용하고 있다. 여기서 언급되고 있는 내용은 저 책 제1권의 앞부분에 실려 있는 "Essay on the Freedom of wit and humor"에서 읽을 수 있다.
43) 원어: Dessein.

들 중 한 부분의 다른 모든 부분들과의 특정한 비율에서 존립한다. 이 비율인즉 모호하게 표상된 목적을 함유하는 어떤 개인적 성격(특징)을 표현하기 위한 것이다. 그림에서, 얼굴의 한 부분이 우리에게 균형이 맞지 않게 보일지라도, 어떤 한 부분도, 나머지 부분들은 그대로 둔 채, 변경시킬 수 없다. 만약 변경시킨다면, 전문가는 설령 원본을 본 적이 없을지라도, 자연에서 복사한 초상과 비교해서, 둘 중 어느 것이 순정한 자연을 함유하고, 어느 것이 허구를 함유하는지를 곧바로 식별한다. 동일한 종족에 속하는 인간들 중의 변이는 거의 확실히, 무한하게 상이한 목적들을 위해서 최대한의 다양성을 창립하고, 앞으로 발전시키기 위해, 합목적적으로 근원적 원근(문)에 포함되어 있었다. 종족의 구별이, 적지만 더 본질적인 목적들을 위해 적합성을 창립하고, 앞으로 발전시키기 위해, 그에 포함되어 있었던 것과 똑같이 말이다. 그렇지만 양자 사이에 차이도 있다. 즉, 후자(종족 구별)의 소질들은, 한번 발전이 되고 나면 — 이런 일은 필시 이미 태곳적에 일어났을 것이다 —, 이런 종류의 새로운 형식을 더 이상 발생시키지도 않고, 오랜 형식을 소멸시키지도 않는 반면에, 전자(변이)는, 적어도 우리가 아는 한, 새로운 (외적인 그리고 내적인) 성격(특징)들에서 무진장한 자연을 보여주는 것 같다.

    변이들을 보자면 자연은 **융합**을 방지하는 것으로 보인다. 왜냐하면 융합은 자연의 목적들, 곧 성격(특징)들의 다양성에 반하기 때문이다. 이와 반대로, 종족의 구별들에 관해 말하자면, 자연은 이 같은 것(곧 융합)을 촉진은 하지 않지만, 적어도 허용은 한다. 왜냐하면 융합을 통해 생물은 여러 기후에 적합하게 되기 때문이다. 비록 어떤 기후에도 그 기후에 최초의 천성화/적응44)이 이뤘던 정도 만큼 걸맞게 되지는 못할지라도 말이다. 무릇 (우리 백인 부류의) 아이들은 (체격, 용모, 피부색 같은) 변이에 속하는 표지(標識)를, 심지어는 많은 (내적 외적) 결함을, 그 부모로부터 (그 아이가 그것은 아

---

44) 원어: Anartung.

버지로부터, 이것은 어머니로부터 받았다고 사람들이 말하듯이) 절반씩 물려받기 마련이라는 대중의 의견을 두고 말하자면, 가족 유형을 면밀히 살펴본 나로서는 이런 의견에 찬동할 수 없다. 아이들은 비록 아버지나 어머니를 닮지 않는다 해도, 아버지 가계나 어머니 가계의 기질을 혼합하지 않은 채로 갖는다. 근친 교접에 대한 혐오가 대개는 도덕적인 이유를 가질 수도 있고,

TM51   또한 근친 교접의 불임 가능성이 충분히 증명되어 있지 않기는 하지만, 이러한 혐오가 광범위하게, 심지어 미개한 족속들에게까지, 퍼져 있다는 사실은 이에 대한 근거가 멀리는 자연 자체에 놓여 있거니와, 자연은 언제나 낡은 형식〔형상〕들이 다시금 재생산되기를 의욕하지 않고, 오히려 인류 원근의 근원적 배아에 넣어두었던 모든 다양성이 마땅히 발양되기를 의욕한다고 추측할 계기를 제공한다. 어떤 가족 유형에서 혹은 어떤 민족 유형에서조차 발견되는 일정 정도의 동형성이 그들의 성격〔특징〕들의 혼혈적 천성화〔유전〕 — 내 의견으로 이러한 일은 변이들에서는 전혀 일어나지 않는다 — 로 치부되어서는 안 된다. 무릇 부부 중 어느 일방의 생식력의 우월성은, 때로는 거의 모든 아이들이 부계 원근이나, 혹은 모든 아이들이 모계 원근에 편향되므로, 처음에는 성격〔특징〕들의 차이가 컸음에도 불구하고, 작용과 반작용에 의해서, 곧 어느 한 쪽으로 닮는 일이 점차 드물어짐으로 인해, 다양성을 감소시킬 수 있고, (이국인의 눈에만 띌 수 있는) 어느 정도의 동형성을 낳을 수 있으니 말이다. 그렇지만 이것은 단지 나의 대략적인 의견이고, 이에 대해서는 독자의 임의적 판단에 맡긴다. 더 중요한 것은, 다른 동물들의 경우 (크기, 피부 성질 등과 같은) 사람들이 변이라고 부를 만한 거의 모든 것이 혼혈적으로 천성화〔유전〕하고, 이러한 일은, 사람들이, 당연

TM52   한바, 인간을 (생식전승〔번식〕의 관점에서) 동물에 유추해서 고찰한다면, 나의 종족과 변이의 구별에 대한 반박을 함유하는 것처럼 보인다는 점이다. 이를 판별하기 위해서는 이미 이러한 자연 안배를 설명하는 다음과 같은 하

VIII168 나의 상위적 견지를 취하지 않으면 안 된다. 즉, 비이성적 동물들은 그 실존이 한낱 수단으로서만 가치를 가질 수 있고, 그 때문에 여러 가지 용도를

위해 (뷔퐁[45])에 의하면 목양견(牧羊犬)의, 공동의 원근에서 파생된, 여러 가지 견종들처럼) 이미 그 소질에 여러 가지로 갖추고 있어야만 했다. 이와 반대로 인류에서는 더 큰 목적 일치성이 천성적인 자연 형식들의 그렇게 큰 상이성을 필요로 하지 않았다. 그러므로 필연적인 천성적 자연 형식들은 단지 약간의 특별히 서로 다른 기후에서 종을 보존하기 위한 성향만을 갖추어도 되었다. 어쨌거나, 나는 단지 **종족** 개념을 옹호하고자 했으므로, 나로서는 변이들의 설명근거에 관해 보증할 필요는 없다.

종종 어떤 분쟁은 원리들에서의 불일치보다도 언어상의 불일치 탓이 더 큰데, 이러한 언어상의 불일치를 제거했으니, 이제 나는 나의 설명 방식의 주장에 대한 장애를 덜 마주치게 될 것을 희망하는 바이다. 포르스터 씨가 상이한 인간 형태들 중에서도 적어도 **하나의** 유전적 특유성, 곧 **흑인**의 특유성과 여타 인간들의 특유성은 한갓된 자연유희와 우연적인 인상들의 작용결과로 여길 수 없을 만큼 충분히 크다고 보고, 이를 위해 근원적으로 원근과 합체되어 있는 소질들과 특수한 자연 배치를 요구한다는 점에서 나와 합치한다. 우리 개념들의 이러한 일치는 벌써 중요하고, 양쪽의 설명 원리들에 관해서도 접근을 가능하게 한다. 반면에 통상적이고 피상적인 표상 방식은 인류의 모든 구별을 동등한 입장에서, 곧 우연의 입장에서 취하고, 그 구별들을 외부 상황이 그렇게 하게 하는 듯이, 언제든 발생하고 소멸하는 것으로 두고서, (우리의) 이런 방식의 모든 연구를 과잉적인 것이라 선언하며, 그와 함께 동일한 합목적적 형식에서의 종(種)의 고정불변성조차 무가치한 것이라 선언한다. 우리 개념들의 두 가지 상이점이 아직도 남아 있기는 한데, 그러나 결코 해소될 수 없는 불일치를 필연적으로 조성할 만큼

TM107

TM108

---

45) Georges-Louis Leclerc, Comte de Buffon(1707~1788). 프랑스의 수학자이자 자연사 연구가. 생전 40년에 걸쳐(1749~1788) 36권, 사후(1789~1804)에 8권, 모두 44권으로 출간된 그의 자연사 저술 *Histoire naturelle, générale et particulière*는 차례대로 독일어로 번역되었다. 칸트가 여기서 언급하는 내용은 번역본 *Allgemeine Historie der Natur nach allen ihren besonderen Theilen abgehandelt*(Hamburg, Leipzig 1752~1782, Tl. III, Bd. 1, S. 112)에서 읽을 수 있다.

그렇게 먼 거리에 있지는 않다. **첫 번째** 상이점은, 앞서 말한 유전적 특유성들이, 곧 다른 모든 인간들과 구별되는 **흑인들**의 유전적 특유성들이 근원적으로 심어져 있는 것으로 여겨질 만한 유일한 특유성들이라는 점인데, 이에 반대해서 나는 더욱 많은 특유성들(즉 **인도인들**과 **아메리카인들**의 특유성, 이에 더해 **백인들의 특유성**)이 완벽한 분류적 구분이 될 똑같은 권리를 가지고 있다고 판단한다는 점이다. 그러나 **두 번째** 상위점은 관찰(자연기술)뿐만 아니라 상정될 수 있는 이론(자연사)과도 관련되어 있다. 즉, 포르스터 씨는 이 성격(특징)들을 설명하기 위해 두 근원적 원근(문)이 필수적이라고 본다. (포르스터 씨와 똑같이 이 성격(특징)들을 근원적 성격(특징)들이라 여기는) 나의 의견은, 그 성격(특징)들을 하나의 원근(문)에 심어져 있는 합목적적인 최초의 소질들의 발전으로 보는 것이 가능하고, 그런 경우에 철학적 설명 방식에 더 적합하다는 것이다. 무릇 그렇지만 이것이 이성이 화해를 청할 수 없을 만큼 그렇게 큰 불화는 아니다. 유기체들의 물리적 최초 기원이 우리 둘로서는, 그리고 도대체가 인간이성으로서는 규명할 수 없는 채로 남아 있고, 또 이것들이 생식전승(번식)할 때의 혼혈적 천성화(유전)도 마찬가지로 규명할 수 없는 채로 남아 있는 사정임을 고려한다면 말이다. 처음부터 분리되어 두 가지 원근으로 격리되었다가 이내 나중에는 앞서 격리되어 있던 원근들의 교접에서 화목하게 다시 융합된 배아의 체계가 하나의 동일한 원근에 근원적으로 심어진 상이, 그 후에 **최초의 일반 인구**[46]를 위해 **합목적적으로** 발전하는 배아의 체계보다 이성적으로 이해하는 데 조금도 더 쉽지 않다. 더구나 이때 후자의 가설은 상이한 국부적 창조들[47]을 절약하는 장점을 동반한다. 게다가 유기체들의 경우에 **목적론적 설명근거를 물리적 설명근거**로 대체하기 위해서 목적론적 설명근거를 절약하는 일을 종(種)의 보존과 관련해서는 전혀 생각할 수 없고, 그러므로 후자의 설명방식

---

46) 원어: die erste allgemeine Bevölkerung.
47) 원어: Lokalschöpfungen.

은 자연연구가 결코 벗어날 수 없는, 곧 여기서 오로지 **목적의 원리**에 따르는 것 외에 어떤 새로운 짐도 지우지 않고 있다. 본래 포르스터 씨 역시 그의 친구인, 저명한 철학적 해부학자 죔메링[48] 씨의 발견들을 통해서, 흑인과 여타 인간들의 구별을, 기꺼이 모든 유전적 성격(특징)들을 뒤섞고, 그것들을 한낱 우연적인 색조 차이로 보려는 이들에게 적의함 직한 것보다, 더 중요하게 보게 된 것이다. 저 탁월한 인사는 흑인 형성의 완전한 합목적성을 그들의 모국과 관련해서 변호한다.[※] 그렇지만 혈액에서 제거되어야 하

TM110

VIII170

※ 죔메링, 『흑인과 유럽인의 신체적 상이성에 관하여』, 79면: "사람들은 흑인의 체격에서 흑인을 기후에 가장 완전한, 어쩌면 유럽인보다도 더 완전한 생물로 만든 속성들을 발견한다." 이 탁월한 인사는 (같은 책 §44에서) 유해 물질을 더 잘 배출하기에 더 적합하게 조직된 흑인들의 피부에 대한 쇼트(쇼테)[49] 박사의 의견에 의문을 표한다. 그러나 감비아강[50] 주변의 늪지대 산림으로 인해 연소화(燃素化)된[51] 공기의 유해성에 관한 린드의 보고들(『열대 기후에서 유럽인들에게 발생하는 질병에 대하여』[52])을 이와 연결시키면, 저 의견은 상당히 큰 개연성을 얻는다. 저 연소화된 공기가 영국인 선원들에게는 매우 빠르게 치명적이지만, 그 안에서 흑인들은 자신에게 가장 적합한 환경인 듯이 살고 있다 하니 말이다.[53]

VIII170

---

48) Samuel Thomas von Sömmering(1755~1830). 독일의 해부학자, 인류학자, 고생물학자, 발명가. 그는 의학, 해부학, 신경해부학, 인류학, 천문학 등 다양한 분야에서 뛰어난 업적을 남겼으며, 특히 뇌신경의 분류 체계를 제안하고 전기화학적 전신 시스템을 설계하는 등 현대 과학과 의학 발전에 중요한 영향을 미쳤다. 그의 대표 저작은 *Vom Bau des menschlichen Körpers*(전 6권, Frankfurt/M. 1791~1796)이다. 여기서 인용되고 있는 책 *Über die körperliche Verschiedenheit des Mohren vom Europäer*(Mainz 1784)를 Georg Forster에게 헌정했고, 10여 년 후 낸 책 *Über das Organ der Seele*(Königsberg 1796)는 최고의 존경을 담아 칸트에게 헌정했으며, 이 책 81~86면에는 칸트의 감사로 시작하는 논고를 함께 실었다. Sömmering에게 보낸 칸트의 편지(1795. 8. 10 자, XII30~35) 참조.

49) Johann Peter Schotte(1744~1785). 그의 원저 *Traité de la synoque atrabilieuse, ou de la fièvre contagieuse, qui régna au Sénégal in 1778*는 1785년(Paris)에 출간되었으나, 영어 번역본 *A Treatise on the Synochus Atrabiliosa, or the Contagious Fever that Reigned in Senegal in 1778*는 이미 1782년(London)에 나왔다. 그의 책은 당시 세네갈에서 유럽인과 일부 현지인들에게 치명적이었던 열병의 원인, 증상, 그리고 그 당시의 기후 조건을 기록한 중요한 의학적 및 역사적 자료로 평가받는다.

는 모든 것의 훌륭한 분비기관인 피부조직에서보다 머리의 골격에서 더 이해하기 쉬운 기후[54] 적합성을 볼 수 없다고 한다. — 따라서 그는 흑인들의 **전자**[55](피부조직)를 나머지 전부 중에서 우수한 자연설비 — 그 가운데서도 피부성질이 가장 중요한 부분이거와 — 라고 이해하는 것 같고, **후자**(머리 골격)를 단지 해부학자에 대해 가장 분명한 상징적 표지로 내세운다. 그래서 똑같이 고정불변적으로 유전하며, 기후의 구분에 따라 전혀 혼류하지 않고, 오히려 엄격하게 차단된 특유성들이 몇몇이라도 있다는 사실이 증명된다면, 설령 그 특유성들이 해부 기술의 분야에 들어가지는 않는다 하더라도, 포르스터 씨가 이러한 특유성들에 특수한 근원적인, 합목적적으로 원근에 심어진 배아에 대한 동등한 요구를 승인하는 것을 꺼리지 않게 되기를 희망한다. 그렇기에 과연 원근들을 여럿 상정할 필요가 있는지, 아니면 오직 하나의 원근을 상정할 것인지, 희망컨대 이에 관해서 우리는 아마도 종국에는 일치할 수 있을 것이다.

TM111

그러므로 포르스터 씨가 나의 의견에 찬동하는 것을 가로막는 난점들만 제거되면 될 터인데, 그 난점들은 원리에 관련된 것이라기보다는 오히려 원리를 모든 적용 사례에 마땅하게 응용하기가 어려운 점과 관련된 것이다. 포르스터 씨는 1786년 10월의 그의 논고[56] 70면, 제1절에서, 북유럽 거주

---

50) 원어: Gambiastrom(=Gambia River).
51) 원어: phlogistisiert.
52) James Lind(1716~1794). 스코틀랜드 출신 의사로 영국 왕립 해군 병원의 수석 의사를 역임했으며, 위생학 분야 선구자로 예방의학과 영양학 발전에 크게 기여하였다. 그의 저술 Essay on Diseases Incidental to Europeans in Hot Climates, with the Method of Preventing their fatal Consequences(London 1768)는 7판이 나와 반세기에 걸쳐 의학 교과서로 쓰였으며, 독일어 번역판(Riga·Leipzig 1773)도 있다.
53) 칸트, 「'인종'의 개념 규정」에서도 유사한 내용을 읽을 수 있다.(BBM, BM412=VIII103 참조)
54) AA에 따르면 "토양".
55) 원문을 문자대로 옮기면 "후자"이나 번역문에서는 어순이 뒤바뀌었고, 그에 따라 "전자"와 "후자"를 맞바꿔 옮긴다.
56) 앞의 TM38=VIII160의 관련 각주 참조.

자들에서 시작하여 스페인, 이집트, 아라비아, 에티오피아를 거쳐 적도까지, 그러나 거기에서 다시 거꾸로 기온 단계를 낮춰, 온화한 남쪽 지역으로 카피르족[57]과 호텐토트족[58]의 나라들을 거치는 피부색의 계단을 펼친다. (그의 의견에 따르면) 갈색에서 검은색까지, 그리고 다시금 거꾸로 나아가는 기본 순서는 그 나라들의 기후에 사뭇 비례하여 ─ 여기서 그는 아무 증명도 없이, 흑인지역[59]에서 태어나서 아프리카 남단 부근까지 옮겨간 이주민들은 순전히 기후의 효과로 카피르족과 호텐토트족으로 점차 변전되었다고 상정한다 ─, 어떻게 사람들이 아직까지도 이를 간과할 수 있었는지가 그에게는 놀라운 일이다. 그러나 사람들이 마땅히 훨씬 더 놀라워 해야 할 일은, 어떻게 사람들이 충분히 명확하고, 당연하게 결정적인 것으로 여겨야 할 불가불적인 혼혈 생식의 표지를 간과할 수 있었는지이다. 무릇 스페인 혈통의 유럽인과 교접한 북단의 유럽인도, 체르케스[60] 여자와 교접한 모리타니인[61]이나 아라비아인(짐작하건대 또 아라비아인과 근친인 에티오피아인)도 이 법칙에 최소한으로도 예속하지 않으니 말이다. 사람들은 또, 그들 나라의 태양이 각자 개인에게 인상 지운 것이 도외시되고 나면, 백인 유형 가운데서 갈색 외에는 다른 어떤 것으로 판단할 이유를 갖지 못한다. 그러나 카피르족의 흑인 유사성과 같은 지역에 사는 호텐토트족의 더 낮은 정도의 흑인 유사성에 관해 말하자면, 짐작하건대 이들은 혼혈 생식의 시도를 견뎌낸 것일 터인데, 이들은 다름 아니라 흑인 족속과 태고부터 이 해안들을 방문한 아라비아인들과의 잡종 산물일 것임이 최고로 개연성이 높다. 무릇 무엇 때문에 아프리카의 서해안에서는 그와 같은 소위 피부색의 단계가 나타나지 않는가? 오히려 이 지역에서 자연은, 먼저 카피르족이라는 중도를

---

57) 원어: Kaffer(=Kaffir).
58) 원어: Hottentotte(=Hottentot).
59) 원어: Nigritien. 일반적으로 아프리카 사하라 이남 지역을 지칭.
60) 원어: zirkassisch(=Circassian).
61) 원어: Mauritanier(=Mauritanian).

거치지 않은 채로, 갈색 아라비아인이나 모리타니인에서 세네갈의 가장 검은색의 흑인으로 갑작스러운 비약을 한다. 이것으로써 74면에서[62] 제안되고 미리 결정되었던 실험 시도는 탈락한다. 이 실험 시도는 곧, 흑갈색의 에티오피아인이, 카피르족 여성과 교접하면, 피부색으로 볼 때 아무런 중간 유형을 낳지 못할 터인데, 그것은 둘의 피부색이 한가지, 곧 흑갈색이기 때문이라는, 나의 원리가 비난받아 마땅함을 증명해야 하는 것이다. 무릇 포르스터 씨가 상정하는바, 에티오피아인의 갈색은, 깊이에서, 카피르족이 갖는 것과 똑같이, 그에게 선천적이고, 그것도 그 피부색은 백인 여성과의 혼혈 생식에서 반드시 중간 색깔을 생산할 수밖에 없다. 그렇게 된다면 저 실험 시도는 당연히 포르스터 씨가 의욕한 바대로 결말이 날 터이다. 그러나 그 실험 시도는 또한 나를 반박하는 아무런 것도 증명하지 못할 터이다. 왜냐하면 종족의 상이성은 그들에서 한가지인 것에 따라서가 아니라, 서로 다른 것에 따라서 판정되기 때문이다. 사람들이 말할 수 있는 바는, 흑인이나 흑인 혈통과는 **다른 징표들에서**(예컨대, 골격에서) 구별되는 농갈색의 종족들도 있다는 것뿐이다. 무릇 그러한 징표들과 관련해서만 생식은 하나의 잡종을 생산할 터이고, 나의 피부색 목록에 단지 하나가 늘어나게 될 터이니 말이다. 그러나 자기 나라에서 성장한 에티오피아인이 자체로 지니고 있는 진한 피부 색깔이 유전된 것이 아니고, 단지 가령 같은 나라에서 어려서부터 성장한 어떤 스페인인의 피부 색깔과 같을 뿐이라면, 그의 자연-색깔은 의심할 여지 없이 카피르족의 색깔과 섞일 때 중간 유형의 세대를 낳을 터이지만, 태양에 의한 우연적인 착색이 더해지기 때문에, 그런 중간 유형은 은폐되고, (피부색에서) 동류의 유형인 것처럼 보일 터이다. 그러므로 이러한 기획된 시도는 종족 구별을 위해 필연적으로-유전하는 피부색을 활용하는 것을 반박하는 어떤 것도 증명하지 못하고, 단지 태양이 우연적인 화장으로써 피부색을 덮어버리는 곳에서는 선천적인 피부색이라도 그것을

---

[62] 곧, TM, 1786년 제4권 10월호의.

정확하게 규정하기가 어렵다는 점을 증명할 따름이며, 또 이를 위해서는 **외국**에서의 동일한 부모들에 의한 **출생들**을 우선시하라는 나의 요구의 정당성을 확증해 준다.

지금 우리는 후자들의 결정적 사례를 수백 년 이래 우리 북방 나라들에서 생식전승해 오고 있는 작은 족속의 인도인 피부색에서, 곧 **집시들**에서 본다. 그들이 한 **인도** 민족이라는 사실은 그들의 피부색과는 별도로 그들의 언어가 증명한다. 그러나 이 피부색을 유지하는 데 자연은 너무도 완고해서, 그들의 유럽에서의 삶을 12세대를 거슬러 올라가 추적할 수 있는데도, 만약 그들이 인도에서 성장한다면, 그들과 거기 토착인들 사이에 온갖 추정으로도 전혀 차이를 발견할 수 없을 만큼 그들의 피부색은 여전히 완벽하게 나타난다. 여기서 이제 아직도, 북방의 대기가 그들의 굽히지 않는[63] 피부색을 완전히 퇴색시킬 때까지 사람들은 12세대의 열두 배를 기다려야만 할 것이라 말하는 것은 자연연구가들에게 답변을 미루며 시간을 끌고, 핑계를 찾으라는 뜻이겠다. 그러나 그들의 피부색을, 덴마크인과 대조되는 스페인인의 갈색 피부색처럼, 하나의 순전한 변이인 양 보는 것은 자연의 각인을 의심한다는 것을 뜻한다. 무릇 집시들은 우리의 오랜 토착민들과 더불어 불가불 혼혈아들을 낳는바, 백인 종족은 자기의 특징적 변이들의 어느 하나와 관련해서도 저런 법칙에 예속되어 있지 않으니 말이다.

TM115

그러나 155~156면에[64] 매우 중요한 반대 논변이 등장한다. 이 논변이 성립하는 경우에, 그에 의해, 설령 사람들이 내가 말하는 **근원적 소질들**을 인정한다고 해도, 인간들의 자기 모국에 대한 적합성은 **인간들이 지구 표면을 따라 확산될 때** 저 근원적 소질들과 병존할 수 없다는 것이 증명될 터이다. 포르스터 씨는 여기서, 기껏 변호할 수 있는바, **그 소질이 이런 기후 혹은 저런 기후에 딱 맞는 바로 그러한** 인간들이 섭리의 현명한 섭정에 의

---

63) TM의 "unerbend"를 AA에서는 "anerbend(=유전적인)"으로 고쳐 읽고 있다.
64) 곧, TM, 1786년 제4권 11월호의.

해 여기에서 혹은 저기에서 태어났을 터라고 말한다. 그리고 그는, 그러나 도대체 어떻게 바로 이 섭리가 오직 하나의 기후에만 적합했던 저 배아가 완전히 목적을 잃게 되었을 터인 **제2의 이식**(移植)을 생각하지 못할 만큼 그렇게나 근시안적이 되었느냐고 이어서 말한다.

VIII173

첫째 논점에 관해 말하자면, 사람들이 기억하는 바대로, 나는 저 최초의 소질들이 **여러 상이한** 인간들 사이에 **분배되어 있다**고 상정하지 않았고 — 무릇 그렇지 않다면 그만큼 많은 상이한 **원근들**이 되었을 터이다 —, 최초의 인간 부부에 **합일되어 있다**고 상정하였다. 그래서 그들의 후손들에게는

TM116

장래의 모든 아종들을 위한 **전체의** 근원적 소질이 별리(別離)되지 않은 채로 있고, 그렇기에 그 후손들은 (潛在的으로) 모든 기후에 적합했으며, 그리하여 곧, 그들이나 그들의 초기 후대들이 이르게 될 그 지대에 그들을 알맞게 해주는 그 배아가 그곳에서 발달할 수 있었다. 그러므로 〔내가 상정하는 바로는〕 그들을 그들의 소질에 맞는 그런 장소로 보내는 어떤 특별히 현명한 섭리 섭정은 필요하지 않았고, 오히려 그들이 우연히 도착해서, 오랜 세월 그들의 세대들을 이어갔던 곳, 그곳에서 이런 지역을 위해 그들의 유기조직 안에 있는, 그들을 그러한 기후에 알맞게 만드는 배아가 발달했던 것이다. 소질들의 발달이 장소들에 따라 있는 것이지, 포르스터 씨가 오해하는 바처럼, 말하자면 이미 발달된 소질들에 따라 장소들이 물색되어야만 하는 것이 아니다. 그러나 이 모든 것은, 최초로 정착지를 얻은 한 민족에게 그곳에 알맞은 그들의 소질들을 발전시키는 데 필요한 기후와 토지의 영향을 제공하기에, (점차로 지구의 주민이 되기에), 충분히 긴 세월 동안 지속되었을, 태고 시대에만 맞는 말이다.

그런데도 이제 포르스터 씨는 계속해서 말한다: 대체 어떻게 어떤 땅과 어떤 배아가 서로 만나야 하는지 — 앞서 말한 바에 따라, 이 둘은 **언제나 서로 만나지 않을 수 없었다**. 비록 사람들은 어떤 지성이 아니라, 동물들의 유기조직을 그토록 전반적으로 합목적적이게 내적으로 안배했던 그 자연만이 또한 그들을 보존하기 위해서 똑같이 세심하게 장치해 놓았기를 바

라겠지만 — 를 여기서 그토록 정확히 헤아렸던 바로 그 지성이 **어떤 제2의 이식**의 경우도 예견하지 못할 만큼 갑작스레 근시안적이 되었는가? 이렇게 해서 실로 오직 한 기후에만 유용한 선천적 특유성은 전적으로 목적을 잃게 된다 등등.

이제 이 둘째 반론의 점에 관해 말하자면, 나는, 저 지성이, 또는, 사람들이 더 선호한다면, 저 스스로 합목적적으로 작용하는 자연이, 배아가 이미 발달한 후에 이식하는 것에 대해 실제로 전혀 고려하지 않았다는 점을 인정한다. 그렇다고 그 때문에 저것의 무지와 근시안이 문책받아서는 안 된다. 자연은 오히려 자기가 조치한 기후 적절성을 통해 기후의 혼동을, 특히 한랭한 기후와 온난한 기후의 혼동을 막았다. 무릇 옛 기후대 거주민들의 이미 형성된 체질로 인한, 바로 이 새로운 기후에 대한 적응의 어려움이 그들로 하여금 그곳을 스스로 멀리하게 한다. 그리고 어디에서 인도인들이나 흑인들이 북방 지역으로 퍼져나가고자 했던가? 그럼에도 그쪽으로 쫓겨난 이들은 (크리올[65] **흑인**이나 집시라는 이름의 **인도인** 같은) 그들의 후손들에서 결코 정주(定住) 농민이나 수공업자에 적합한 유형을 내려고 하지 않았다.※

※ 이 마지막 언급이 여기서 증명된 것으로서 나온 것은 아니지만, 그렇다고 중요하지 않은 것이 아니다. 스프렝겔[66] 씨의 『논총』, 제5부, 286~287면[67]에서 한 전문적 인사가, 모든 흑인 노예를 **자유**노동자로 사용하려는 램지[68]의 소망에 반대하여 다음과 같이 인증한다. 즉 아메리카와 영국에서 마주치는 수천 명의 해방된 흑

---

65) 원어: Kreole(=Creole). 보통 현지인과 유럽계 백인 사이의 혼혈인을 지칭한다.
66) Matthias Christian Sprengel(1746~1803). 독일의 지리학자이자 역사학자. Halle 대학 교수 시절 Georg Forster의 아버지인 저명한 자연학자 Johann Reinhold Forster와 친교하였고, 후에 그의 사위가 되었다. 그는 수많은 자기 저작 외에도 Forster 부자의 지원 아래 14부로 편제된 논총 *Beiträge zur Völker- und Länderkunde*(Leipzig 1781~1790)를 펴냈다. 그중 제5부(5. Theil, Leipzig 1786)에는 제1 논문: Behandlung der Negersklaven in den Westindischen Zuckerinseln vorzüglich der englischen Insel St. Kitts, von James Ramsay(1~74면)와 이에 대한 논평: Anmerkungen über Ramsays Schrift von der Behandlung der Negersklaven in den Westindischen Zuckerinseln(267~292면)이 수록되어 있다.
67) AA는 면수를 "287~292"로 수정하여 관련 논평 전체를 지시한다.

인들 가운데서 사람들이 본래 **노동**이라고 부를 수 있는 사업을 하는 사례를 그는 하나도 알지 못하고, 오히려, 그들이 자유를 얻게 되자마자 예전에 노예로서 일하도록 강제당했던 간단한 수공예를 금방 포기하고, 그 대신에 노점상, 가련한 접대부, 제복 하인, 고기잡이나 사냥을 다니는, 한마디로 말해, 유랑인이 되는 사례를 알고 있다. 바로 그러한 것을 사람들은 우리들 사이에 있는 집시들에서 발견한다. 이에 덧붙여 같은 저자는, 그들을 노동이 내키지 않게끔 만드는 것은 북방 기후 같은 것이 아니라고 말한다. 무릇 그들은 탈곡하고, 땅을 파고, 짐을 지는 등의 일을 하는 것보다, 주인들의 마차 뒤에서, 또는 (영국에서는) 엄동의 겨울밤 차가운 극장 출입구에서 대기해야만 할 때, 그래도 더 잘 견뎌내니 말이다. 이로부터 사람들은, 노동의 **능력** 외에도 활동(특히 사람들이 근면이라고 부르는 참을성 있는 활동)으로의 직접적인, 모든 유혹에서 벗어나는 추동이 있는바, 이러한 추동은 모종의 자연소질과 특별히 직조되어 있고, 인도인 및 흑인은 그들이 자신들의 모국에서 자신들을 보존하기 위해 필요했고, 자연에서 품수했던 이 추동을 다른 기후에서는 더 이상 지니거나 유전하지 않으며, 이 내적 소질은 외적으로 가시적인 소질처럼 결코 소멸되지 않는다고 결론을 내려야 하지 않겠는가? 그러나 저 나라들에서는 훨씬 적은 필요욕구, 그리고 이를 얻는 데 요구되는 적은 노고가 활동으로의 더 큰 소질을 요구하지 않는다. — 여기서 나는 수마트라에 대한 마스든[69]의 면밀한 기술(스프렝겔의 『논총』, 제6부,[70] 198~199면)에서 조금 더 인용하고자 한다: "그들(레장족)의 피부색은 보통 황색으로, 구릿빛을 낳는 붉은 색이 섞여 있지 않다. 그들은 거의 전반적으로 인도의 다른 지역 혼혈인들보다 약간 더 밝은 색이다. 수마트라섬 주민의 흰색은, **같은 기후대의 다른 민족들과 비교해 보면**, 내 생

TM119

---

68) James Ramsay(1733~1789). 스코틀랜드 출신의 선의(船醫)이자 성공회 사제로서, 노예폐지 운동의 선도자였다. 당대에 큰 영향력이 있던 *An Essay on the Treatment and Conversion of African Slaves in the British Sugar Colonies*(1784), *An Inquiry Into the Effects of Putting a Stop to the African Slave Trade: And of Granting Liberty to the Slaves in the British Sugar Colonies*(1784) 등을 펴냄과 함께 활발한 사회 운동을 펼쳤다.
69) William Marsden(1754~1836). 영국의 동양학자, 역사가, 언어학자로, 동남아시아 연구에 큰 기여를 했다. 대표작은 *The history of Sumatra: containing an account of the government, laws, customs and manners of the native inhabitants, with a description of the natural productions, and a relation of the ancient political state of that island*(London 1784)이다.
70) Sprengel, *Beiträge zur Völker- und Länderkunde*(Leipzig 1781~1790), 제6부(6. Theil, Leipzig 1786), 193~296면: II. Von den Rejangs auf Sumatra nach Marsdens Geschichte dieser Insel, dritte und lezte Lieferung.

그러나 포르스터 씨가 나의 원리에 대해 극복하기 어려운 난점으로 여기는 바로 그것이 어떤 방식으로 적용되면, 그 난점에 매우 유리한 빛을 던져주고, 다른 이론은 그에 대해 아무것도 할 수 없는 난점들을 해결한다. 나는 상정하거니와, 인류의 시작 시기부터 어떤 기후에 온전히 적응하기 위해 그들 안에 있는 소질들의 점진적인 발달을 거치는 데 수많은 세대들이 필요했고, 그러는 사이에 대개는 폭력적인 자연-격변으로 인해 강제적으로 지구의 상당한 지역으로의 인류의 확산이, 단지 근근히 종의 번식을 해가면서, 일어날 수 있었다. 그런데 또 이런 이유들로 해서 구세계의 한 작은 민족이 남방에서 북방으로 내몰렸다면, — 이전 지역에 알맞게 되는 데 어쩌면 아직도 완성되지 못했던 — 적응이 점차로 정지될 수밖에 없고, 반면에 북방 기후에 맞춘 소질들의 정반대로의 발달에 자리를 내줄 수밖에 없었을 것이다. 이제, — 현재로는 가장 개연성이 큰 의견인바 — 이러한 인간 유형이 북동쪽으로 점점 이동하여 아메리카에까지 이르렀다고 가정해보자. 그렇다면, 이 인간 유형이 이 대륙에서 다시금 상당히 남쪽으로 확산할 수 있기 전에, 그들의 자연소질은 이미 가능한 만큼 많이 발달되었을 것이고, 이 발달이 필시, 이제 완성된 만큼, 새로운 기후에 대한 계속적인 적응을 일체 불가능하게 만들었을 것이다. 그러므로 이제 남쪽으로 나아감에도 불구하고 모든 기후에 대해서 언제나 한가지인, 그러므로 사실상 어떠한 기후에도 딱 맞지는 않은 하나의 종족이 성립되었을 터이다. 왜냐하면 그들이 출발하기에 앞서 남방에 대한 적응은 그들 발달의 중간쯤에서 중단되어, 북방 기후에 대한 적응으로 바뀌고, 그렇게 이 인간 무리의 고정불변

각에는, 피부색이 결코 직접적으로 기후에 달려 있지 않다는 강력한 증거가 된다. (똑같은 말을 그는 그곳에서 태어난 유럽인 아이들과 2세대 흑인들에 대해서도 한다. 그리고 그는, 이곳에서 오래 체류한 유럽인들의 더 어두운 피부색은 그곳의 모든 이에게 노출된 많은 담낭질환들의 결과라고 추측한다.) 여기서 나는 또한, 토착민과 혼혈인들의 손이, 열대 기후에도 불구하고, 보통은 차갑다는 점을 언급하지 않을 수 없다. (이것은 특유의 피부 성질이 어떤 피상적인 외적 원인에서 기인할 수 없다는 것을 알려주는 중요한 정황이다.)"

적 상태가 성립되었을 것이기 때문이다. 실제로 (남반구와 북반구 아메리카의 주민들을 알고 있던 특별히 중요한 증인인) 돈 울로아[71]는 이 대륙의 거주자의 특징적 형태가 전반적으로 매우 비슷하게 보인다고 확언하고 있다. 피부색에 관해 말하자면, 내가 지금 그 이름을 확실하게 댈 수 없는, 최근의 항해자 중 한 사람은 그 색깔을 **쇠의 녹과 기름**이 섞인 것 같다고 기술한다.[72] 그러나 그들의 타고난 자질이 어떤 기후에도 **온전히** 적합한 상태에 이르지 못했다는 것을 또한, 왜 이 종족이 힘든 노동을 하기에는 너무 약하고, 끈기 있게 노동하기에는 너무 무관심하며, 왜 (그에 대한 사례와 격려가 가까이에 있는 데도 불구하고) 모든 문화에 대해 무능한지, 왜 이 종족이 우리가 종족 상이성이라고 불렀던 다른 모든 위계 중 최하위를 차지하는 흑인보다도 더 아래에 위치하는지, 그에 대한 다른 근거를 제시하기 어렵다는 사실로부터 간취할 수 있다.

이제 다른 모든 가능한 가설들을 이 현상에 비추어보자. 만약 포르스터 씨가 이미 제안했던 흑인의 특수한 창조를 제2의 또 하나의 창조, 곧 아메리카인의 창조로써 증대하고 싶지 않다면, 아메리카는 흑인이나 황색 인도인의 아종을 언젠가 만들어내기에는, 또는 사람들이 거기에 거주한 그렇게 짧은 기간에 이미 만들어냈기에는 너무 **춥다**거나, 너무 **연륜이 짧다**[73]고 대답하는 것 외에 다른 대답은 남아 있지 않다. **첫째** 주장은 이 대륙의 열대 기후와 관련해서 지금 충분히 반박되었다. 그리고 **둘째** 주장에, 곧 사람들이 단지 수천 년을 기다릴 참을성만 가진다면, (적어도 유전적인 피부색으로

---

71) Don Antonio de Ulloa(1716~1795). 스페인 해군 제독으로 Louisiana 총독을 역임하는 등 군사 분야에서의 활동뿐만 아니라, 과학, 공학 분야에서의 업적 또한 지속적으로 평가받고 있다. 특히 백금 발견과 관련된 공헌은 화학 및 금속공학 분야에서 중요한 이정표로 남아 있다. 그의 남아메리카의 지리, 주민, 자연사에 관한 상세한 저술 *Relación histórica del viaje a la América Meridional*(Madrid 1748)은 영어로 번역(*A Voyage to South America*, London 1758)되어 널리 읽혔다.
72) AA는 TM 원문과 다르게 이 문장을 ( ) 안에 묶고 있다.
73) 원어: neu.

보아서) 흑인들이 점진적인 태양 영향을 받아 여기서도 언젠가 발견될 것이라는 주장에 관해서 말하자면, 사람들은 첫째로, 태양과 공기가, 매우 멀리 있고, 언제나 임의로 더 멀리 미뤄질 수도 있는, 한낱 추정된 효과를 통해 오직 **반론들**에 맞서 자신을 옹호하기 위해 그렇게 접목할 수 있음을 확신해야만 할 터이다. 저 접목 자체가 역시 매우 의심스러운데, 하물며 어떻게 한낱 임의적인 추측이 **사실**에 맞서 내세워질 수 있겠는가? TM122

종의 보존을 위해 하나의 인간원근 안에 근원적으로 그리고 합목적적으로 함께 있는 소질들의 발달을 통해 불가불적으로 유전적인 상이성들이 파생한다는 하나의 중요한 확증은, 그 인간원근에서 발전한 종족들이 (모든 대륙에서, 한가지 기후에서, 같은 방식으로) **산발적으로**[74] 퍼져 있지 않고, 각각이 자신을 형성할 수 있었던 한 나라의 경계선 내에서 나뉘어서 발견되는, 통합된 무리들 안에서 **주기적으로**[75] 퍼져 있다는 점이다. 그래서 **황색인**의 **순수** 혈통은 **힌두스탄**의 경계선 안에 에워싸여 있으며, 거기서 그다지 멀리 떨어져 있지 않고, 대부분이 동일한 기후대에 있는 **아라비아**는 황색인을 전혀 포함하고 있지 않다. 그러나 두 지역은 **흑인**을 포함하고 있지 않다. 흑인들은 오직 아프리카, **세네갈과 카보 네그로**[76] 사이에서(그리고 이 대륙의 내지에서)만 볼 수 있다.[77] 그러나 전체 **아메리카**는 황인도 흑인도, 실로 전혀 구세계의 종족성격을 포함하고 있지 않다.[78] (**에스키모**인들은 예외적인데, 그들은 형태상으로나 재능적으로나 그 상이한 성격(특징)으로 볼 때 구대륙의 하나에서 온 후예들로 보인다.) 이들 종족 각각은 이를테면 격리되어 있고, 동일한 기후에도 불구하고 서로, 그것도 그들 각각의 생식능력에 불가분리적으로 부수하는 성격으로 인해 구별된다. 그래서 이 종족들은 기후의 작용 VIII177 TM123

---

74) 원어: sporadisch.
75) 원어: zykladisch.
76) 원어: Capo Negro(=Cape Negro, Cabo Negro). 앙골라의 나미베(Namibe)주에 위치하는 곳.
77) 「'인종'의 개념 규정」 2(BM394=VIII93이하) 참조.
78) AA에 따르면, "종족성격을 보여줄 수 없다."

결과로 인한 것이라는 저런 성격의 기원에 대한 의견을 아주 개연성이 없게 만들고, 반면에 혈통의 단일성(통일성)에 의한 전반적인 생식친족성의 추측을 보증하면서, 동시에 한낱 기후에 있지 않고, 그들 자신 안에 있는, 그들의 부류 구별의 **원인** 추측을 보증한다. 즉, 이러한 부류 구별은 필시, 번식 [생식전승] 장소에 알맞게, 그 작용을 하기 위해서는 긴 세월을 필요로 했고, 이 작용이 일단 실현되고 나면, 어떤 장소 이동에 의해서도 새로운 아종이 더 이상 가능할 수 없다는 추측을 보증한다. 그렇다면 부류 구별의 원인인 즉 다른 것이 아니라 점차 합목적적으로 발전하는, 원근에 놓여 있던, 대기 영향의 중요한 차이에 따라 일정한 수로 제한된, **근원적 소질**로 간주될 수 있다. 이러한 증명근거를 훼손하는 것으로 보이는 것이 남아시아와 좀 더 동쪽으로 멀리 태평양에 속하는 섬들에 흩어져 있는 **파푸아** 종족이다. 나는 이 종족을 포레스터[79] 선장과 같이 카피르[80]족이라고 불렀다.[81] (왜냐하면 그는 짐작하건대 그들을 흑인이라고 부르지 않는 이유를, 부분적으로는 그들의 피부색에서, 부분적으로는 그들이 흑인의 속성과는 다르게 상당한 정도로 빗질을 할 수 있는 그들의 두발과 수염에서 보았기 때문이다.[82]) 그러나 인근에서 발견할 수 있는 다른 종족들, 곧 아라푸라[83]족과 약간 더 많은 순수 인도인 원근(혈통)과 유사한 인간들의 놀라운 산재(散在)가 저 훼손을 복구한다. 왜냐하면, 이들의 유전적 속성이 동일한 기후대에서도 그토록 서로 다르게 나타나는바, 그것은 또한 그들의 유전적 속성에 대한 기후 영향의 증명력을 약화시키기 때문이다. 그래서 사람들은 또한 충분한 근거를 가지고서, 그들을 원주민으로 여기지 않고, 알 수 없는 이유(어쩌면 필시 서쪽에서 동쪽으

TM124

---

79) Thomas Forrester 선장의 New Guinea 일대에 관한 항해 서술은 Christoph Daniel Ebeling(1741~1817) 편, *Neue Sammlung von Reisebeschreibungen*(10 Theile, Hamburg 1780~90), 제3편(1782)에 실려 있다.
80) 원어: Kaffer(=Kaffir)
81) 「인종'의 개념 규정」 BM408이하=VIII101 참조.
82) Ebeling(Hs.), *Neue Sammlung*, Tl. 3, Hamburg 1782, S. 83 참조.
83) 원어: Harafora(=Arafura).

로 작용했을 한 강력한 지리적 격변[84])로 그들의 자리에서 내몰린 이방인(가령 마다가스카르에서 온 저 파푸아족)으로 여기는 것을 그럼직하다고 본다. 그러므로 내가 캐터릿[85]의 보고문을 기억에 의거해서(아마도 부정확하게) 인용했던 **프리윌섬**[86]의 주민들에 관해서는 어떻든지 간에, 종족들의 차이가 발전하는 증거들을 외관상 오래전에 자연의 작용이 완성된 후에 비로소 거주하게 되었던 섬에서가 아니라, 그들의 원근(혈통)의 거주지가 있었던 것으로 추정되는 대륙에서 찾아야만 할 것이다.

이상이 동일한 **자연류**(자연적 종)[87](自然種,[88]) 유기적 피조물(생물)들이 그들의 생식능력을 통해 결합될 수 있고, '하나의' 원근(혈통)에서 생겨나 있을※ 수 있는 한에

VIII178

TM125

※ 하나의 동일한 원근(혈통)에 속한다고 함이 곧장 단 하나의 **쌍**(부부)으로부터 출생한 것을 의미하지는 않는다. 그것은 단지, 지금 어떤 동물류에서 마주칠 수 있는 다양성을 그 때문에 그만큼 많은 수의 근원적인 상이성들로 보아서는 안 된다는 정도를 말한다. 무릇 최초의 인간원근(혈통)이 많은 수의, 그러나 모두 동종적인, (두 가지 성별의) 인원들로 조성되어 있었다면, 나는 지금의 인간들을 다수의 동일한 쌍들에서와 똑같이 단 하나의 쌍에서 훌륭하게 이끌어낼 수 있다. 포르스터 씨는 내가 후자의 경우를 하나의 사실로서, 그것도 어떤 권위에 의거해서, 주장하려고 한다는 혐의를 씌우지만, 그것은 단지 이론에서 전적으로 자연스럽게 귀결되는 이념(생각)이다. 그러나 맹수들 때문에 단 하나의 쌍에서 시작된 인간종은 안전 보장이 곤란했을 것이라는 난점에 관해 말하자면, 이런 난점이 인간종에게 특별한 수고를 끼칠 수 없다. 무릇 만물을 생육하는 대지는 인간보다 사뭇 뒤에야 맹수 같은 것을 출현하게 할 수 있었을 것이니 말이다.

---

84) 원어: Erd-Revolution. 지구의 자전이나 공전이라기보다는 문맥상 '지리적 격변'을 뜻한다고 보겠다.
85) Philip Carteret(1733~1796). 칸트 당대 영국의 해군 장성이자 지리 탐험가로 1차(1764~1766), 2차(1766~1769) 세계 일주 항해를 했는데, 남태평양 항해 중 다수의 섬들을 발견했다. 몇 년 후 그가 작성한 여행기 *Carteret's voyage round the world, 1766-1769*(H. Wallis의 편집, 전 2권으로 1965년에야 출간)의 독일어판 *Captain Carteret's Fahrt um die Welt von 1766-69*(Leipzig 1776)이 출판되었는데, 칸트는 이 책에서 정보를 얻은 것으로 보이나, 인용 내용이 일치하지 않아 Georg Forster와의 논쟁이 유발되었고, 그것이 바로 이 논고 "Über den Gebrauch teleologischer Pricipien in der Philosophie"(1788)를 쓴 계기였다. 관련해서 「'인종'의 개념 규정」, BM393=VIII92 참조.

서의)에 속하는 유기적 피조물(생물)들의 유전적 다양성이 어떻게 파생되는지에 대한 나의 개념을 위한 변론이다. 이 **자연류**는 **학술류**(학술적 종)[89](人工種,[90] 유기적 피조물(생물)들이 순전한 비교의 관점에서 하나의 공통 징표 아래 있는 한에서의)와는 구별된다. 전자는 자연사에 속하고, 후자는 자연기술에 속한다. 이제 그것의 기원에 대한 포르스터 씨 자신의 체계에 관해 조금 이야기해 보자. 모든 것이 자연과학에서는 **자연 그대로**[91] 설명되어야만 하고, 그렇지 않으면 그것은 자연과학에 속하지 않을 터이기 때문에 그렇다는 점에는 우리 둘이 일치한다. 이 원칙에 나는 너무도 세심하게 따랐고, 그래서 한 명민한 인사(앞에서 말한 나의 글에 대한 서평을 낸 최고종교위원회 고문 뷔싱[92] 씨)도 자연의 의도들, 지혜와 배려 등등의 표현들을 이유로 나를, '**자기 방식의**'라는 단서를 붙이기는 했지만, 하나의 **자연주의자**로 만들고 있을 정도이다. 왜냐하면 나는 순전한 자연인식들과 이 인식들이 어디까지 이르는지에 관해 다룰 때 — 이런 경우 **목적론적으로** 표현되는 것이 아주 어울리거니와 —, 각각의 인식방식에 그 한계를 아주 주의 깊게 표시하기 위해서는 **신학적** 언어를 구사하는 것이 바람직하지 않다고 보기 때문이다.

그러나 모든 것이 자연과학에서는 자연 그대로 설명되어야만 한다는 바로 저 원칙이 동시에 자연과학의 한계를 표시한다. 무릇 사람들은 모든 설

---

86) 원어: Frevill-Eiland(=Free Will Island). Carteret는 2차 항해 중에 이 섬을 발견했다.
87) 원어: Naturgattung.
88) 원어: species naturalis.
89) 원어: Schulgattung.
90) 원어: species artificialis.
91) 원어: natürlich.
92) Anton Friedrich Büsching(1724~1793). 칸트 당대 독일의 신학자이자 지리학자. 그에 관한 칸트의 언급은 『윤리형이상학-법이론』(*MS, RL*, A231=B261=VI353 참조)과 「계몽이란 무엇인가」(*WA*, BM494=VIII41 참조) 등에서도 볼 수 있다. 그는 *Wöchentliche Nachrichten von neuen Landcharten, geographischen, statistischen und historischen Büchern und Schriften*을 15권(Berlin 1773~1787(1788)) 발행했는데, 이 《주간 소식》 제13권 45호(1785. 11. 7 자) 358면에 칸트의 「인간종」의 개념 규정」에 대한 서평이 실려 있다.

명근거 가운데서 아직은 **경험**을 통해 보증될 수 있는 마지막 설명근거를 사용할 때에, 자연과학의 가장 바깥 한계에 이르러 있는 것이니 말이다. 이 설명근거들이 끝나고, 사람들이 스스로 고안해 낸 물질의 힘들을 가지고서, 듣도 보도 못한 그리고 입증할 수도 없는 법칙들에 따라서, 시작할 수밖에 없을 때, 그때 사람들은 이미 자연과학을 넘어서 있는 것이다. 비록 사람들이 여전히 자연사물들을 원인들이라고 부르고, 그러면서도 동시에 그것들에게 그 실존이 무엇에 의해서도 증명될 수 없고, 정말이지 심지어 그것의 가능성이 이성과 합일하기가 어려운 힘이라는 것을 부여한다고 할지라도 말이다. 유기적 존재자[유기체]라는 개념이 이미 함의하고 있는 바는, 유기적 존재자[유기체]는 그 안에서 모든 것이 교호적으로 목적과 수단으로서 상호 관계 맺고 있고, 이것이 심지어는 **목적인들의 체계**로서만 생각될 수 있으며, 그러니까 그것의 가능성이 결코 물리-기계적 설명방식이 아니라, 오직, 적어도 **인간** 이성의, 목적론적 설명방식만을 남겨놓는 물질이라는 것이다. 그렇기 때문에 물리학에서는, 도대체 모든 유기화[有機化] 자체가 근원적으로 어디에서 유래하는지를 캐물을 수가 없다. 이 물음에 대한 답변은, 그것을 우리가 어떻게든 할 수 있다면, 분명히 자연과학의 **바깥에, 형이상학** 안에 있을 터이다. 내 생각에 모든 유기조직은 유기적 존재자 [유기체]로부터 (생식을 통해) 파생하고, (이런 종류의 자연사물들의) 후속하는 형상들은 그것들의 원근의 유기조직에서 볼 수 있던 **근원적 소질들**에서 점진적 발달의 법칙들에 따라 파생한다. (이와 같은 것은 식물의 이식에서 흔히 볼 수 있다.) 이 원근 자체가 어떻게 **발생**했는가, 이 과제는 전적으로 인간에게 가능한, 나 자신도 그 안에 머물러야만 한다고 믿었던, 모든 물리학의 한계를 넘어서 있다.

 그래서 나는 포르스터 씨의 체계에 대한 이단 규문[糾問]을 전혀 두려워하지 않는다. (무릇 그것은 이런 경우 자기 구역 바깥에서 똑같이 월권적으로 재판권을 행사하는 것일 터이니 말이다.) 그리고 나 또한 필요한 경우 순전한 자연연구가들의 철학적 **배심**(166면)에 찬동하고, 그렇지만 그들의 평결이 그

TM127

철학에서 목적론적 원리들의 사용 327

에게 유리하게 내려질 수 있을 것이라 거의 믿지 않는다. "동물들과 식물들이, 그들과 같은 것들의 생식 없이, 그들의 부드러운, 바다 진흙으로 비옥해진 모태에서 생겨날 수 있게 했던 임산(姙産)의 대지(80면), 이에 기반한 유기적 유(類)들의 지역 생식들, **아프리카**가 자기의 인간들(즉 흑인들)을, **아시아**가 자기의 인간들을 (나머지 모두)(158면) 산출했던 바로 그것, 이에서 유래한, 인간에서 고래로,(77면) 그리고 계속해서 (아마도 선태류(蘚苔類)와 지의류(地衣類)에까지, 한낱 비교 체계에서가 아니라, 공동의 원근으로부터의 생육 체계[93])에서) 내려가는, 이루 다 알아볼 수 없이 계단 지어진, 유기적 존재자[유기체]들의 모든 자연연쇄[※]의 친족성 — 이런 것들이 자연연구가로 하여금 그 앞에서, 마치 어떤 괴물 앞에서처럼,(75면) 뒷걸음치게 만들지는 않을 터이지만 — 무릇 이런 것은 많은 이들이 언젠가 한 번 즐겼지만, 그것으로는 아무것도 얻어지는 것이 없기 때문에, 다시 그만두었던 하나의 유희이니 말이다 —, 그럼에도 자연연구가는 그가 이런 것으로 인해 알지 못하는 사이에 자연연구의 비옥한 토양에서 벗어나 형이상학의 황무지로 탈선할까 성찰하고서 위축될 것이다. 게다가 나는 또한 바로 그 **남자답지 못한 것**

※ 특히 보네[94]를 통해 매우 인기를 얻게 된 이 이념(관념)에 관해서는 블루멘바흐[95] 교수의 비망록(『자연사 편람』, 1779, 머리말 §7)이 읽어볼 가치가 있다. 이 식견 있는 인사는 그가 생식 이론을 밝혀내는 데 많이 활용했던 **형성 충동**도 오직 유기적 존재자(유기체)들의 성원들에게만 부가하고, 무기물질에는 부가하지 않는다.

---

93) 원어: Erziehungssystem. AA에 따르면 "생식체계(Erzeugungssystem)".
94) Charles Bonnet(1726~1793). 칸트 당대 스위스의 자연학자. 칸트가 『순수이성비판』에서도 언급하고 있는 "피조물의 연속적 계단의 법칙"(KrV, A668=B696)과 관련하여 이른바 '전개설(Einschatelungstheorie)'을 담은 저술『자연 관상(Contemplation de la nature)』(Amsterdam 1764)을 냈는데, 칸트는 이 저술을 독일어 번역판 Betrachtungen über die Natur(J. D. Titus 역, Leipzig 1766, S. 29~85)를 통해 알게 되었을 것으로 추측된다.
95) Johann Friedrich Blumenbach(1752~1840). 독일의 해부학자이자 인간학자이고, 동물학의 창시자. 그의 『자연사 편람(Handbuch der Naturgeschichte)』은 초판(Göttingen 1779/1780) 이래 수많은 독자를 얻어 그의 생전에만 12판(1830)까지 출간되었다.

이 아닌(75면) 두려움, 곧 이성을 그 제일의 원칙들에서 풀어주고, 한계 없는 상상 속에서 방황하도록 허용하는 모든 것 앞에서 뒷걸음치는 두려움을 알고 있다. 아마도 포르스터 씨는 또한 이렇게 해서 단지 여느 **초형이상학자**[96] ― 무릇 이와 같은, 말하자면 요소 개념들을 알지 못한 채, 그것들을 경멸하는 태도를 보이면서도 영웅적으로 정복에 나서는 이들도 있다 ― 를 기쁘게 해주고, 그의 환상에 재료를 공급한 다음에 이를 재미있어 하려고 했을 것이다.

참된 형이상학은 인간 이성의 한계를 알고 있고, 무엇보다도 이성이 부인할 수 없는 자기의 이 유전적 결함을 알고 있다. 즉, 이성은 절대로 어떠한 **근본력**[97]도 선험적으로 날조할 수 없고, 해서도 안 되며 ― 그런 경우 이성은 순정하게 공허한 개념들을 꾸며내는 것일 터이기 때문이다 ―, 근본력들을, 경험이 그렇게 가르쳐 주면, ― 근본력들이 겉보기에만 상이하고, 그러나 근본에서는 동일한 한에서 ― 가능한 최소의 수로 환원하고, 물리학이 유효할 때는 그에 합당한 **근본력**을 **세계** 안에서 찾고, 그러나 형이상학(곧 더 이상 사물에 부속하는 근본력을 제시하지 않는)과 관련이 되면, 어떻게든 **세계 바깥에서** 찾는 일 그 이상으로는 아무것도 할 수 없다. 그러나 근본력이라는 것에 대해 (우리는 그것을 다름 아닌 원인과 결과의 관계를 통해서만 아는 바이므로) 우리는 결과에서 얻어진 것, 그리고 바로 오직 이 결과와의 관계를 표현하는 것 외에 다른 어떤 개념을 제공할 수 없고, 그에 대한 다른 어떤 명칭도 찾아낼 수 없다.※ 그런데 유기적 존재자(유기체)라는 개념

※ 예컨대 인간에서 **상상**이란 우리가 마음의 다른 작용들과 한가지로 인식하지 않는 하나의 작용이다. 그래서 이것과 관련된 힘은 (근본력으로서) 상상력이라고밖에는 달리 불릴 수 없다. 마찬가지로 운동력들이라는 명칭 아래에서는 척력과 인력이 **근본력**[98]들이다. 상이한 사람들이 실체의 통일성을 위해서는 **유일한** 근본력을 상정하지 않으면 안 된다고 믿었고, 심지어는, 한낱 상이한 근본력들의 **공동의 명**

---

96) 원어: Hypermetaphysiker.
97) 원어: Grundkraft.

TM131 　은 이렇다. 곧, 유기적 존재자〔유기체〕란 **그것 안에** 함유되어 있는 모든 것이 상호 목적과 수단으로서 관계 맺음으로써만 가능한 하나의 물질적 존재자〔물체〕이다. (실제로 모든 해부학자, 또 생리학자가 이 개념에서 출발한다.) 그러므로 하나의 유기조직을 작용시켰을 터인 하나의 근본력은 목적들에 따라 작용하는 원인이라고 생각될 수밖에 없고, 그것도 이 목적들이 그 작용을 가능하게 하는 근거로 놓여야 하는 방식으로 말이다. 그러나 우리는 그와 같은 힘들을, **그것들의 규정 근거 면에서**, 경험을 통해서는, 오직 **우리 자신 안에서**, 곧 전적으로 목적들에 따라 안배된 특정한 산물들, 곧 **예술작품들**을 가능하게 하는 원인으로서의 우리의 지성과 의지에서 인지한다. 지성과 의지가 우리에서 근본력들이고, 그중에 후자는, 그것이 전자에 의해 규정되는 이상, 목적이라고 불리는 **하나의 이념**〔관념〕**에 따라** 무엇인가를 산출해내는 능력이다. 그러나 우리는 모든 경험에 독립해서 어떤 새로운 근본력도 고안해 내서는 안 된다. 그럼에도 하나의 이념〔관념〕 안에서 그 규정 근거를 갖지 않으면서도, 하나의 존재자 안에서 합목적적으로 작용하는 힘이 있다면, 바로 그와 같은 것일 터이다. 그러므로 자기 자신으로부터〔자발적으로〕

　　　칭을 그렇게 부르면서, 유일한 근본력을 인식한다고 믿었다. 예컨대, 밀침과 당김 두 가지는 운동이라는 공동의 개념 아래 있기 때문에, 물질의 유일한 근본력은 운동력이라고 내가 말한 것과 똑같은 것인 양, 영혼의 유일한 근본력은 세계의 표상력이라고 부르면서 말이다. 그러나 사람들이 알고자 하는 것은, 과연 밀침과 당김이 이 운동에서 **도출될** 수 있는지인데, 그런 일은 불가능하다. 무릇 **하위** 개념들은, 그것들이 가지고 있는 **상이성**의 면에서 볼 때, **상위** 개념에서 결코 도출될 수 없다. 그리고 실체의 통일성에 관해 말하자면, 실체는 이미 그 개념 안에 근본력의 통일성을 소지하고 있는 것처럼 보이거니와, 이러한 착각은 **힘**에 대한 부정확한 정의에서 기인한다. 무릇 이 힘이 우유성들의 현실성의 근거를 함유하고 있는 것— 무릇 이런 것이 실체이다 — 이 아니라, 실체가 우유성들의 현실성의 근거를 함유하는 **한에서**, 실체의 우유성들과의 한낱 관계이니 말이다. 그러나 실체에게는 (그것의 통일성을 손상시키지 않고서) 상이한 관계들이 아주 잘 부여될 수 있다.

98) 이 "근본력(Grundkraft)"을 칸트는 "기본력〔요소 힘〕(Elementarkraft)"이라고 표현하기도 하는데(OP, XXI538 참조), 맥락상 이 표현이 더 적의한 것으로 보인다.

합목적적으로, 그러나 그 자신이나 자신의 원인[99] 안에 놓여 있을 **목적과 의도 없이**, 작용하는 하나의 존재자의 능력 — 경험이 어떤 사례도 제공하지 않는 하나의 특수한 근본력인 — 이라는 개념은 완전히 지어낸 공허한 것, 다시 말해 그것에 도대체가 어떤 한 대상이 대응할 수 있다고 최소한의 보증도 할 수 없는 것이다. 그러므로 유기적 존재자[유기체]의 원인을 세계 **안에서** 마주칠 수 있든 세계 **바깥에서** 마주칠 수 있든, 우리는 그런 원인의 일체 규정을 단념해야만 하거나, 아니면[100] 그를 위해 어떤 **지성적 존재자**를 생각하지 않을 수 없다. 그러나 마치 우리가, (작고한 멘델스존,[101] 또 다른 이들이 생각했던 바와 같이), 그러한 작용결과가 다른 원인으로부터는 **불가능**하다는 것을 통찰한 것처럼이 아니라, 우리로서는 목적인[目的因]을 배제하고서 다른 어떤 원인을 기초에 놓기 위해서는, 하나의 근본력을 **지어내지** 않을 수 없는데, 이성은 이에 대해 전혀 아무런 권한도 가지고 있지 못하기 때문이다. 왜냐하면, 그때 이성에는 이성이 **무엇을** 하고 싶고, **어떻게** 하고 싶은지를 모두 설명하는 것이 전혀 수고롭지 않을 터이기 때문이다.

* * *

그리고 이제 말한 모든 것의 결론을 내보자! 목적들은 **이성**과 곧바로 관계를 갖는다. 그 이성이 외부의 이성이든 우리 자신의 이성이든 간에 말이다. 그러나 목적들을 외부의 이성에 두기 위해서도, 우리는 우리 자신의 이성을, 적어도 외부 이성의 유비로서, 기초에 두지 않으면 안 된다. 왜냐하면 목적들은 이것이 없으면 전혀 표상될 수 없기 때문이다. 그런데 목적들

---

99) AA의 수정에 따라 "ihr oder ihrer"를 "ihm oder seiner"로 읽음.
100) AA의 수정에 따라 "aber"를 "oder"로 읽음.
101) Moses Mendelssohn(1729~1786). 칸트가 여러 저술에서 자주 언급한 멘델스존은 *Abhandlungen über die Evidenz in metaphysischen Wissenschaften*(1764)에서 *Morgenstunden oder Vorlesungen über das Dasein Gottes*(1785)에 이르는 여러 저술을 통해 신학적 목적론을 역설하였다.

은 **자연**의 목적들이거나 **자유**의 목적들이다. 자연 안에 필시 목적들이 있다는 것을 인간은 선험적으로 통찰할 수 없는 반면에, 자연 안에 필시 원인들과 결과들의 연결이 있다는 것은 선험적으로 아주 잘 통찰할 수 있다. 따라서 자연에 대한 목적론적 원리의 사용은 항상 경험적으로 조건 지어진다. 만약, 순전히 규정 근거들 상호 간의 그리고 그것들의 합계와의 비교에 의거해서 목적으로 삼는 것을 이성에 의해 규정하기 위해서는, 자유에 먼저 의욕의 대상들이 자연을 통해 (필요욕구들과 경향성들에서) 규정 근거들로 주어져야만 할 터이면, 자유의 목적들과 관련해서도 사정은 마찬가지일 터이다. 그러나 실천 이성 비판은, 순수한 실천적 원리들이 있고, 이 원리들을 통해 이성은 선험적으로 규정되는바, 그러므로 순수한 실천 원리들은 선험적으로 이성의 목적을 제시한다는 것을 알려준다. 그러므로 만약 자연을 설명하기 위한 목적론적 원리의 사용이, 그런 목적론적 원리는 경험적 조건들에 제한받고 있기 때문에, 합목적적 결합의 원근거를 결코 완벽하게 그리고 모든 목적에 대해 충분히 명확하게 제시할 수 없다면, 이와 반대로 사람들은 이런 일을, 그 원리가 선험적으로 이성 일반의 모든 목적들의 전체와의 관계 맺음을 함유하고, 오직 실천적일 수 있는, 하나의 **순수 목적이론**[102] — 즉 **자유**의 목적이론 외에 다른 것일 수 없는 — 에 기대할 수밖에 없다. 그러나 순수한 실천적 목적론[103]은, 다시 말해 도덕론[104]은, 자기의 목적들을 세계 안에서 실현하도록 정해져 있기 때문에, 세계 안에서의 목적들의 **가능성**을, 세계 안에 주어진 **목적인들**에 관해서뿐만 아니라, **최상 세계원인**의, 작용결과로서의 모든 목적들의 전체에 대한 적합성에 관해서도 소홀히 해서는 안 된다. 그러니까 실천적 순수 목적이론에 객관적 실재성을, 실행에서 객관의 가능성의 관점에서, 곧 이 이론이 세계 안에서 실현할 것으로 지정한 목적의 객관적 실재성을 보장하기 위해서는, **자연 목적론**뿐

---

102) 원어: Zwecklehre.
103) 원어: Teleologie.
104) 원어: Moral.

만이 아니라, 자연 일반의 가능성, 다시 말해 초월-철학 또한 소홀히 해서는 안 된다.

이제 이 두 가지 관점에서 "칸트철학에 관한 편지"의 저자[105]는 자신의 재능과 통찰력, 그리고 칸트철학을 보편적으로 필연적인 목적들에 유용하게 적용하는 칭찬할 만한 사유방식을 모범적으로 증명하였다. 그리고, 이 학술지의 탁월한 편집인에 대해, 그의 겸손함을 해치는 것으로 보이는, 부당한 요구일 것임에도 불구하고, 나는 그에게 익명의 그리고 최근까지도 내가 몰랐던 저 편지의 저자의 공로에 대한 나의 상찬을 그의 학술지에 삽입할 수 있도록 허용해 달라고 청하지 않을 수 없었다. 저 편지는 내가 기여하려고 애썼던, 확고한 원칙들에 따라 이끌어진 사변 이성과 실천 이성 양자의 공동 문제에 관해 쓰고 있다. 무미건조하고 추상적인 이론을, 그 철저성을 잃지 않으면서도, 투명하게 그리고 심지어 우아하게 서술하는 재능은 너무나 드물고(나이 든 사람에게 가장 부족하고), 그렇지만 너무나 유용하기에, 나는 한낱 추천하기 위해서가 아니라, 그 통찰력과 이해성, 그리고 이와 연결되어 있는 설득력을 명료하게 하기 위해서 말하고 싶거니와, 내가 이렇게 쉽게 쓸 수 없었던 나의 저작들을 그렇게 보완해 준 인사에게 나의 감사를 공개적으로 표하는 것을 나는 책무로 느끼고 있다.

TM134

나는 이 기회에 상당한 두께의 한 저작에, 사람들이 그 전체를 충분히 파악하기도 전에, 얼핏 발견되는 모순들이 있다는 비난에 대해 몇 마디 언급하고자 한다. 그 모순들이라는 것은, 사람들이 그것들을 나머지 전체와 연관 지어서 보면, 모두 저절로 사라진다. 《라이프치히 교양 신문》,[106] 1787년

TM135

---

105) Karl Leonhard Reinhold(1758~1823)의 글 "Briefe über die kantische Philosphie" (수록: TM, 1786년 제3권 8월호 99~141면)에 대해서는 앞(TM38=VIII160)의 관련 각주 참조.
106) 원래의 명칭 *Neue Leipziger gelebrte Zeitungen*(《신 라이프치히 교양 신문》)은 Leipzig에서 1715년 J. G. Krause(1684~1736)가 창간하여 주간 또는 격주간으로 1784년까지 발간된 *Neue Zeitungen von gelebrten Sachen*이 종간한 후 출판사 Breitkopf에서 3년간(1785~1787) 편집자 익명으로 발간되었다.

제94호에 1787년 판(제2판) 『순수이성비판』의 서설 3면 7행에 쓰여 있는 것이 곧 뒤따르는 5면의 1~2행에서 마주치는 것과 정확히 모순된다고 지적되어 있다. 무릇 앞 대목에서 나는, "선험적 인식들 가운데 전혀 아무런 경험적인 것도 **섞여 있지 않은** 그런 인식을 **순수하다**고 일컫는다"라고 말했고, 하나의 반대 사례로서 "모든 **변화하는 것**[107]은 원인을 갖는다"라는 명제를 들었다. 이에 반해 나는 5면에서 이 명제를 선험적인 순수한 인식의, 다시 말해 '어떤 경험적인 것에도 **의존해 있지 않은**'[108] 그러한 인식의 사례로 들고 있다. — '순수한'이라는 낱말의 두 가지 의미가 있지만, 이 가운데 나는 전체 저작에서 후자의 의미와만 상관한다. 물론 나는 첫째 종류의 명제의 한 사례로 "모든 **우연적인 것**은 원인을 갖는다"를 듦으로써 오해를 방지할 수도 있었겠다. 무릇 이 명제에는 전혀 아무런 경험적인 것도 **섞여 있지 않으니** 말이다. 그러나 누가 오해를 불러일으키는 모든 계기들을 낱낱이 생각해 보는가? — 나에게 『**자연과학의 형이상학적 기초원리**』의 머리말 XVI~XVII면의 각주와 함께 똑같은 일이 일어났다. 거기서 나는 범주들의 연역이 중요하기는 하지만, **극히 필요한 것은 아니라**고 짐짓 말하고, 그러나 『비판』에서는 후자를 고의적으로 주장하고 있다. 그러나 사람들이 쉽게 간과하는 점은, 저기서 범주들은 단지 **소극적** 의도로, 곧 (감성적 직관 없이) 범주들**만**으로써는 사물에 대한 **어떤 인식도** 전혀 성립될 수 **없다**는 것을 증명하기 위해서 고찰되고 있다는 사실이다. 무릇 이런 사실은 사람들이 (순전히 객관 일반에 적용되는 논리적 기능(함수)들인) 범주들에 대한 **해설**만 손에 들고 있다면, 이미 명백해진다. 그럼에도 우리는 범주들을, 그것들이 객관들의 **인식**(즉 경험)을 위해 실제로 필요한 사용을 하고 있기 때문에, 그것들이 전혀 의미가 없다거나, 또 경험적으로 **생겨난** 것이라고 판단하지 않

---

107) 『순수이성비판』에서의 표현은 "alles Veränderliche" 대신에 "모든 변화(eine jede Veränderung)"이다.
108) 『순수이성비판』에서는 이 대신에 "단적으로 모든 경험으로부터 독립적(인)"이라는 표현을 썼다.

도록, 이제 그러한 선험적 개념들의 객관적 타당성의 가능성도 특별히 증명되어야만 했다. 이것은 **적극적** 의도였고, 이 의도에서 저 **연역**은 말할 것도 없이 불가결하게 필요한 것이다.

  앞에서 말한 "편지"의 저자인 고문 라인홀트 씨가 최근에 예나 대학의 철학 교수가 되었다는 사실을 방금 알았다. 이 유명한 대학의 성장에 달리 있을 수 없는 매우 유익한 일이다.

임마누엘 칸트

제4부
종교철학

'사고에서 방향을 잡다'란 무슨 뜻인가?(1786)
변신론에서 모든 철학적 시도의 실패에 관하여(1791)
만물의 종말(모든 것들의 끝)(1794)

'사고에서 방향을 잡다'란
무슨 뜻인가?

2.

Was heißt: sich im Denken orientiren?

Wir mögen unsre Begriffe noch so hoch anlegen, und dabei noch so sehr von der Sinnlichkeit abstrahiren, so hängen ihnen doch noch immer bildliche Vorstellungen an, deren eigentliche Bestimmung es ist, sie, die sonst nicht von der Erfahrung abgeleitet sind, zum Erfahrungsgebrauche tauglich zu machen. Denn wie wollten wir auch unseren Begriffen Sinn und Bedeutung verschaffen, wenn ihnen nicht irgend eine Anschauung (welche zuletzt immer ein Beispiel aus irgend einer möglichen Erfahrung sein muß) untergelegt würde? Wenn wir hernach von dieser konkreten Verstandeshandlung die Beimischung des Bildes, zuerst der zufälligen Wahrnehmung durch Sinne, dann so gar die reine sinnliche Anschauung überhaupt, weglassen: so bleibt jener reine Verstandesbegrif übrig, dessen Umfang nun erweitert ist, und eine Regel des Denkens überhaupt enthält. Auf solche Weise ist selbst die allgemeine Logik zu Stande gekommen; und manche heuristische Methode zu denken liegt in dem Erfahrungsgebrauche unseres Verstandes und der Vernunft vielleicht noch verborgen, welche, wenn wir sie behutsam aus jener Erfahrung herauszuziehen verständen, die Philosophie

---

번역 대본

Was heißt: sich im Denken orientiren?,

1) in: *Berlinische Monatsschrift*(BM), hrsg. von F. Gedike / J. E. Biester, Bd. VIII, Stk. 10, Berlin 1786, S. 304~330.

2) in: Wilhelm Weischedel(Hs.), *Immanuel Kant, Werke in sechs Bänden*, Darmstadt 1958, Bd. III, S. 263~283.

3) in: Königlich Preußische Akademie der Wissenschaften(Hs.), *Kant's gesammelte Schriften, Kant's Werke*, Bd. VIII: Abhandlungen nach 1781, Berlin und Leipzig 1923, S. 131~147.

해제

논고 작성의 배경

논고 「사고에서 방향을 잡다'란 무슨 뜻인가?(Was heißt: sich im Denken orientiren?)」(약칭: 「사고에서 방향 잡기」(WDO))는 당시 학계를 동요시킨 이른바 '범신론 논쟁'에 칸트가 제3자로 참여한 결과물이다.

레싱(Gotthold Ephraim Lessing, 1729~1781)은 동갑인 멘델스존(Moses Mendelssohn, 1729~1786)과 오랫동안 친교하였고, 인간애와 이신론 사상을 담은 그의 대표작이라 할 수 있는 희곡 『현자 나탄(*Nathan der Weise*)』(1779)을 썼는데, 이는 멘델스존을 모델로 한 것으로 알려져 있다. (Mendelssohn은 1781년에 태어난 막내아들의 이름을 Nathan이라고 지었다.) 또 레싱은 말년에(1780) 젊은 야코비(Friedrich Heinrich Jacobi, 1743~1819)와도 교류하였다. 그런데 레싱 사후 야코비는 멘델스존과 문통하는 사이가 되어, 레싱이 스피노자주의자라고 언급했고, 이에 대해 멘델스존의 반박이 이어지면서, 이는 급기야 범신론 내지 스피노자 철학 전반의 성격에 대한 논쟁이 되었다. 논쟁은 편지를 통해 이루어졌는데, 야코비가 『스피노자의 이론에 관한 편지들(*Über die Lehre des Spinoza in Briefen an den Herrn Moses Mendelssohn*)』(Breslau 1785)을 멘델스존의 동의 없이 단독으로 공개함으로써 주제 논쟁은 공론의 장으로 번져 학계의 다툼으로 비화하였다. 이 다툼은 18세기 후반 계몽주의에서 초기 낭만주의 및 독일 이상주의(관념론)로의 전환을 촉진한, 독일 사상사의 중요한 사건이었다.

야코비는 '신, 즉 자연(deus sive natura)'으로 대변되는 스피노자 철학이 이성주의의 극단, 즉 비인격적 신 개념으로 귀결됨으로써 결과적으로 결정론, 숙명론, 무신론과 다르지 않다고 보았다. 그는 스피노자의 유일 실체로서의 신 개념은 그 양태들인 개별 존재자들의 고유성, 인간의 자유 의지도 집어삼켜, 만물 만상은 신 곧 자연의 기계적-필연적 인과관계에 종속된다고 해석했다. 그러니까 스피노자주의는 인간의 행위와 사고까지도 필연적 생성의 연쇄 안에 넣어, 자유와 도덕의 기반을 없앰으로써 종교적 신앙과 도덕적 책임을 말살한다는 것이다. 더 나아가 그는, 스피노자의 신에는 의지도 인격성도 없으므로, 그러한 '신'은 '비인격적 실체'라 할 것이고, 이는 곧 인간의 도덕과 신앙의 근거인 '신' 개념의 해체, 즉 무신론에 이른다고 주장했다. '범신론'은 무신론의 다른 명칭이라는 것이다.

여기서 더 나아가 야코비는 스피노자주의뿐만이 아니라, 이성만을 토대로 한 체계는 언제나 '스피노자적 숙명론'으로 흐른다고 진단하면서, 참된 신과의 관계, 즉 신앙과 도덕의 직접성은 오로지 직관, 느낌(感), 신앙과 같은 '직접적(비매개적) 인식' 안에 있다고 주장했다.

이에 반해 멘델스존은 야코비와의 논쟁에서 스피노자 철학을 한갓된 무신론이나 숙명론으로 받아들이지 않았다. 멘델스존은 스피노자의 유일 실체('신, 즉 자연')론을 받아들였지만, 이 실체가 단순한 물질적 자연이나 비인격적 원리가 아니라, '사고(정신)'라는 본질속성을 지니고 있으므로, 신에게도 지성, 의지, 목적성이 있을 수 있다고 해석했다. 그래서 신은 인간의 이성을 통해 이해할 수 있고, 인간의 도덕성과 자유에 토대를 제공한다는 것이다. 스피노자 철학이 기계적 결정론 또는 숙명론으로 흐를 수밖에 없다는 야코비의 비판에 대해, 멘델스존은 인간의 의지 자유와 도덕이 스피노자의 신 유일 실체론과 능히 양립할 수 있음을 강조하면서, 오히려 신적 질서가 인간의 이성적 탐구와 도덕적 행위의 기반이 된다고 해명했다. 유일 실체인 신은 이 세계의 내적 원리이자, 이 세계 바깥에 초월적으로 존재할 수도 있다고 보았다.

이러한 논쟁의 와중에서 논쟁의 당사자 양편 모두 칸트가 지지 발언을 해주기를 기대했고, 또한 《베를린 월보》의 편집인 비스터(Biester)는 수차례(1785년 11월, 1786년 3월, 동년 6월 등)에 걸쳐 이 사안에 대해 칸트가 견해를 피력해 줄 것을 촉구하였다. 이에 응하여 칸트는 이 논고를 썼고, 원고를 받은 비스터는 이 "탁월한 논문"에 감사 편지를 보냈다.(1786. 8. 8자, X462 참조) 그 두 달 후 이 논고는 최초로 ① 《베를린 월보(*Berlinische Monatsschrift*(BM)》(F. Gedike / J. E. Biester 공편), 1786년, 제8권 (제10호), 304~330면에 게재되었고, 칸트 생전에만 해도

② *Kleine Schriften von Immanuel Kant*, Neuwied 1793, S. 104~138,

③ *Zerstreute Aufsätze von Herrn Professor Kant*, Frankfurt u. Leipzig 1793, S. 122~147,

④ *I. Kants sämmtliche kleine Schriften*, Königsberg u. Leipzig 1797, Bd. III, S. 275~304,

⑤ *I. Kant's vermischte Schriften*, Halle 1799, Bd. III, S. 61~88

등에 수록 재발간되었다.

논고의 전개

'방향을 잡다'란 무슨 뜻인가?

"'방향을 잡다'라는 말은, 그 낱말의 본래적 의미에서, (우리가 지평선을 넷으로 나눈 가운데서) 한 주어진 방위에서 나머지 방위들을, 특히 해돋이 쪽을

찾아낸다는 것을 뜻한다."(BM307=VIII134) 이런 방향을 잡는 데는 최소한 "오른손과 왼손을 구별하는 감(感)이 필요"(BM307=VIII134)하고, 그래서 방향 잡기는 "주관적 구별 근거에 의거"(BM308=VIII135)한다. 이 사정을 사고 활동에 적용하면, "그러므로 '사고 일반에서 방향을 잡다'란, 이성의 객관적 원리들이 불충분할 경우, 이성의 주관적 원리에 따라 견해를 정한다는 것을 뜻한다."(BM310=VIII136)

이성은 판단을 내리기에 충분한 자료가 없는 경우에도 필요욕구에 따라 판단을 내리려 하고, 그렇기 때문에 최소한 착오를 방지하기 위해서는 "판단을 내릴 때 따라야 하는 하나의 준칙이 꼭 필요하다."(BM310=VIII136) 이에 "이성이 객관적 근거들에 의해 안다고 참칭해서는 안 되는 무엇인가를 전제하고 상정하는, 따라서 사고에서, 우리에게는 짙은 어둠으로 가득 찬 초감성적인 것의 측량할 수 없는 공간에서, 오로지 자기 자신의 필요욕구에 의해 방향을 잡는, 주관적 근거로서의, 이성의 필요욕구의 법/권리가 등장한다."(BM311=VIII137)

그리하여 이성으로서는 "최상위 지적 존재자(예지자)이자 최고의 선인 제일의 근원존재자 개념"(BM312=VIII137)을 갖지 않을 수 없다. 이러한 개념이 없이는 "이성은 세계 내 사물들의 실존의 우연성에 대해, 적어도 사람들이 도처에서 […] 그토록 경탄하면서 마주치는 합목적성과 질서에 대해, 전혀 만족스러운 근거를 제시할 수 없기"(BM314=VIII138) 때문이다.

"비록 우리가 제일[第一]의 예지적[지적] 원인을 증명할 수 없지만 ─ 무릇 증명할 수 있다면, 우리는 이런 주장의 충분한 객관적 근거들을 가진 것이고, 그러니 주관적 근거들을 불러올 필요가 없을 터이다 ─, 이렇게 통찰이 결여되어 있음에도 불구하고, 이성이 주어진 현상들을 설명하기 위해 자기가 이해할 수 있는 어떤 것을 전제하는 것을 필요로 한다는 점에서, 저 제일의 예지적 원인을 상정할 충분한 주관적 근거는 상존한다. 이성이 어떤 개념과 결합할 수 있는 다른 모든 것은 이 필요욕구를 충족시켜 주지 못하기 때문이다."

(BM314이하=VIII138이하)

최고 존재자의 현존은 이러한 "이성의 한계로 인해 이성에 오로지 허용된 사용의 한낱 주관적 원리(다시 말해, 하나의 준칙), 즉 필요욕구의 한 귀결"(BM317=VIII140)이지 "이성의 인식"(BM316=VIII139), 그러니까 이성에 의해 증명된 것이 아니다. 최고 존재자 곧 신의 현존은 이론 이성에는 하나의 "가설"이고 실천 이성에는 하나의 "요청"일 따름이다.

"이성이 자기를 만족시키는 이론적 사용으로의 이러한 필요욕구는 순수한 이성 가설 외의 다른 것일 수 없을 터이고, 다시 말해 주관적 근거에서 견해를 갖는 데는 충분할 터인 하나의 의견이겠다. 바로 왜냐하면, 사람들이 주어진 결과들을 설명하기 위해 이 근거 외에는 다른 아무것도 결코 기대할 수 없고, 그럼에도 이성은 어떤 설명 근거를 필요로 하기 때문이다. 그에 반해 실천적 의도에서 이성을 사용하려는 필요욕구에 의거하는 이성 신앙은 이성의 요청(공리공준)이라고 일컬을 수 있을 것이다. 즉 그것이 확실성에 대한 모든 논리적 요구를 충족시키는 하나의 통찰인 것 같아서가 아니라, 오히려 (만약 인간 안에 모든 것이 도덕적으로 선하게만 갖추어져 있다면) 이러한 견해는, 비록 종류상으로는 앎[지식]과 완전히 구별되지만, 그 정도[程度]에서는 어떤 앎[지식]에도 뒤지지 않기 때문이다.

그러므로 순수한 이성 신앙은 이정표 내지는 나침판이다. 이를 따라 사변적 사상가는 초감성적 대상들의 분야에서 이성적 사유 편력 중에 방향을 잡을 수 있고, 그 반면 이에 따라 보통의 (도덕적으로) 건전한 이성을 가진 사람은 이론적 의도에서뿐만 아니라, 실천적 의도에서도 자기의 길을 자기의 사명에 온전히 맞게 미리 그려볼 수 있다. 그리고 이런 이성 신앙은 다른 모든 신앙의, 실로 모든 계시의 기초에 놓여야만 하는 것이기도 하다."(BM319이하=VIII141이하)

이성의 필요욕구의 법이자 권리에 의해서 이성은 신을 세우고, 신을 요청하는 "사고의 자유"(BM325=VIII144)를 갖는다. 그러나 사람들은 사고에서 방향을 잃지 않는 한에서, 다시 말해 이성의 법칙을 준수하는 한에서만 이 자유를 누릴 수 있다.

칸트의 스피노자 철학에 대한 이해 변화

이 논고에서 칸트는 자신과 스피노자주의의 연관성을 강하게 부정하면서, 스피노자주의를 일종의 광신이라 비판한다.

"[야코비 등이] 어떻게 『순수이성비판』 중에서 스피노자주의에 대한 방조를 발견할 수 있었는지를 도저히 이해할 수가 없다. 『비판』은 초감성적 대상들에 대한 인식과 관련하여 교조주의에서 그 날개를 완전히 절단한다. 그런데 스피노자주의는 이 점에서 너무도 교조적이어서, 증명의 엄격함에 관해 심지어 수학자와도 경쟁할 정도이다. [...]
스피노자주의는 그 이념(관념)이, 단지 감성의 모든 조건들만 격리되었고, 그러므로 그것 안에는 결코 어떤 모순도 발견될 수 없는, 순정하게 순수 지성개념들로 이루어져 있는 어떤 것의 불가능성을 통찰한다고 나서지만, 모든 한계를 넘어가는 이런 월권적 주장을 무엇을 가지고서도 전혀 뒷받침할 수가 없다. 바로 이 때문에 스피노자주의는 곧장 광신에 이른다. 이에 반해 순수한 이성 능력의 저 한계규정 외에 모든 광신을 뿌리째 뽑아낼 수 있는 더 안전한 수단은 없다."(BM323이하=VIII143)

이 논고에서뿐만이 아니라, 3 비판서 시기의 칸트는 스피노자주의나 그것에 대해 우호적인 레싱이나 멘델스존에 대해서도 사뭇 비판적이었다.(*KpV*, A182이하=V102이하 참조)
사람들은 스피노자를 "숙명성의 체계[...]의 창시자"(*KU*, B322=V391)라고 말하거니와, "이 체계에서 세계에서의 목적결합은 무의도적인 것으로 받아들일 수밖에 없으며, ― 그것은 하나의 근원적 존재자로부터 도출되지만, 그러나 그의 지성으로부터가 아니라, 그러니까 그의 의도로부터 도출되는 것이 아니라, 그의 본성 및 그에게서 유래하는 세계 통일의 필연성으로부터 도출되는 것이니 말이다 ― 그러니까 합목적성의 숙명론이 동시에 합목적성의 하나의 관념론인 것만은 명백하다"(*KU*, B323=V391이하)라는 것이 칸트의 판정이다.

"그 최상의 근거에 대해 하나의 지성을 용인하지 않고서 물질의 객관적-합목적적인 형식들을 위해 그것들을 가능하게 하는 하나의 최상의 근거를 찾는 이들은, 순전히 모든 합목적성의 저 조건, 즉 근거의 통일(하나임)을 이끌어내기 위해, 세계 전체를 기꺼이 모든 것을 포괄하는 유일의 실체로 만들거나(범신론), 아니면 (이것에 대한 단지 좀 더 확정적인 설명일 뿐이지만) 유일한 단순 실체에 내속하는 수많은 규정들의 총괄로 만들기(스피노자주의)에 이른다. 여기서 그들은 과제의 하나의 조건, 곧 목적 관계에서의 통일을 단순 실체라는 한낱 존재론적인 개념에 의거해 충족시키고는 있지만, 또 다른 조건, 곧 이 단순 실체와 그것의 결과인 목적과의 관계 ― 이 관계에 의해 저 존재론적 근거는 이 물음을 위해 좀 더 자세히 규정되어야 하는바 ― 에 대해서는 아무런 언급이 없으며, 그러니까 전체 물음에는 전혀 대답하고 있지 않다."(*KU*, B372이하=V421 · 참조 B406=V439이하) 그리한 채 스피노자는 "신은 없고, 〔…〕 또한 내세도 없다고 확고하게 확신"(*KU*, B427=V452)한다는 것이다.

그러나 스피노자주의가 한껏 침윤한 독일 관념론이 시대사조의 대세를 이룰 즈음에 적은 『유작』의 낱장 곳곳에서는 칸트가 스피노자 철학을 '초월적 관념론'의 한 유형으로 보고 있음을 읽을 수 있다.

이 시기 칸트가 말하는 '초월적 관념론'으로서의 "초월철학은 사고하는 주관의 이념들의 체계이며, 이것(체계)은 **개념들**에 의한 선험적인 인식의 형식적인 것을 (그러므로 모든 경험적인 것을 격리하여) 경험 가능성의 하나의 원리로 통합한다."(OP, XXI87) 이 "초월철학의 체계"의 "현재, 과거 그리고 미래"의 대변자로 칸트는 "셸링, 스피노자, 리히텐베르크"를 꼽고 있다.(OP, XXI87 참조)

"초월철학은 이론적 사변적인 그리고 도덕적-실천적인 이성의 모든 원리들의 이념(지어낸 것)들을 하나의 무조건(절대적)인 전체에서 총괄(連結)한 것, 즉 개념들에 의한 선험적 종합 인식에서 자기 자신을 정립한 것(스피노자처럼 주관을 객관으로 만든 것)이다."(OP, XXI89) "그 자신을 사고하는 주관의 초월적 관념성이 그 자신을 하나의 인격으로 만든다. 인격의 신성[神性]. 나는 최고 존재자 중에 있다. 나는 나 자신을 (스피노자에 따르면), 내 안에서 법칙수립[입법]하는 신 안에서 본다."(OP, XXII54) 이러한 "스피노자의 초월적 관념론에 의하면 우리는 우리를 신 안에서 직관한다. 정언명령은 우리 바깥에 있는, 지시명령하는 하나의 최고의 실체를 전제하지 않는다. 오히려 그런 실체란 나의 이성 안에 놓여 있다"(OP, XXII56)

"절대적 통일성을 자기 안에 갖는 한에서의 존재자들 전부와 자기로부터 출발하는 법칙들의 자율성이 스피노자의 신을 만든다. 이 신은 실체로서 생각되면 무물(無物)이지만, (구성적이 아니라) 규제적 원리로서는 실재적이다."(OP, XXI89) 무릇 "우리는 우리가 우리 자신 안에 있는 일정한 법칙들에 따른 인식 작용(作用)을 집어넣는 방식 이외에는 우리 안에 있거나 우리 밖에 있는 어떠한 대상도 인식할 수 없다. 인간의 정신은 (모든 감각대상들의 형식적인 것에 관한 한) 스피노자의 신이며, 초월적 관념론은 절대적 의미에서 실재론이다."(OP, XXI99)

요컨대, "모든 대상들을 신 안에서 직관한다고 함이 하나의 체계 안에서 인식의 형식[적 요소]을, 다시 말해 기본[요소] 개념들을 이루는 모든 개념들을 '하나의' 원리 아래에서 파악한다는 것을 뜻한다"라는 것이 "스피노자의 생각"(OP, XXII64)인 한에서, "초월적 관념론은 자기 자신의 표상들의 총체

에 객관을 놓는 스피노자주의이다."(OP, XXII64)

— 이렇게 말년의 칸트는 스피노자주의를 "공상"(OP, XXII59)적 내지 "광신"(OP, XXI19·48)적 또는 "터무니없는 이념"(OP, XXI50)이라고 여전히 몰아붙이면서도, 다른 한편으로는 스피노자 철학을 점점 더 깊숙이 자신이 지향하는 초월적 관념론의 관내에 위치시켰다.

역주

《베를린 월보》
1786
10월, 제10호[1]

'사고에서 방향을 잡다'란 무슨 뜻인가?[2]

우리가 우리의 개념들을 제아무리 높이 올려놓고, 거기서 제아무리 깡그리 감성을 추상한다고 해도, 개념들에는 여전히 **형상적** 표상들이 부착해 있다. 이 형상적 표상들의 본래 규정(사명)은 통상 경험에서 도출되지 않은 개념들을 **경험적 사용**에 적합하게 만드는 일이다. 무릇, 만약 우리 개념들의 기저에 (궁극적으로 언제나 어떤 가능한 경험에서의 한 사례일 수밖에는 없는) 어떤 직관이 놓여 있지 않다면, 우리가 어떻게 우리의 개념들에 의의와

---

1) *Berlinische Monatsschrift*(BM), hrsg. von F. Gedike / J. E. Biester, 1786 zehntes Stück, Oktober, Berlin 1786.
2) "Was heißt: sich im Denken orientiren?" 수록: BM, Bd. VIII, Berlin 1786, Stk. 10, S. 304~330.

의미를 부여하려고 하겠는가? 만약 우리가 다음에 구체적인 지성 활동에서 형상의 혼입(混入)을, 처음에는 감관들에 의한 우연적인 지각의 형상을, 다음에는 심지어 순수한 감성적 직관 일반을 제외한다면, 그때는 이제 그 외연이 확장된, 그리고 사고 일반의 규칙을 함유하는 저 순수한 지성개념만이 남는다. 이렇게 해서 바로 일반 논리학이 성립했다. 그리고 많은 **발견적** 인, 사고 방법은 우리의 지성과 이성의 경험적 사용 안에 아마도 아직 은폐되어 있을 것이다. 만약 우리가 그 방법을 저 경험에서 주의 깊게 추출할 줄 알게 되면, 그것은 능히 많은 유용한 준칙들과 더불어, 추상적인 사고에서마저, 철학을 풍성하게 할 수 있을 터이다.

BM305

작고한 멘델스존[3]이, 내가 아는 한, 그의 마지막 저술들(『아침시간』[4] 165~166면, 및 『레싱[5]의 친구들에게』[6] 보내는 편지, 33면과 67면)에서야 명시적으로 인정하고 받아들인 다음의 원칙이 이런 종류의 것이다. 곧, (멘델스존이 평소 초감성적 대상들의 인식과 관련하여 아주 많이, 심지어 명증하게 증명되었다고까지, 신뢰했던) 이성의 사변적 사용에서는, 그가 때로는 **공통감**(『아침시간』)이라고, 때로는 **건전한 이성**이니, **소박한 인간지성**(『레싱의 친구들에게』)이라고 불렀던, 모종의 인도매체[인도자][7]를 통해 방향을 잡는 것이 필연적이라는

---

3) Moses Mendelssohn(1729~1786). 칸트와 함께 독일 계몽 철학을 주도했고, '독일의 소크라테스'라고 칭해졌던 유대계 철학자. 계몽주의 정신을 공유했지만, 칸트의 초월철학적 사유는 거의 모든 사안에서 그와는 궤를 달리했다.(*KrV*, B413이하; *TP*, BM270=VIII307이하 등 참조)

4) M. Mendelssohn, *Morgenstunden oder Vorlesungen über das Dasein Gottes*, Berlin 1785.

5) Gotthold Ephraim Lessing(1729~1781). 칸트와 동시대의 계몽 시인이자 극작가. 그는 독일어를 학문 언어로 사용하는 문화운동에 앞장섰고, 종교적 관용과 함께 계시 신앙에 대해 이성 신앙을 역설했다. 인간애와 이신론 사상이 담긴 희곡인 『현자 나탄(*Nathan der Weise*)』(1779)은 Moses Mendelssohn을 모델로 한 것으로 알려져 있다. (Mendelssohn은 1781년에 태어난 막내아들의 이름을 Nathan이라고 지었다.)

6) M. Mendelssohn: *An die Freunde Lessings. Ein Anhang zu Herrn Jacobis Briefwechsel über die Lehre des Spinoza*, Berlin 1786.

7) 원어: Leitungsmittel.

준칙 말이다. 이러한 인정이 신학의 사안들에서 **사변적** 이성 사용의 위력에 대한 그의 유익한 의견에 그토록 해가 되었을 — 사실 이런 일은 불가피했다 — 뿐만 아니라, 보통의 건전한 이성의 행사를 사변과 대립시킨 데서 애매한 처지에 놓인 보통의 건전한 이성마저 광신의 원칙으로 쓰이고, 이성을 전적으로 폐위시키는 원칙으로 쓰일 위험에 빠지게 될 것을, 누가 생각이라도 했겠는가? 그럼에도 이러한 일이 멘델스존과 야코비[8]의 쟁론[9]에서, 특히 『귀결들』의 명민한 저자의 결코 사소하지 않은 추론을 통해 일어났다.※ 물론 나는 저 두 사람 중 누구도 그토록 유해한 사고방식을 가동할 의도가 있었다고 생각하고 싶지 않고, 오히려 후자의 기도를 사뭇 對人論證,[10] 즉 상대방이 노출한 허점을 그에게 불리하도록 이용하기 위한, 사람들이 순전히 방어 목적으로 쓸 때만 정당화되는 논증으로 본다. 다른 한편

VIII134

BM306

※ 야코비, 『스피노자의 이론에 관한 편지들』, 브레스라우, 1785. — 야코비, 『스피노자의 이론에 관한 편지들과 관련한 멘델스존의 비난에 대한 반론』, 라이프치히, 1786. —『야코비와 멘델스존 철학의 귀결들 — 한 자원자에 의한 비판적 연구』,[11] 라이프치히, 1786.

---

8) Friedrich Heinrich Jacobi(1743~1819). 부유한 상업인이자 작가로 출발, 후년엔 철학자로 활발히 활동했다. 레싱과의 만남(1780), 멘델스존과의 교류(1783)를 계기로 낸 *Über die Lehre des Spinoza in Briefen an den Herrn Moses Mendelssohn*(Breslau 1785·²1789)은 멘델스존과의 쟁론의 발단이자 이른바 '범신론 논쟁'의 시발이 되었고, 그 과정에서 나온 *Wider Mendelssohns Beschuldigungen betreffend die Briefe über die Lehre des Spinoza*(Leipzig 1786) 등은 결과적으로 독일 철학계에 '스피노자 르네상스'를 불러왔다. 그는 또한 반이성주의자로서 피히테와 '무신론 논쟁', 셸링과의 '유신론 논쟁'을 벌였으며, 칸트 비판철학에 대해서도 매우 비판적이었다.
그는 *David Hume über den Glauben; oder Idealismus und Realismus. Ein Gespräch* (Breslau 1787)에서 칸트 초월철학의 핵심 문제점을, '사물 자체'라는 개념 없이는 칸트의 순수이성비판에 발을 들여놓을 수가 없고, 그러나 '사물 자체'의 개념을 가지고서는 순수이성비판의 체계에 머물 수가 없다(*Werke* Bd. II, Leipzig 1815. 복간본: Darmstadt 1976, S. 304 참조)고 요약했는데, 이는 '사물 자체'라는 개념의 문제성을 적절하게 지적한 것으로 여겨져 당시부터 화젯거리였다.
9) 이른바 '범신론 논쟁', 또는 '스피노자 논쟁'.
10) 원어: argumentum ad hominem.

내가 보이려는 것은, 멘델스존이 그에 따라 방향을 잡는 것이 필수적이라고 보고서 추천했던 것은 실제로는 **순전히** 이성이라는 점, 전통이나 계시가 이성의 찬동 없이 접목될 수 있는 신앙의 이름 아래에서의 어떤 초절적인 진리감〔각〕[12]이 아니라, 멘델스존이 확고하고 올바른 열정을 가지고서 주장했던 바대로, 순전히 본래의 순수한 인간 이성이라는 점이다. 물론 여기서 이성의 사변 능력에 대한 과도한 요구, 특히 이성의 (증명을 통한) 유일하게 지시명령하는 위신은 제거되어야만 하고, 사변적인 한에서의 이성에는 모순들에 대한 통상적인 이성개념을 정화하는 일과 건전한 이성의 준칙들에 대한 **이성 자신의** 궤변적 공격을 막는 일 외에 더는 아무것도 남겨놓지 않아야 하지만 말이다. — **'방향을 잡다'**의 확장된 더 정확하게 규정된 개념은, 초감성적 대상들을 인식하려고 작업하는 데서 건전한 이성의 준칙을 분명하게 서술하는 데에 우리에게 유용할 수 있다.

'방향을 잡다'라는 말은, 그 낱말의 본래적 의미에서, (우리가 지평선을 넷으로 나눈 가운데서) 한 주어진 방위에서 나머지 방위들을, 특히 **해돋이 쪽**을 찾아낸다는 것을 뜻한다. 무릇 내가 하늘의 해를 보고서, 지금이 정오임을 안다면, 나는 남쪽, 서쪽, 북쪽, 동쪽을 찾아낼 줄 아는 것이다. 그러나 이렇기 위해서 나는 반드시 나 자신의 **주체**에서, 곧 오른손과 왼손을 구별하는 감〔感〕이 필요하다. 나는 이것을 일종의 **감**이라고 부르는데, 왜냐하면 이 두 쪽은 외적으로 직관에서는 어떤 눈에 띄는 구별도 보이지 않기 때

---

11) *Die Resultate der Jacobischen und Mendelssohnschen Philosophie; kritisch untersucht von einem Freywilligen*(Leipzig 1786). 익명으로 출간된 이 책의 저자는 야코비의 지인인 Thomas Wizenmann(1759~1787)으로 밝혀졌다. 그는 여기서의 칸트의 비판에 대해 "An den Herrn Professor Kant, von dem Verfasser der Resultate Jacobi'scher und Mendelssohn'scher Philosophie"(In: *Deutsches Museum* 1787, Bd. 1, S. 116~156)로 응답한 후 이내 사망했는데, 칸트는 이듬해(1788) 낸 『실천이성비판』에서 이 논고를 주석에서 언급하고 있다: "《독일박물관》, 1787년 2월 호에는 그의 요절이 유감스럽지 않을 수 없는, 매우 섬세하고 명석한 머리를 가졌던 고〔故〕 비첸만의 논문이 실려 있다. 이 논문에서…".(*KpV*, A259=V143이하)
12) 원어: Wahrheitssinn.

문이다. 하나의 원을 그리는 데, 거기서 대상들의 어떤 차이를 필요로 하지 않으면서도, 왼쪽에서 오른쪽으로의 움직임과 그 반대 방향으로의 움직임을 구별하고, 그렇게 함으로써 대상들의 위치상의 차이를 선험적으로 규정하는, 이런 능력이 없으면, 나는 서쪽을 지평선의 남쪽 지점의 오른쪽에 놓을지 왼쪽에 놓을지, 그리고 그 원을 북쪽과 동쪽을 거쳐 다시 남쪽에 이르기까지 완성해야 하는 것을 알지 못할 것이다. 그러므로 나는 **지리적으로**는 하늘에서의 일체 객관적 자료들에도 불구하고 단지 **주관적** 구별 근거에 의거해서 방향을 잡는다. 그리고 어느 날 기적에 의해 모든 별자리가 동일한 형태와 서로에 대한 동일한 위치를 그대로 유지하긴 하면서도, 다만 평소 동쪽이었던 그것들의 방향이 지금 서쪽으로 된다면, 그다음 별 밝은 밤에 어떤 인간의 눈도 최소한의 변화도 눈치채지 못할 것이고, 천문학자조차도 순전히 자기가 본 것만을 주의하고, 동시에 그가 느낀 것에는 주의하지 않는다면, 불가피하게 **방향을 잃을 것**이다. 그러나 천문학자에게는 아주 자연스럽고 천부적인, 그러면서도 잦은 사용으로 익숙한, 오른손과 왼손의 감에 의해 구별하는 능력이 도움이 된다. 그리고 만약 그가 북극성을 포착하기만 하면, 그는 단지 이미 발생한 변화를 알아챌 수 있을 뿐만 아니라, 그러한 변화에도 불구하고 **방향을 잡을** 수 있을 것이다.

BM308

이제 나는 방향을 잡는 방법절차의 이런 지리적 개념을 확장할 수 있고, 그것으로써 주어진 공간 일반에서, 그러니까 순전히 **수학적으로**, 방향을 잡는 것을 이해할 수 있다. 나는 내가 그것의 자리를 기억하는 단 하나의 대상만 붙잡을 수 있으면, 내가 알고 있는 방 안에서 어둠 속에서도 방향을 잡는다. 그러나 여기서 나를 돕는 것은 분명히 **주관적** 구별 근거에 따라 위치를 규정하는 능력 외에 다른 것은 없다. 무릇 그것의 자리를 내가 찾아내야 할 객체들을 나는 전혀 보지 못하고 있으니 말이다. 그리고, 만약 누군가가 장난으로 모든 대상들을 서로서로 동일한 순서로 놓되, 그전에 오른쪽에 있던 것을 왼쪽에 놓는다면, 나는 평소 모든 벽들이 똑같았던 방 안에서 전혀 갈피를 잡을 수 없을 터이다. 그러나 이내 나는 나의 양쪽, 즉 오른

BM309

쪽과 왼쪽을 구별하는 순전한 감에 의해 방향을 잡는다. 내가 야간에 지금은 아무 집도 구별이 안 가는, 평소에 알던 길을 걸으면서, 모름지기 방향을 바꿔야 할 때도, 똑같은 일이 일어난다.

VIII136

마침내 나는 이 개념을 더욱더 확장할 수 있는바, 그것은 무릇 이 개념이 한낱 공간에서, 다시 말해 수학적으로뿐만 아니라, 일반적으로 **사고에서**, 다시 말해 **논리적으로** 방향을 잡는 능력에서 성립하기 때문이다. 사람들이 유추를 통해서 쉽게 알아낼 수 있거니와, 순수 이성이 (경험의) 알고 있는 대상들에서 출발해서 경험의 모든 한계를 넘어 확장해 나가고자 하고, 직관의 객관은 전혀 발견하지 못하나, 순전히 이것들을 위한 공간만을 발견할 때, 순수 이성의 사용을 조정하는 것은 순수 이성의 업무일 것이다. 그때 순수 이성은 인식의 객관적 근거에 따라서 자기의 판단들을 하나의 준칙 아래로 보내는 처지에 있지 않고, 단지 주관적인 구별 근거에 따라서, 자기

BM310

자신의 판단 능력을 규정하는 데서, 그렇게 하는 것이니 말이다.※ 그때도 남아 있는 이 주관적 수단은 다른 것이 아니라 이성 자신의 **필요욕구**의 감〔정〕이다. 규정하는 판단을 위해 필요한 만큼 알지 못하는 경우에 사람들이 판단을 감행하지 않는다면, 사람들은 모든 착오로부터 안전할 수 있다. 그러므로 무지 자체는 우리 인식에서 한계의 원인이기는 하지만, 착오들의 원인은 아니다. 그러나 사람들이 무엇인가에 관해 확정적으로 판단할 것인지 말 것인지가 그렇게 자의적이지 않은 경우에, 즉 어떤 현실적인 **필요욕구**가, 그리고 심지어는 이성 자체에 부착해 있는 어떤 그러한 것이 판단을 반드시 하게 하고, 그럼에도 판단에 필요한 요소들에 관한 앎의 부족이 우리를 제한하는 경우에, 우리가 판단을 내릴 때 따라야 하는 하나의 준칙이 꼭 필요하다. 무릇 이성은 어떻게든 만족하고자 하니 말이다. 그런데 만약, 여기서 우리가 우리의 확장된 개념들에 그것들에 부합하는 대상을 현시해 주

※ 그러므로 '사고 일반에서 **방향을 잡다**'란, 이성의 객관적 원리들이 불충분할 경우, 이성의 주관적 원리에 따라 견해를 정한다는 것을 뜻한다.

고, 그리하여 이 개념들의 실재적 가능성을 보장해 줄 수 있는, 객관에 대한 어떠한 직관도, 이와 동종적인 무엇인가가 도무지 있을 수 없다는 것이 이미 먼저 확정되어 있다면, 우리가 할 수 있는 남은 일이라고는, 우선 우리로 하여금 모든 가능한 경험을 넘어설 것을 감행하도록 한 개념이 과연 모순으로부터 자유로운지 충분히 검토하는 일과, 이어서 적어도 그 대상의 경험 대상들과의 **관계**를 순수 지성개념들 아래에 놓는 일이다. 이렇게 함으로써 우리가 그 개념을 감성화하는 것은 전혀 아니지만, 그러나 무엇인가 초감성적인 것을 적어도 우리 이성의 경험적 사용에 적합하게 사고한다. 무릇 이러한 주의가 없으면 우리는 그러한 개념을 전혀 사용할 수 없을 터이고, 사고하는 대신에 광상을 할 터이다.

BM311

VIII137

 그러나 이렇게 해서는, 곧 순전한 개념만으로는, 이 대상의 실존에 관해, 그리고 이 대상과 세계(즉 가능한 경험의 모든 대상들의 총괄)와의 실제적인 연결에 관해 아무것도 정리되지 않는다. 그러나 이제 이성이 객관적 근거들에 의해 안다고 참칭해서는 안 되는 무엇인가를 전제하고 상정하는, 따라서 사고에서, 우리에게는 짙은 어둠으로 가득 찬 초감성적인 것의 측량할 수 없는 공간에서, 오로지 자기 자신의 필요욕구에 의해 **방향을 잡는**, 주관적 근거로서의, 이성의 **필요욕구의 법/권리**가 등장한다.

 (무릇 감관의 대상들이 모든 가능성의 전 분야를 충전하지 못하기 때문에) 많은 초감성적인 것이 사고될 수 있다. 그때 그럼에도 이성은 그런 것에까지 확장해 갈 필요를 느끼지 않고, 그런 것의 현존을 상정할 필요는 더욱이 느끼지 않는다. 이성은, 이런 것을 위해 순수한 정신적 자연존재자들의 영향력을 필요로 하기에는, 감관에서 드러나는 (또는 적어도 감관에서 드러나는 것과 같은 종류의) 세계 내의 원인들에서 충분한 일거리를 발견한다. 오히려 저런 정신적 자연존재자를 상정하는 것은 이성 사용에 불리할 터이다. 무릇, 우리는 저런 정신적 존재자가 작용할 때 따름 직한 법칙들에 대해서는 아무 것도 모르지만, 저것들, 곧 감관의 대상들에 대해서는 많은 것을 알고, 적어도 또한 경험하리라 희망할 수 있으므로, 저런 정신적 존재자를 전제함

BM312

으로 인해 오히려 이성의 사용에 균열이 생길 것이다. 그런 것을 전제하는 일은 전혀 필요욕구가 아니라, 오히려 한갓된 호기심으로, 그런 호기심은 오직 그런 정신적 존재자를 탐구하거나 그런 종류의 환영을 가지고서 유희하는 몽상으로 끝난다. 최상위 지적 존재자[예지자]이자 최고의 선인 제일의 **근원존재자** 개념의 경우는 전혀 사정이 다르다. 무릇 우리 이성은 이미 무제한자[13] **개념**을 모든 제한된 것들의, 그러니까 다른 모든 사물들※의 기초에 놓을 필요를 느끼고, 이 필요욕구는 또한 저 무제한자의 현존을 전제하

※ 이성은 모든 사물들의 가능성을 위해 실재성을 주어진 것으로 전제하는 것을 필요로 하고, 사물들의 상이성을 그것들에 부속한 부정성들로 인한 제한들일 뿐으로 보기 때문에, 이성은 유일한 가능성(유일하게 가능한 것), 곧 무제한적 존재자의 가능성을 근원적인 것으로 기초에 놓고, 그러나 다른 모든 것은 파생적인 것으로 간주하는 것이 필수적이라고 본다. 각각의 사물의 전반적인 가능성도 완전하게 모든 실존의 전체에서 만나야 하고, 적어도 전반적 규정의 원칙이 가능한 것과 현실적인 것의 구별을 우리 이성에서는 오직 그런 방식으로 가능하게 하기 때문에, 우리는 모든 가능성의 기초에 하나의 전(全)실재적인 (최고) 존재자의 현존을 놓아야 하는 필연성의 주관적 근거, 다시 말해 우리 이성 자신의 필요욕구를 발견한다. 이제 이렇게 신의 현존에 대한 데카르트의 증명[14]이 생긴다.[15] 즉 (근본적으로 언제나 단지 경험적 사용에 머무르는) 이성의 사용을 위해 무엇인가를 전제하는 주관적 근거들을 객관적인 것으로 — 그러니까 **필요욕구**를 **통찰**로 — 간주함으로써 말이다. 이러한 사정은 존경하는 멘델스존이 그의 『아침시간』에서 했던 모든 증명들에서도 마찬가지이다. 그것들은 증명으로서는 아무것도 이루지 못한다. 그러나 그렇다고 그것들이 전혀 쓸모없지는 않다. 무릇 멘델스존의 증명들이 그 영속적인 사례이듯이, 우리 이성 사용의 주관적 조건들에 대한 매우 통찰력 있는 전개가 우리의 이 능력에 대한 완벽한 인식을 위해 얼마나 훌륭한 계기가 되는지는 언급할 필요조차 없으니 말이다. 우리에게 객관적인 근거가 없는데도 우리가 판단을 강요받을 때, 이성 사용의 주관적 근거들에 의거한 견해는 언제나 아주 중요하다. 다만 우리는 오직 강요받아 하게 된 **전제**인 것을 **자유로운 통찰**인 양 내

---

13) 원어: das Uneingeschränkte.
14) Descartes, *Meditationes de prima philosophia*(1641 · ²1642), V, 7; *Principia philosophiae*(1644), I, §§49~51 참조.
15) 『순수이성비판』, A602=B630; 『유일 가능한 신의 현존 증명근거』, 3. Abt. 2(AA II, 156/157) 참조.

는 데로 향하니 말이다. 이런 전제가 없으면 이성은 세계 내의 사물들의 실존의 우연성에 대해, 적어도 사람들이 도처에서 (큰 것에서보다도, 우리 가까이에 있기 때문에, 작은 것에서 더욱) 그토록 경탄하면서 마주치는 합목적성과 질서에 대해, 전혀 만족스러운 근거를 제시할 수 없기에 그러하다. 하나의 지적[예지적/오성적]17) 개시자[창시자]를 상정하지 않는다면, 순정하게 불합

세워서는 안 된다. 우리가 **교조화**16) 논의에 휘말린 상대에게 불필요하게 약점을 보여, 그가 이 약점을 우리에게 불리하게 이용하는 일이 없게끔 말이다. 멘델스존은 초감각적인 분야에서 순수 이성에 의거한 **교조화**가 철학적 광신으로의 첩경이고, 바로 이 같은 이성 능력에 대한 비판만이 이 해악을 근본적으로 제거할 수 있다는 점을 충분히 생각하지 않았다. (그가 그런 점을 염두에 두어 추천했던, 예컨대 볼프의) 스콜라식 방법의 규율은, 모든 개념이 정의에 의해 규정되고, 모든 단계가 원칙에 의거해 정당화되어야 하기 때문에, 저런 터무니 없는 짓을 실제로 한동안은 저지할 수 있기는 하지만, 결코 완전히는 막아내지 못한다. 멘델스존 자신이 인정한 바대로, 일찍이 저 분야에서 그토록 훌륭하게 성공을 이룬 이성이 바로 그 동일 분야에서 계속 앞으로 나아가는 것을 사람들이 무슨 권리로 막아서려고 하는가? 그리고 대체 이성이 멈춰 서지 않으면 안 되는 한계는 어디란 말인가?

---

16) 원어: Dogmatisieren.
17) 원어: verständig. 독일어 낱말 'Verstand'에서 유래한 말로 라틴어 어원을 갖는 'intelligibel'과 동의어로 여기서 사용되고 있다. 칸트에서 'intelligibel'은 유사어 'intellektuell'과 구별되어 사용되는데, 후자를 '지성적(知性的)'으로 옮길 수 있다면, 전자는 '예지적(叡智的)/오성적(悟性的)'이라 옮길 수 있겠다.
'지성적'이라는 형용사는 '인식'을 수식해 주는 말로, 따라서 '지성적 인식'이란 '지성에 의한 인식'을 뜻하고, 칸트에서 모든 경험적 인식은 감각 인상을 재료로 한 지성에 의한 인식이므로, '지성적' 인식이란 곧 감각 세계에 관한 것이기도 하다. 반면에 '예지적'은 '대상'을 수식해 주는 말이며, 그러므로 예컨대 '예지적 대상', 또는 '예지적 원인', '예지적인 것'이란 '지성에 의해서만 표상 가능한 것'으로, 그것은 인간의 감각적 직관을 통해서는 결코 표상될 수 없는 것, 감각을 매개로 하지 않는 직관 능력이 있다면 — 가령 신적(神的)인 — 그런 직관에 의해서나 포착될 수 있는 것을 말한다.(『형이상학 서설』, 34절, 주: A107=IV316 참조) 그런데 우리 인간에게는 그런 직관 능력이 없으므로 '예지적인 것[예지체](noumenon)'은 오로지 지성을 통해 생각 가능한 것일 따름이다('예지 세계'란 바로 그런 것을 지시한다).(『순수이성비판』, A257=B312, 주 참조) '예지적' 대신에 '지적'으로 옮길 경우에도 그 뜻은 같다. 칸트에서 'Intelligenz', 'intelligentia'를 '지적 존재자'로 옮길 때, 그것은 일반적 '지성'이나 '지능'이 아니라 오히려 '예지자'를 뜻한다.

리에 빠지지 않고서는, 그런 것을 **이해할 수 있는**[18] 어떤 근거도 제시될 수 **없다**. 그리고, 비록 우리가 제일(第一)의 **예지적**(지적) **원인**을 증명할 수 없지만 — 무릇 증명할 수 있다면, 우리는 이런 주장의 충분한 객관적 근거들을 가진 것이고, 그러니 주관적 근거들을 불러올 필요가 없을 터이다 —, 이렇게 통찰이 결여되어 있음에도 불구하고, 이성이 주어진 현상들을 설명하기 위해 자기가 이해할 수 있는 어떤 것을 전제하는 것을 **필요로 한다**는 점에서, 저 제일의 예지적 원인을 **상정**할 충분한 주관적 근거는 상존한다. 이성이 어떤 개념과 결합할 수 있는 다른 모든 것은 이 필요욕구를 충족시켜 주지 못하기 때문이다.

그러나 사람들은 이성의 필요욕구를 이중적으로, 즉 **첫째로** 그 **이론적** 사용에서, **둘째로** 그 **실천적** 사용에서 생각해 볼 수 있다. 방금 나는 첫째의 필요욕구를 언급했거니와, 사람들은 그것이 단지 조건적인 것임을 잘 안다. 다시 말해, 우리는 모든 우연적인 것의 제일 원인에 관해, 특히 실제로 세계 내에 놓여 있는 목적들의 질서 가운데서, **판단하고자** 하면, 신의 실존을 상정하지 않을 수 없다. 훨씬 더 중요한 것은 그 실천적 사용에서의 이성의 필요욕구이다. 왜냐하면 그것은 무조건적이고, 우리가 단지 **판단하고자 할** 때뿐만이 아니라, 오히려 **판단해야만 하기** 때문에, 신의 실존을 전제하지 않을 수 없게끔 강요받기 때문이다. 무릇 이성의 순수한 실천적 사용은 도덕 법칙들의 지시규정에 있으니 말이다. 그러나 도덕 법칙들은 모두, 오로지 **자유**를 통해서 가능한 한에서, 세계 내에서 가능한 것인, **최고선**의 이념, 즉 **윤리성**에 귀착하고, 다른 한편에서는 한낱 인간의 자유에뿐만 아니라, **자연**에도 달려 있는 것, 곧 최대의 **행복**에 귀착한다. 행복이 전자(윤리성)에 비례해서 배분되는 한에서 말이다. 그런데 이성은 그러한 **의존적** 최고선을 상정하는 것을 **필요로 하면서**, 이 의존적 최고선을 위해 최고의 **독립적** 선으로서의 하나의 최상위 예지자를 상정하는 것을 **필요로 한**

---

18) 원어: verständlich.

다. 그것도, 이러한 상정으로부터 도덕 법칙들의 구속력 있는 권위나 그것들의 준수를 위한 동기를 도출하기 위해서가 아니라 — 무릇 그것들을 준수하는 동인이 오로지, 그 자체로 명증하게 확실한 도덕 법칙 외의 다른 어떤 것에서 도출된다면, 그 법칙들은 아무런 도덕적 가치를 갖지 못할 터이니 말이다 —, 오히려 오직, 최고선의 개념에 객관적 실재성을 주기 위해서이다. 다시 말해, 만약 도덕성이 그 이념에 불가분리적으로 수반하는 그러한 것이 어디에도 실존하지 않는다면, 최고선이 전체 윤리성과 함께 한낱 하나의 순전한 이상으로 여겨지지 않게 막기 위해서이다.

그러므로 멘델스존은 (자기도 모른 채) 이성의 **인식**에 따라서가 아니라, 이성이 느낀※ **필요욕구**에 따라서 사변적 사고에서 방향을 잡았던 것이다. 그리고, 이 인도매체(인도자)는 이성의 객관적 원리, 즉 통찰들의 원칙이 아니라, 이성의 한계로 인해 이성에 오로지 허용된 사용의 한낱 주관적 원리(다시 말해, 하나의 준칙), 즉 필요욕구의 한 귀결이다. 그리고 이 인도매체는 **오로지 독자적으로** 최고 존재자의 현존에 관한 우리 판단의 전체 규정 근거를 이루는바, 이런 대상에 관한 사변적 시도들에서 방향을 잡는다는 것은 단지 이 인도매체의 우연적 사용일 따름이다. 그러니까 물론 멘델스존은 여기서, 그럼에도 그가 이 사변을 증명의 도정에서 오로지 독자적으로 모든 것을 바로 해낼 만큼의 능력이라고 신뢰했다는 점에서 허물이 있다. 저 인도매체의 필연성은 오직, 통찰의 불충분함이 온전히 승인이 되었을 때, 생길 수 있었다. 만약 멘델스존의 수명이 좀 더 길었고, 습관화한 낡은 사고방식을 학문의 상황 변화에 맞춰 유연하게 바꿀 수 있는, 젊은 시절에 더 잘 나타나는 정신적 민첩성이 허락되었더라면, 그의 명민함은 결국 이를 승

※ 이성은 느끼지 않는다. 이성은 자기의 결여를 통찰하고, **인식충동**을 통해 필요욕구의 감정을 일으킨다. 도덕 감정의 사정도 이와 똑같다. 도덕 감정이 도덕 법칙을 야기하는 것이 아니다. 도덕 법칙은 전적으로 이성에서 생기는 것이니 말이다. 오히려 활발하면서도 자유로운 의지가 특정한 근거들을 필요로 하기 때문에, 도덕 감정이 도덕 법칙을 통해, 그러니까 이성을 통해, 야기되거나 일어나는 것이다.

인하게 되었을 것이다. 그럼에도 여전히 그의 공로로 남는 것은, 그가, 어느 경우나 마찬가지로 한 판단을 허용하는 최종의 시금석을 다른 어디서도 아니라 **오로지 이성에서** 찾을 것을 고수했다는 점이다. 무릇 이성이 그 명제를 선택할 때 통찰에 의해 인도되든 순전한 필요욕구와 자기 자신의 유익함의 준칙에 의해 인도되든 말이다. 멘델스존은 후자의 방식으로 사용되는 이성을 보통의 인간이성이라고 불렀다. 이러한 이성에는 자기 자신의 이해관심이 가장 먼저 보이니 말이다. 그러나 사람들이 저런 이해관심을 잊고, 필요하든 말든, 순전히 자신의 앎을 확장하고자 객관적 견지에서 한가로이 개념들 사이를 들여다보기 위해서는 이미 자연적 궤도를 벗어나야만 했다.

그러나 당면한 문제에서 '**건전한 이성의 발언**'이라는 표현은 언제나 여전히 모호해서, 멘델스존조차도 오해했듯이, **이성의 통찰**에 의한 판단으로 받아들여지거나, 『귀결들』의 저자가 받아들이는 것으로 보이는 바처럼, **이성의 영감**에 의한 판단으로 받아들여질 수도 있다. 그렇기에 판정의 이 원천에 하나의 다른 명칭을 부여할 필요가 있을 것이며, 이제 이에는 **이성 신앙**〔**이성적 믿음**〕이라는 명칭보다 더 알맞은 것은 없다. 모든 신앙〔믿음〕이, 역사적 신앙〔믿음〕조차도, **이성적**일 수밖에 없기는 하지만 ― 무릇 진리의 최종의 시금석은 언제나 이성이니 말이다 ―, 이성 신앙이란 **순수** 이성 안에 함유되어 있는 자료 외에는 어떤 자료에도 기초하고 있지 않은 신앙이다. 그런데 모든 **신앙**〔**믿음**〕은 주관적으로는 충분하고, 그러나 객관적으로는 불충분함을 의식하는 의견으로서, 그것은 지식〔앎〕과 대조된다. 다른 한편, 불충분하다고 의식하긴 하지만, 객관적인 근거에서 무엇인가를 참이라고 여긴다면〔견해를 갖는다면〕, 그러니까 순전히 그렇게 **생각**한다면〔**의견**을 갖는다면〕, 이러한 **생각**〔**의견**〕은 같은 종류의 근거들의 점차적인 보완을 통해 마침내 하나의 **앎**〔**지식**〕이 될 수도 있다.[19] 그 반면, 만약 견해의 근거들이 그

---

19) 칸트는 『순수이성비판』에서도 견해의 이러한 구분 규정을 한 바 있다: "견해〔는 …〕 다음과 같은 세 단계, 곧 의견, 믿음〔신앙, 신념〕, 앎〔지식〕을 갖는다. 의견이란 객관적으로뿐만 아니라 주관적으로도 불충분함을 의식하는 견해이다. 견해가 단지 주관적으로

종류상 전혀 객관적으로 타당하지 않다면, 어떤 이성 사용을 통해서도 신앙(믿음)이 하나의 앎(지식)이 될 수는 없다. 예컨대 몇몇 편지들이 보고하는 한 위인의 죽음에 대한 역사적 신앙(믿음)은, 만약 지역 당국이 그의 죽음, 그의 장례와 유언 등등을 통지한다면, **하나의 앎(지식)이 될 수 있다**. 그래서 무엇인가를 역사적으로 순전히 증언에 의거해 참이라 여긴다고, 다시 말해 믿는다고, 예컨대 하나의 도시 로마가 세계 내에 있다는 것과, 로마에 가본 적이 없는 이가 '로마가 실존한다'는 것을 "나는 믿는다"라고 단지 말하지 않고, "**나는 안다**"라고 말할 수 있다는 것은 충분히 잘 양립한다. 그 반면 순수한 **이성 신앙**은 이성과 경험의 모든 자연적 자료에 의해서도 결코 하나의 앎(지식)으로 변환될 수 없다. 왜냐하면 여기서 그 견해의 근거는 한낱 주관적이기, 곧 최고 존재자의 현존을 증명하지 않고, 단지 **전제하는** 이성의 필연적인 필요욕구이기(그리고, 우리가 인간인 한, 언제나 그럴 것이기) 때문이다. 이성이 자기를 만족시키는 **이론적** 사용으로의 이러한 필요욕구는 순수한 **이성 가설** 외의 다른 것일 수 없을 터이고, 다시 말해 주관적 근거에서 견해를 갖는 데는 충분할 터인 하나의 의견이겠다. 바로 왜냐하면, 사람들이 **주어진 결과들을 설명하기 위해** 이 근거 외에는 다른 아무것도 결코 기대할 수 없고, 그럼에도 이성은 어떤 설명 근거를 필요로 하기 때문이다. 그에 반해 **실천적** 의도에서 이성을 사용하려는 필요욕구에 의거하는 **이성 신앙**은 이성의 **요청**(공리공준)이라고 일컬을 수 있을 것이다. 즉 그것이 확실성에 대한 모든 논리적 요구를 충족시키는 하나의 통찰인 것 같아서가 아니라, 오히려 (만약 인간 안에 모든 것이 도덕적으로 선하게만 갖추어져 있다면) 이러한 견해는, 비록 종류상으로는 앎(지식)과 완전히 구별되지만, 그 정도(程度)에서는 어떤 앎(지식)에도 뒤지지 않기※ 때문이다.

BM320

※ 충분하되, 동시에 객관적으로는 불충분한 것으로 여겨진다면, 그것은 믿음이라고 일컫는다. 마지막으로, 주관적으로뿐만 아니라 객관적으로도 충분한 견해는 앎이라고 일컫는다. 주관적으로 충분함을 일컬어 (나 자신에 대한) 확신이라 하고, 객관적으로 충분함을 (모든 사람에 대한) 확실성이라 한다."(*KrV*, A822=B850)

그러므로 순수한 이성 신앙은 이정표 내지는 나침판이다. 이를 따라 사변적 사상가는 초감성적 대상들의 분야에서 이성적 사유 편력 중에 방향을 잡을 수 있고, 반면에 보통의 역시 (도덕적으로) 건전한 이성을 가진 사람은 이론적 의도에서뿐만 아니라 실천적 의도에서도 자기의 길을 자기의 사명에 온전히 맞게 미리 그려볼 수 있다. 그리고 이런 이성 신앙은 다른 모든 신앙의, 실로 모든 계시의 기초에 놓여야만 하는 것이기도 하다.

신의 **개념**, 그리고 신의 **현존**에 대한 확신조차도, 오로지 이성 내에서 만날 수 있고, 이성에서만 개시할 수 있지, 영감이나 어떤 전해진 소식을 통해, 그것도 몹시 큰 권위를 가지고서, 먼저 우리 안으로 들어올 수는 없다. 내가 아는 한, 자연이 나에게 전혀 제공할 수 없는 그런 종류의 직접적 직관이 나에게 일어난다면, 그럼에도 신의 개념은, 과연 이 현상이 신성[神性]의 특징에 요구되는 모든 것과 합치하는지의 먹줄로 사용되지 않으면 안 된다. 언제나 단지 생각될 수 있고, 그러나 결코 직관될 수 없는 것을 어떤 현상이 오직 질[質]의 면에서 현시한다는 것이 어떻게 가능한지를 지금 나는 전혀 알지 못하지만, 그럼에도 적어도, 나에게 현상하는 것, 나의 감정[느낌]에 내적으로 또는 외적으로 영향을 미치고 있는 것이, 과연 신인지 어떤지를 판단만이라도 하기 위해서는, 내가 그것을 신에 대한 나의 이성개념에 견주어보고서, 과연 그것이 이 개념에 맞는지가 아니라, 오히려 이 개념과 모순되지나 않는지를 검사해야만 한다는 것만큼은 분명하다. 마찬가지로, 비록 그것이 나에게 직접적으로 드러내 보여주었던 모든 것에서 저 개념과 모순되는 것이 아무것도 발견되지 않았다고 해도, 이 현상, 직관, 직

※ 신앙의 **확고함**에는 그것의 **불변성**에 대한 의식이 필요하다. 이제 나는, 어느 누구도 나에게 "**신이 있다**"라는 명제를 반박할 수 없을 것이라고 완전히 확신할 수 있다. 대체 그가 어디에서 이런 통찰을 얻으려 할 것인가? 그러므로 이성 신앙은 역사적 신앙과는 사정이 같지 않다. 역사적 신앙(믿음, 신념)의 경우에는 반대 증명들이 발견될 가능성이 언제나 있고, 여기서 사람들은 사태에 대한 우리의 지식이 확장될 때 자기 의견을 바꿀 수 있게 언제나 유보하고 있지 않으면 안 된다.

접적인 계시, 또는 사람들이 그 밖에 그러한 현시를 부르고 싶은 바대로의 것이, 하나의 존재자의 개념이 — 만약 이 개념이 불확실하게 규정되지 않고, 그래서 모든 가능한 망상이 뒤섞일 수밖에 없다면 — 크기 면에서 모든 피조물과의 구별을 위해 **무한성**을 요구하는 그러한 존재자의 **현존**을 결코 증명하지 못할 것이라는 점도 분명하다. 이러한 개념에는 어떤 경험이나 직관도 전혀 맞지 않고, 그러니까 또한 그러한 존재자의 현존을 모호하지 않게 결코 증명할 수가 없다. 그러므로 최고 존재자의 현존에 대해서는 어떤 누구도 어떤 직관을 통해 **먼저** 확신하게 될 수 없다. 이성 신앙[이성적 믿음]이 선행해야만 한다. 그다음에야 어떤 현상이나 개시[開示]가, 과연 우리가 우리에게 말을 거는 것, 또는 우리에게 자신을 드러내는 것이 하나의 신성[神性]으로 여길 충분한 권한이 있는지를 검토할 계기를 제공하고, 연후에 정황에 따라 저 신앙[믿음]을 재가할 수 있을 것이다.

그러므로 신의 현존과 내세와 같은 초감성적 대상들에 관한 사안들에서 이성에 부여되고 있는, **먼저** 말할 권리에 다툼이 생기면, 온갖 광신과 미신에, 정말이지 심지어 무신론 등속에까지 대문이 활짝 열린다. 야코비와 멘델스존의 쟁론에서 모든 것이 이런 전복을 겨냥하는 **것처럼 보인다**. 그것이 한낱 **이성의 통찰**과 (사변에서의 참창된 힘에 의한) 앎의 전복만을 겨냥하는 것인지, 아니면 심지어 **이성 신앙**의 전복까지 겨냥하고, 그 반대로 각자가 임의대로 할 수 있는 어떤 다른 신앙을 세우는 것을 겨냥하는지 정확하게 알지는 못하지만 말이다. 사람들이 스피노자주의의 신 개념을 이성의 모든 원칙들과 일치하는※ 유일한 것이지만, 그럼에도 물리쳐야 할 개념으로

※ 방금 말한 학자들이 어떻게 『순수이성비판』 중에서 스피노자주의에 대한 방조를 발견[20]할 수 있었는지를 도저히 이해할 수가 없다. 『비판』은 초감성적 대상들에 대한 인식과 관련하여 교조주의에서 그 날개를 완전히 절단한다. 그런데 스피노자주의는 이 점에서 너무도 교조적이어서, 증명의 엄격함에 관해 심지어 수학자와도 경쟁할 정도이다. 『비판』은 순수 지성개념들의 표가 필시 순수한 사고의 모든 재료를 함유한다는 것을 증명한다. 그런데 스피노자주의는 스스로 사고하는 사유[21]

에 대해 말하고, 그러므로, 동시에 독자적으로 주체로서 실존하기도 하는 하나의 우유성에 대해 말한다.[22] 즉 인간 지성 안에서는 전혀 발견되지 않고, 지성 안에 포섭될 수도 없는 하나의 개념을 말한다. 『비판』은 그 개념 안에 아무런 모순적인 것이 없다는 사실이 스스로 생각해 낸 존재자의 가능성을 주장하는 데는 결코 충분하지 않다 — 물론 부득이한 경우 이런 가능성을 상정하는 것이야 허용되어 있지만 — 는 것을 보여준다. 그러나 스피노자주의는 그 이념[관념]이, 단지 감성의 모든 조건들만 격리되었고, 그러므로 그것 안에는 결코 어떤 모순도 발견될 수 없는, 순정하게 순수 지성개념들로 이루어진 어떤 것의 불가능성을 통찰한다고 나서지만,[23] 모든 한계를 넘어가는 이런 월권적 주장을 무엇을 가지고서도 전혀 뒷받침할 수가 없다. 바로 이 때문에 스피노자주의는 곧장 광신에 이른다. 이에 반해 순수 이성 능력의 저 한계규정 외에 모든 광신을 뿌리째 뽑아낼 수 있는 더 안전한 수단은 없다. — 역시 마찬가지로 또 다른 학자는 『순수이성비판』에서 일종의 **회의론**을 찾아낸다. 『비판』이 바로 우리의 선험적 인식의 범위와 관련하여 무엇인가 확실하고 명확한 것을 확립하는 것을 목표로 하고 있음에도 불구하고 말이다. 또한 비판적 연구에서 하나의 **변증론**도 마찬가지이다. 그것은 도처에서 교조적으로 끌려다니는 순수 이성이 저절로 얽혀 들어가는 불가피한 변증성을 해결하고, 영구히 근절하는 것을 겨냥하고 있다. 신플라톤주의자들은 그들 자신의 기발한 생각들을 옛 작가들의 저작 곳곳에서 찾아낼 줄 알고 있었기 때문에 스스로를 절충주의자라고 불렀거니와, 만약 저들이 그러한 것을 앞서 들여왔다면, 방금도 똑같이 했을 터이다.[24] 그러므로 그런 한에서 태양 아래에서 새로운 것은 아무것도 일어나지 않는다.[25]

---

20) 예컨대 야코비는 그의 *Über die Lehre des Spinoza in Briefen an den Herrn Moses Mendelssohn*(Breslau 1785)에서 칸트의 하나의 공간(*KrV*, A25) 해설과 하나의 시간(*KrV*, A32) 논변, 그리고 이를 가능하게 하는 원리로서의 "초월적 통각"(*KrV*, A107)을 예시하면서 "칸트의 이 대목들은 전적으로 스피노자의 정신 안에 있다"(Jacobi, 앞의 책, 173면)라고 말한다.(Jacobi, 앞의 책, 174·194면 참조)
21) 원어: Gedanke(=cogitatio).
22) Spinoza, *Ethica*, II, prop. 1: "사유는 신의 본질속성이다. 바꿔 말해 신은 사고하는 것이다" 참조.
23) 예컨대 스피노자는 "사물의 본성 안에는 동일한 본성이나 동일한 본질속성을 가지는 둘 또는 다수의 실체가 있을 수 없다"(Spinoza, *Ethica*, I, prop. 5)라는 주장을 순수한 개념 정의만으로써 편다.
24) 당시 대표적인 절충주의자로는 칸트의 비판적 관념론을 날카롭게 비판했던 Johann Georg Heinrich Feder(1740~1821)가 꼽힌다.
25) 『구약성서』, 「코헬렛」, I, 9: "태양 아래 새로운 것이란 없다" 참조.

치부하는[26] 것을 본다면, 거의 후자를 겨냥하는 것으로 보아야 할 것이다. 무릇 사변 이성 자신이 우리가 신이라고 생각할 수밖에 없을 것 같은 하나의 존재자의 **가능성**을 통찰할 능력이 없음을 인정하는 것이 이성 신앙과 아주 훌륭하게 조화되기는 하지만, 이성이 심지어 어떤 대상의 **불가능성**을 통찰하면서도, 그것의 현실성(실존)을 다른 원천에서 인식할 수 있을 터라고 하는 것은 어떤 신앙(믿음)과 양립할 수 없고, 어떤 현존에 대한 어떤 견해와도 도무지 양립할 수가 없다.

　탁월한 정신력과 넓은 마음씨를 가진 인사들이여! 나는 여러분의 재능을 존경하고, 여러분의 인간적 감정을 사랑한다. 그러나 여러분은, 여러분이 무엇을 하고 있는지, 그리고 여러분의 이성에 대한 공격이 결국 어디에 이를 것인지를 충분히 숙고했는가? 의심할 여지없이 여러분은 **사고하는 자유**(사고의 자유)가 무탈하게 유지되기를 원할 것이다. 무릇 이 자유가 없으면 여러분의 천부적 재능의 자유로운 도약도 이내 끝을 보게 될 터이니 말이다. 우리는 이제, 여러분이 시작한 그러한 행태가 만연하게 되면, 이 사고의 자유가 자연적으로 어떻게 될 수밖에 없을 것인지를 보고자 한다.

　사고의 자유에는 **첫째로 시민적 강제**가 대립한다. **말하는** 자유, 또는 **쓰는** 자유는 상위 권력에 의해 우리가 빼앗길 수도 있지만, **사고하는** 자유는 그런 것에 의해 결코 빼앗길 수 없다고 사람들이 말하기는 한다. 그러나, 만약 우리가 우리의 생각을 타인들에게 **전하고**, 타인들이 그들의 생각을 우리에게 **전하는**, 말하자면 타인들과의 공동체 안에서 사고하지 않는다면, 우리가 얼마만큼이나 그리고 얼마나 올바르게 잘 **사고할** 수 있겠는가! 그러므로, 자기의 사상을 공개적으로 **전할** 자유를 인간에게서 박탈하는 바로 그 외적 권력은 인간에게서 **사고**의 자유도 빼앗는다고 사람들은 충분히 말할 수 있다. 사고의 자유는, 모든 시민적 부담에도 불구하고 우리에게 여전

---

[26] Jacobi, *Wider Mendelssohns Beschuldigungen betreffend die Briefe über die Lehre des Spinoza*(Leipzig 1786)를 염두에 둔 것으로 보인다.

히 남아 있는 유일한 보석이고, 이것에 의해서만 이 상황의 모든 해악에 대한 대책이 마련될 수 있다.

둘째로 사고의 자유는, 그것에 **양심에 대한 강제**가 대립해 있다는 의미에서도 이해된다. 아무런 외적 권력이 없는 데서도 종교의 사안들에서 어떤 시민들은 타인들의 후견인을 자처한다. 그리고 그들은 논증 대신에, 마음에 심어진 초기 인상을 통해 이성의 모든 검사를 배제할 줄 안다. **스스로 탐구하는 일은 위험하다**는 매우 불안한 두려움을 동반하는, 지시규정된 신앙 양식을 통해서 말이다.

셋째로 사고에서의 자유는 이성이 오로지 **자기 자신이 수립한** 법칙에만 복속함을 의미하기도 한다. 그리고 이것의 반대가 이성의 **무법칙적 사용**의 준칙(이에 의해, 천재가 생각하듯이, 법칙의 제약 아래 있을 때보다 더 멀리 내다볼 수 있도록 하기 위한 것)이다. 이것의 귀결은 자연스럽게도, 이성이 자기 자신이 수립한 법칙에 복속해 있지 않으려 한다면, 이성은 타자가 수립한 법칙의 굴레 아래 구속받을 수밖에 없다는 것이다. 무릇 아무런 법칙도 없다면 전혀 아무런 것도, 최고로 허튼짓조차도, 그 작태를 오래 끌고 갈 수 없으니 말이다. 그러므로 사고에서의 **선언된** 무법칙성(즉 이성에 의한 제한으로부터의 해방)의 불가피한 귀결은, 결국은 그로 인해 사고의 자유를 상실하고, 그것이 가령 불운 탓이 아니라, 진정으로 오만방자한 탓이기 때문에, 낱말의 본래적 의미에서 **장난치다 잃게**[27] 된다.

사태의 과정은 대략 이렇다. 우선 **천재**는 자기의 대담한 도약에 몹시 흡족해 한다. 그는 평소에 이성이 그를 이끌었던 끈을 놓아버렸기 때문이다. 이내 그는 또한 권위 있는 발언과 큰 기대로 타인들을 매혹하고, 이제 곧 왕좌에 오른 것처럼 보인다. 그 왕좌는 느리고 둔한 이성이 참으로 서툴게 장식한 것인데, 그럼에도 거기서 천재는 언제나 이 같은 이성의 언어를 구사한다. 그때 채택된, 최상위 입법자로서의 이성은 효력이 없다는 준칙을

---

27) 원어: verscherzt.

우리 같은 보통 사람들은 **광신**이라고 부르고, 저들 자비로운 자연의 총아들은 **깨달음(조명)**이라고 부른다.[28] 그러나 이성만이 누구에게나 타당하게 지시명령할 수 있는데, 지금 각자가 자신의 영감을 따르니, 이내 이들 사이에 언어의 혼란이 일어날 수밖에 없다. 그 때문에 결국 내적 영감들로부터 증언에 의해 보증된 외적 사실들[29]이 생겨나고, 시초에는 그 자체가 선택된 것인 전통들로부터 세월이 지나면서 **강제력 있는** 문서가, 한마디로 이성의 사실들에 대한 전적인 복속이, 다시 말해 **미신**이 생겨나지 않을 수 없다. 왜냐하면 이 미신은 적어도 **법칙적 형식**을 갖출 수 있고, 그럼으로써 휴식할 수 있게 해주기 때문이다.

그럼에도 인간 이성은 언제나 자유를 추구한다. 그 때문에, 이성이 일단 족쇄를 부수고 나면, 오랜 기간 습관이 안 든 자유의 최초 사용은 필시, **객관적** 근거들과 교조적 확신에 의해 정당화될 수 있는 것 외에는 아무것도 받아들이지 않고, 나머지 모든 것을 대담하게 부정하는 사변 이성의 유일 통치에 설득되어서, 오용과 자기 능력의 모든 제한으로부터의 독립성에 대한 과도한 신뢰로 변질된다. 그런데 이성의 자기 **자신의 필요욕구**로부터의 독립성(즉 이성 신앙의 포기)의 준칙을 **불신앙(믿지 않음)**이라 일컫는다. 그것은 역사적인 불신앙이 아니다. 무릇 사람들은 그런 것을 고의적이라고 생각할 수 없고, 그러니까 책임질 수 있는 것이라고도 생각할 수 없다. (왜냐하면 사람들은 누구나, 그가 원하든 원하지 않든 간에, 수학적 증명을 믿지 않을 수 없는 것과 똑같이, 충분히 보증되기만 하면 어떤 사실을 믿지 않을 수 없기 때문이다.) 그것은 오히려 **이성(의) 불신앙**, 즉 인간 마음의 위태로운 상태[30]로서, 도덕 법칙들에서 맨 먼저 심정에 대해 미치는 동기의 모든 힘을 빼앗고, 시

VIII146

BM328

---

28) 이 '광신'과 '깨달음(조명)'에 관해서 칸트는 기회가 있을 때마다 그 착오와 허구성을 지적하고, 후기 저술 『이성의 한계 안에서의 종교』에서는 상론한다.(특히 *RGV*, B64=VI53 참조)
29) AA에 따라 읽으면, "외적 증언들에 의해 보증된 사실들".
30) 원어: ein misslicher Zustand.

간이 지나면서 모든 권위마저 빼앗으며, 사람들이 **자유정신**(**자유사상**)[31]이라고 부르는 사고방식을, 다시 말해 하나의 의무도 더는 전혀 인정하지 않는 원칙을 야기한다. 이제 여기서 시민적 업무들마저 극도의 무질서에 빠지지 않도록 하기 위해 당국이 개입한다. 그리고 당국에는 가장 신속하면서도 가장 단호한 수단이 최선의 수단이므로, 당국은 사고의 자유를 폐기하고, 이것도 다른 사업들과 똑같이 국가법령에 예속시킨다. 이렇게 해서, 사고에서의 자유가 이성의 법칙들에서마저 독립하여 나가고자 하면, 그것은 끝내는 자신을 파멸시킨다.

　인류의 친구이자 인류에게 가장 신성한 것의 친구들이여! 최대로 면밀하게 그리고 최고로 솔직하게 검토한 후, 그것이 사실들이든, 이성적 근거들이든, 그대들에게 가장 믿을 만한 것으로 보이는 것을 받아들여라. 이성을 지상에서 최고의 선으로 만드는 것, 곧 진리의 최종의 시금석※이라는 이성의 특권을 부인하지 말라. 그렇지 않으면 그대들은 이 자유를 누릴 자격이

　※ **자기 사고**(**스스로 생각한다**)란 자기 자신 안에서(다시 말해, 자기 자신의 이성에서) 진리의 최상위 시금석을 찾는다는 것을 말한다. 그리고 항상 스스로 생각하라는 준칙은 **계몽**이다. 그런데 계몽을 위해 필요한 것은, 계몽을 **지식** 쌓기로 보는 이들이 상상하는 것처럼 그렇게 많지 않다. 계몽은 오히려 자기의 인식능력을 사용하는 데서의 하나의 소극적 원칙이고, 지식이 대단히 풍부한 이도 종종 그것들을 사용하는 데서 계몽되어 있지 못하기에 그러하다. 자기 **자신의** 이성을 사용한다는 것은, 사람들이 가정해야 하는 모든 것에서, 왜 무엇인가를 가정하는지의 그 근거나, 또 가정하는 것으로부터 나오는 규칙을 자기 이성 사용의 보편적 원칙으로 삼는 일이 과연 능히 가능하다고 보는지를 스스로 묻는다는 것 외에 더 많은 것을 말하려는 것이 아니다. 사람들은 누구나 스스로 이 시험을 해볼 수 있고, 그는 이 검사에서, 비록 미신과 광신이 객관적 근거에서 반박할 지식을 얻는 데는 훨씬 못 미치더라도, 이 두 가지가 즉시 사라지는 것을 보게 될 것이다. 무릇 그는 순전히 이성의 **자기보존**의 준칙만을 사용할 것이니 말이다. 그러므로, **개별 주체**에서 교육을 통해 계몽을 세우는 일은 아주 쉽다. 젊은 두뇌들이 이러한 반성에 익숙해지도록 일찍 시작하기만 하면 되니 말이다. 그러나 한 **시대**를 계몽하는 일은 매우 더디다. 무릇 저러한 교육 방식을 한편에서는 금지하고, 또 다른 한편에서는 힘들게 하는 외적 장애물들이 많이 있기 때문이다.

없게 될 것이고, 또한 이 자유를 상실할 것이 확실하며, 이에 더해 이 불행을, 그렇지 않았다면 자기의 자유를 **합법칙적으로** 그리고 그렇게 함으로써 또한 합목적적으로 세계 복리를 위해 사용하려는 좋은 마음씨를 가졌을 터인, 여타의 무고한 사람들에게까지 씌우게 될 것이다!

쾨니히스베르크   임마누엘 칸트

---

31) 원어: Freigeisterei.

변신론에서
모든 철학적 시도의
실패에 관하여

Die Thräne der Empfindung weint!
Sieh, wie Dein Volk von reiner Wonne trunken,
Am Throne Gottes hingesunken,
Für seines Lieblings Leben fleht!

O was enthüllt die Zukunft meinem Blicke! ——
In sonnenheller Majestät
Erscheint der Große König, hebt die Hand empor,
Zum Vater seines Volks Dich einzuweih'n.
Was höret mein entzücktes Ohr?
Ein lauter Jubel steigt empor:
„O, lebe lange zu der Völker Glücke!
„Und lange sei, gleich ihm, das Wunder einer Welt!
„Und spät nimm neben ihm im hohen Sternzelt
„Den Dir erworbnen Wohnsitz ein!"

Susanna von Bandemer,
geb. von Franklin.

2.
Ueber das Mißlingen aller philosophischen Versuche in der Theodicee.

Unter einer Theodicee versteht man die Vertheidigung der höchsten Weisheit des Welturhebers gegen die Anklage, welche die Vernunft aus dem Zweck-

---

번역 대본

Ueber das Mißlingen aller philosophischen Versuche in der Theodicee.

1) in: *Berlinische Monatsschrift*(BM), hrsg. von Biester, Bd. XVIII, Stk. 9, Berlin 1791, S. 194~225.

2) in: Wilhelm Weischedel(Hs.), *Immanuel Kant, Werke in sechs Bänden*, Darmstadt 1954, Bd. VI, S. 103~124.

3) in: Königlich Preußische Akademie der Wissenschaften(Hs.), *Kant's gesammelte Schriften, Kant's Werke*, Bd. VIII: Abhandlungen nach 1781, Berlin und Leipzig 1923, S. 253~271.

해제

논고의 의의

논고 「변신론에서 모든 철학적 시도의 실패에 관하여(Ueber das Mißlingen aller philosophischen Versuche in der Theodicee)」(약칭: 「변신론」(MpVT))는 1791년 9월 ① 《베를린 월보(*Berlinische Monatsschrift*(BM))》(Bd. XVIII, Berlin 1791, S. 194~225)를 통해 처음 발표되었고, 그 후 칸트 생전에도

② *Kleine Schriften von Immanuel Kant*, Neuwied 1793, S. 200~239,

③ *Zerstreute Aufsätze von Herrn Professor Kant*, Frankfurt u. Leipzig 1793, S. 194~220,

④ *I. Kants sämmtliche kleine Schriften*, Königsberg u. Leipzig 1797, Bd. III, S. 385~416,

⑤ *I. Kant's vermischte Schriften*, Halle 1799, Bd. III, S. 145~176

등에 수록 재발간되었다.

칸트는 이 논고를 『판단력비판』(1790)을 완성한 직후부터 기획했던 것 같다. 그런 기획에는 적어도 두 가지 사유가, 곧 1) 프리드리히 빌헬름 2세(Friedrich Wilhelm II, 재위: 1786~1797) 치하에서 점차 노골화하는 반계몽주

의적 정책들, 특히 '종교칙령'(1788) 발포 후의 신앙의 자유 침해에 대해 학자로서 의견을 표명해야 한다는 책무감과, 2) 비판기를 지나면서 확고해진 그의 이성 신앙과 도덕 신학 이론을 포괄적으로 펼쳐내려는 의도가 있었던 것으로 보인다. 논고 「변신론」은 칸트의 이성 신앙 및 도덕 신학 이론에 기반하고 있는 최초의 종교철학 논문이고, 이어서 논고 「인간 자연본성에서의 근본악에 관하여」(1792. 4)가 나왔고, 우여곡절 끝에 급기야는 단행본 『순전한 이성의 한계들 안에서의 종교』(1793)가 출간되고, 그로 인해 칸트는 프리드리히 빌헬름 2세의 치세가 끝날 때까지 고초를 겪게 된다.(『이성의 한계 안에서의 종교』, 아카넷, 개정판, 2015, 「해제」 참조) — 이러한 점에서 「변신론」은 『이성의 한계 안에서의 종교』의 예고편이라 할 수 있다.

논고의 요지

무릇 '변신론'이란 "이성이 세계 내에서 반목적적인 것을 걸어 세계 창시자의 최고 지혜에 대해 제기한 소(訴)에 맞서 세계 창시자의 최고 지혜를 변호하는 것"(BM194이하=VIII255)을 말한다. 이 변호가 성공하려면, 칸트 생각에, 신의 변호인이 최소한 다음 셋 중 한 가지는 증명해야 한다.

① 사람들이 "세계 내에서 반목적적이라고 판정한 것"이 실은 "그러한 것이 아니"다.

② 설령 그것이 그러한 것일지라도, "그것은 사실[作爲]로가 아니라, 사물들의 본성에서 나온 불가피한 결과로 판정되어야만 한다".

③ "그것이 적어도 만물의 최고 창시자의 사실[작위]이 아니라, 오히려 어느 정도 책임을 물을 수 있는 세계존재자들의, 다시 말해 인간들의[…] 사실[작위]로 간주되어야만 한다."(BM195=VIII255 참조)

그러니까 어떤 변신론이 이 세 가지 중 한 가지도 증명하지 못한다면 변호는 허사일 터이다.

그런데 어떤 변호인은 세계 창시자의 입법자로서의 "신성함", 통치자로서의 "선함", 심판자로서의 "정의로움"의 속성을 내세워 아예 이 세계에 '반목적인 것'이란 없음을 설득하려 한다.(BM197이하=VIII256이하 참조) 이러한 설득 과정을 고찰한 후 내린 칸트의 결론은 "종래의 모든 변신론은 그것이 약속하는바, 곧 이 세계에 대한 경험이 알려준 것에서 생겨난 의심을 반박하면서 〔신의〕 도덕적 지혜를 변호하는 일을 해내지 못했다"(BM209=VIII263)라는 것이다.

그래서 칸트는 학자들의 변신론, 곧 "논리적으로 따지는(사변) 이성의 해석"(BM213=VIII264)인 "교설적 변신론"(BM212=VIII264) 검토를 벗어나, 『구약성서』 「욥기」가 전해주는 욥의 사례가 보여주는 하나의 "힘을 가진 실천 이성의 해석"(BM213=VIII264)인, 말하자면 "정격적〔정통적/인증적〕 변신론"(BM212=VIII264)에서 '변신론'의 본래 취지에 맞는 의미를 찾는다. ― "자기의 도덕성을 신앙 위에 세우지 않고, 오히려 신앙을 도덕성에" 세우는 경우, 그 "신앙은 제아무리 미약하다 할지라도 유일하게 순정하고 진정한 신앙이다. 다시 말해 은혜 간구의 종교가 아니라 선한 품행의 종교를 기초하는 그런 종류의 신앙이다."(BM216=VIII267)

칸트가 볼 때 "변신론은 학문의 유익을 위한 과제보다는 신앙의 문제와 관련이 있다."(BM218=VIII267) 신앙의 문제에서 가장 중요한 요구 사항은 "정직성"(BM218=VIII267)이다. 변신론에서 이제까지의 모든 철학적 시론이 실패한 것은 논자의 정직성의 결여 때문이라 할 것이다. "인간이 자기 자신의 양심 앞에서 하는 내적 진술에서조차 왜곡할 줄 아는, 깊이 은폐되어 있는 불순성"(BM224=VIII270)을 자각하고 떨쳐내는 일, 그것이 신앙고백에서는 물론 바른 삶 전반에서 제일의 덕이다.

역주

《베를린 월보》

제18권

1791년 7~12월[1)]

변신론에서
모든 철학적 시도의 실패에 관하여[2)]

'변신론'을 사람들은 이성이 세계 내에서 반목적적인 것을 걸어 세계 창시자의 최고 지혜에 대해 제기한 소(訴)에 맞서 세계 창시자의 최고 지혜를 변호하는 것으로 이해한다. — 사람들은 이것을 '하느님의 일〔신의 대의〕을 옹호한다'고 말한다. 그것이 근본에서는 주제넘은, 그러면서 한계를 모르

---

1) *Berlinische Monatsschrift*(BM), hrsg. v J. E. Biester, Achtzehnter Band, Julius bis Dezember 1791. Berlin 1791.
2) "Ueber das Mißlingen aller philosophischen Versuche in der Theodicee." 수록: BM, Bd.18, S.194~225. (September 1791).

는 우리 이성의 일임에도 불구하고 말이다. 이 송사가 물론 최선의 일은 아니다. 그러나 그것은, (저 자만함은 별도로 하고) 이성적 존재자로서의 인간이 그에게 존경을 강요하는 모든 주장, 모든 학설을, 그것들에 복종하기에 앞서, 이 존경이 솔직하고 거짓되지 않도록, 검사할 권리를 가지고 있는 한에서, 용인될 수 있는 일이다.

그런데 이 변호를 위해서 요구되는바, 자칭 신의 변호인은 다음 중 하나는 증명해야 한다. 즉, 우리가 세계 내에서 반목적적이라고 판정한 것이 그러한 것이 아니라**거나**, 아니면, 설령 그것이 그와 같은 것일지라도, 그것은 사실(作爲)[3]로가 아니라, 사물들의 본성에서 나온 불가피한 결과로 판정되어야만 한다**거나**, 이도 **아니면** 끝으로, 그것이 적어도 만물의 최고 창시자의 사실(작위)이 아니라, 오히려 어느 정도 책임을 물을 수 있는 세계존재자들의, 다시 말해 인간들의(어쨌든 선하든 악하든 고차적인 정신적 존재자들의) 사실(작위)로 간주되어야만 한다고 증명되어야 한다.

그래서 한 변신론의 저자는 이 소송이 이성의 법정에 계류되는 것에 동의하고, 상대방의 모든 이의 제기를 공식적으로 반박함[4]으로써, 피고인 편의 변호인이 되는 것을 자청한다. 그러므로 그는 소송절차 중에 인간 이성의 법정이 관할권이 없다고 선언(管轄 抗辯[5])함으로써 이의를 기각해서는 안 된다. 다시 말해 상대방이 강요받아 세계 창시자의 최고 지혜를 인정한 것에 의거해 이의 신청을 처리해서는 안 된다. 이런 일은 곧바로 그에 대해 제기될 수 있는 모든 의문을 조사도 해보지 않고 근거 없다고 선언하는 것이다. 오히려 그는 제기된 반론들에 주의를 기울여야 하고, 반론들을 조명하고 해소함으로써, 어떻게 그 반론들이 최고 지혜[※]라는 개념을 결코 훼손하지 않는지를 이해시켜야만 한다. — 그러나 그가 여기서 개의할 필요가 없는 한 가지가 있으니, 곧 그가 신의 최고 지혜를 이 세계에서의 경험이 가르

---

3) 원어: Faktum, factum 곧 (신에 의해) 행해진 것.
4) 원어: förmliche Widerlegung.
5) 원어: exeptio fori.

쳐 주는 것에 의거해 증명까지 하는 일이다. 무릇 그는 이 일에 단연코 성공하지 못할 터이니 말이다. 왜냐하면, (경험에서 인식되게 드러나는 바대로의) 주어진 세계에서, 세계의 창조와 통치에서 더 큰 세계는 도무지 있을 수 없

※ **지혜**라는 특유한 개념은 단지 만물의 **궁극목적**으로서의 최고선에 합치하려는 의지의 속성을 표상하고, 그 반면 **기예**는 단지 **임의의 목적들**을 위한 가장 유용한 수단을 사용하는 능력을 표상한다. 그러함에도 불구하고, 만약 기예가 인간 이성의 모든 통찰을 넘어설 가능성이 있는 이념[관념]들에 적합한 어떤 것으로 입증될 때(예컨대, 유기체들에서의 수단들과 목적들이 교호적으로 서로 산출할 때), 하나의 **신적 기예**로서의 그런 기예에 지혜라는 이름을 붙여도 부당하지 않을 것이다. 다만 개념들의 혼란을 피하기 위해서, 세계 창시자의 **도덕적 지혜**와 구별하여 세계 창시자의 **기예적 지혜**[6)]라는 이름으로 말이다. 목적론은 (또한 이를 통해 물리신학[7)]은) 경험에서 이 기예적 지혜의 풍부한 증거들을 제시한다. 그러나 이로부터 세계 창시자의 도덕적 지혜가 추론되지는 않는다. 왜냐하면 자연법칙과 윤리법칙은 전적으로 이종적인 원리들을 요구하며, 도덕적 지혜를 증명하는 일은 완전히 선험적으로 수행되어야 하고, 그러므로 세계 내에서 일어나는 것에 대한 경험에 근거를 두어서는 절대로 안 되기 때문이다. 그런데 종교에 유용할 신의 개념은, (무릇 자연 설명을 위해서는, 그러니까 사변적 의도에서는, 우리는 그런 개념을 필요로 하지 않으니), 도덕적 존재자로서의 신의 개념이지 않으면 안 되므로, 그리고 이 개념은, 경험에 근거를 둘 수 없는 것이나 마찬가지로, 우리에게는 실로 초절적인, 절대적으로 필연적인 존재자라는 순전히 초월적인 개념들에서는 산출될 수 없으므로, 그러한 존재자의 현존 증명은 하나의 도덕적 증명 외에 다른 것일 수 없음은 충분히 분명해진다.

---

6) 원어: Kunstweisheit.
7) 원어: Physikotheologie. 칸트에서 '물리신학'은 '도덕신학'과 함께 '자연 신학(Natürliche Theologie)'의 한 가지이다. 『순수이성비판』(A631이하=B659이하)에서 해설한 칸트의 '신학 개념도' 참조.

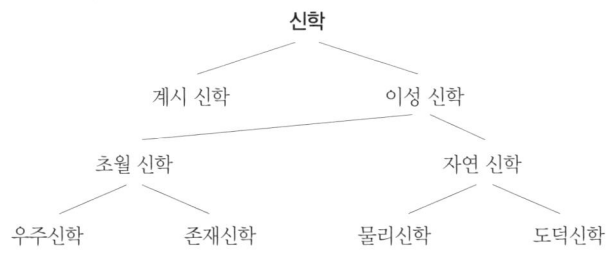

변신론에서 모든 철학적 시도의 실패에 관하여

다는 것을 사람들이 확실하게 말할 수 있는, 그런 완전성을 인식하기 위해서는 전지〔全知〕가 필요하기 때문이다.

이제 세계 창시자의 지혜와 대립될 수 있는, 세계 내의 반목적적인 것은 세 가지이다:

BM198

I. 지혜에 의해 목적으로도 수단으로도 재가받을 수 없고 욕구될 수도 없는, 단적으로 반목적적인 것,

II. 목적으로서는 의지의 지혜와 결코 공존할 수 없지만, 수단으로서는 공존할 수 있는 조건적으로 반목적적인 것.

첫 번째의 것은 본래적 악(죄악)으로서, 도덕적인 반목적적인 것이고, **두 번째**의 것은 물리적인 반목적적인 것, 즉 해악(고통)이다.[8] ─ 그러나 해악의 도덕적 악과의 관계에는, 후자가 일단 현존하고, 저지될 수 없거나 되어서는 안 된다면, 일종의 합목적성이 있다. 곧 범죄로서의 악과 처벌로서의 해악 및 고통의 결합에는 합목적성이 있다. 그리고 세계 내의 이 합목적성에 대해서, 과연 이 점에서 세계 내의 모든 사람이 각자 자신의 권리를 보장받고 있는가 하는 의문이 생긴다. 따라서

VIII257

III. 세계 내에서의 세 번째 종류의 반목적적인 것이 생각될 수 있으니, 곧 세계 내에서의 범죄와 처벌의 불균형이 바로 그것이다.

그러므로 저 반목적적인 것들이 그에 대한 반박으로 등장한, 세계 창시자의 최고 지혜의 속성들은 역시 세 가지이다:

첫째로, 세계 내의 도덕적 악과 반대되는, **법칙수립자〔입법자〕**(창조자)로서의 세계 창시자의 **신성성**〔신성함〕.

둘째로, 이성적 세계존재자들의 무수한 해악과 고통들과 대조되는, **통치**

---

8) 이미 『실천이성비판』에서 이에 관해 비교적 상세히 논변한 바 있다: "'보눔(bonum)'에 대해서는 선(das Gute)과 복(Wohl)이라는, '말룸(malum)'에 대해서는 악(das Böse)과 해악(Übel) ─ 또는 화(Weh) ─ 라는 표현이 있는 것이다. 그래서, 우리가 한 행위에서 그 행위의 선·악을 고찰하느냐, 우리의 복·화(해악)를 고찰하느냐는 두 가지 전혀 별개의 판정의 문제이다."(KpV, A104이하=V59이하)

자(유지자)로서의 세계 창시자의 **선성**(선함). BM199

셋째로, 세계 내에서 패악한 자들의 처벌받지 않음과 그들의 범죄 사이의 불균형이 보여주는 것처럼 보이는 해악 상태와 비교되는, **심판자**(재판관)로서의 세계 창시자의 **정의**(로움).※

그러므로 저 세 가지 고소에 대해 위에서 언급한 세 가지 방식으로 그 책 BM200

※ 이 세 가지 속성들은, 그중 하나가 다른 것으로, 예컨대 정의가 선으로, 그래서 전체가 더 작은 수로 결코 환원되지 않고, 모두 합하여 신의 도덕적 개념을 이룬다. 또한 이것들의 순서도, 바로 이 도덕적 개념이 그 기초에 있는 종교를 해치지 않고서는, (가령 선성〔선함〕을 세계 창조의 최상위 조건으로 해서, 그 아래에 법칙수립〔입법〕의 신성성〔신성함〕을 종속시키는 식으로), 변경할 수 없다. 우리의 순수한 (그것도 실천적인) 이성이 이 위계 순서를 규정하거니와, 만약 법칙수립〔입법〕이 선에 순순히 따른다면, 그것의 존엄함이나 확고한 의무 개념조차 더는 있지 않게 된다. 인간은 행복하기를 맨 먼저 소망하기는 하지만, 그럼에도, 행복할 만한 품격이, 다시 말해 그의 자유의 사용이 신성한 법칙과 합치함이, 창시자의 의결에서는 그의 선함의 조건이어야만 하고, 그러므로 반드시 선행해야만 한다는 것을 통찰하고, (마지못해서일망정) 겸허히 받아들인다. 무릇 (자기사랑의) 주관적 목적이 근저에 있는 소망은 의지에게 무조건적으로 규칙을 부여하는 법칙을 지시규정하는 (지혜의) 객관적 목적을 규정할 수 없으니 말이다. — 또한 처벌도 정의의 실행 BM200
에서 결코 한갓된 수단으로서가 아니라, 목적으로서 입법적인 지혜에 근거를 두고 있다. 위반은 해악과 결합되거니와, 또 다른 선이 유래하기 위해서가 아니라, 오히려 이 결합 그 자체가, 다시 말해 도덕적으로 그리고 필연적으로 선하기 때문이다. 정의는 법칙수립자〔입법자〕의 선함을 전제하기는 하지만 — 무릇 그의 의지가 그 VIII258
의 신민들의 복지를 지향하지 않는다면, 그는 이들이 그에게 복종하는 것을 의무 지울 수 없을 터이니 말이다 —, 정의가 선은 아니고, 지혜의 보편적 개념 안에 포함되어 있음에도 불구하고, 정의로서 선과는 본질적으로 구별된다. 그래서 이 세계 내에서 인간에게 주어지는 운명 속에서 드러나는, 정의의 결여에 대한 탄식도 선인에게 **복**이 내리지 않는 것에 향해 있지 않고, 악인에게 **화**가 미치지 않는 것에 향해 있다. (만약 복이 악인에게 붙는다면, 그 대비는 이 충격을 더욱 키울 것이지만 말이다.) 무릇 신의 통치 안에서는 가장 선한 인간도 평안에 대한 그의 소망을 신의 정의로움에 근거 지울 수는 없고, 항상 신의 선함에 근거 지울 수밖에 없다. 왜냐하면 한낱 자기에게 책임이 있는 것만 행하는 자는 신의 친절에 대한 어떤 권리요구도 가질 수 없기 때문이다.

임이 제시되고, 그것들의 타당성에 따라 검토되어야 할 것이다.

I. 신의 작품인 세계를 망가뜨리는 도덕적 악에 근거하여 신의 의지의 신성성에 대해 제기하는 이의에 맞선 첫 번째 변호는 다음과 같은 점에서 성립한다:

a) 우리가 우리 이성의 순수한 법칙들의 위반으로 여기는 것으로서의, 그러한 단적으로 반목적적인 것은 전혀 없고, 오히려 그것은 단지 인간의 지혜를 거스르는 행위들에 지나지 않는다는 점. 그리고 신적 지혜는 이것들을 우리에게는 이해될 수 없는 완전히 다른 규칙들에 따라 판정한다는 점. 즉, 우리는 우리의 실천 이성과 그것의 규정의 관점에서 당연히 비난받을 일로 보는 것이 신의 목적과 최고 지혜와의 관계에서는 우리의 특수한 복을 위해서뿐만 아니라 세계 복지 일반을 위해서 어쩌면 바로 최적의 수단일지도 모른다는 점. 그래서 지고자(至高者)[9]의 길들은 우리의 길들이 아니라 — 至高者(神)들에게는 그들의 法이 있다[10] —, 우리가 이생에서의 인간에게만 법칙인 것을 단적으로 그 자체로 법칙이라고 판정하고, 아주 저열한 입장에서 사물을 바라보는 우리에게 반목적적으로 나타나는 것을 최고의 입장에서도 그러한 것이라고 간주한다면, 그때 우리는 착오를 범하고 있다는 점. — 이러한 변명은, 그 (입증) 책임이 제기된 이의보다 더 고약한 것이므로, 반박할 필요가 없고, 최소한의 윤리 감정을 가진 모든 이의 혐오감에 안전하게 맡길 수 있다.

b) 그럴듯한 두 번째 변호는 세계 내의 도덕적 악의 현실을 인정은 하지만, 그것이 유한한 존재자인 인간들의 본성에서 기인하는 것이기 때문에, 저지될 수 없었다면서 세계 창시자를 용서하는 것이겠다. — 그러나 이렇게 되면 저 악 자체가 변호될 터이다. 그리고 그것이 인간의 죄과로 인간에게

---

9) 원어: der Höchste.
10) 원문: sunt Superis sua iura. 참조: "내 생각은 너희 생각과 같지 않고, 너희 길은 내 길과 같지 않다. 주님의 말씀이다(non enim cogitationes meae cogitationes vestrae, neque viae vestrae viae meae dicit Dominus)".(『성서』, 「이사야서」, 55, 8)

귀책될 수 없으므로, 사람들은 그것을 도덕적 악이라고 부르는 것을 멈춰야 할 것이다.

c) 세 번째 답변인즉, 우리가 도덕적 악이라고 부르는 것이 실제로 인간의 죄과에서 기인한다고 해도, 그 책임을 신에게 돌려서는 안 되니, 신은 그런 것을 지혜로운 이유에서 인간의 행동으로 허가한 것뿐, 결코 그 자체를 승인하거나 의욕하거나 고취한 것이 아니기 때문이라는 것이다. — 이러한 답변은 (설령 사람들이 세계의 유일한 창시자인 한 존재자의 한갓된 **허가**라는 개념에 아무런 불쾌감을 느끼지 않는다 하더라도) 앞의 변호(b)와 똑같은 귀결에 이른다. 즉, 더 고차적이고 도덕적이기조차 한 어떤 다른 목적들을 훼손하지 않고서는 이런 악을 저지하는 것이 신에게조차도 불가능한 것이었으므로, 이 해악 — 무릇 이제 이렇게 부를 수밖에는 없겠는데 — 의 근거를 불가피하게 사물들의 본질에서, 곧 유한한 자연본성인 인간성의 필연적 한계 안에서 찾지 않을 수 없고, 그러니까 그것은 인간성에 귀책될 수가 없는 것이다.

II. 이 세계 내의 해악들, 곧 고통에 근거하여 신의 선성(선함)에 제기되는 이의에 대한 변호는 이제 역시 다음과 같은 점에서 성립한다:

a) 사람은 누구나, 운명이 그에게 아무리 나쁘게 진행되더라도, 죽는 것보다는 오히려 살고자 하고, 죽기로 결심한 소수의 사람도, 그들 자신이 그것을 연기하는 한, 그것으로써 스스로 사는 것이 우세함을 자백하는 것이며, 그들이 죽는 것에 이를 정도로 충분히 어리석을 때도, 아무런 고통도 느낄 수 없는 무감각의 상태로 이행하는 것에 불과하기 때문에, 인간의 운명에서 삶의 쾌적한 향유보다 해악(고통)이 우세하다고 상정하는 것은 잘못이라는 점. — 그러나 사람들은 이런 궤변적 답변을, 과연 그가, 똑같이라고 말하지는 않겠지만, 임의 다른 조건들에서 (다만 동화의 세계가 아니라 우리의 이 지상 세계에서) 인생 놀이를 다시 한번 펼칠 의향이 있는지를 질문받을 때, 이런 것에 관해 판단을 내릴 수 있는 만큼 충분히 오래 살면서 인생의 가치에 대해 숙고한, 건전한 지성을 가진 사람이면, 그 누구의 판결에

도 안전하게 맡길 수 있다.

b) 두 번째 변호, 곧 고통스러운 감정이 쾌적한 감정보다 우세함은 (가령 베리[11] 백작이 『쾌락의 본성』에 관한 책에서 주장한 바대로) 인간과 같은 동물적 생물의 자연본성에서 분리될 수 없다는 것에 대해서는 다음과 같은 반박이 있겠다. 즉, 사정이 실로 그러하다면, 우리의 정확한 추산에 생이 우리에게 바람직스럽지 못한데도, 우리 현존의 창시자는 도대체 무엇 때문에 우리를 생으로 불러냈는가 하는 또 다른 물음이 등장하는 것이다. 이러한 불만은, 저 인도 여성이 입은 폭력에 대해 아무런 보상도, 장래의 안전에 대한 아무런 조처도 할 수 없었던 칭기즈칸에게 한 것처럼, "당신이 우리를 보호할 의욕이 없다면, 대체 왜 당신은 우리를 정복하는가?"라고 응대하는 것이겠다.

c) 이 매듭의 세 번째 풀기는 이러해야 할 것이다. 즉, 신은 우리를 장래에 행복하도록, 그러므로 선의에서 세상에 내놓았지만, 저 희망할 수 있는 초절적으로 거대한 정복(淨福)에 현생의 참으로 힘들고 괴로운 상태가 선행하지 않을 수 없으니, 여기서 우리는 역경들과 맞서 싸워 장래의 저 영광의 품격(자격)을 얻게 되어야 한다고 말이다. — 그러나 최고의 지혜 앞에서의 이 (대다수 인간이 그에 굴복하고, 그 기간 중에 최상의 인간도 자기 생이 기쁘지 않을) 시험 기간이 필시 정말로 언젠가 우리가 향유하게 될 기쁨의 조건이라는 것, 그리고 피조물이 그의 생의 모든 기간에 만족하게 하는 일은 가능하지 않았다는 것이 그럴듯하게 주장이야 될 수 있겠지만, 절대로 이해될 수는 없을 것이고, 그러므로 사람들이 물론 이 매듭을 그렇게 되도록 의욕했던 최고 지혜를 내세워 잘라버릴 수는 있을 것이나, 풀 수는 없다. 그

---

11) Pietro Verri(1728~1797). 밀라노 귀족으로 경세가이자 문예인으로 밀라노의 대표적 계몽주의자. 여기서 칸트가 말하는 그의 저술 *Meditazione sulla felicità*(Milano 1763)는 일찍이 독일어 번역본: Christoph Meiners, *Gedanken über die Natur des Vergnügens* (Leipzig 1777)도 나왔다. 이에 관한 언급은 『실용적 관점에서의 인간학』에서도 볼 수 있다.(*Anth*, BA171=VII232 참조)

런데도 이것이야말로 변신론이 이룩할 수 있다고 자처하는 것이다.

Ⅲ. 마지막 고소, 곧 세계 심판자의 정의※에 대한 항의에 대해서는 다음과 같이 답변된다:

a) 이 세상에서 패악인들이 벌받지 않는다는 〔거짓〕 주장은 근거가 없다. 왜냐하면, 양심의 내부 비난은 패악인들을 복수의 여신보다도 더 가혹하게 괴롭히므로, 모든 범죄는 그 본성상 이미 이 세상에서 그에 알맞은 벌을 수반하기 때문이다. ─ 그러나 이러한 판단에는 명백히 한 가지 오해가 있다. 무릇 이런 경우 유덕한 이는 패악인에게 자신의 마음의 성격을, 곧 인간이 유덕하면 할수록 그이 안의 윤리 법칙이 못마땅해 하는 아주 사소한 경솔함에도 그만큼 더 강하게 처벌하는, 완전히 엄격한 양심성을 빌려주고 있으니 말이다. 그러나 이러한 성정과 그와 함께하는 양심성이 아예 없는 경우에는, 저지른 범행에 대해 괴롭히는 자 또한 없다. 그리고 패악인은 그의 악행들에 대한 외부의 징벌에서 빠져나올 수만 있다면, 자기 자신을 꾸짖으며 내적으로 괴로워하는 진실한 사람들의 고지식함을 비웃는다. 그러나 그가 간혹 작은 비난들을 하더라도, 그는 그것을 전혀 양심에 의해 하지 않는 것이거나, 또 거기에 약간의 양심이 담겨 있더라도, 그런 비난들은 그가 유일하게 취미를 가진 것인 감각적 쾌락을 통해 충분히 만회되고 보상받는다. ─ ─ 상정컨대, 저 고소는 더 나아가

b) 다음처럼 반박되어야 할 것이다. 즉, 이 세상에서 죄와 벌 사이의 정의에 맞는 비례 관계는 절대로 없고, 사람들이 종종 이 세상의 행정〔行程〕에

VIII261

BM206

※ 세계 사건들의 행정〔行程〕을 그 창시자의 신성〔神性〕과 합일시키는 모든 난점 중에서도 거기에 **정의**가 결여된 것처럼 보이는 것만큼 마음을 격하게 압박하는 것이 없다는 점은 유의할 만하다. (거의 일어나지 않은 일이지만) 만약, 부정의한, 특히 폭력을 휘두르는 악한이 벌을 받지 않고서는 이 세상에서 도망치지 못하는 일이 실제로 일어난다면, 하늘과 마치 화해한 듯한, 평소에 당파성 없는 관객이 환호할 것이다. 자연의 어떤 합목적성도 그를 그것에 대한 경탄으로 그만큼 격정에 빠지게 하지는 못할 것이고, 거기에서 이를테면 신의 손길을 감지하게 하지는 못할 것이다.

BM207 서 참담한 불의로 살아왔으면서도 종신토록 행복한 한 일생을 불만스럽게 바라볼 수밖에 없음을 부인할 수는 없지만, 이런 것은 자연 안에서 일어나는 일로, 의도적으로 조성된 것은 아니고, 그러니까 도덕적 부조화는 아니다. 왜냐하면, 역경과 싸우는 일 — 이에는 유덕한 이가 자신의 불행을 패악인의 행복과 비교함으로써 입지 않을 수 없는 고통도 포함된다 — 은 덕의 한 속성이며, 고난은 단지 덕의 가치를 제고하는 데 기여할 것이고, 그러니까 이성 앞에서는 이러한 생에서 벌받을 까닭이 없는 재난의 불협화음이 가장 장려한 윤리적 화음으로 승화될 것이기 때문이다. — 그러나 그렇다면 이런 해결책은 다음과 같은 반박과 맞닥뜨릴 것이다: 만약에 적어도 인생의 마지막이 덕을 포상하고 패악을 징벌한다면, 저러한 재해가 덕의 연마석으로 덕에 **앞장서**거나 덕에 수반할 때, 덕과의 도덕적 일치 속에 있는 것으로 그려질 수는 있겠지만, 이미 경험이 그에 대한 많은 사례를 보여주듯이, 인생의 마지막조차도 부조리하게 결말 지어진다면, 유덕자에게 그 고

VIII262 난은 그의 덕을 순수하게 하기 **위해서**가 아니라, 덕이 순수했기(그리고 반면에 영리한 자기사랑의 규칙에 반했기) **때문에** 닥친 것으로 보일 것이다. 이것은 인간이 이해할 수 있는 정의와는 정반대이다. 무릇 이 지상에서의 생의 끝이 모든 생의 끝일 수도 있다는 가능성에 관해 말하자면, 이 가능성이 섭리

BM208 의 **변호**로 유효할 수는 없고, 오히려 그것은 의심하는 자에게 인내하라는 지침은 내리지만 만족시키지는 못하는, 도덕-신앙적인 이성의 대명〔大命〕일 따름이니 말이다.

c) 마지막으로, 인간들의 도덕적 가치와 그들에게 주어진 운명 사이의 이러한 부조화적인 비례관계에 대한 세 번째 풀이를 사람들은 다음과 같이 말하면서 시도할 것이다. 즉 이 세상에서 모든 화복은 필시, 초감성적인 목적들과의 합치에 따라서가 아니라, 응용하는 숙련성과 영리함, 그리고 동시에 인간들이 우연히 처하게 되는 환경에 비례하는 자연의 법칙들에 따라서 인간들의 능력을 사용한 결과로 평가되며, 그 반면에 내세에서는 사물들의 또 다른 질서가 두각을 나타내고, 각자는 현생에서의 자신의 행실들

의 도덕적 평가에 따라 할당을 받을 것이라면서 말이다. — 그렇게 말한다면, 이러한 상정 또한 자의적이다. 오히려 이성은, 만약 도덕적 법칙수립 능력으로서 이러한 그것의 관심에 따라 대명(大命)을 내리지 않는다면, 순전히 이론적 인식의 규칙들에 따라서 아마도, 현세와 같이 내세에서도 세계의 행정(行程)은 자연의 질서에 따라 우리의 운명을 결정할 것임을 발견할 수밖에 없을 것이다. 대체 이성이 이론적 추측을 위한 실마리로 자연법칙 외에 다른 무엇을 가지고 있단 말인가? 그리고 설령 이성이, 앞서(b에서) 요구받은 바대로, 인내와 장래의 개선에 대한 희망으로 이끌어진다 해도, 이성이 어떻게, 현세의 사물들의 행정이 자연의 질서에 따라 그 자체로 지혜로우니, 그것이 똑같은 법칙에 따라 내세에서는 지혜롭지 않게 될 것이라 기대할 수 있겠는가? 그러므로 동일한 이성에 따라서, 자유의 법칙들에 따르는 의지의(곧 도덕적 성정의) 내적 규정 근거들 사이에, 그리고 자연법칙들에 따르는 (대부분이 외적인) 우리 의지에 독립적인, 우리 평안의 원인들 사이에 이해할 만한 어떤 비례관계도 없으므로, 인간의 운명과 신적 정의의 합치는, 우리가 이해하는 이들 개념에 따르면, 현세에서처럼 내세에서도 거의 기대할 수 없다는 추정이 그대로 남는다.

BM209

*   *   *

이제 철학의 법정에서의 이 소송 사건의 결말은 다음과 같다. 즉, 종래의 모든 변신론은 그것이 약속하는바, 곧 이 세계에 대한 경험이 알려준 것에서 생겨난 의심을 반박하면서 〔신의〕 도덕적 지혜를 변호하는 일을 해내지 못했다. 물론 반론으로서의 이 의심들도, 이것들에 관한 우리 이성의 성질에 대한 우리의 통찰의 범위 내에서는, 그 반대를 증명할 수 없기는 하지만 말이다. 그러나 과연 고발당한 지혜를 (종전처럼) 한낱 事例를 根據로[12] 면죄

VIII263

BM210

---

12) 원어: ab instania. 베이컨(Francis Bacon, 1561~1626)은 그의 *Novum Organum Scien-*

하지 않을, 더 강력한 정당화(변호)의 근거들이 언젠가 발견될 수 있을지는 여전히 언제나 미결정으로 남는다. 그래서 만약 우리가, 우리 이성이, **우리가 경험을 통해 언제나 알 수 있는 바와 같은, 하나의 세계와 최고 지혜의 관계**를 통찰하는 데에 전적으로 무능함을 확실하게 밝혀내는 데까지 이르지 못한다면, 무릇 그때는 신적 지혜의 길들을 통찰한다고 자칭하는 인간적 지혜의 앞으로의 모든 시도는 완전히 일축된다. 그러므로 이 소송을 **영구히** 종식하기 위해서는, 적어도 하나의 소극적인 지혜에, 곧 우리에게 너무 높은(고차적인) 것에 관한 우리의 주제넘은 짓을 반드시 제한해야 한다는 통찰에 우리가 이를 수 있음이 아직 증명되어야 하고, 이런 일은 충분히 할 수 있다.

곧 우리는 이 세계의 설비 중에 **기예적 지혜**라는 개념을 가지고 있고, 이 개념은 우리의 사변적 이성 능력이 하나의 물리신학에 이르기 위한 객관적 실재성을 결여하고 있지 않다. 마찬가지로 우리는 또한, 하나의 완전한 창시자에 의해 하나의 세계에 일반적으로 부여될 수 있는 **도덕적 지혜**라는 개념을 우리 자신의 실천 이성의 윤리적 이념에 가지고 있다. — 그러나 우리는 감성세계에서 저 기예적 지혜가 도덕적 지혜와 **합치 통일함**에 아무런 개념도 없으며, 또 그런 개념에 이르리라고 결코 기대할 수 없다. 무릇, 하나의 피조물임, 그리고 자연존재자로서, 순전히 그 창시자의 의지를 좇음, 그럼에도 불구하고 (외적 영향에 독립적인 자기의 의지를 가지고서, 저런 영향에 여러 면에서 맞설 수 있는) 자유롭게 행위하는 존재자로서, 책임질 능력이 있음, 그러면서도 자기의 행실을 동시에 어떤 더 높은 존재자의 작용결과로 여김, 이것이 우리가 최고선의 세계라는 이념에서 함께 묶어 생각하지 않을 수 없

BM211

---

tiarum(1620)에서 진정한 학문의 방법으로 귀납법을 주창하는 한편, 어떤 참지식도 결코 특수 사례에 의거해 정당화해서는 안 된다는 점을 강조했다. 그런 베이컨의 정신은 "지금까지 사용되어 온 그 지혜를 단지 사례에 의거해서 면죄(정당화)해서는 안 된다(Neque tamen sapientia illa, quae hactenus in usu fuit, ab instantia tantum absolvenda est)"라는 문구로 요약되고는 했는데, 칸트가 이 대목에서 이 문구를 거의 그대로 사용하고 있다.

는 개념들의 합의이지만, 이런 합의를 통찰할 수 있는 이는, 초감성적(예지 VIII264
적) 세계를 아는 데까지 이르러, 그것이 어떻게 감성세계의 기초에 놓여 있는
지, 그 방식을 통찰하는 이뿐이다. 그리고 오로지 이러한 통찰만이 감성세계
에서 세계 창시자의 도덕적 지혜를 증명하는 기초가 될 수 있다. 이 감성세계
는 저 초감성적(예지적) 세계의 현상만을 내보이니 말이다. ― 〔그러나 그것
은〕 죽을 수밖에 없는 자로서는 그 누구도 이를 수 없는 하나의 통찰이다.

* * *

모든 변신론은 응당, 신이 자연을 통해 자기 의지의 의도를 공지하는 한
에서, 본래 자연의 **해석**(주해)이다. 그런데 법칙수립자(입법자)가 선언한 의
지의 해석은 각기 **교설적**이거나 **정격적**(정통적/인증적)[13]이다.[14] 전자는 법칙 BM212
수립자가 이용했던 표현들을 바탕으로 통상 알려진 법칙수립자의 의도들
과 연결해서 저 의지를 추론하는 해석이고, 후자는 법칙수립자 자신이 하
는 해석(주해)이다. 신의 한 작품인 세계를 우리는 신이 자기 의지의 **의도들**
을 고지한 것으로 볼 수 있다. 그러나 이 점에서 세계는 우리에게 **종종** 하
나의 닫혀 있는 책이다. 그러나 세계는, 경험의 한 대상임에도 불구하고,
그로부터 신의 (항상 도덕적인) **궁극의도**까지도 추출하는 것이 목표가 될 때
는, **항상** 닫혀 있는 책이다. 이런 방식의 해석의 철학적 시도들은 교설적인
것으로, 이것들이 본래의 변신론을 이룬다. 그래서 사람들은 이런 변신론
을 교설적 변신론이라고 부를 수 있다. ― 그렇지만 신적 지혜에 대한 모든
이의 제기의 순전한 처리에 대해서도, 만약 그것이 **신의 대명**(大命)이라면,
또는 (이 경우에도 귀착점은 똑같지만) 하나의 도덕적이고 지혜로운 존재자라

---

13) 원어: authentisch.
14) 성경의 교설적(doktrinal) 해석과 정격적(authentisch) 해석 방식에 관해서는 『학부들의
다툼』(SF, A108이하=VII66이하) 참조: "교설적 해석만이 참된 내적이고 보편적인 종교
안에서 국민을 가르치는 유일한 복음적-성경적 방법이다."(SF, A110=VII67)

는 신 개념을 필연적으로 그리고 모든 경험에 앞서 갖게 되는, 동일한 이성의 발언이라면, 하나의 변신론이라는 명칭을 거절할 수 없다. 무릇 그때 신은 우리 이성에 의해 자신이 창조를 통해 알려준 그의 의지의 해석자(주해자)가 되니 말이다. 그리고 우리는 이런 해석을 **정격적**(정통적/인증적) 변신론이라고 부를 수 있다. 그러나 이 경우 그것은 **논리적으로 따지는**[15](사변) 이성의 해석이 아니라, **힘을 가진**[16] 실천 이성의 해석이다. 이 실천 이성은, 법칙수립(입법)에서 더 이상의 근거 없이 단적으로 지시명령하는 바와 같이, 이를 통해 신이 자기의 창조의 철자에 의미를 부여하는, 신의 직접적인 설명이자 음성으로 간주될 수 있다. 그런데 나는 그러한 하나의 정격적(정통적/인증적) 해석이 구약성서에서 우화적으로 표현되어 있음을 본다.

욥은 생을 완전하게 하기 위해 사람들이 고안해 낼 수 있는 모든 것을 자기 삶의 즐거움을 위해 통합했던 인물로 소개된다. 그는 건강하고, 부유하고, 자유롭고, 그가 행복하게 만들 수 있는 타인들 위에 있는 지시명령자이고, 행복한 가족의 품속에 있고, 사랑하는 친구들 가운데 있으며, 이 모든 것에 더해 (가장 중요한 것인바) 선한 양심을 가지고서 자족(自足)한다. 그런데 돌연히 그를 시험하기 위한 가혹한 운명이 이 모든 좋은 것을 마지막 것을 제외하고는 그에게서 박탈했다. 이 예상하지 못한 전복에 망연자실하다 서서히 정신을 찾은 욥은 이제 자신의 불운에 대해 탄식을 쏟아낸다. 그리고 이내 이에 관해 욥과 그를 위로한다고 생각하는 그의 친구들 사이에서 담론이 전개된다. 그 담론에서 쌍방은 각자 자기의 성정(특히 각자의 처지)에 따라, 저 고약한 운명을 도덕적으로 설명하기 위해, 자기의 특수한 변신론을 펼친다. 욥의 친구들은 세상의 모든 해악들을 행한 범죄에 맞는 만큼의 징벌이 따르는, 신의 **정의**로써 설명하는 체계를 피력한다. 그리고 그들은 이 불행한 남자에게 죄책이 있을 만한 무엇도 댈 줄을 몰랐음에도 불

---

15) 원어: vernünfteInd.
16) 원어: machthabend.

구하고, 그렇지 않으면 신의 정의에 따라 그가 불행한 것이 가능할 수가 없기 때문에, 그들은 욥 자신이 죄책을 지고 있었음이 틀림없다고 선험적으로 판단할 수 있다고 믿었다. 그에 반해 욥은 — 격분하여, 자신의 전 생애에 걸쳐 양심이 힐난할 어떤 일도 하지 않았고, 그러나 인간이 피할 수 없는 허물에 관해서는, 신 자신이 그가 욥을 하나의 허약한 피조물로 만들었다는 것을 알 것이라고 단언하면서 — **무조건적인 신의 결단**의 체계를 지지한다고 성명한다. 그는 말한다: "그분은 유일하신 분. 〔…〕 그분은 하고자 하시는 바대로 해내고야 마시거늘."※

쌍방이 논리적으로 따져보고 또 맞춰보고 한 것 가운데서 주목할 만한 것은 거의 없다. 그러나 쌍방이 그렇게 하는 방식(성격)은 더 많이 주의할 가치가 있다. 욥은 자신이 생각하는 바대로, 누구라도 그의 처지가 되면 들게 될 수도 있는, 그런 자기의 심정으로 말한다. 그 반면에 그의 친구들은, 마치 강력한 자가 몰래 자신의 일에 대해 말하는 그들을 엿듣고 있는 것처럼 말하고, 진실보다는 그에게 호감을 사는 것이 더 중요하다는 듯이 판단을 내린다. 실제로는 이해하지 못한다는 것을 인정해야 했던 일들을 겉으로 주장하고, 사실은 전혀 확신이 없지만 확신하는 척하는 이러한 위선 간계는 욥의 솔직함과 뚜렷한 대조를 이룬다. 욥의 솔직함은 불손함과 거의 경계를 이루는 거짓 아첨과는 거리가 아주 멀고, 그런 만큼 자못 그의 장점이다. 욥은 말한다※※: "자네들이 부당함으로 하느님을 변호하려 하는가? 자네들이 그의 위격을 거짓으로 높이려 하는가? 자네들이 하느님을 대신하려 하는가? 만약 자네들이 은밀히 그의 위격을 거짓으로 높이려 한다면, 그가 자네들을 벌하실 것이네. — 그 앞에서는 위선자가 통하지 않으니."

이야기의 결말은 실제로 나중 것을 확증한다. 무릇 신은 욥이 그의 창조의 지혜를, 특히 그 불가해한 면을 명확하게 보여준 점을 높이 평가하고 있

※ 『구약성서』「욥기」 23, 13.
※※ 『구약성서』「욥기」 13, 7~11·16.

으니 말이다. 신은 욥이, 인간이 이해할 수 있는 목적들을 통해, 세계 창조자의 지혜와 자비로운 섭리를 명확하게 보여주는 장(場)인 창조의 아름다운 면을 얼핏 볼 수 있도록 한다. 그러나 또한, 신은 욥에게 자기 권세의 산물들을, 그리고 그 가운데서도 유해하고 공포스러운 것들을 열거함으로써, 겁나는 면도 보게 한다. 그런 것들 각각은 그 자체로서는 그리고 그 종(種)으로서는 합목적적으로 안배되어 있을지라도, 다른 것들과의, 심지어 인간과의 관계에서는 파괴적이고 반목적적이며, 자비와 지혜로 질서 지어진 보편적 계획과는 합치하지 않는 것으로 보인다. 그럼에도 신은 여기에서 지혜로운 세계 창시자임을 고지하는, 전체의 질서와 유지를 증명한다. 비록 우리에게는 불가해한 그의 길들이 필시, 이미 사물들의 물리적 질서 안에 마저, 아니 오히려 실로 (우리 이성으로는 도저히 더 꿰뚫어 볼 수 없는) 도덕적 질서와 물리적 질서의 결합 속에 은폐되어 있지만 말이다. — 귀결인즉, 욥이 자기에게 너무 높이 있고, 자신이 이해하지 못하는 것들에 관해, 자신의 진정성을 의식하고 있으므로 **불경스럽게**는 아니지만, 단지 지혜롭지 못하게 부정적으로 말했음을 고백하는 사이에, 신은 그의 친구들에게 유죄 선고를 내린다. 왜냐하면 그들은 신에 대해 신의 종인 욥만큼 (양심적으로) 그렇게 훌륭하게 말하지 않았기 때문일 것이다. 이제 쌍방 각각이 주장한 이론을 고찰한다면, 그의 친구들의 이론이 더 사변적인 이성과 더 경건한 겸손의 모습을 갖는다 할 것이다. 그리고 욥은 아마도 우리 시대의 여느 교의신학자들의 심리(審理)에서나, 여느 교회 총회, 종교심문, 영예로운 장로감독회,[17] (단 하나를 제외한[18]) 여느 고등종무국 앞에서나 고약한 운명을 경험했을 것이다. 그러므로 오직 심정의 정직성이, 통찰의 우월함이 아니라, 자기

---

17) 원어: Classis. 「계몽이란 무엇인가」, WA BM488=VIII38 참조.
18) 아마도 베를린 고등종무국(Berliner Oberkonsistorim)을 지칭하는 듯. 베를린 고등종무국은 Friedrich Wilhelm II(재위: 1786~1797) 치하, 뵐너(J. Chr. v. Woellner)의 검열 체제 시기(1788~1797)에도 당국에 맞서 계몽주의적 노선을 유지하였다. 칸트와 이 검열 체제 사이의 긴장 관계에 대한 칸트의 소회는 『학부들의 다툼』, 머리말(AV~AXXVI =VII5~VII11) 참조.

의 의심을 숨김없이 고백하는 진정성이, 그리고 사람들이 느끼지 못하는, 특히 신 앞에서 — 그 앞에서 이런 간계는 두말할 것도 없이 얼토당토않지만 — 느끼지 못하는 확신을 그런 체하는 것을 혐오함이, 이러한 속성들이, 욥의 인격에서, 진실한 인물이 종교적 아첨꾼보다 우월함을 신의 판결로 결정하게 했던 바로 그것이다.

그러나 자기의 의심을 그렇게나 기이하게 해결함으로써, 곧 순전히 자신의 무지를 확인함으로써 생긴 신앙은, 가장 심한 의심을 하는 중에도 "죽을 때까지 나는 나의 신심에서 벗어나지 않겠네 등등"(XXVII장, 5, 6절[19])이라고 말할 수 있었던 한 인물의 영혼에만 깃들 수 있었다. 무릇 이러한 마음씨로 그는, 그가 자기의 도덕성을 신앙 위에 세우지 않고, 오히려 신앙을 도덕성에 세웠다는 것을 증명했으니 말이다. 이런 경우 이 신앙은 제아무리 미약하다고 할지라도 유일하게 순정하고 진정한 신앙이다. 다시 말해 은혜 간구의 종교가 아니라 선한 품행의 종교를 기초하는 그런 종류의 신앙이다.

맺음말

여기서 알게 된 바처럼, 변신론은 학문의 유익을 위한 과제보다는 신앙의 문제와 관련이 있다. 정격적(정통적/인증적) 변신론에서 우리가 안 것은, 그러한 사안들에서 논리적으로 따지는 일은 우리 이성의 무능력을 인지함에서의 정직성과, 아무리 경건한 의도를 가지고 이루어진다고 하더라도, 자기의 생각을 언표하는 데서 왜곡하지 않는 진정성만큼 그렇게 중요하지 않다는 사실이다. — 이것이 내용 풍부한 한 소재에 관한, 곧 인간 자연본성의 주요 결함인 허위와 불순성에 맞서는, 신앙의 문제에서 주요 요구사항인 정직성에 관한 다음의 짧은 고찰로 이끈다.

어떤 사람이 자기 자신에게 또는 타인에게 말하는 바가 **진리**라고 항상

---

19) 곧, 『구약성서』 「욥기」 27, 5~6.

주장할 수는 없다. (무릇 그가 착오할 수 있으니 말이다.) 그러나 그는, 그의 고백이나 자백이 **진실**하다는 것은 항상 주장할 수 있고 주장할 수 있어야 한다. 무릇 그것을 그는 직접적으로 의식하고 있으니 말이다. 곧 그는 전자의 경우에 (지성에 의한) 논리적 판단에서 자기의 언표와 객관을 비교하지만, 후자의 경우에는, 자기의 견해를 고백하는 것이므로, (양심 앞에서) 자기 언표를 주관과 비교한다. 만약 그가, 후자(주관)를 의식하지 못한 채, 전자(객관)에 관해 고백한다면, 그는 거짓말하는 것이다. 왜냐하면 그는 그가 의식하고 있는 것과는 다른 무엇인가를 내세우고 있기 때문이다. — 인간의 심정에 그러한 불순성이 있다는 인지는 새로운 것이 아니다. (무릇 욥도 이미 한 바 있으니 말이다.) 그러나 사람들은 이러한 인지에 대한 주목이 윤리 교사 및 종교 교사에게는 새로운 것이라고 거의 믿는 것 같다. 무릇 사람들은, 저 교사들이, 인간이 의무에 맞게 행위**하고자 할** 때조차도, 인간의 마음씨를 정화하는 일이 수반하는 어려움에도 불구하고, 저 인지를 충분히 이용하는 것을 거의 보지 못하니 말이다. — 사람들은 이 진실성을 **형식적 양심성**이라고 부를 수 있다. **질료적(실질적)** 양심성은 옳지 않을 위험으로 인해 어떤 것도 감히 하지 않는 신중성에 존립한다. 이에 반해 저 형식적 양심성은 이 신중성을 주어진 경우에 적용했다는 의식에 존립한다. — 도덕주의자들은 착오하는 양심에 대해 논한다. 그러나 착오하는 양심이란 무물〔無物〕[20]이다. 만약에 그러한 것이 있다면, 사람들은 올바로 행위했다는 것을 결코 확신할 수가 없을 터이다. 왜냐하면 최종심의 판사조차도 여전히 착오를 할 수 있기 때문이다. 나는 **내가 옳다고 믿는 판단에서도** 착오할 수 있기는 하다. 무릇 판단을 위해서는 지성이 필요하거니와, 지성만이 (참이든 거짓이든) 객관적으로 판단한다. 그러나 과연 내가 옳다고 실제로 믿는지 (또는 한낱 그런 체하는지) 어떤지 하는 의식에서는 나는 절대로 착오할 수가 없다. 왜냐하면 이러한 판단 내지 더욱이나 이러한 명제는 한낱, 내가 대상

---

20) 원어: Unding. 도대체 아무것도 아닌 것.

을 그렇게 판단한다는 것을 말하는 것이기 때문이다.

이러한 신앙을 (또는 무신앙을) 의식하게 되고, 사람들이 의식하지 못하는 어떠한 견해도 참칭하지 않는 세심함에 바로 형식적 양심성이 존립하며, 이 양심성이 진실성의 기초이다. 그러므로 그 자신에게 (그리고, 종교 고백에서는 한가지 것이지만, 신 앞에서), 과연 그가 실제로 이러한 견해를 또는 그 견해의 그러한 정도를 의식하는지 어떤지, 어쩌면 단 한 번도 자기 안으로 눈길을 주지 않은 채, "**나는 믿는다**"라고 말하는 자[※]는 (마음을 알아보는 자 앞

※ 외적 언표에서 진실성의 협박 수단, 즉 **선서**(精神的 拷問[21])는 인간의 법정에서 허용될 뿐만 아니라, 불가결한 것으로 여겨진다. 그것의 순전한 이념 자체로 이미 최고의 존경을 받아야 할 공적 정의의 전당에서조차, 인간이 진리에 대해 거의 존경하지 않는다는 슬픈 증좌인저! 그러나 인간은 자신들의 내적 고백에서조차, 자신들이 적어도 내세우는 그런 종류로, 또는 그런 정도의 확신이 없지만 확신이 있는 척한다. 그리고 이러한 불성실은 (점차 진짜 설득으로 이어지기 때문에) 또한 외적인 유해한 결과를 초래하므로, 진실성의 협박 수단인 선서(그러나 물론 단지 하나의 내적 선서, 다시 말해 과연 그 견해가 내적 **선서**인 고백의 심문이라는 시험을 견뎌내는가 하는 시도)는 그 역시, 대담하며, 끝내는 외적으로 폭력적일 수도 있는 주장들의 오만함을, 완전히 막지는 못하더라도 적어도 경계심을 갖게 하는 데에 아주 잘 이용될 수 있다. ― 인간의 법정은 서약자에게 그가 하겠다고(공약한) 한 것, 즉 **만약** 장래의 세계 심판자(그러니까 신과 내세)가 **있다면**, 서약자는 그에게 자기의 외적 고백이 진리임을 책임지고자 한다는 것 외에는 아무것도 요구하지 않는다. 그런데 인간의 법정은 그에게 **그러한 세계 심판자가 있다**는 것을 고백하도록 요구할 필요가 없다. 왜냐하면, 만약 최초의 확언이 거짓말을 막지 못한다면, 둘째의 거짓 고백 역시 마찬가지로 거의 불안을 일으키지 않을 터이기 때문이다. 그러므로 사람들은 이 내적 선서 고발에 대해 다음과 같이 자문할 것이다: 너는 너에게 소중하고 신성한 모든 것에서, 네가 그 중요한 신조, 또는 그렇게 여겨지는(생각하는) 다른 신조의 진리성을 보증하는 일을 능히 감당할 수 있겠는가? 이러한 과도한 요구 앞에서 양심은, 사람들이 확실하게 주장할 수 있는 것 이상을 내세우도록 방치될 위험으로 인해 소스라치게 놀라게 된다. 여기서 그렇게 여김(그러한 생각)[22]은 하나의 대상과 관련되거니와, 앎(이론적 통찰)의 길에서는 그

---

21) 원어: tortura spitualis.
22) 원어: Dafürhalten.

BM221
VIII269
에서) 한낱 가장 이치에 맞지 않은 **거짓말을 하는** 것뿐만이 아니라, 가장 불경스러운 거짓말을 하는 것이다. 왜냐하면 이러한 거짓말은 모든 유덕한 지향의 기초인 정직성을 무너뜨리기 때문이다. 이내 그러한 맹목적이고 외적인 **고백들** — 이런 고백들은 아주 쉽게 꼭 마찬가지로 거짓된 내적 고백들과 합일되거니와 — 이, **이익을 얻을 수단**[23)]을 제공하면, 점차 공동체의

BM222
사고방식에조차 모종의 허위를 어떻게 유입시키는지가 쉽게 간취될 수 있다. — 그러나 그 사고방식의 공적인 정화가 아마도 먼 미래로, 어쩌면 사상의 자유의 보호 아래에서 보편적인 교육 및 교수의 원리로 될 때까지 미뤄지는 사이에, 여기서 인간의 자연본성에 깊이 뿌리 박혀 있는 것으로 보이는, 저 악습에 대한 고찰에 몇 줄을 할애해도 좋을 것 같다.

정직하고, 일체의 허위와 고의적인 위장과는 거리가 먼 한 성품의 묘사에는 감동적이고 영혼을 승화시키는 무엇인가가 있다. 그럼에도 사고방식

VIII270
〔성정〕의 솔직성, 담백함과 올곧음은 (특히 사람들이 그 성정에서 진솔성을 포기한다면), 사람들이 훌륭한 성품으로 언제나 요구하는 최소한의 것이고, 그

BM223
래서 우리가 그러한 대상에게 바치는 경탄이 대체 무엇에 근거하는지를 알 수 없으므로, 정직성이야말로 인간의 자연본성에서 가장 멀리 있는 속성임이 틀림없다 하겠다. 슬픈 이야기다! 나머지 모든 속성들은, 그것들이 원칙

BM222
대상에 전혀 이를 수 없으나, 그러한 하나의 대상을 상정하는 것만이 최고의 실천이성의 원리들과 이론적 자연 인식의 원리들의 연관성을 하나의 체계 안에서 가능하게 (그리고 그러므로 이성이 자신과 합치하게) 하기 때문에, 이러한 하나의 대상의 상정은 무엇보다도 추천할 만하고, 그러면서도 언제나 자유이다. — 그러나 만약 그 원천이 역사적인 신앙고백들이 타인들에게 아예 지시규정으로 부과된다면, 그것들은 더욱더 진실성의 이런 내화시험〔耐火試驗〕/혹독한 시련을 겪게 되지 않을 수 없다. 왜냐하면 이 경우, 불순성과 위장된 확신이 다수에게 퍼져나가고, 그것의 죄책은 타인들의 양심을 이를테면 보증하는 — 무릇 인간들은 그들의 양심에서 기꺼이 수동적이다 — 자에게 부담이 되기 때문이다.

---

23) 원어: Erwerbmittel.

에 의거하는 한에서, 바로 저 속성을 통해서만 내적인 참된 가치를 가질 수 있으니 말이다. (누구도 악하기를 원하지 않지만, 사뭇 모든 인간이 악하다고 믿는 경향이 있는) 명상적 인간혐오자는, 그가 인간을 **증오할 만한** 것으로 보아야 할지, **경멸할 만한** 것으로 보아야 할지를 묻고만 있을 수 있다. 그 때문에 그가 인간을 전자로 만날 특질이 있다고 판단할 수 있는 속성들은 인간을 고의로 해치는 그런 속성들이다. 그러나 인간에게 차라리 후자로 평가를 내리게 하는 것으로 보이는 속성들은, 설령 누구도 해치지 않는다고 해도, **그 자체로 악한** 성벽(性癖) 외의 다른 것일 수가 없을 것이다. 즉 어떠한 의도를 위해서도 수단으로 사용되어서는 안 되는 것, 그러므로 객관적으로 무엇을 위해서도 선하지 않은 것에 대한 성벽 말이다. 전자의 악은 다름 아닌 **적의**(敵意)(좀 더 부드럽게 말하자면, 무애(無愛))일 것이다. 후자의 악은 다름 아닌 **기망**(欺罔)[24](아무런 의도 없이도 해치는 허위)이다. **전자**의 경향성은 그 사용이 어떤 다른 관계에서는 허용될 수도 있고 선할 수도 있는 하나의 의도이다. 예컨대 개선 불가한 평화 파괴자에 대한 적의 같은 것 말이다. 그러나 **후자**의 성벽은, 그 의도가 어떤 것이든지 간에, 그 자체로 악하고 비난받아 마땅한 것이기 때문에, 무엇을 위해서도 선하지 않은 어떤 수단(거짓말)을 사용하는 성벽이다. 전자와 같은 인간의 성질이 **악의**이고, 이것에는 어떤 외적 관계에서 선한 목적들을 위한 유능함이 결합될 수 있고, 악의는 모든 의도에서 비난받을 것은 아닌, 오직 수단들에서 죄를 범하는 것이다. 후자와 같은 악은 **비열함**이고, 이것으로 인해 인간은 모든 성품을 박탈당한다. ― 나는 이 자리에서는 주로, 인간이 자기 자신의 양심 앞에서 하는 내적 진술에서조차 왜곡할 수 있는, 깊이 은폐된 불순성에 집중해 있다. 오히려 외적인 기만의 경향성에는 놀랄 것이 없다. 도대체가 이런 것은 필시, 누구나 자기가 거래할 때 사용하는 화폐가 가짜라는 것을 알지만, 그것이 언제나 유통되면서 잘 유지될 수 있는 것과 같은 것이겠다.

---

24) 원어: Lügenhaftigkeit.

드뤽[25] 씨의 『산악 및 지구와 인간의 역사에 관한 편지』에서 나는 부분적으로는 인간학적인 그의 여행의 다음과 같은 결론을 읽었다는 기억이 있다. 인간애가 넘치는 저자는 우리 인류가 근원적으로 선량하다는 전제에서 출발해서, 도시적 풍요가 심성을 타락시키는 그런 영향을 미칠 수 없는 곳, 즉 **스위스**에서 **하르츠**[26]에 이르는 산맥 지역에서 자신의 전제를 확증하는 근거를 찾았다. 비이기적으로 도움을 주려는 경향성에 대한 그의 믿음이 스위스 지역에서의 한 경험으로 인해 다소 흔들리게 된 후에도, 그는 종국에 다음과 같은 결론을 내놓는다: **인간은 호의를 가진다는 점에서 충분히 선하다.** (이는 놀랄 일이 아니다! 무릇 호의는 신이 그 창시자인, 내면에 뿌리박힌 경향성에 의거해 있으니 말이다.) **만약 교묘한 속임수에 대한 고약한 성벽만 인간과 동거하지 않았더라면!** (이 또한 놀랄 것이 없다. 무릇 이를 억제하는 일은 인간 자신이 자기 안에서 교양해야만 하는 성품에 의거하니 말이다.) — 이것은 누구나, 산지를 여행하지 않고서도, 자기의 동료시민들 가운데서, 더욱 가까이는 그 자신의 가슴속에서도, 발견할 수 있을 터인 하나의 탐구 결론이다.

쾨니히스베르크   임마누엘 칸트

---

25) Jean-André de Luc(1727~1817). 스위스 출신의 지질학자, 광물학자로 독일과 영국에서 활동했으며, 1798년에는 Götingen 대학의 철학 및 지질학의 명예교수로 임명되기도 했다. 그는 여기서 칸트가 언급하고 있는 *Lettres physiques et morales sur les montagnes, et sur l'histoire de la terre et de l'homme*(6 vols. La Haye 1778~1780) 등 다수의 책을 썼다. 칸트는 『유작』에서 드뤽의 우주 표상을 여러 차례 언급했다.(OP XXI70·85·95·197·299 참조)

26) Harz. 독일 중부 중앙산맥이 위치한 지방.

만물의 종말
〔모든 것들의 끝〕

die Reinigkeit des Herzens ankomme. — Daß vor dem einzigen wahren Gott die Tugend allein gilt, und nicht die Feyer der Neumonde und Sabbathe, nicht Räucherwerk, nicht Blut der Farren, Lämmer und Böcke, nicht vieles Beten, Ausbreiten der Hände, Besuchen der Vorhöfe des Tempels, sagt ein großer Prophet in einer sehr feurigen und erhabenen Anrede an Volk und Fürsten. S. Jes. I, 10—17.

Ramler.

2.
Das Ende aller Dinge.

Es ist ein, vornehmlich in der frommen Sprache, üblicher Ausdruck, einen sterbenden Menschen sprechen zu lassen: er gehe aus der Zeit in die Ewigkeit.

Dieser Ausdruck würde in der That nichts sagen, wenn hier unter der Ewigkeit eine ins Unendliche fortgehende Zeit verstanden werden sollte; denn da käme ja der Mensch nie aus der Zeit heraus, sondern ginge nur immer aus einer in die andre fort. Also muß damit ein Ende aller Zeit, bei ununterbrochener Fortdauer des Menschen, diese Dauer aber (sein Dasein als Größe betrachtet) doch auch als eine mit der Zeit ganz unvergleichbare Größe (duratio Noumenon) gemeint

---

번역 대본

Das Ende aller Dinge,

1) in: *Berlinische Monatsschrift*(BM), hrsg. von Biester, Bd. XXIII, Stk. 6, Berlin 1794, S. 495~522.

2) in: Wilhelm Weischedel(Hs.), *Immanuel Kant, Werke in sechs Bänden*, Darmstadt 1954, Bd. VI, S. 173~190.

3) in: Königlich Preußische Akademie der Wissenschaften(Hs.), *Kant's gesammelte Schriften, Kant's Werke*, Bd. VIII: Abhandlungen nach 1781, Berlin und Leipzig 1923, S. 323~339.

해제

논고 작성과 칸트의 사회적 상황

이 논고 「만물의 종말(모든 것들의 끝)(Das Ende aller Dinge(EAD))」은 최초에 ① 1794년 6월 《베를린 월보(Berlinische Monatsschrift(BM))》(hrsg. von Biester, Bd. XXIII(Januar bis Junius, 1794), Berlin 1794, S. 495~522)를 통해 발표되었고, 칸트 생전에 다시금

② *Zwo Abhandlungen über moralische und politische Gegenstände*, Frankfurt u. Leipzig 1795·1796, S. 120~158. (논고 「이론과 실천」과 함께)

③ *Immanuel Kant, Neue kleine Schriften*, 1795, S. 1~24. (발간처 미상)

④ *I. Kants sämmtliche kleine Schriften*, Königsberg u. Leipzig 1797, Bd. III, S. 491~516.

⑤ *I. Kant's vermischte Schriften*, Halle 1799, Bd. III, S. 249~274

등에 수록되어 재발간되었다.

『이성의 한계 안에서의 종교』(1793)의 제2판(1794)이 발간된 직후 1794년 3월부터 칸트의 종교철학 논저의 유포 금지에 대한 경고와 함께 국외 추방

의 소문까지 돌았다. 이 상황에서 칸트는 "한편으로는 비탄하면서 한편으로는 유쾌하게 읽힐"(1794. 4. 10 자 Biester에게 보낸 편지, XI497) 이 논고「만물의 종말〔모든 것들의 끝〕」을 썼고, 논고는 6월에 출간되었다. 그즈음 칸트에 대한 탄압 분위기는 더욱 악화되어 어떤 애호가가 칸트에게 은신처 제공 의사(1794. 6. 27 자 J. H. Campe 편지, XI512~513)를 밝히는 정도에 이르렀다. 그리고 마침내 1794년 10월 1일 자로 일체의 종교 강술을 금한다는 왕의 명령서를 받고, 칸트는 "향후에는 자연종교든 계시종교든 종교와 관련해서는 모든 공개적인 강술을, 강의에서뿐만 아니라 서책으로도, 전적으로 삼갈 것을 국왕 전하의 가장 충성스러운 신민으로서 가장 엄숙하게 선언"(『학부들의 다툼』, AXXII이하=VII10)하지 않을 수 없게 되었다. 그 후 칸트는 프리드리히 빌헬름 2세의 사후(1797)에야 이 곤경에서 벗어났다.

논고의 요강

우리는 '만물의 종말'에 대한 세 가지 개념을 갖는다. "1) 신적 지혜의 도덕적 목적들의 질서에 따르는, 그러므로 우리가 (실천적 견지에서) 능히 이해할 수 있는, 만물의 자연적 종말과, 2) 우리가 이해하는 바가 아무것도 없는, 작용인들의 질서 안에 있는, 만물의 신비적 종말과, 3) 우리가 궁극목적을 오해함으로써 우리 자신이 초래하는, 만물의 반자연적(전도된) 종말"(BM508이하=VIII333)이 그것이다.

이 가운데서 우리는 보통 "능히 이해할 수 있는" 첫째 개념으로 '종말'을 이야기한다. 그 '종말'이란 "세계 심판자의 사면 판결이나 징벌 판결이 시간에서의 모든 것들의 본래적인 끝"이자, "동시에 (축복받은 또는 불행한) 영원의 시작이다. 이 영원에서는 각자에게 할당된 몫〔운명〕이 선고〔판결〕의 순간에 배당된 그대로 지속된다. 그러므로 최후의 날은 동시에 또한 최후의 심판을 그 안에 함유한다."(BM497이하=VIII328 참조) 그러니까 "모든 것들의 끝〔만물의 종말〕이라는 생각〔이념〕은 그 기원이 세계에 있는 것들의 물리적 행정(行程)이 아니라 도덕적 행정에 관한 추리(억측)에 있고, 오로지 그로 인해 유발된 것이며, 그리고 도덕적 행정이라는 것 또한, 영원이라는 생각(이념)이 그와 똑같듯이, 초감성적인 것 — 이것은 오직 도덕적인 것에서만 이해될 수 있다 — 에만 적용될 수 있으므로, 최후의 날 이후에 나타날 저 최후의 것(일)들의 표상은 단지 그 도덕적인, 우리가 그 밖에 이론적으로는 이해(개념화)할 수 없는, 결과들과 함께 최후의 날을 감성화(가시화)한 것으로 간주해야만 한다."(BM498=VIII328)

그런데 "왜 인간은 도대체 세계의 종말/끝이라는 것을 예상하는가? 그리고 만약 이것이 그들에게도 용인되는 일이라면, 왜 종말/끝이라는 것이 (인류의 대부분에 있어) 공포를 동반하는가?"(BM503=VIII330) 칸트가 보기에 사람들이 "세계의 지속은 이성적 존재자가 그 세계 안에서 세계 현존의 궁극목적에 맞게 있는 한에서만 가치를 갖고, 그러나 만약 이 궁극목적이 달성되지 못할 것이라면, 전혀 아무런 대단원도 없고, 어떤 이성적 의도를 인식할 거리도 주지 못하는 연극처럼, 창조 자신이 그들에게 목적 없는 무의미한 것"이라고 보는 탓에 종말을 생각하고, 그 종말이 공포를 동반하는 것은 "인간종(種)의 부패"에 대해서는 인간종을 종식시키는 것이 "최고의 지혜이자 정의의 유일하고 적절한 조처라는 의견"에 사람들이 동조하기 때문이다.(BM504이하=VIII331 참조)

이러한 예상과 공포를 벗어나는 방도를 기독교는 보여준다. 기독교는 "사랑을 장려"하고 "자유로운 사유방식"으로 "의무의 법칙 표상을 통해 깨우쳐진 인간의 심정(마음)을 그 자체로서 얻"는다.(BM519이하=VIII338 참조) 그래서 기독교는 인류를 구원하는 "보편적 세계 종교가 되도록 정해져 있기는 하지만"(BM522=VIII339), 공포와 이기심에 기초한 반기독교적 경향을 가라앉히기 위해서는, "노예근성과 방임주의"와는 거리가 먼 본래 "기독교가 지닌 도덕적인 사랑할 만함"(BM521=VIII339)을 더욱 신장해 나가야 한다.

역주

《베를린 월보》
1794년 1~6월[1]

만물의 종말
〔모든 것들의 끝〕[2]

BM495
VIII325

 죽어가는 사람에게 특별히 경건한 언사로 말하는 표현은, 그가 **시간에서 벗어나 영원으로 들어간다**는 것이다.

 만약 여기서 '**영원**'이라는 것이 무한히 나아가는 시간으로 이해될 터이면, 이 표현은 실상 말하는 바가 아무것도 없겠다. 무릇 그런 경우 실로 인간은 시간에서 벗어나지는 못하고, 언제나 단지 하나의 시간〔한때〕에서 다른 시간〔다른 한때〕으로 나아갈 따름이니 말이다. 그러므로 이로써 필시 인간의 부단한 지속〔영속〕에서의 **모든 시간**의 하나의 **끝**이, 그러나 이 지속〔크

VIII327

---

1) *Berlinische Monatsschrift*(BM), hrsg. von Biester, Bd. XXIII(Januar bis Junius, 1794), Berlin 1794.
2) "Das Ende aller Dinge." 수록: BM, Bd. XXIII, S. 495~522. (Juni 1794).

기[양]로 보아진 그의 현존)이 시간과는 전혀 비교할 수 없는 하나의 크기[양] (叡智體 持續)가 생각되고 있을 것인데, 물론 우리는 이러한 크기[양]에 대해서는 (한낱 부정적인 것 외에는) 어떠한 개념도 얻을[아무런 이해도 할] 수 없다. — 이 상념[3]은 그 안에 전율케 하는 무엇인가를 가지고 있다. 왜냐하면, 이 상념은 그 안에 빠진 자를 되돌아올 길이 없는 어떤 심연의 가장자리로 이끌기 때문이다("그러나 진정한 곳에 / 아무것도 남기지 않은 이를 / 영원은 튼튼한 팔로 단단히 붙잡아 두네"-할러[4]). 그렇지만 이 상념에는 끌어당기는 무엇인가도 있다. 무릇 사람들은 놀라서 움찔하는 눈길을 언제나 다시금 영원에 돌리는 것을 그칠 수 없으니 말이다(아무리 보아도 싫증이 나지 않았소-베르길리우스[5]). 이런 생각은 무섭도록-숭고하다. 그것은 일면 이런 상념의 어두침침함[모호성] 때문이다. 상상력은 밝은 빛 속에서보다는 어두침침한 데서 으레 더 강력하게 작용한다. 그리하여 마침내 이 상념은 놀라운 방식으로 보편적인 인간이성에 섞여 짜인 것이 틀림없다. 왜냐하면, 이 상념은 당치도 않은 것을 꾸며대는 모든 족속들 사이에서 어느 시대에나 이런저런 식의 옷이 입혀져서 발견되기 때문이다. — 그런데 이제 우리가, 이성 자신이 도덕적 견지에서 그렇게 하듯이, 시간에서 영원으로의 이행(이런 생각이, 이론적으로 인식-확장으로서 볼 때, 객관적 실재성을 갖든지 말든지)을 추구하

---

3) 원어: Gedanke.
4) Albrecht von Haller(1708~1777). 스위스의 의사이자 시인으로 자연과학 연구와 정치에서도 활발히 활동하였다. Tübingen 대학에서 의학박사를 취득한 후 Bern에서 개업의로 활동하다가, 1736~1753년간에는 Göttingen 대학의 해부학, 식물학, 외과의학 교수로 있으면서 1751년 왕립 괴팅겐 학술원을 창설하여 종신 원장직을 수행했다.
칸트는 할러를 "독일 시인들 중 가장 숭고한 이"(*NTH*, A115=I314)라고 칭송했다. 인용한 시구는 그의 시 〈영원에 대한 불완전한 시(Unvollkommene Ode über die Ewigkeit)〉 (1736) 중 한 대목(*Hallers Gedichte*, hrsg. L. Hirzel, Bibliothek älterer Schriftwerke der deutschen Schweitz, Bd. 3. 1882, S. 151 참조)이다. 똑같은 구절을 칸트는 젊은 시절의 글 "Gedanken bei frühzeitigen Ableben des Herrn Johan Friedrich von Funk" (1760)에서도 인용한 바 있고(AA II40 참조), 『순수이성비판』에서도 이 대목과 관련된 언급을 하고 있다.(*KrV*, A613=B641 참조)
5) Vergilius, *Aeneis*, VIII, 265.

면, 우리는 시간존재자이자 가능한 경험의 대상들인 **모든 것들의 끝과**〔만물의 종말〕부딪친다. 그러나 이 끝은 목적들의 도덕적 질서에서는 동시에 바로 이 **초감성적인**, 따라서 시간 조건들 아래에 있지 않은 존재자들의 지속〔영속〕의 시작이다. 그러므로 이 지속〔영속〕과 그것의 상태는 그 성질을 도덕적으로 규정하는 것 외에 달리는 할 수 없을 것이다.

BM497

날들은 말하자면 시간의 자식들이다. 왜냐하면, 다음 날은 그것이 함유하고 있는 것과 함께 그 전날의 산물이기 때문이다. 무릇 그 부모의 마지막 자식을 최후의 자식이라고 부르듯이, 우리 말은 흔히 마지막 날(모든 시간이 끝나는 시점)을 **최후의 날**이라고 부른다. 그러므로 최후의 날은 아직 시간에 속한다. 무릇 그날에 아직도 무엇인가가 **일어나니** 말이다. (그날은 더 이상 아무것도 일어나지 않는 영원에 속하는 것이 아니다. 왜냐하면, 그것은 시간의 지속일 것이기 때문이다.) 곧 그날에는 사람들의 전 생애에 걸쳐 처신한 바에 대한 결산이 일어난다. 그날은 **심판일**이다. 그러므로 세계 심판자의 사면 판결이나 징벌 판결이 시간에서의 모든 것들의 본래적인 끝이다. 그리고 동시에 (축복받은 또는 불행한) 영원의 시작이다. 이 영원에서는 각자에게 할당된 몫〔운명〕이 선고(판결)의 순간에 배당된 그대로 지속된다. 그러므로 최후의 날은 동시에 또한 **최후의 심판**을 그 안에 함유한다. 만약 이제 **최후의 것**〔일〕들에 지금 나타나는 모습대로의 세계의 끝도 넣어 생각해야 한다면, 곧 궁륭천장 같은 하늘에서 별들이 떨어지고, 이 하늘 자체가 무너져 내리고 (또는 두루마리가 말리듯이 사라져 버리고[6]), 하늘과 별들이 불타버리고서, 축복받은 자들의 자리로 새 하늘과 새 땅의 창조와 저주받은 자들의 자리로 지옥의 창조[7]도 넣어 생각해야 한다면, 저 심판일은 물론 최후의 날이 아니겠다. 오히려 그날에 다른 여러 날들이 이어질 터이다. 그러나, 모든 것들의

VIII328

BM498

---

[6] 『신약성서』, 「요한묵시록」 6, 13~14: "그리고 별들은 마치 거센 바람에 흔들려서 무화과나무의 설익은 열매가 떨어지듯이 땅에 떨어졌습니다. / 하늘은 두루마리가 말리듯이 사라져 버렸고, 제자리에 그대로 남아 있는 산이나 섬은 하나도 없었습니다" 참조.
[7] 『신약성서』, 「요한묵시록」 20, 11~21, 1 참조.

끝(만물의 종말)이라는 생각(이념)은 그 기원이 세계에 있는 것들의 **물리적 행정**(行程)이 아니라 도덕적 행정에 관한 추리(억측)에 있고, 오로지 그로 인해 유발된 것이며, 그리고 도덕적 행정이라는 것 또한, 영원이라는 생각(이념)이 그와 똑같듯이, 초감성적인 것 — 이것은 오직 도덕적인 것에서만 이해될 수 있다 — 에만 적용될 수 있으므로, 최후의 날 **이후에** 나타날 저 최후의 것(일)들의 표상은 단지 그 도덕적인, 우리가 그 밖에 이론적으로는 이해(개념화)할 수 없는, 결과들과 함께 최후의 날을 감성화(가시화)한 것으로 간주해야만 한다.

BM499   그러나 주목할 것은, 아주 옛날부터 장래의 영원에 관한 두 체계가 있었다는 사실이다. 하나는 (짧든 길든 한동안의 속죄를 통해 정화(淨化)된) **모든** 사람에게 영원한 지복(至福)을 내리는 **단일주의자들**[8]의 체계이고, 다른 또 하나는 **이원론자들의** 체계※인데, 그것은 **약간의** 선택된 이들에게는 지복을,
BM500   그러나 **나머지** 모든 사람에게는 영겁의 벌을 내리는 체계이다. 무릇 모든

※ 그러한 체계는 고대 페르시아의 (조로아스터) 종교에서 영원히 상호 투쟁하고 있는 두 근원존재자들, 선의 원리인 **오르무즈드**[9]와 악의 원리인 **아리만**[10]의 전제 위에 세워져 있었다. 기이한 일은, 이 두 근원존재자의 명칭에서 서로 멀리 떨어져 있는, 더구나 지금의 독일어 언어권과는 더 멀리 떨어져 있는 두 나라의 언어가 독일어라는 사실이다. **손네라**[11]에서 내가 읽었던 기억으로는, **아바**[12](버마인들의 나라)에서는 선한 원리가 '**고데만**'[13] — 이 낱말은 다리우스 코도마누수[14]의 이름에도 들어 있는 것으로 보이거니와 — 이라고 불린다. 그리고 '아리만'이라는 말은 [독일어 낱말] '**아르게 만**'[15]과 사뭇 똑같이 들리고, 지금의 페르시아어 또한 근원적으로는 독일어 낱말인 것을 다수 함유하고 있으므로, 고대 연구가에게는 **언어**의 친화성을 실마리로 해서 많은 민족의 지금의 **종교**개념들의 기원을 추적하는 것도 하나의 과제일 수 있겠다.
〔손네라의 『여행기』, 제2권 제2장[16] B[17] 참조〕

---

8) 원어: Unitarier.
9) 원어: Ormuzd.
10) 원어: Ahriman. 『이성의 한계 안에서의 종교』에서는 "조로아스터교는 이 세 가지 신의 위격을 오르무즈드(Ormuzd), 미트라(Mithra), 아리만(Arihman)으로 가졌"다고 말한 바 있는데, '아리만'의 표기에 차이가 있다.(*RGV*, B212=VI140 참조)

사람이 **벌 받도록** 정해져 있다고 하는 체계는 아마도 있을 자리를 찾지 못할 터이다. 왜냐하면, 그렇지 않고서는 도대체 그들이 왜 창조되었는지의 합당한 근거를 대지 못할 터이고, 모든 이를 **말살함**은, 자기 자신의 작품이 불만인데, 그것을 파괴하는 것 외에, 그 흠결을 제거할 다른 방도를 알지 못하는, 하자 있는 지혜를 내보이는 것일 터이기 때문이다. — 그러나 모든 이의 영겁의 벌을 생각하는 것을 저지하는 바로 그와 똑같은 난점이 언제나 이원론자의 길 또한 막고 있다. 무릇 몇 사람이라도, 아니 단 한 사람이라도 오직, 만약 그가 영원히 저주받기 위해서, 현존한 것이라면 — 이것은 아예 존재하지 않은 것보다 못한 일이다 —, 무엇을 위해서, 왜 창조되었는지를 물을 수 있겠으니 말이다.

우리가 통찰할 수 있는 한에서, 우리가 우리 자신을 탐구할 수 있는 한에서, 이원론 체계는 (그러나 오직 **하나의** 최고선의 근원존재자 아래에서) 모든 사람을 위해, 그가 (비록 다른 사람들을 심판할 권한은 없다 할지라도) 자기 자

---

11) Pierre Sonnerat(1749~1814). 프랑스의 자연과학자이자 탐험가. 그의 동인도 중국 여행기 *Voyage aux Indes orientales et à la Chine, fait depuis 1774 jusqu'à 1781.* 2 vols.(Paris 1782)의 독일어 번역본 *Reise nach Ostindien und China auf Befehl des Königs unternommen vom Jahr 1774 bis 1781*이 1783년 Zürich에서, 그리고 같은 해에 또 *Des Herrn Sonnerat Reise nach Ostindien, und China, in den Jahren 1774 bis 1781*가 Leipzig에서 출간되었다. 그와 관련된 언급은 『이성의 한계 안에서의 종교』에서도 읽을 수 있다.(*RGV*, B4=VI19 참조)
12) 원어: Ava.
13) 원어: Godeman.
14) 원어: Darius Codomannus. 알렉산더 대왕과 맞서 싸우다 패배한 페르시아 왕 Dareios III.(ca. 380~330 BC)
15) 원어: (der) arge Mann. 곧 못된 사람/악한.
16) Sonnerat의 원본 『여행기』는 2책(tome)으로 구성되어 있고, 제1책에 제1~3권이, 제2책에 제4권이 편제되어 있다. 여기서 칸트가 말하고 있는 내용은 제2책(Tome second), 곧 제4권(Livre IV) 제2장(Chap. II), 즉 46면에서 읽을 수 있다. 이런 편제 형식으로 인해 AA에는 "4. Buch, 2. Kap., 2. B"라고 표기된 것으로 보인다.
17) 이 자리의 "B"가 무엇을 지칭하는지에 관해서는, 앞의 어디에서도 대응하는 'A'를 볼 수 없으므로, 후세의 편자들의 여러 가지 추정이 있으나, 읽지 않고 지나쳐도 무방할 것으로 보인다.

BM501

신을 어떻게 심판해야 하는가의 **실천적** 관점에서, 하나의 압도적인 근거를 자신 안에 갖고 있기는 하다. 무릇 그가 자신을 아는 바대로, 이성은 그에게, 그가 지금까지 해온 품행을 근거로 해서 그 자신의 양심이 생의 끝에서 그에게 열어 보이는, 영원에 대한 전망 외의 다른 것을 남겨두지 않으니 말이다. 그러나 이것에서 **교리**를, 그러니까 그 자체로 (객관적으로) 타당한 이론적 명제를 만들어내기에는 순전한 이성판단만으로는 전혀 충분하지가 않다. 무릇 누가, 그의 외견상 훌륭했던 품행의 원인들 가운데 사람들이 행운의 덕이라고 말하는 모든 것, 즉 타고난 선량한 기질, 그의 상위 능력들

VIII330

의(즉 그의 충동을 억제하기 위한 지성과 이성의) 소질적인 우수성, 다른 사람은 당했던 많은 유혹을 운 좋게도 그는 피했던 우연한 기회 등을 떼어낸다면, 한 인간이 세계 심판관의 전지적인 눈앞에서 그의 내면적인 도덕적 가치의 면에서 전반적으로 다른 사람보다 우월한지 어떤지를 결정할 수 있을 만큼, 자기 자신을 알고, 다른 사람을 속속들이 알겠는가. 다시 말해 만약 저런 모든 것을 그의 실제 품성에서 떼어낸다면 — 그의 품성을 합당하게 평가하기 위해서는, 이런 것은 행운의 선물로서 그 자신의 공덕으로 돌릴 수 없기 때문에, 반드시 공제해야 할 것인바 —, 나는 묻거니와, 과연 누가 저

BM502

런 결정을 하려 하겠는가. 또 어쩌면, 이러한 피상적인 자기인식에도 불구하고, 그에게 유리하게 그 자신뿐만 아니라 타인의 도덕적 가치(와 당연한 운명)에 관해 어떤 판단을 내린다는 것이 이치에 맞지 않는 하나의 자만이지 않겠는가. — 그러니까 단일주의자의 체계와 이원론자의 체계는, 둘 다 교리로 보자면, 인간 이성의 사변적 능력을 전적으로 넘어서는 것으로 보이고, 모든 것이 저 이성 이념들을 단적으로 오직 실천적 사용의 조건들에 제한하도록 우리를 되돌리는 것으로 보인다. 무릇 우리는 우리 자신의 양심의 판단, 다시 말해 우리가 아는 한에서의 우리의 현재의 도덕적 상태가 이성적인 방식으로 우리에게 판단을 내릴 수 있는 것 외에는 장래의 세상에서의 우리의 운명에 대해 벌써 가르쳐 줄 수 있는 어떠한 것도 보지 못한다. 곧, 우리가 그 끝까지 우리 안에서 지배적인 것으로 보았던 우리의 행로의

그 원리들이 (선의 원리들이든 악의 원리들이든 간에) 사후에도 그대로 계속할 것이고, 우리는 미래에서 그 원리들의 변경을 상정할 최소한의 이유도 갖고 있지 않다는 것 외에는 말이다. 그러니까 우리는 저러한 공적이나 이러한 죄과에 부합하는 결과들도, 선한 원리나 악한 원리의 지배 아래에서, 영원히 기대할 수밖에 없겠다. 이러한 견지에서 따라서 **마치** 다음의 생(生)이, 그리고 이생을 마칠 때의 우리의 도덕적 상태가 그 결과들과 함께 다음 생에 들어설 때에도 불변일 것**처럼** 행동하는 것이 현명하다. 그러므로 실천적인 관점에서 상정할 수 있는 체계는 이원론적 체계가 되어야 할 것이다. 두 체계 중 어느 것이 이론적인 그리고 순전히 사변적인 관점에서 우월성을 갖는지를 결정하려 할 것도 없이 말이다. 게다가 단일주의 체계는 아무래도 상관없다고 사뭇 안심시키는 것으로 보인다.

BM503

그러나 왜 인간은 **도대체** 세계의 **종말/끝**이라는 것을 예상하는가? 그리고 만약 이것이 그들에게도 용인되는 일이라면, 왜 종말/끝이라는 것이 (인류의 대부분에 있어) 공포를 동반하는가? … **전자**의 근거는, 이성이 그들에게 말하는바, 세계의 지속은 이성적 존재자가 그 세계 안에서 세계 현존의 궁극목적에 맞게 있는 한에서만 가치를 갖고, 그러나 만약 이 궁극목적이 달성되지 못할 것이라면, 전혀 아무런 대단원도 없고, 어떤 이성적 의도를 인식할 거리도 주지 못하는 연극처럼, 창조 자신이 그들에게 목적 없는 무의미한 것으로 보인다는 데에 있는 것으로 보인다. 후자는 절망에까지 이른 크나큰, 인간종(種)의 부패한 성질에 대한 의견[※]에, 즉 인간종을 종식시

VIII331

BM504

※ 항상 자칭 현자들(또는 철학자들)은, 인간의 자연본성 안의 선으로의 소질에 대해 마땅한 주의를 기울이지 않은 채, 우리의 지상 세계, 즉 인간의 거처를 사뭇 경멸적으로 그려내기 위해서, 혐오스러운, 한편으로는 역겨운 온갖 비유들을 다음과 같이 늘어놓았다. 즉〔지상 세계는〕1) 하나의 **여관**(여인숙)이다. 저 이슬람 승려가 보듯이, 자기의 인생 여정에서 여기에 잠시 머물던 이는 누구나 뒤따라오는 이에 의해 이내 쫓겨날 것을 각오하지 않으면 안 된다. 2) 하나의 **감옥**이다. 브라만의, 티베트의, 그리고 동양의 여타 현자들(심지어 플라톤)이 이러한 생각을 애호하는데,〔지상 세계는〕타락한, 천상에서 추방된 영(靈)들, 지금의 인간 및 동물의 영

만물의 종말〔모든 것들의 끝〕 413

BM505 키는 것이, 그것도 끔찍하게 종식시키는 것이 (대부분의 인간에게) 최고의 지혜이자 정의의 유일하고 적절한 조처라는 의견에 기인한다. — 그래서 **최후의 날의 전조들** — 무릇 큰 기대들로 흥분된 상상력에 어디서든 징조와 기적들이 없겠는가? — 도 모두 끔찍한 것들이다. 어떤 이들은 그러한 전조를 만연하는 불의에서, 부자들의 과도한 향락으로 인한 빈자들의 억압에서, 신뢰와 신앙의 보편적인 상실에서, 또는 지구 전 지역에서 발발하는 유혈 전쟁들 등등에서, 한마디로 말해 이전 시대에는 결코 보지 못한 것으로 생각되는, 도덕적 타락과 온갖 패악의 빠른 증가, 그리고 그에 수반하는 해악 같은 것들에서 본다. 그에 반해 다른 이들은 이상한 자연 변화들, 지진, 폭풍, 홍수, 또는 혜성이나 기상 징조 등에서 본다.

BM506
VIII332

사실 인간이 설령 그 자신들이 원인이라 할지라도, 자신의 실존에 대한 부담을 느끼는 것은 무리가 아니다. 내가 보기에 그 이유는 다음과 같다. — 인간종의 진보에서 재능, 숙련성, 취미(그 결과인 사치)의 개화는 자연히 도덕성의 발달보다 앞서간다. 그리고 이러한 상황은 윤리성뿐만 아니라 신체적 평안에 대해서도 가장 유해하고 위험한 것이다. 왜냐하면, 필요욕구

BM505 혼들의 징벌과 순화의 장소이다. 3) 하나의 **정신병원**이다. 모든 이들이 스스로 자기 자신의 의도들을 파기할 뿐만 아니라, 타인에게 온갖 종류의 애통함을 야기하고, 게다가 발휘할 수 있는 기교와 역량을 최대의 영예로 여기는 곳이다. 마지막으로 4) 하나의 **똥통**이다. 다른 세계로부터 온갖 오폐물이 내버려진 곳이다. 마지막 발상이 어느 면에서는 원본적이다. 이 발상은 인류 최초의 쌍의 거주지인 낙원을 천상에 둔 한 페르시아의 재치꾼에서 기인한 것이다. 그 정원에는 훌륭한 과일들이 풍성하게 열린 나무들이 충분히 있었는데, 그들이 먹고 남은 것은 눈치채지 못하게 증발하여 사라졌다. 그 정원 가운데에 예외적으로 단 한 그루, 매혹적이지만 그들이 따 먹어서는 안 되는 과일이 달린 나무가 있었다. 그런데 우리의 최초의 부모는 그러한 금지 명령에도 불구하고 그것을 맛보려는 욕구를 참지 못했다. 그래서 천상을 더럽히지 않기 위해서는, 천사들 중 하나가 그들에게 "저것이 온 우주의 변소이다"라고 말하면서 멀리 있는 지구를 가리켰고, 그들이 볼일을 보도록 그곳으로 데리고 가서는, 그들을 남겨둔 채 천상으로 되올라가는 것 외에 해결책이 없었다. 무릇 그에서 인간종[種]이 지상에 생겨났다 한다.

들은 그것들을 충족시키는 수단들보다 훨씬 더 강렬하게 증가하기 때문이다. 그러나 (호라티우스의 절뚝발이 懲罰[18]처럼) 재능의 개화를 늘 절뚝거리며 뒤쫓아가는 인류〔인간성〕의 윤리적 소질은, 그 황급한 달리기에 제 발에 꼬이고 종종 걸려 넘어지면서도 (사람들이 지혜로운 세계 통치자 아래서 능히 희망할 수 있는바) 언젠가는 그것을 추월할 것이다. 그래서 사람들은 앞선 모든 시대와 비교해 우리 시대의 윤리성이 우수하다는 경험적 증거들에 따라서도, 어쩌면 최후의 날은 코라의 무리와 비슷한 지옥행[19]보다도 오히려 엘리야의 승천[20]과 함께 들어서서 지상의 만물의 종말을 유도할 수도 있겠다는 희망을 키울 수 있다. 그러나 덕에 대한 이러한 영웅적 믿음도 주관적으로는, 최후의 사물들에 선행한다고 생각되는, 공포를 동반하는 광경에 대한 믿음만큼 마음을 개종시키는 데에 그렇게 전반적으로 강력한 영향을 미치지 못하는 것으로 보인다.

* * *

주해. 우리는 여기서 순전히 이성이 스스로 만들어내는 이념〔관념〕들만을 다룬다〔취급한다〕. 그런데 이것들의 대상들은 — 만약 이것들이 그런 것을 갖는다면 — 우리의 시야를 벗어나 있다. 그러나 이것들이 사변적 인식에 초절적인 것이기는 하지만, 그렇다고 해서 모든 관계에서 공허한 것으로 여겨져서는 안 되고, 오히려 실천적 견지에서 법칙수립〔입법〕적 이성 자신에 의해 우리에게 제공된 것이다. 가령 그 대상들이 그 자체로 그리고 본성상

---

18) 칸트 원문: poena, pede claudo. Horatius의 원래 구절: "Raro antecedentem scelestum / Deseruit pede poena claudo(징벌이 절뚝발이로 뒤쫓는다 해도, 범죄자를 따라잡지 못하는 일은 거의 없다)"(Horatius, *Ode*, III. II. 31/32) 참조.
19) 『구약성서』, 「민수기」 16, 32: "땅은 입을 벌려 그들과 집안 식구들을 삼켜버렸다. 코라에게 딸린 사람들과 재산을 모조리 삼켜버렸다" 참조.
20) 『구약성서』, 「열왕기 하」 2, 11: "엘리야는 회오리바람 속에 휩싸여 하늘로 올라갔다" 참조.

에서 무엇인지를 천착하기 위해서가 아니라, 우리가 그것들을 도덕적인, 즉 만물의 궁극목적을 지향하는, 원칙들을 위해 어떻게 생각해야 하는지를 천착하도록 말이다. (이를 통해, 그렇지 않으면 전적으로 공허할 터인, 이 이념〔관념〕들이 객관적 실천적 실재성을 얻는다.) — 이렇게 함으로써 우리는 우리 앞에 **자유의** 분야를, 우리 자신의 이성의 이 산물을, 즉 우리의 인식능력에 대해 갖는 관계에 따라서 구분하고, 그 아래에 종속하는 것들을 분류하는, 만물의 종말에 대한 보편적 개념을 갖는다.

이에 따라서 전체는 1) 신적 지혜의 도덕적 목적들의 질서에 따르는, 그러므로 우리가 (실천적 견지에서) **능히 이해할 수 있는**, 만물의 **자연적**[※] 종말과, 2) 우리가 **이해하는 바가 아무것도 없는**, 작용인들의 질서 안에 있는, 만물의 **신비적** 종말과, 3) 우리가 궁극목적을 **오해함**으로써 우리 자신이 초래하는, 만물의 반자연적(전도된) 종말로 구분되고, 이 세 부문으로 나뉘어 그려진다. 이 가운데 첫째 것에 대해서는 이미 논설되었으니, 이제 나머지 두 가지가 이어진다.

* * *

「묵시록」(X, 5, 6)에서 "한 천사가 하늘로 손을 쳐들고서, 하늘과 …을 창조하시고, 영원무궁토록 살아 있는 분을 두고, '**앞으로 더는 시간이 없을지어다**'라고 맹세한다."

만약 사람들이, 이 천사가 "일곱 천둥의 제 소리로써"(3절²¹⁾) 무의미한 말을 외치고자 한 것이라고 상정하지 않는다면, 그 천사의 말은, 앞으로는 어

※ **자연적**(形式的으로)이란, 그 질서가 무엇이든, 일정한 질서의 법칙들에 따라, 그러니까 또한 도덕적(그러므로 언제나 물리적인 것은 아닌) 질서의 법칙들에 따라, 이어지는 것을 일컫는다. 이것과 반대되는 것이 **비자연적**인데, 그것은 초자연적이거나 반자연적인 것일 수 있다. **자연원인들**로부터의 필연적인 것은 質料的으로-자연적(물리적으로-필연적)인 것이라고도 표상되겠다.

떤 **변화**도 없을 것임을 뜻한 것이 틀림없다. 무릇 세상에 아직 변화가 있다면, 거기에 시간 또한 있을 터이니 말이다. 왜냐하면, 변화는 시간상에서만 생길 수 있고, 시간을 전제하지 않고서는 전혀 생각할 수 없기 때문이다.

이제 여기서 감관의 대상들인 모든 사물들의 종말/끝이 표상되는데, 이에 대해 우리는 어떠한 개념도 가질 수〔전혀 이해할 수〕없다. 왜냐하면, 만약 우리가 감성세계에서 예지 세계로 한 걸음이라도 들어서고자 한다면, 우리 자신이 모순에 얽혀 들어가는 것은 불가피하기 때문이다. 여기서 이런 일은 감성세계의 끝을 이루는 순간이 예지 세계의 시작이기도 해야만 함으로써, 그러니까 이 세계와 저 세계가 동일한 시간 계열상에 놓임으로써만 일어나는데, 이것은 모순이다.

BM510

VIII334

그러나 우리는 어떤 지속을 **무한한 것**으로(영원으로) 생각한다고 말하기도 한다. 그것은 우리가 다름 아니라, 말하자면 그것의 크기에 대해 어떠한 일정한 개념도 갖지 못하기 때문이 아니라 — 무릇 이것은 영원에는 그 척도로서 시간이 전적으로 없으므로, 불가능하다 —, 오히려, 시간이 없는 곳에서는 **아무런 끝**도 생기지 않기 때문에, 저러한 개념은 한낱 영원한 지속에 대한 하나의 부정적 개념이기 때문이다. 이에 의해서 우리는 우리의 인식에서 한 발짝도 더 나아가지 못하고, 오히려 끊임없는 변화들의 도정에서는 이성을 궁극목적에 대한 (실천적) 견지에서 결코 만족시킬 수 없다는 사실만이 알려질 뿐이다. 설령 이성이 세계존재자들의 상태의 부동과 불변의 원리로써 이를 시도한다고 할지라도, 이성은 역시 그 **이론적** 사용에서도 만족하지 못하고, 오히려 전적인 무분별에 빠지게 될 터이다. 그때 남는 것은 오로지, (시간상에서) 무한히 계속하는 하나의 변화를 궁극목적으로의 끊임없는 진보 중에 생각해 보는 것인데, 이러한 진보에서 (이것처럼 하나의 현상이 아니라, 초감성적인 어떤 것인, 그러니까 시간상에서 가변하는 것이 아닌) **마음씨**는 고정불변적으로 동일한 것이다. 그러므로 이러한 이념에 따른 이성

BM511

---

21) 「묵시록」 10장 3절을 지시함.

의 실천적 사용의 규칙이 말하는 바는 곧, 우리는 우리의 준칙을, 선에서 더한 선으로의 무한히 나아가는 모든 변화들에도 불구하고 그 마음씨에서 우리의 도덕적 상태("천상에서 그 전변(轉變)이 있는" 叡智體 人間)는 결코 어떤 시간 변천에도 종속되지 않는 것처럼 받아들이지 않을 수 없다는 것이다.

그러나 언젠가 모든 변화가 (그리고 그와 함께 시간 자신이) 그치는 시점이 오리라는 것은 상상력을 격동시키는 표상이다. 그런 경우에는 곧 전체 자연이 흡사 돌처럼 굳어버릴 것이다. 즉 그런 경우에는 최후의 사유, 최후의 감정이 사고하는 주관 안에 그대로 남겨져 바뀌지 않은 채 언제나 동일하게 있을 것이다. 자기의 현존과 그것의 크기(즉 지속)를 오직 시간상에서 의식할 수 있는 존재자에게, 그것이 또 하나의 생이라고 불린다고 하더라도, 그러한 생은 멸실이나 마찬가지로 보일 것이다. 왜냐하면, 그러한 상태를 생각하기 위해서는, 어쨌든 무엇인가를 사고해야 하는데, **사고**란 그 자체가 오직 시간상에서 생길 수 있는 하나의 반성을 함유하기 때문이다. ― 그래서 저승의 주민들은 (천국이냐 지옥이냐) 주거지의 차이에 따라 언제나 동일한 노래, 할렐루야를 부르거나, 영원히 동일한 비탄의 소리를 내는 것으로 표상된다.(『묵시록』, XIX, 1~6: XX, 15) 즉 이로써 그들의 상태에는 바뀜이 전혀 없음이 밝혀진다고 한다.

그럼에도 이런 이념은, 설령 우리의 파악력을 넘어선다고 할지라도, 실천적 관계에서는 우리의 이성과 사뭇 친밀하다. 우리가 이승의 생에서 인간의 도덕적-자연(물리)적 상태를 최상으로, 곧 (그 목표로 꽂힌) 최고선으로의 끊임없는 진보와 접근으로 상정한다 해도, 인간은 (자신의 마음씨의 불변성을 의식하면서조차도) 자신의 (윤리적인 그리고 자연[물리]적인) 상태가 영원히 지속적으로 변화할 것이라는 전망으로써 **만족**을 얻을 수 없다. 무릇 그의 현금의 상태는 그가 막 들어서려고 하는 좀 더 좋은 상태에 비하면 아직도 하나의 패악이니 말이다. 그리고 궁극목적으로의 무한한 진보라는 표상 또한 동시에 하나의 무한 계열의 패악에 대한 전망이다. 패악들은 설령 더 큰 선에 의해 극복된다고 할지라도, 만족이 생기게 하지는 못한다. 인간은 그런 만족을 **궁극목적**이 마침내 언젠가 **달성**됨으로써만 생각할 수 있다.

그런데 이에 골몰하는 인간은 **신비주의**에 빠진다. (무릇 이성은 자기의 내재적인, 다시 말해 실천적인 사용에 쉽게 만족할 수 없고, 기꺼이 초험적인 것에서 무엇인가를 감행하기 때문에, 자기의 비밀들 또한 가지고 있으니 말이다.) 여기서 이성은 감성세계의 지성적 주민답게 이 세계 안에 자신을 제한시키지 않고 오히려 공상에 빠진다. 그래서 **무**〔無〕에 있다고 하는, 곧 다시 말해 신성〔神性〕과 혼연일체가 되어, 그러므로 자기의 인격성을 절멸시킴으로써 신성의 심연에 침잠해 있음을 **느끼는** 의식에 있다고 하는 **최고선**에 대한 노자〔老子〕의 괴이한 체계가 나온다. 이러한 상태를 예감하기 위해 중국의 철학자들은 어두운 방에서 눈을 감고서, 이러한 **무**를 사유하고 감각하려고 애쓴다. 그리하여 (티베트인들과 다른 동방 민족들의) **범신론**과 이것의 형이상학적 승화로부터 뒤따라 생긴 **스피노자주의**가 나온다. 이 둘은 모든 인간 영혼들이 신성〔神性〕에서 나왔다는 (그리고 종국적으로 동일한 신성에 흡수된다는) 상고시대의 **유출설**〔流出說〕과 절친한 자매 관계이다. 이 모든 것은 인간이 마침내, 그들이 만물의 소위 복된 종말이라고 생각하는, **영원한 안식**을 누리고 싶어 하기 때문이다. 그러나 본래 이것은 동시에 지성이 소진되고, 모든 사유 자체가 종말을 맞는 개념이다.

BM514

VIII336

*   *   *

인간의 손을 거쳐 나오는 모든 사물들의 종말은, 그것들이 선한 목적들일 경우조차도, **우매함**이다. 그것은 그 목적들과 정반대되는 수단들의 사용이다. **지혜**, 다시 말해 모든 사물들의 궁극목적, 즉 최고선에 온전히 들어맞는 조처들을 적절히 하는 실천 이성은 오로지 신에게 있다. 이 지혜의 이념에 단지 현저하게 어긋나지 않게 행위하는 것, 그것이 사람들이 가령 인간의 지혜라고 부를 수도 있는 것이다. 그러나 인간이 오직 시도들과 자기 계획의 잦은 변화를 통해 이르기를 희망할 수 있는, 우매함에 대한 이러

BM515

한 안전보장은 차라리 "최선의 인간이 **붙잡고 싶어 할**지라도, 단지 좇아갈 수 있을 뿐인 보석"²²⁾이다. 인간이 이를 붙잡을 수 있다는 자기애적인 설득을 당해서는 결코 아니 되며, 더구나 마치 인간이 그것을 붙잡은 것처럼 처신해서는 안 된다. — 그래서 **전체 국민 안에서 종교를 순정하고 동시에 힘 있게** 만들기 위한 적절한 수단에 대한, 시시때때로 변경되는, 종종 불합리하기도 한, 기획들 또한 그러하다. 그리하여 실로 사람들은 이렇게 외칠 수 있다: "가련한, 언제든 죽을 수밖에 없는 자들이여, 그대들에게는 무상(無常)하지 않음 외에는 모든 것이 무상하도다!"²³⁾

그럼에도 만약에 이러한 시도들이 마침내 성공하여, 공동체가 한낱 전승된 경건한 교의들에뿐만 아니라, 이것들을 통해 계발된 실천 이성 — 이것은 종교를 위해서도 단적으로 필요하거니와 — 에도 귀 기울일 수 있는 성향을 갖게 되고, 또 (인간 방식의) 현자들이 (성직자로서) 그들 사이에서 이루어진 협의를 통해서가 아니라 국민들 사이에서 동료 시민으로서, 그들에게 중요한 것은 진리임을 한 점 의혹 없이 증명하는 기획들을 내고, 그에 대부분이 합의한다면, 그리고 국민 또한 능히 (아직 세세한 부분까지는 아니더라도) 전체적으로, 그들의 도덕적 소질의 필요한 배양에 대한, 권위에 기초한 것이 아니라 보편적으로 느낀 필요요구에 따라, 진리에 관심을 갖는다면, 저 현자들로 하여금 기획하고 그를 추진해 가도록 하는 것보다 더 바람직한 일은 없는 것으로 보인다. 무릇 그들은 일단, 그들이 추구하는 **이념**에 관한 한, 바른길에 들어서 있으니 말이다. 그러나 최선의 궁극목적을 위해

---

22) 「필리비서」, 3, 12: "나는 이미 얻은 것도 아니고, 완전히 이룬 것도 아닙니다. 내가 예수 그리스도께 붙잡힌 바를 따라 그것을 붙잡기 위해 좇아갈 뿐입니다" 참조.
23) 예수회 수도원장이었던 Gabriel François Coyer(1707~1782)의 문구로, 『학부들의 다툼』에서도 (사실상) 동일한 인용문을 볼 수 있다.(SF, A139=VII83 참조) Coyer는 *Dissertations pour être lues: la première, sur le vieux mot de Patrie: la seconde, sur la nature du peuple*(La Haye, Pierre Gosse, 1755) 등 다수의 저술을 냈는데, 여기서의 칸트의 인용문은 1761년 Berlin에서 번역 출간된 *Moralische Kleinigkeiten*에서 따온 것으로 보인다.

선택된 수단에 의한 성공에 관한 한, 그것은 자연의 행정(行程)에 따라 결말이 날 수 있는 것인 만큼, 언제나 불확실하고, 성공은 **섭리**에 맡기는 것이〔바람직하다〕. 무릇, 제아무리 **믿기 어렵다** 해도, 사람들이, 모든 인간의 지혜 — 이것이 그 명칭에 합당하려면, 오로지 도덕적인 것을 지향해야만 하거니와 — 에 따라 취해진 특정한 수단들에 의한 성공을 확실하게 예견하는 것이 단적으로 불가능한 경우, 자기들의 궁극목적을 기꺼이 완전히 포기하려 하지 않는다면, 자연의 행정에 대한 신의 지혜의 하나의 합작을 실천적 방식으로〔실천적으로〕 믿지 않을 수 없으니 말이다. — 다음과 같이 이의를 제기하는 사람들도 있을 것이다: 현재의 계획이 최선의 것이라고 흔히 말해왔다. 이 계획은 이제로부터 길이길이 진행될 것이다. 이것이야말로 영원히 갈 상태이다. "(이 개념대로) 선한 이는 늘 선하고, (이 개념과 반대로) 악한 이는 늘 악하다."(「묵시록」, XXII, 11[24]): 마치 영원이, 그리고 그와 함께 만물의 종말이, 이미 지금 들어서 있는 것처럼. — 그럼에도 불구하고 그때 이래로 언제나 새로운 계획들이 — 그 가운데서 가장 새로운 것이 흔히는 단지 옛것의 복원이었거니와 — 화제를 일으켰고, 앞으로도 **더 최후의** 기획들이 없지 않을 것이다.

나는 이 점에서 내가 새롭고도 성공적인 시도를 해볼 능력이 없음을 잘 알고 있어서, 물론 큰 발명력이 없는 나로서는, 차라리 사안들을 최근의 상황 그대로, 거의 한 세대 동안 그 결과에서 무난하게 좋음을 증명한 바 그대로 둘 것을 권하고 싶다. 그러나 그것은 위대한 또는 진취적인 정신을 소유한 인사들의 의견일 수는 없을 것이므로, 그들이 무엇을 해야 하는지가 아니라, 그들이 무엇에 어긋나지 않도록 주의해야 하는지 — 왜냐하면, 그렇지 않으면 (그 의도가 제아무리 최선의 것일지라도) 자기 자신의 의도와 반대로 행동할 수도 있을 것이기 때문에 — 에 대해 감히 몇 마디 언급하려 한다.

---

24) 해당 절의 전문: "불의를 행하는 자는 불의를 행하도록 내버려 두고, 더러운 자는 그냥 더러운 채로 내버려 두어라. 올바른 사람은 그대로 올바른 일을 하게 하고, 거룩한 사람은 그대로 거룩한 사람이 되게 하여라" 참조.

BM518   기독교는 그 율법의 신성성이 불러일으키는 최대의 존경심 외에도 **사랑할 만한** 무엇인가(사랑의 격조)를 자신 안에 가지고 있다. (여기서 나는 기독교가 위대한 희생으로써 우리를 위해 마련한 인격의 사랑할 만함이 아니라, 사태 자체의, 곧 그분이 세운 윤리적 기본체제의 사랑할 만함을 뜻한다. 무릇 전자는 후자에서만 결과할 수 있으니 말이다.) 존경심은 의심할 여지 없이 첫째 것이다. 왜냐하면, 존경심 없이는 참된 사랑도 생길 수 없기 때문이다. 비록 사람들이 사랑 없이도 누군가에 대해 큰 존경심을 가질 수 있기는 하지만 말이다. 그러나 만약 한낱 의무 표상뿐만 아니라 의무 준수가 문제가 된다면, 즉 사람

VIII338   들이 한낱 **인간이 무엇을 행해야만 하는가** 하는 객관적 근거에 대해서뿐만이 아니라, 그로부터 첫째로 **인간이 무엇을 행할 것인가**를 기대할 수 있는, 행위들의 **주관적** 근거 — 만약 이것을 전제할 수 있다면 — 에 대해서 묻는다면, 사랑은, 타인의 의지를 자기의 준칙들 중에 자유로이 받아들이는 것으로, 불완전한 인간의 자연본성의(이성이 법칙을 통해 지시규정하는 것을 위해 강요될 수밖에 없는) 불가결한 보충물이다. 무릇 사람들은 기꺼이 하지 않는

BM519   일은 시늉만 하고, 심지어는 의무의 지시명령에 대한 궤변적 핑계를 대면서 그리하여, 사랑의 협조가 없으면 의무는 동기로서 크게 신뢰할 만한 것이 못 될 것이니 말이다.

이제 사람들이 기독교를 온전하게 만들기 위해 기독교에 무엇인가 권위를 — 그것이 신의 권위라 하더라도 — 덧붙인다면, 그 권위의 의도가 제아무리 선의이고, 그 목적이 실제로 제아무리 선하다고 해도, 기독교의 사랑할 만함(이라는 성격)은 사라진다. 무릇 누군가가 무엇인가를 단지 행할 뿐만이 아니라, **기꺼이** 행해야만 하도록 그에게 **지시명령**하는 것은 하나의 모순이니 말이다.

기독교는, 그 의무 준수 업무 전반을 위해 사랑을 장려하고, 또한 생산해 낸다. 왜냐하면, 기독교의 창립자는 복종을 요구하는 **자기 의지**를 간직하고 있는 사령관의 질(자격)로서가 아니라, 자기 동료들이 그들 자신의 잘 이해된 의지를, 다시 말해 그들 자신이 잘 이해한 의지를, 다시 말해 만약

그들이 그들 자신을 합당하게 검사한다면, 스스로 그에 따라 자발적으로 행동하게 될 터인, 그러한 의지를 간직하고 있는 박애자의 질〔자격〕로서 이야기하고 있기 때문이다.

그러므로 ─ 노예근성과 방임주의와는 똑같이 거리가 먼 ─ **자유로운** 사유방식〔성향〕이 기독교가 그 교의에 대해 기대하는 효과이다. 이러한 교의에 의해 기독교는, 이미 그들의 의무의 법칙 표상을 통해 개명된 인간의 심정〔마음〕을 그 자체로서 얻을 수 있다. 궁극목적의 선택에서의 자유의 감정이 그들에게 법칙수립을 사랑할 만한 것으로 만드는 것이다. ─ 그러므로 설령 기독교의 교사가 **징벌**을 예고할지라도, 그것이 이 징벌이 그의 지시명령을 준수하는 동기가 되는 것처럼 그렇게 이해될 수는 없다. 적어도 이런 것은 기독교 특유의 성질에 맞지 않다. 무릇 그런 한에서는 기독교는 더 이상 사랑할 만하지 않을 터이니 말이다. 오히려 사람들은 이것은 단지, 법칙 위반에서 불가피하게 발생할 수밖에 없는 손해 ─ 무릇, 法則은 귀먹고 無慈悲한 것(리비우스[25])이니 말이다 ─ 를 방지하기 위한, 입법자의 호의에서 생긴, 자애로운 경고로 해석해도 좋을 것이다. 왜냐하면, 여기서 위협하는 것은 자의〔自意〕적으로 받아들인 생활 준칙이 아니라, 법칙이기 때문이다. 법칙이란 사물들의 본성에 놓인 불변적인 질서로서, 창조주의 의사로도 그 귀결을 이렇게 저렇게 결정할 수 없는 것이다.

기독교가 **보수**를 약속한다면(예컨대, "기뻐하고 즐거워하여라. 너희는 천국에서 모든 것을 충분히 보상받을 것이다"[26]), 이것은 자유로운 사유방식〔성향〕에 따라서, 그렇게 해서 인간을 선한 품행으로 이를테면 **매수하기** 위한 특가 상품과 같은 것으로 해석해서는 안 된다. 무릇 그런 경우 기독교는 다시금

---

25) 칸트 원문: "lex est res surda et inexorabilis"에 상응하는 Titus Livius, *Ab urbe condita libri CXLII*, II, III, IV: "Leges rem surdam, inexorabilem esse, salubriorem, melioremque inopi quam potenti(법은 귀가 먹고, 무자비하며, 강한 자에게보다 궁핍한 자에게 더 유익하고 더 낫다)" 참조.
26) 「마태오복음」, 5, 12 참조.

그 자체로 사랑할 만하지 않을 터이니 말이다. 비이기적인 동인들에서 생기는 그러한 행위들에 대한 기대요구만이 그러한 기대요구를 하는 이에 대한 인간의 존경심을 불러일으킬 수 있다. 그런데 존경이 없으면 참된 사랑이란 없다. 그러므로 저 약속에 보수가 행위들의 동기로 여겨져야 하는 것 같은 의미가 부여되어서는 안 된다. 자유로운 사유방식(성향)을 자선가에 결속하는 사랑은 곤궁한 자가 받는 재화에 따라서가 아니라, 순전히 그것을 나누어주고자 하는 이의 **의지**의 선량함에 따라서 가름된다. 설령 그가 그것을 위한 자산이 없거나, 보편적 세계 복지를 함께 고려하기 위한 다른 동인들로 인해 그 실행에 방해를 받는다고 할지라도 말이다.

이것이 기독교가 지닌 도덕적인 사랑할 만함(사랑의 격조)이다. 이 사랑할 만함(사랑의 격조)은 기독교에 외적으로 부가되는 수많은 강제를 관통해, 빈번한 의견의 바뀜에도 불구하고, 여전히 빛나며, 그렇지 않았더라면 기독교가 부딪치지 않을 수 없었을 혐오로부터 기독교를 지켜왔고, 이것은 (주목할 만한바) 이제까지의 인간 세상에서 최대의 계몽의 시대에도 더욱더 밝게 빛나기만 한다.

만약 기독교가 언젠가 더 이상 사랑할 만하지 않게 되기에 이른다면 — 만약 기독교가 온유한 정신 대신에 지시명령하는 권위로 무장하게 된다면, 이런 일이 능히 벌어질 수 있을 터이다 —, 도덕적인 일들에서 중립(더더욱이나 상반되는 원리들의 연합)이란 생기지 않기 때문에, 기독교에 대한 혐오와 반항심이 인간의 지배적 사유방식(성향)이 되지 않을 수 없을 터이다. 그리고 게다가 최후의 날의 전조로 여겨지는 **반기독교도**가 (아마도 공포와 이기심에 기초한) 비록 짧다 해도 그의 통치를 시작할 터이다.

그러나 그때에는, 기독교가 보편적 세계 종교가 되도록 **정해져** 있기는 하지만, 운명이 그렇게 되기에 **호의적**이지 못할 터이기 때문에, 도덕적 견지에서 만물의 (전도된) 종말이 도래할 터이다.

쾨니히스베르크   임마누엘 칸트

찾아보기

※ 일러두기

1. 편찬 체제
☞ 이 찾아보기의 편찬 체제는 다음의 방식에 따른다.

> **표제어(대체어) 원어**
> ¶ 용례 면수

☞ 찾아보기 면수는 당해 논고의 최초 발표 학술지의 해당 권호의 면수이다.
☞ '주'는 원서의 각주를 지시한다.

2. 약호 목록
- ■ = 개념의 정의나 풀이
- ¶ 용례
- ▶ 용례가 많은 경우 의미에 따른 구분
- → 다음 표제어나 면수를 참조하라
- ↔ 반대말이나 대조되는 말

3. 찾아보기 배열 방식
본문이 나열된 순서에 따라 논고별로 '인물(학파) 찾아보기'와 '개념 찾아보기'를 구분하여, 가나다순으로 표제어를 배열한다.

계몽이란 무엇인가

[인명]

멘델스존 Mendelssohn 494
프리드리히 Friedrich 491

[개념]

가축 Hausvieh
¶ 가축 482
계몽 Aufklärung
¶ 계몽 481 483 490 492
■ = 사람이 자기 탓인 미성숙(미성년 상태)에서 벗어남 481 492
¶ 계몽의 표어: "과감(果敢)히 분별(分別)하라! 너 자신의 지성을 사용할 용기를 가져라!" 481
■ = 인간의 고유한 가치와 스스로 생각하기의 사명에 대한 합리적인 존중의 정신 483
¶ 계몽을 위해서는 자유가 필요하다 484
¶ 계몽의 진보 485
¶ 계몽된 시대 491
¶ 계몽의 시대 491
■ = 타자의 지도 없이 자기 자신의 지성을 확실하고 훌륭하게 사용하는 상태 491
¶ 계몽의 장애 491
관용 Toleranz
¶ 관용 491
미성숙/미성년/미성년 상태 Unmündigkeit
¶ 미성숙/미성년/미성년 상태 481 482 483 488 491 492
■ = 미성숙(미성년 상태)이란 타자의 지도 없이는 자신의 지성을 사용하지 못하는 무능력이다 481
사고 Denken
¶ 자유로운 사고 493
성년(성숙) Mündigkeit / maiorennes
¶ 성년(성숙) 482
¶ 成年 482
양심 Gewissen
¶ 양심 482 486 487
이성 Vernunft
¶ 이성 484 485 492 493
▶¶ 이성의 공적 사용과 사적 사용 484~485 487 493
■ = 이성의 사적 사용이란 어떤 사람이 그에게 맡겨진 어떤 시민적 지위나 직무에서 그의 이성을 사용해도 좋은 그러한 사용 485
■ = 이성의 공적 사용이란 어떤 사람이 학자로서 독자 세계의 전체 공중 앞에서 이성을 사용함 485
인간 Mensch
¶ 인간 491 492
¶ 개개 인간 482 483
¶ 인간의 자연본성 488
¶ 기계 이상의 것 494
자유 Freiheit
¶ 자유 483 484 486 487 489 491 492 493

¶ 자유로운 운동 483
¶ 자유의 제한 484
¶ 무제한의 자유 487
¶ 온전한 자유 487
¶ 이성을 공적으로 사용하는 자유 484
¶ 자유국가 493
¶ 시민적 자유 493
¶ 행위하는 자유 493

정신 Geist
¶ 자기의 정신을 스스로 개조 483

¶ 존중의 정신 483
¶ 자유의 정신 492
¶ 국민의 정신 492

종교 Religion
¶ 종교 486 492
¶ 내적 종교 487
¶ 종교제도 489
¶ 종교체제 489
¶ 종교 문제 491 492

지성 Verstand
¶ 지성 481 482 483 491

이론과 실천

[인명]
가르베 Garve 208
당통 Danton 261
레싱 Lessing 272
루소 Rousseau 283
멘델스존 Mendelssohn 270 272 276
베르길리우스 Virgil 270
생 피에르 수도원장 Abbé de Saint-Pierre 283
스위프트 Swift 283
아헨발 Achenwall 158
홉스 Hobbes 232 264 265
히포크라테스 Hippokrates 268

[개념]
강제권 Zwangsrecht
¶ 강제권 237 242주 243 262 264

공동체 Gemeinwesen/gemeines Wesen
¶ 공동체 233 235 237 241 245 249 253 254 260 267
¶ 공동체(국가) 281
¶ 공동체의 권리 237
¶ 공동체의 창설자 237

공민(公民) citoyen
¶ 공민 245
¶ 공민법 282 → 시민 → 국가시민

국가 Staat
¶ 국가 207 235 254 256 262 279 280 282 283
¶ 국가법 207 232이하 261 269
¶ 국가행정 242주

국제국가 Völkerstaat
¶ 국제국가 284
¶ 보편적 국제국가 283 284

권리/법 Recht
  - ¶ 권리 236 237 238 243주 244 255 261 266 270
  - ¶ 모든 권리는 법칙(법률)에 의거한다 244
  - ¶ 생득적 권리 240
  - ¶ 사칭된 권리 256
  - ¶ 국민권리 263 265
  - ▶¶ 상실할 수 없는(상실 불가한) 권리 264
    - ■ = 인간이 설령 원한다고 해도 결코 포기할 수가 없고, 그 자신이 가름할 권한이 있는 권리 264

근원적 계약/根源的 契約 ursprünglicher Vertrag(Kontrakt)/contractus originarius
  - ¶ 근원적 계약/根源的 契約 245 249 253 255 260
  - ■ = 오직 보편적(통일된) 국민의지에서 생겨날 수 있는 원칙 245
  - ■ = 이 계약은, (순전히 법적인 입법을 위해) 한 국민 중에서 각자의 특수한 사적 의지가 공동의 그리고 공적인 의지로 연립하는 것으로서, 결코 하나의 사실/행실로서 전제될 필요가 없다 249
  - ¶ 근원적 계약의 이념 280 → 사회계약

勞動(노동) opera
  - ¶ 勞動 246주
  - ¶ 勞動 給付 246주
  - ¶ 노동자 246주

덕 Tugend
  - ¶ 덕 210 230 273 274
  - ¶ 덕은 인간 자신 외에 누구도 그에게 줄 수도 그에게서 앗을 수도 없는 것이다 220주

도덕 Moral
  - ¶ 도덕 207 208 261
  - ¶ 도덕학 208
  - ¶ 도덕의 원리 213
  - ¶ 보편적 도덕 214
  - ¶ 도덕에서 이론상 옳은 모든 것은 실천에도 필시 타당하다 231

도덕 감정 moralisches Gefühl
  - ¶ 도덕 감정 221 ↔ 자연감정 220

도덕법칙 moralisches Gesetz
  - ¶ 도덕법칙 210 212 213 216 219

도덕성 Moralität
  - ¶ 도덕성 209주 210 223 274 277
  - ¶ 도덕성의 사망 223

도덕적 마음씨 moralische Gesinnung
  - ¶ 순수한 도덕적 마음씨보다 인간의 마음을 더 고양시키고 감격시키는 이념은 없다 229

법/권리 Recht
  - ¶ 법/권리 233 244 252 254 268 269 284
  - ■ = 각자의 자유를, 모든 이의 자유가 하나의 보편적 법칙에 따라 가능한 한에서의, 모든 이의 자유와 합치하는 조건에 맞춘 제한 234
  - ¶ 모든 법은 순전히 모든 타인의 자유를 나의 자유와 보편적 법칙에 따라 공존할 수 있는 조건에 제한시키는 데에 있다 239

¶ 모든 법/권리는 공적 의지에서 나온다 244

¶ 공법 234 240

¶ 시민법(공민법) 282

¶ 국가법 → 국가

¶ 국제법 207 270 271주 279

▶¶ 법원리 259 283

▶¶ 법적 상태 240 253

¶ 연방 법적 상태 279 ↔ 무법(칙) 상태(自然 狀態) 259

법칙 Gesetz

¶ 법칙 216 217주 230 231 234 266

¶ 형식적 법칙 212주

¶ 자유의사의 정언적으로 지시명령하는 법칙(다시 말해, 의무) 217

¶ 외적 법칙(법률) 234

¶ 무조건적인 법칙 220

¶ 강제법칙 233 234 283

¶ 공적 법칙(법률) 242주 244

¶ 공적 정의의 법칙 248

¶ 인격화된 법칙(법률) 243주

▶¶ 법칙적 강요 212주

법칙수립/입법 Gesetzgebung

¶ 법칙수립(입법) 209주 212 240 244 245 249 251

¶ 입법(법칙수립) 원리 255

¶ 최고 입법의 소극적 보편 원리: 한 국민이 자기 자신에 관해 결정할 수 없는 것은 입법(법칙수립)자도 그 국민에 관해 결정할 수 없다 266

▶¶ 법칙수립(입법)자 250 251 254 255 266

¶ 공동법칙수립(입법)자 244

▶¶ 법칙수립(입법)권 240 254

사랑 Liebe

¶ 사랑 265 270 271 282 284

¶ 인간사랑 271

¶ 호의의 사랑 271

¶ 흡족의 사랑 271

¶ 자기사랑 280

사실/행실 Faktum

¶ 사실/행실 249 261

사회 Gesellschaft

¶ 사회 232 233 235

¶ 비밀 사회 267

사회계약/社會契約 pactum sociale

¶ 사회계약/社會契約 232 249 261 → 근원적 계약

선 Gut/das Gute

¶ 선 217 218 219 271 282

¶ 선(좋음) 216 217

¶ 이성에게 인정받는 선 219 → 최고선

섭리 Vorsehung

¶ 섭리 273 278 281

소유물(재산) Eigentum

¶ 소유물(재산) 245 246주

¶ 소유물(作品) 246주

▶¶ 그의 것 233 246

시민 Bürger

¶ 시민 235 244 249 253 264 265

■ = 시민 곧 공동입법(법칙수립)자 244

¶ 시민(적) 상태 233 240

▶¶ 시민법 257주 283

- ▶¶ 도시민〔都市民〕 245
- ▶¶ 소시민〔小市民〕 245
- ▶¶ 국가시민/국민 245 264/265 265 278
- ▶¶ 세계시민 206 270 279 284 → 공민

시민연합체 계약〔협정〕/市民聯合體 契約〔協定〕 pactum unionis civilis
- ¶ 시민연합체 계약〔협정〕/市民聯合體 契約〔協定〕 232

신민 Untertan
- ¶ 신민 235 236 237 238 243주 250 251 255 256 257 264 265 281
- ¶ 신민으로서의 인간 238
- ¶ 시민인 신민 265
- ▶¶ 동료신민 239 240 242 243 252

신분/지위/계층 Stand
- ¶ 신분 239 240 247 251
- ¶ 지위〔신분〕 246주
- ¶ 주인신분 241
- ¶ 점유신분 243
- ¶ 귀족신분〔지주계층〕 250

실천/實踐 Praxis/praxis
- ¶ 실천 201 202 204 205 206 207 211 231 232 268 269 270 283 284
- ■ = 보편적으로 제시된 수행절차의 일정한 원리들의 따름으로 생각되는, 하나의 목적의 실현 201
- ▶¶ 실천자 202
- ▶¶ 기술적-실천적 명제와 도덕적-실천적 이성명제 225주
- ▶¶ 객관적(실천적) 실재성 250 269

양도 Veräußerung
- ¶ 양도 241 245 246주

의무 Pflicht
- ¶ 의무 205 209 210 214 216 222 233 275 284
- ■ = 자유의사의 정언적으로 지시명령하는 법칙(다시 말해, 의무) 217
- ■ = 무조건적인 이성법칙(의무) 218
- ¶ 의무 개념 205 210 211 222 226 228
- ¶ 의무의 이념 223 230 231
- ▶¶ 인간의무 267
- ¶ 생득적 의무 275
- ¶ 덕의무와 법의무 206
- ¶ 무조건적 의무와 조건적 의무 256주
- ▶¶ 의무의 도덕 219

의지 Wille
- ¶ 의지 205 211 213 220 228 234 242 279
- ¶ 공동 의지 237
- ¶ 공적 의지 244 263주
- ¶ 공동의 그리고 공적인 의지 249
- ¶ 보편적 의지 238 262
- ¶ 보편적 국민의지 245 265
- ¶ 전체 국민의 (통일된) 의지 244 250
- ¶ 모든 이〔만인〕의 의지 245
- ¶ 특수 (사적) 의지 245 249
- ¶ 입법〔법칙수립〕자의 의지 254 266
- ¶ 최선의 의지 266
- ¶ 선의지 280 → 자유 → 자유의지

이론 Theorie
- ¶ 이론 201 202 203 204 205 207 208 221 232 268 269 270 283 284

찾아보기 **431**

■ = 원리들로서, 일정한 보편성을 갖는 것으로 생각되면서, 그때 그 실천 규칙들의 실행에 필연적으로 영향을 미치는 다수의 조건들을 도외시하고 있다면, 실천 규칙들의 총체 201
▶¶ 이론가 202

이성 Vernunft

¶ 이성 205 211 219 231 234 260 267 268 269 270 278
■ = 보편적으로 법칙을 수립하는 이성 209주
¶ 인간 이성 226
¶ 도덕적-실천 이성 284
▶¶ 이성의 규준 206
¶ 이성의 순전한 이념 250
¶ 이성 원리 235 261 268

인간 Mensch

¶ 인간 207 209 210 222 229 230 232 234 235 238 242 246주 249 273 275 276 281 282
¶ 인간의 (자연)본성 223 270 271 278 281 282 284
¶ 인간은 어떠한 법적 행위 — 자기 자신의 행위든 타인의 행위든 — 에 의해서도 자기 자신의 주인(자주인(自主人))이기를 중지할 수 없다 242

인간성(인류) Menschheit

¶ 인간성/인류 267 271주 281

인간종(인류) Menschengeschlecht/ menschliches Geschlecht

¶ 인간종(인류) 270 272 274 275 276 277

인권/인간 권리 Menschenrecht

¶ 인권 235 270
¶ 인간 권리 272

자립성 Selbständigkeit

¶ 자립성 235 244 245

자유 Freiheit

¶ 자유 218 224주 231 234 235 239 245 279
¶ 자유의 개념 225주 233
¶ 자유의지 209주
¶ 자유의사 217
¶ 자유의 권리 237
¶ 자유법칙 240
¶ 자유의 정신 267 268
¶ 자유의 대립관계 269
▶¶ 언론(펜)의 자유 265
■ = 국민 권리들의 유일한 수호신 265
¶ 의사의 자유 270

작품/作品 Opus/opus

¶ 작품 246주

전제주의 Despotismus

¶ 전제주의 236 279
▶¶ 신민들의 모든 자유를 폐기하는, 그리하여 신민들이 전혀 아무런 권리도 갖지 못하는 헌정체제 236

주권자 Souverän

¶ 주권자 243주 261

주인 Herr

¶ 주인 243주
▶¶ 자신의 주인 242 245 246주
▶¶ 자비로운 주인 243주

432

최고선 das höchste Gut
  ¶ 최고선 210 211 213주
  ■ = 이 세계에서 가능한 최고선(세계 전체에서 가장 순수한 윤리성과도 결합된, 보편적이고, 저 윤리성에 알맞은 행복) 211
  ■ = 도덕에 의해 규정되고 도덕법칙들에 맞는 의지의 최종 목적 213

평등 Gleichheit
  ¶ 평등 235 237 238 239 240 242 245 246
  ¶ 평등 이념 239
  ¶ 평등 상태 239
  ¶ 평등 원칙 247

평화 Friede
  ¶ 평화 280 282
  ¶ 보편적 평화 279 283

행복 Glückseligkeit
  ¶ 행복 209 211 212 219 226 236 251 252 261 268
  ■ = 자연본성적으로 우리의 근저에 놓여 있는 목적 217
  ■ = 모든 인간이 자연스럽게 갖는 목적 234
  ¶ 행복은 자연이 우리에게 마련해 주는 모든 것을 함유한다 220주
  ¶ 행복할 만한 품격〔자격〕 209 209주 218 221 230

  ¶ 행복의 준칙 228
  ¶ 행복의 원리 254 259 261

행위[1] Handlung
  ¶ 행위 217 218 219 220주 229
  ¶ 법적 행위 239

행위[2] Tat
  ¶ 행위 240
  ¶ 법적 행위 242

행위[3]/행위작용 Actus
  ¶ 행위 214
  ¶ 자유의 행위작용 218
  ¶ 공적 의지의 행위 244

헌법〔기본체제〕 Konstitution
  ¶ 헌법 235 262 263주

헌정체제/憲政體制 Verfassung/constitutio
  ¶ 헌정체제 236 259 262 263 265 268
  ▶¶ 시민〔적〕 헌정체제/市民 憲政體制 232 233 234 249 253 254 255 261
  ■ = (타인들과의 결합의 전체 안에서 자유가 손상되지 않고 그러면서도 강제법칙들 아래에 있는 자유로운 인간들의 한 관계 234
  ▶¶ 법적 헌정체제 251
  ¶공법적 헌정체제 261
  ¶ 법률적 헌정체제 270
  ¶ 국가헌정체제 267 268
  ¶ 국가시민적 헌정체제 278
  ¶ 세계시민적 헌정체제 271주 279

거짓말

[인명]

미하엘리스 Michaelis 302
콩스탕 Constant 301 308
크라머 Cramer 302

[개념]

거짓말 Lüge
¶ 거짓말 302 305 306 310
■ = 타인에 대한 고의적인 거짓 천명 305
■ = 거짓말은 타인에게 해가 되는 거짓된 말 305
¶ 선의의 거짓말 306

권리 Recht
¶ 권리 303 305 310

권한 Befugnis
¶ 권한 304

법원리 Rechtsprinzip
¶ 법원리 311
¶ 법의 원리 313

의무 Pflicht
¶ 의무 302 305 307 310
¶ 법의무 304주
¶ 형식적 의무 304
¶ 무조건적인 의무 310 311
¶ 진실성의 의무 311 313 314
¶ 의무의 법칙 307

이성의 지시명령 Vernunftgebot
¶ 이성의 지시명령 307

정치 Politik
¶ 정치 311 312 314
¶ 정치 원칙 311 312
■ = 법이 정치에 맞춰져서는 결코 안 되고, 그러나 충분히 정치는 항상 법에 맞춰져야 한다 312

진리 Wahrheit
¶ 진리 303 309 310 314

진실성 Wahrhaftigkeit
¶ 진실성 303 304 307 309 310 311 313 314

보편 역사에 대한 이념

[인명]

뉴턴 Newton 388
루소 Rousseau 399 402
생 피에르 수도원장 Abbé de Saint-Pierre 399
케플러 Kepler 388
투키디데스 Thukydides 408주
프톨레마이어 Ptolemäer 408주
흄 Hume 408주

[개념]

개별화 vereinzelnen

¶ 개별화 392
개체(개인) Individuum
  ¶ 개체(개인) 388
국가연합 Staatenverbindung
  ¶ 국가연합 402
국제연맹 Völkerbund
  ¶ 국제연맹 399
기예 Kunst
  ¶ 기예 396 400 402 408
도덕화 moralisiert
  ¶ 도덕화 402
목적 Zweck
  ¶ 목적 388 389 390 393 395 403 405 407
  ¶ 목적(즉 인간종(인류)의 역사) 410
  ¶ 이성적 목적 407
  ▶¶ 합목적성 401
  ¶ 합목적적 388
  ▶¶ 무목적성 401
목적론적 teleologisch
  ¶ 목적론적 388
문명화 zivilisiert
  ¶ 문명화 402
문화 Kultur
  ¶ 문화 393 396 401 403
  ¶ 내면적 문화 405
문화화 kultiviert
  ¶ 문화화 402
비사교성 Ungeselligkeit
  ¶ 비사교성 393 394 396 398
사교성 Geselligkeit
  ¶ 비사교적 사교성 392 ↔ 비사교성

사회화 vergesellschaften
  ¶ 사회화 392
섭리 Vorsehung
  ¶ 섭리 410
세계사 Weltgeschichte
  ¶ 세계사의 이념 410
세계시민 Weltbürger
  ¶ 세계시민 387
  ¶ 이성적 세계시민 387
  ¶ 세계시민적 상태 402
  ¶ 보편적인 세계시민적 상태 407
시민 사회 bürgerliche Gesellschaft
  ¶ 시민 사회 394
윤리적 분별 sittliche Unterscheidung
  ¶ 윤리적 분별 393
의지 Wille
  ¶ 의지 396 390 396
  ¶ 보편-타당한 의지 396
  ¶ 선의지 398
  ¶ 자유 의지 386
  ¶ 통일된 의지의 법칙 399
  ▶¶ 의지의 자유 385 390
  ¶ 인간 의지의 자유의 놀이 386
  ¶ 의지의 현상들 385
이성 Vernunft
  ¶ 이성 388 389 390 391 398 399 410
  ¶ 이성적인 자기존중(자기평가) 391
  ¶ 이성적 피조물 388 396
  ¶ 이성적 존재자 391
  ¶ 이성적 자연(존재자) 393
  ▶¶ 이성적 의도 410
인간성(인류[3]) Menschheit

찾아보기 435

¶ 인간성(인류) 394 395 396 402 403 404

인간종(인류⁴) menschliches Geschlecht
¶ 인간종(인류) 410

인류¹/유(인류) unsere Gattung / Gattung
¶ 유(인류) 388 397주
¶ 인류 394 401 402 404

인류² Menschengattung
¶ 인류 394 395 407 409

자동기계 Automat
¶ 자동기계 400

자연 Natur
¶ 자연 388 390 394 395 397
¶ 자연사건 385
¶ 자연법칙 385 386
¶ 자연의도 387 389 390 399/400 404
¶ 자연원인 388
¶ 자연소질 388 389 392 402
¶ 자연본능 389
¶ 자연의 싹 389 396
¶ 자연계획 409
¶ 자연이론 388
▶¶ 합법칙적 자연 388

▶¶ 이성 없는 자연의 나라 410

자유 Freiheit
¶ 자유 395 405
¶ 구속 없는 자유 395 398
¶ 야만의 자유 395
¶ 야만인적 자유 401
¶ 동물적(야수적) 자유 399
¶ 무법칙적 자유 401
¶ 불규칙한 자유 409
¶ 시민적 자유 405
▶¶ 인간의 자유의 유희 407

적대관계 Antagonism
¶ 적대관계 392 394 398

주인(지배자) Herr
¶ 주인(지배자) 396 397

(헌정)체제 Verfassung
¶ (헌정)체제 397
¶ 합법칙적 (헌정)체제 399
▶¶ 시민 (헌정)체제 398 400 401 409
¶ 완전히 정의로운 시민적 (헌정)체제 395
¶ 국가(헌정)체제 403

헤르더 서평

[인명]
게오르기 Georgi 153a
니부어 Niebuhr 153a
아베로에스 Averroes 156b
짐머만 Zimmermann 153a

쿡 Cook 153a
파킨슨 Parkinson 153a
회스트 Høst 153a

[개념]

동물영혼 Tierseele
¶ 동물영혼 18b
■ = 하나의 유기조직 안에서 작용하는 모든 힘들의 총화 18b

민족역사 Völkergeschichte
¶ 민족역사 18a

발생적 힘 genetische Kraft
¶ 발생적 힘 155a

보이지 않는 힘들의 나라 unsichtbares Reich der Kräfte
¶ 보이지 않는 힘들의 나라 19a
■ = 보이지 않는 힘들의 하나의 상승하는 계열 19a

본능 Instinkt
¶ 본능 18b
■ = 자연이 전체 힘들에게 자신의 기온을 통해 제시하는 방향성 18b

사고에서의 자유 Freiheit im Denken
¶ 사고에서의 자유 17a

유기적 힘(有機力) organische Kraft
¶ 유기적 힘(有機力) 18b 19b 22a
■ = 유기적 힘의 통일성이란 관찰적인 자연 이론의 전체 분야 밖에 있고, 순전히 사변 철학에 속하는 하나의 이념 22a

유기적 창조의 영원한 진보 ewiger Fortgang von organischer Schöpfung
¶ 유기적 창조의 영원한 진보 18b

이성 Vernunft
¶ 이성 18b 19a 22a 22b 155a 155b
■ = 이론적으로 그리고 실천적으로 이성은 다른 것이 아니라 곧 들어서 안(지각한) 어떤 것, 즉 인간의 조직과 생활 방식에 따라 그에 맞도록 조성된, 관념과 능력들의 학습된 균형과 방향 19a
¶ 이성 능력 22a
¶ 지배적 이성 155b

인간 Mensch
¶ 인간 17b 18a 18b 19a 19b 20a 20b 21a 21b 22b 153b 154a 155a 155b
■ = 모든 원소와 존재자의 아들이고, 이것들의 최고로 정선된 화신이며, 이를테면 지구창조의 꽃 17b
■ = 자연의 최종의 총아 17b
■ = 동물들 가운데 중심 생명체 18a
■ = 그 주위에 모든 유의 모든 특징들이 가장 정교하게 포괄적으로 모여 있는, 가장 개활(開豁)한 형상(形相) 18a
■ = 기예의 피조물 19a
■ = 피조물 중 최초의 해방자 19a
■ = 세계의 하나의 편람 19a

인간의 언어 menschliche Sprache
¶ 인간의 언어 19a

인간학적 지도 anthropologische Karte
¶ 인간학적 지도 153a

인문성 Humanität
¶ 인문성 19a 19b 20a

자매세계 Schwesterwelt
¶ 자매세계 17b

정신적 힘(능력)들의 나라 Reich geistiger Kräfte

¶ 정신적 힘들의 나라 19b
주형상(主形相) Hauptform
  ¶ 주형상 18a
지상지성 Erdverstand

¶ 지상지성 17b
풍토학 Klimatologie
  ¶ 풍토학 153a

인간 역사의 시초

[인명]
  루소 Rousseau 14 17주
  히포크라테스 Hippokrates 16주

[개념]
동료인간 Mitmensch
  ¶ 동료인간 1 이하1
  ■ = 자연의 선물들에 대한 동등한 참여자 11
문화/개화 Kultur
  ¶ 문화 9 14 16 16주 17 17주 20 22 23 24
  ¶ (문화의 최종 목표인) 완전한 시민적 헌정체제 16주
  ¶ 개화된 상태 15주
  ↔ ¶ 야만 상태 22
본능 Instinkt
  ¶ 본능 5 6 7 8 12 16주
  ■ = 신의 음성 5
  ■ = 자연의 목소리 7
  ¶ 영양 본능 7
  ¶ 성의 본능 8
  ▶¶ 본능의 지배 7
사고하다/사고 Denken

¶ 사고하다 4 5
  ■ = 연관된 개념들을 가지고 말하다 4
사교성(사회성) Geselligkeit
  ¶ 사교성(사회성) 3 9 20
  ■ = 인간 사명(존재 규정)의 최대 목적 3
사회 Gesellschaft
  ¶ 사회 10 11 15주 18 24
섭리 Vorsehung
  ¶ 섭리 23 26 27
시민 안전성 bürgerliche Sicherheit
  ¶ 시민 안정성 20
역사 Geschichte
  ¶ 역사 1 2 3 12 13 26 27
  ▶¶ 추측한 역사 1
  ▶¶ 자연의 역사 13
  ¶ 자연의 역사는 선에서 시작한다. 왜냐하면 그것은 신의 작품이기 때문이다 13
  ▶¶ 자유의 역사 2 13
  ¶ 자유의 역사는 악에서 시작한다. 왜냐하면 그것은 인간작품이기 때문이다 13
이성 Vernunft
  ¶ 이성 2 5 6 7 8 9 10 11 12 13 17주

26 27
- ■ = 상상력의 보조를 받아 그것을 향한 자연추동이 없이도, 그뿐만 아니라 오히려 자연추동에 반하여, 욕망들을 지어낼 수 있는 것 6
- ■ = 동물들이 묶여 있는 제한을 넘어 스스로 확장할 수 있는 능력 6
- ¶ 이성의 지배 의식 8

인간 Mensch
- ¶ 인간 1 2 3 4 4주 5 7 8 9 10 11 12 13 17주 18 26 27
- ■ = 윤리적 피조물 9
- ■ = 인간은 본래 자연의 목적이다 10
- ¶ 자연 인간 15주
- ¶ 시민적 인간 15주
- ¶ 인간적 삶 15

인간종 menschliches Geschlecht/ Menschengeschlecht
- ¶ 인간종 20 22 24 25

인권 Menschenrecht
- ¶ 인권 17주

인류 Menschheit/unsere Gattung/ Menschengattung
- ¶ 인류 13 14 15주 16주 17주 18 24
- ¶ 물리적(자연적) 유로서의 인류 14
- ¶ 자연의 유 14
- ¶ 윤리적 유로서의 인류 14 16주
- ¶ 동물류로서의 인류 15주 16주

자연 Natur
- ¶ 자연 1 2 3 5 7 9 10 11 13 14 15주 16주 17주 18 22 24 26 27
- ¶ 자연본성 2 3 4 10 14
- ▶¶ 자연원인 3
- ¶ 자연목적 10 15주
- ¶ 자연의 부름 15주
- ¶ 자연상태 17
- ¶ 자연철학 2

자유 Freiheit
- ¶ 자유 2 7 13 17주 19 21 22 23 24
- ¶ 자유로운 선택 7
- ¶ 자유의 상태 7 13 ↔ 자연의 후견상태 13

종(種) Art
- ¶ 종(種) 3 15주 16주

철학 Philosophie
- ¶ 철학 3
- ¶ 자연철학 2

추동 Trieb
- ¶ 추동 4주 8 15주
- ¶ 소통의 추동 4주
- ¶ 자연추동 5

평등 Gleichheit
- ¶ 평등 11 26
- ↔ ¶ 불평등 17 20 21
- ■ = 수많은 악의 원천이자 모든 선의 원천 21

평화 Friede
- ¶ 평화 12 18 24 26

허구 Erdichtung
- ¶ 허구 1

'인종'의 개념 규정

[인명]

란드리아니 Landriani 413
린드 Lind 412
엥겔 Engel 391주
요한 2세 Johann(=João) II 416
캐터릿 Carteret 393
팔라스 Pallas 408
폰타나 Abbé Felice Fontana 413

[개념]

인종 Menschenrasse

¶ 인종 390 405 406 413
↔ ¶ 인간의 종(種) 390 406
■ = 결코 서로 다른(상이한) 인간의 종들은 있지 않다

자연기술(自然記述)/박물지(博物志)
Naturbeschreibung

¶ 자연기술/박물지 407주

자연사(自然史)/박물학(博物學)
Naturgeschichte

¶ 자연사/박물학 407주 409

종(種) Art

¶ 종(種) 390 406 406주 407

종족 Rasse

¶ 종족 390 405 406주 407 407주 408
409 411 412 413 414 416 417

¶ 종족이라는 개념은 첫째로 공동의 원근(문) 개념을, 둘째로 그 원근(문)의 후손들 상호 간의 부류 차이의 필연적인 유전적 성격(특성)들을 내용으로 갖는다 405/406

■ = 종족이라는 개념은 동일한 원근(문)을 갖는 동물들의 부류 구별이다. 단, 그 부류 구별이 불가불 유전하는 한에서 그러하다 407

목적론적 원리들의 사용

[인명]

돈 울로아 Don Ulloa 120
램지 Ramsay 117주
린네 Linné 40 45주
린드 Lind 110주
마스든 Marsden 118주
멘델스존 Mendelssohn 132
보네 Bonnet 128주

뷔싱 Büsching 126
뷔퐁 Buffon 52
블루멘바흐 Blumenbach 128주
샤프츠베리 Shaftesbury 48
쇼트(쇼테) Schotte 110주
스턴 Sterne 43
스프렝겔 Sprengel 117주 118주
죔메링 Sömmering 109

캐터릿 Carteret 124

포레스터 Forrester 123

포르스터 Forster 39 40 41 107 108 109 111 113 115 116 118 121 125 주 127 129

[개념]

관찰(하다) beobachten

¶ 관찰(하다) 38 40 46 108

■ = 방법적(체계적)으로 경험(하다) 40

동물류 Tiergattung

¶ 동물류 44 124주

▶¶ 자연류(자연적 종) 124

¶ 학술류(학술적 종) 125

목적 Zweck

¶ 목적 36 40 48 49 50 52 115 126 131 132 133 134

■ = 목적들은 이성과 곧바로의 관계를 갖는다 132

¶ 목적규정 37

¶ 목적의 원리 109

¶ 목적이론 133

▶¶ 자연의 목적 36 132

¶ 자유의 목적 132 133

목적론 Teleologie

¶ 목적론 37 133

¶ 자연 목적론 133

▶¶ 목적론적 36 109 126 127 133

¶ 목적론적 원리 37 38 132

목적인(目的因) Endursache

¶ 목적인 37 132 133

■ = 대상의 본성과는 전혀 상관이 없고, 한낱 우리 자신의 의도와 필요욕구와의 용무에만 상관하는 것 37

¶ 목적인들의 체계 127

방법적 methodisch

¶ 방법적 40 46

변이 Varietät

¶ 변이 44 47 48 49 50 51 52 115

■ = 변이라 하는 것은 부류적이지 않은 유전적 특유성이다. 왜냐하면 변이는 불가불적으로 생식전승(번식)되지는 않기 때문이다 47

변종 Ausartung

¶ 변종 44 45

아종 Abartung

¶ 아종 44 45 47 115 121 123 → 종족

유기적 존재자/유기체 organisiertes Wesen

¶ 유기적 존재자(유기체) 126 127 128 128주 130 131

■ = 그 안에서 모든 것이 교호적으로 목적과 수단으로서 상호 관계 맺고 있고, 이것이 심지어는 목적인들의 체계로서만 생각될 수 있으며, 그러니까 그것의 가능성이 결코 물리-기계적 설명방식이 아니라, 오직, 적어도 인간 이성의, 목적론적 설명방식만을 남겨놓는 물질 126/127

■ = 유기적 존재자(유기체)란 그것 안에 함유되어 있는 모든 것이 상호 목적과 수단으로서 관계 맺음으로써만 가능한 하나의 물질적 존재자(물체)이다(TM130이하=VIII181)

찾아보기 441

인류 Menschengattung/unsere Gattung

¶ 인류 45 48 52 107/108 119

¶ 인류 → 원근(문)들 → 종족 내지 아종(部類的 後孫) → 상이한 인간 유형(가족 유형, 민족 유형) 45 47 120

자연 Natur

¶ 자연 36 51 116 117 126

■ = 세계(본래 자연이라고 불리는 것)와 그 최상 원인을 포함하여, 법칙들에 따라 규정되어 실존하는 모든 것의 총체 36

■ = 자연은 언제나 낡은 형식(형상)들이 다시금 재생산되기를 의욕하지 않고, 오히려 인류 원근의 근원적 배아에 넣어두었던 모든 다양성이 마땅히 발양되기를 의욕한다 51

¶ 자연유희 107

¶ 자연주의자 126

자연기술(自然記述)/박물지(博物志) Naturbeschreibung

¶ 자연기술/박물지 39 41 43주 125

¶ 자연기술학 43주

자연사(自然史)/박물학(博物學) Naturgeschichte

¶ 자연사/박물학 39 41 42 43주 125

¶ 자연발생학 43주

작용인(作用因) wirkende Ursache

¶ 작용인 37

종(種) Art

¶ 종(種) 45 48 108 109

¶ 종적(種的) 47

¶ 종의 보존 109 122

■ = 종의 보존을 위해 하나의 인간원근 안에 근원적으로 그리고 합목적적으로 함께 있는 소질들의 발달을 통해 불가불적으로 유전적인 상이성들이 파생한다 122

종족 Rasse

¶ 종족 44 45주 47 114 120 121 122

■ = 한 공동의 혈통을 지시하고, 동시에 동일한 동물류의, 그뿐만 아니라 동일한 원근(문)의 다수의 고정불변적인 유전적 성격(특징)들을 인정하는 근본적 특유성의 명칭 44

■ = 종족, 내지 아종은 불가불적인 유전적 특유성이다. 이 특유성은 분류 구분 할 권리를 주기는 하지만 종적(種的)이지는 않다 47/48 → 아종

천성화(유전)/적응 Anartung

¶ 천성화(유전) 51 109

¶ 천성화/적응 50

합목적성 Zweckmäßigkeit

¶ 합목적성 37 48 110

¶ 실천적 합목적성 37

¶ 합목적 40 49 108 109 111 116 117 122 123 131 133

사고에서 방향 잡기

[인명]

데카르트 Descartes 313주
멘델스존 Mendelssohn 305 306 313주 314주 316 317 318 322
볼프 Wolff 314주
야코비 Jacobi 305 322
스피노자주의 Spinozism 323 323주
신플라톤주의자 Neuplatoniker 324주
절충주의자 Eklektiker 324주

[개념]

감(感) Gefühl
¶ 감(感) 307 309

감성 Sinnlichkeit
¶ 감성 304 323주
¶ 감성화 311

개념 Begriff
¶ 개념 304 307 310 311 323주
¶ 순수 지성개념 304 311 323주
¶ 이성개념 306 321

공통감 Gemeinsinn
¶ 공통감 305

광신 Schwärmerei
¶ 광신 305 314주 322 323주 327 329주
¶ 철학적 광신 314주
→ ¶ 깨달음(조명) 327

미신 Aberglaube
¶ 미신 322 327 329주

발견적 heuristisch
¶ 발견적 304
¶ 발견적인, 사고하는 방법 304

방향을 잡다 Sich-Orientieren
¶ 방향을 잡다 305 306 307 308 309 310주 311 316 317 320
■ = '방향을 잡다'라는 말은, 그 낱말의 본래적 의미에서, (우리가 지평선을 넷으로 나눈 가운데서) 한 주어진 방위에서 나머지 방위들을, 특히 해돋이 쪽을 찾아낸다는 것을 뜻한다 307
■ = '사고 일반에서 방향을 잡다'란, 이성의 객관적 원리들이 불충분할 경우, 이성의 주관적 원리에 따라 견해를 정한다는 것을 뜻한다 310주
↔ ¶ 방향을 잃다 308

불신앙(믿지 않음) Unglaube
¶ 불신앙(믿지 않음) 327 328
■ = 이성의 자기 자신의 필요욕구로부터의 독립성(즉 이성 신앙의 포기)의 준칙 328

사고 Denken
¶ 사고 304 305 306 309 310주 311 325 326 329주
■ = 사고에서, 다시 말해 논리적으로 방향을 잡는 능력 309
¶ 추상적 사고 305
¶ 사변적 사고 316
¶ 순수한 사고 323주

찾아보기 443

▶¶ 사고하는 자유(사고의 자유) 325 326 328

¶ 스스로 사고하는 사유 323주

↔ ¶ 광상 311

세계 Welt

¶ 세계 311 312 314 315

■ = 가능한 경험의 모든 대상들의 총괄 311

신앙(믿음) Glaube/Glauben

¶ 신앙 306 318 319 320주 322 324 326

■ = 주관적으로는 충분하고, 그러나 객관적으로는 불충분함을 의식하는 의견 318

▶¶ 이성 신앙(이성적 믿음) 318 319 320주 322 324 328

■ = 순수 이성 안에 함유되어 있는 자료 외에는 어떤 자료에도 기초하고 있지 않은 신앙 318

■ = 순수한 이성 신앙은 이정표 내지는 나침판이다 320

¶ 역사적 신앙 318 319 320주

이성 Vernunft

¶ 이성 304 305 306 307 310 310주 311 312 312주 313주 314주 315 319 321 322 323 326 327 328 329 330

■ = 진리의 최종 시금석 318 329

¶ 건전한 이성 305 307 320

¶ 건전한 이성의 발언 318

¶ 순수 이성 309 314주 324주

¶ 순수한 인간 이성 306

¶ 사변 이성 305 324 327

¶ 느리고 둔한 이성 327

▶¶ 이성의 경험적 사용 304 311

¶ 이성의 사변적 사용 305

▶¶ 이성의 필요욕구 315 319 320 328

¶ 이성의 필요욕구의 법/권리 311

¶ 이성의 통찰 318

¶ 이성의 영감 318

¶ 이성 가설 319

¶ 이성의 요청(공리공준) 320

¶ 이성의 자기보존의 준칙 329주

자유 Freiheit

¶ 자유 315 325 327 330

¶ 인간 이성은 언제나 자유를 추구한다 327

¶ 사고의/사고하는 자유 325 328

■ = 모든 시민적 부담에도 불구하고 우리에게 여전히 남아 있는 유일한 보석 325

¶ 말하는 자유 325

¶ 쓰는 자유 325

¶ 공개적으로 전하는 자유 325

→¶ 자유정신(자유사상) 328

지성 Verstand

¶ 지성 304 323주

¶ 소박한 인간지성 305

▶¶ 지성의 경험적 사용 304 → 개념 → 순수 지성개념

직관 Anschauung

¶ 직관 304 307 310 321 322

¶ 감성적 직관 304

초감성적 übersinnlich

¶ 초감성적 305

¶ 초감성적 대상 305 307 320 323주

¶ 초감성적인 것 311

변신론

[인명]

드뤽 de Luc 224

베리 Verri 204

욥 Hiob 213~217

칭기즈칸 Dschingiskhan 204

[개념]

기예 Kunst

¶ 기예 196주

■ = 임의의 목적들을 위한 가장 유용한 수단을 사용하는 능력 196주

¶ 신적 기예 196주

반목적적 zweckwidrig

¶ 반목적적 195 198 201 216

▶¶ 반목적적인 것 194 197 198 201

¶ 단적으로 반목적적인 것 198

¶ 조건적으로 반목적적인 것 198

변신론 Theodizee

¶ 변신론 194 195 205 209 211 212 214 218

■ = 이성이 세계 내에서 반목적적인 것을 걸어 세계 창시자의 최고 지혜에 대해 제기한 소(訴)에 맞서 세계 창시자의 최고 지혜를 변호함 194/195

■ = 신이 자연을 통해 자기 의지의 의도를 공지하는 한에서, 본래 자연의 해석(주해) 212

¶ 교설적 변신론 212

■ = 본래의 변신론 212

■ = 논리적으로 따지는(사변) 이성의 해석 213

¶ 정격적(정통적/인증적) 변신론 212 218

■ = 힘을 가진 실천 이성의 해석 213

사실(作爲) Faktum

¶ 사실(作爲) 195

세계 창시자 Welturheber

¶ 세계 창시자 194 195 196 196주 197 197주 198 199 202 211 216

이성의 법정 Gerichtshof der Vernunft

¶ 이성의 법정 195 196

→¶ 철학의 법정 209

지혜 Wahrheit

¶ 지혜 196주 197 198 199주 200 201 210 216

■ = 만물의 궁극목적으로서의 최고선에 합치하려는 의지의 속성 196주

▶¶ 도덕적 지혜 196주 197주 209 210 211

¶ 기예적 지혜 196주 210

▶¶ 인간적 지혜 210

¶ 창조의 지혜 215
¶ 세계 창조자의 지혜 215
¶ 신적 지혜 201 210 212 → 최고 지혜
최고 지혜 höchste Wahrheit

¶ 최고 지혜 194 195 196 197 198 201 204 205 210
합목적성 Zweckmäßigkeit
¶ 합목적성 198 205주

만물의 종말

[인명]
노자(老子) Laokiun 513
리비우스 Livius 520
베르길리우스 Virgil 496
손네라 Sonnerat 499주
스피노자주의 Spinozism 514
플라톤 Plato 504주
할러 Haller 496
호라티우스 Horatius 506

[개념]
감성세계 Sinnenwelt
¶ 감성세계 509 510 513
교리 Dogma
¶ 교리 501 502
■ = 그 자체로(객관적으로) 타당한 이론적 명제 501
근원존재자 Urwesen
¶ 근원존재자 499주 500
세계 심판관 Weltrichter
¶ 세계 심판관 501

시간존재자 Zeitwesen
¶ 시간존재자 496
예지 세계 intelligible Welt
¶ 예지 세계 510
자유 Freiheit
¶ 자유 508
¶ 자유의 분야 508
¶ 자유의 감정 520
▶¶ 자유로운 사유방식(성향) 519 521
지혜 Weisheit
¶ 지혜 500 514
■ = 모든 사물들의 궁극목적, 즉 최고선에 온전히 들어맞는 조처들을 적절히 하는 실천 이성 514
¶ 최고의 지혜 505
¶ 신적(의) 지혜 508 516
¶ 인간의 지혜 514 516
초감성적 übersinnlich
¶ 초감성적 497 511
¶ 초감성적인 것/존재자 497 498 511

옮긴이

백종현(白琮鉉)

서울대학교 명예교수. 한국포스트휴먼연구소 소장.

서울대학교 철학과에서 학사·석사 과정 후 독일 프라이부르크 대학에서 철학박사 학위를 받았다. 인하대·서울대 철학과 교수, 서울대 철학사상연구소 소장, 서울대 인문학연구원 원장, 한국칸트학회 회장, 한국철학회『철학』편집인·철학용어정비위원장·회장 겸 이사장, 한국포스트휴먼학회 회장을 역임하였다.

주요 논문으로는 "Universality and Relativity of Culture"(*Humanitas Asiatica*, 1, Seoul 2000), "Kant's Theory of Transcendental Truth as Ontology"(*Kant-Studien*, 96, Berlin & New York 2005), "Reality and Knowledge"(*Philosophy and Culture*, 3, Seoul 2008) 등이 있으며, 주요 저서로는 *Phänomenologische Untersuchung zum Gegenstandsbegriff in Kants "Kritik der reinen Vernunft"*(Frankfurt/M. & New York 1985), 『독일철학과 20세기 한국의 철학』(1998/증보판 2000), 『존재와 진리 — 칸트〈순수이성비판〉의 근본 문제』(2000/2003/전정판 2008), 『서양근대철학』(2001/증보판 2003), 『현대한국사회의 철학적 문제: 윤리 개념의 형성』(2003), 『현대한국사회의 철학적 문제: 사회 운영 원리』(2004), 『철학의 개념과 주요 문제』(2007), 『시대와의 대화: 칸트와 헤겔의 철학』(2010/개정판 2017), 『칸트 이성철학 9서5제』(2012), 『동아시아의 칸트철학』(편저, 2014), 『한국 칸트철학 소사전』(2015), 『이성의 역사』(2017), 『인간이란 무엇인가 — 칸트 3대 비판서 특강』(2018), 『한국 칸트사전』(2019), 『인간은 무엇이어야 하는가 — 포스트휴먼 시대, 인간을 다시 묻다』(2021), 『인간의 조건 — 칸트의 인본주의』(2024) 등이 있고, 역서로는 『칸트 비판철학의 형성과정과 체계』(F. 카울바흐, 1992)//『임마누엘 칸트 — 생애와 철학 체계』(2019), 『실천이성비판』(칸트, 2002/개정2판 2019), 『윤리형이상학 정초』(칸트, 2005/개정2판 2018), 『순수이성비판 1·2』(칸트, 2006), 『판단력비판』(칸트, 2009), 『이성의 한계 안에서의 종교』(칸트, 2011/개정판 2015), 『윤리형이상학』(칸트, 2012), 『형이상학 서설』(칸트, 2012), 『영원한 평화』(칸트, 2013), 『실용적 관점에서의 인간학』(칸트, 2014), 『교육학』(칸트, 2018), 『유작 I.1·I.2』(칸트, 2020), 『학부들의 다툼』(칸트, 2021), 『유작 II』(칸트, 2022), 『비판기 단편 논고들 II』(칸트, 2025) 등이 있다.

한국어 칸트전집 제15권

비판기 단편 논고들 II

1판 1쇄 찍음 | 2025년 11월 28일
1판 1쇄 펴냄 | 2025년 12월 12일

지은이 | 임마누엘 칸트
옮긴이 | 백종현
펴낸이 | 김정호

편집 | 양정우, 박수용
디자인 | 이정은, 이대응

펴낸곳 | 아카넷
출판등록 2000년 1월 24일(제406-2000-000012호)
10881 경기도 파주시 회동길 445-3
전화 031-955-9511(편집) · 031-955-9514(주문) | 팩시밀리 031-955-9519
www.acanet.co.kr

ⓒ 백종현, 2025
철학, 서양철학, 독일철학, 칸트 KDC 165.2

Printed in Paju, Korea.

ISBN 979-11-7559-007-6 93160